教育部高职高专教育专业教学改革试点建设项目

21世纪高等职业教育精品教材·电子商务专业

U0657034

网上支付与结算

Wangshang Zhifu yu Jiesuan

（第五版）

徐海宁　主　审

蔡元萍　主　编

赵　欣　刘伟伟　副主编

东北财经大学出版社

Dongbei University of Finance & Economics Press

大连

图书在版编目（CIP）数据

网上支付与结算 / 蔡元萍主编. —5版. —大连：东北财经大学出版社，
2020.8（2022.6重印）

（21世纪高等职业教育精品教材·电子商务专业）

ISBN 978-7-5654-3878-3

Ⅰ．网… Ⅱ．蔡… Ⅲ．①电子银行-支付方式-高等职业教育-教材
②电子银行-结算方式-高等职业教育-教材 Ⅳ．F830.49

中国版本图书馆CIP数据核字（2020）第099010号

东北财经大学出版社出版

（大连市黑石礁尖山街217号 邮政编码 116025）

网　　　址：http：//www.dufep.cn

读者信箱：dufep@dufe.edu.cn

大连永发彩色广告印刷有限公司印刷　东北财经大学出版社发行

幅面尺寸：185mm×260mm　　字数：446千字　　印张：18.75

2020年8月第5版　　　　　　　　　2022年6月第3次印刷

责任编辑：郭海雷　张爱华　　　　　责任校对：齐　欣

封面设计：张智波　　　　　　　　　版式设计：钟福建

定价：38.00元

第五版前言

"网上支付与结算"是高职高专电子商务专业的核心课程之一。《网上支付与结算》教材作为该课程教学的重要载体，必须及时反映日新月异的支付技术和支付工具所带来的变化。随着应用场景的不断丰富，网上支付已成为推动经济社会发展的重要力量。网上支付不仅改造了传统的消费形态，而且催生了新的商业模式和产业链条。结合《中国教育现代化 2035》对职业教育现代化的设计，贯彻落实《国家职业教育改革实施方案》，编者所在单位哈尔滨职业技术学院成功入选"中国特色高水平高职学校建设单位"，为此依照《教育部 财政部关于实施中国特色高水平高职学校和专业建设计划的意见》，重构职业教育课堂教学模式，将课程思政融入教材编写中，编者调研了大量的电子商务企业，探讨新形态一体化教材编写路径，同时结合高等职业教育的教学培养目标修订完成了《网上支付与结算》（第五版）。

《网上支付与结算》（第五版）教材共分为八个项目，比较系统地阐述了网上支付与结算的方式、手段及业务流程，电子货币以及相关的金融电子化、支付清算中心、电子支付结算工具、电子支付系统使用，电子支付涉及的安全协议等方面的内容，同时介绍了电子银行体系、网上银行模式及发展趋势等问题。

第五版教材具有如下特点：

1.在编写理念上，"以就业为导向""以专业技能体系为主"，以必需、够用为度，突出高职高专的职业教育特色和企业实践应用特色，突出学生动手操作能力的训练和综合职业素质的培养，按照"教学做一体化"要求组织内容编写。

2.在教材设计上，采用"项目-任务"式，每个项目按工作任务和实践技能要求分解为多个学习任务，任务突出真做实练内容，项目内容融入企业案例，使教材更接近企业实际，帮助学生通过项目导入和具体任务的实施来体验网上支付与结算的基本技能。

具体来说，教材设计打破了传统教材编写体例，设置了案例导入、知识准备、任务描述、任务实施、知识拓展、项目总结、基本训练、项目实训等模块，融教、学、做为一体，让学生在真实任务中探索学习、激发兴趣，在教学过程中体现互动、交流、协作的基本特征。

3.在内容编排上，主要有以下特点：

第一，充分考虑高职高专教育的特点和学生的实际需要，尽量用例、图、表来表达叙述性的内容。为了提高学生兴趣，方便课堂教学，本教材还设计了"小知识""小思考""知识拓展"等栏目。

第二，针对当今网上支付发展情况，我们在修订过程中增加了现在应用比较广泛的手机银行和微信支付业务，修改了安全网上支付的方式以及有关的金融增值服务业务等内容。

第三，为了方便学生对知识点的深入了解，本次修订还使用了二维码技术，通过二维码链接拓展的图文、视频、动画等资源构建教材的新形态，学生可以使用手机或平板电脑终端扫码观看。

为方便教学，本教材配有教师讲课用的电子教案，各项目后习题配有"项目后习题参考答案"，使用本教材的任课教师可登录东北财经大学出版社网站（http：//www.dufep.cn）免费下载使用。

哈尔滨职业技术学院的电子商务专业是教育部高职高专教学改革示范专业，本教材作为教学改革示范专业建设成果，由具有丰富"网上支付与结算"课程教学经验的老师编写而成。其具体编写分工如下：项目一、二由赵欣编写，项目三、四由刘伟伟编写，项目五、六、七、八由蔡元萍编写，黑龙江省公众信息产业集团分公司李爽经理参与了教材编写。本教材由蔡元萍任主编，赵欣、刘伟伟任副主编，由徐海宁主审，最后由蔡元萍总纂和定稿。本书可作为高职高专院校及本科院校的电子商务、移动商务及相关专业的教学用书，也可作为社会从业人士的业务参考书及培训用书。

编者在本教材的编写过程中参阅了大量文献，特别是有关网上支付网站的资料，并得到了东北财经大学出版社的大力支持，在此一并致谢。由于编者水平有限，教材中难免有缺点、错误，敬请同行、专家和广大读者批评指正。

编　者

2020年6月

目　　录

项目一　网上支付与结算概述 ……………………………………………………… 1
　　学习目标 …………………………………………………………………………… 1
　　任务一　认识网上支付与结算的基本方式 ……………………………………… 1
　　任务二　了解传统支付方式与支付系统的演变 ………………………………… 6
　　任务三　了解网上支付与结算现状及面临的问题 …………………………… 12
　　项目总结 ………………………………………………………………………… 23
　　基本训练 ………………………………………………………………………… 23
　　项目实训 ………………………………………………………………………… 23

项目二　电子货币 ………………………………………………………………… **24**
　　学习目标 ………………………………………………………………………… 24
　　任务一　了解电子货币的产生和发展 ………………………………………… 24
　　任务二　掌握电子货币对金融业的影响 ……………………………………… 36
　　项目总结 ………………………………………………………………………… 45
　　基本训练 ………………………………………………………………………… 46
　　项目实训 ………………………………………………………………………… 46

项目三　电子支付系统 …………………………………………………………… **47**
　　学习目标 ………………………………………………………………………… 47
　　任务一　建立电子支付系统 …………………………………………………… 47
　　任务二　认识 ATM 系统 ……………………………………………………… 52
　　任务三　了解 POS 系统 ……………………………………………………… 61
　　任务四　掌握电子支付系统的应用 …………………………………………… 68
　　任务五　学会使用拉卡拉 ……………………………………………………… 78
　　项目总结 ………………………………………………………………………… 84
　　基本训练 ………………………………………………………………………… 84
　　项目实训 ………………………………………………………………………… 84

项目四　电子支付与结算中介 …………………………………………………… **85**
　　学习目标 ………………………………………………………………………… 85
　　任务一　了解银行电子化与电子银行的产生 ………………………………… 85
　　任务二　熟知电子银行体系 …………………………………………………… 90
　　任务三　熟悉自助银行的使用 ………………………………………………… 96
　　任务四　了解电话银行 ……………………………………………………… 103
　　任务五　掌握手机银行的操作 ……………………………………………… 111

　　项目总结 ·· 123
　　基本训练 ·· 123
　　项目实训 ·· 124

项目五　电子支付工具（上） ·· **125**
　　学习目标 ·· 125
　　任务一　了解电子支付工具 ·· 125
　　任务二　掌握银行卡的使用 ·· 132
　　任务三　了解我国银行卡的发展历程及银行卡业务风险防范 ······ 140
　　任务四　了解国际信用卡与国际卡组织 ······································ 149
　　项目总结 ·· 155
　　基本训练 ·· 155
　　项目实训 ·· 155

项目六　电子支付工具（下） ·· **156**
　　学习目标 ·· 156
　　任务一　了解电子支付工具支付过程 ··· 156
　　任务二　认识智能卡 ··· 164
　　任务三　了解电子支票 ·· 170
　　任务四　了解电子现金 ·· 176
　　任务五　熟悉第三方支付平台 ··· 183
　　项目总结 ·· 196
　　基本训练 ·· 196
　　项目实训 ·· 197

项目七　网上银行 ··· **198**
　　学习目标 ·· 198
　　任务一　认识网上银行 ·· 198
　　任务二　辨识网上银行与传统银行 ·· 211
　　任务三　掌握网上银行风险的控制 ·· 223
　　任务四　了解家居银行系统 ·· 237
　　任务五　了解企业银行系统 ·· 241
　　项目总结 ·· 248
　　基本训练 ·· 248
　　项目实训 ·· 248

项目八　网上支付的安全 ··· **249**
　　学习目标 ·· 249
　　任务一　了解网上支付安全 ·· 249
　　任务二　了解网上支付安全技术 ·· 260
　　任务三　认识中国金融认证中心 ·· 275
　　任务四　辨识网上支付安全协议 ·· 280
　　项目总结 ·· 290

基本训练 ………………………………………………………………………… 290

项目实训 ………………………………………………………………………… 290

主要参考文献 ……………………………………………………………… **291**

项目一 网上支付与结算概述

学习目标

1.知识目标：了解网上支付与结算的概念、支付方式与支付系统的演变过程、网上支付系统的构成及支付流程、网上支付与结算的现状及面临的问题。

2.技能目标：掌握网上支付系统基本运作技能。

3.能力目标：通过学习，具备能够运用互联网实现网上支付的能力。

随着电子商务进入成熟期，网购商品呈现多样化、全球化趋势。国家邮政局发布的《2018年快递市场监管报告》指出，我国快递业务量超过美、日、欧等发达经济体之和，占全球快递包裹市场份额的一半以上，业务量规模连续5年稳居世界第一。2018年，我国快递服务企业业务量达到507.1亿件，同比增长26.6%，快递业务量及增量均创历史新高。这样的数字真是令人感到吃惊，也进一步证明了网上交易成功发展，未来网上交易会越来越多，交易的产品也会更加丰富。由此，选择什么样的网上支付方式就显得尤为重要。在本项目中，我们将介绍有关网上支付与结算的概念、方式及发展现状等问题。

任务一 认识网上支付与结算的基本方式

【案例导入】

央行2019年第三季度支付业务统计数据显示，全国支付体系运行平稳，社会资金交易规模不断扩大，支付业务量保持稳步增长。

银行账户数量稳步增长。截至2019年第三季度末，全国共开立银行账户110.17亿个，环比增长3.33%，增速较上季度末上升1.37个百分点。单位银行账户数量保持增长。全国共开立单位银行账户6 673.41万户，环比增长2.85%，增速较上季度末下降0.32个百分点。个人银行账户数量平稳增长。全国共开立个人银行账户109.50亿个，较上季度末增加3.53亿个，环比增长3.33%，增速较上季度末上升1.38个百分点。人均拥有银行账户数达7.85个。

2019年第三季度，全国银行共办理非现金支付业务4 897.60亿笔，金额926.03万亿元，同比分别增长54.80%和0.06%。银行卡发卡量平稳增长。截至2019年第三季度末，全国银行卡在用发卡数量为82.17亿张，环比增长3.00%。银行卡受理终端数量基本稳定。银行卡交易量稳中有升。2019年第三季度，全国共发生银行卡交易7 873.90亿笔，金额220.59万亿元，同比分别增长57.69%和2.98%。银行卡信贷规模适度增长。截至2019年第三季度末，银行卡授信总额为16.99万亿元，环比增长4.11%；银行卡应偿信贷余额为7.42万亿元，环比增长2.67%。

移动支付业务量增长相对较快。2019年第三季度，银行共处理电子支付业务594.64

亿笔，金额612.90万亿元。其中，网上支付业务215.39亿笔，金额495.63万亿元，同比分别增长44.62%和0.08%；移动支付业务272.74亿笔，金额86.11万亿元，同比分别增长61.05%和31.52%；电话支付业务0.43亿笔，金额2.52万亿元，同比分别增长16.57%和38.67%。

资料来源　中国人民银行．2019年第三季度支付体系运行总体情况［EB/OL］．［2019-11-22］．http://www.pbc.gov.cn/goutongjiaoliu/113456/113469/3926108/index.html.节选.

【知识准备】

一、网上支付与结算概述

互联网在国内的发展已经有约30年的历史，利用互联网进行商务交易活动——电子商务也有了20多年的历史。毋庸置疑，电子商务作为一种新型网上在线贸易方式，不仅使企业与消费者摆脱了传统的商业中介的束缚，降低了生产与销售成本，进一步缩短了生产厂家与最终用户之间的距离，改变了市场结构，还大大节省了企业的营销费用，提高了企业的营销效率，为企业提供了巨大的潜在顾客群，给企业带来了无限的发展机会。

电子商务通常是指在全球各地广泛的商业贸易活动中，在互联网开放的网络环境下，基于浏览器/服务器应用方式，买卖双方不谋面地进行各种商贸活动，实现消费者的网上购物、商户之间的网上交易和在线电子支付，以及各种商务活动、交易活动、金融活动和相关的综合服务活动的一种新型的商业运营模式。电子商务带来的网络化让传统的有形支付工具无形化。一个典型的电子商务交易由3个阶段组成，分别是信息搜寻阶段、订货和支付阶段与物流配送阶段。其中的第二阶段就涉及网上支付问题，即如何利用互联网以安全快捷的方式实现交易双方的资金划拨，以确保电子商务交易的顺利进行。从整体来看，网上支付是最关键的，因为网上支付一旦完成，物流的配送就是顺理成章的事情，也就意味着完整网上交易的完成。而网上支付若不进行，网上交易也不能最终完成。由此可见，网上支付是电子商务最核心、最关键的环节，是交易双方实现各自交易目的的重要一步，也是电子商务得以进行的基础条件。

当今网络金融服务随着电子商务的蓬勃发展已经开始在世界范围内如火如荼地开展起来。网络金融服务包括人们的各种需要，如网上消费、家居银行、个人理财、网上投资交易、网上保险等。这些金融服务的特点是通过电子货币进行网上支付与结算。我国电子商务网上支付与结算业务近几年得到了迅速发展。

所谓网上支付与结算，也称为网上支付（internet payment）或网络支付（net payment），是以金融电子化网络为基础，以商用电子工具和各类交易卡为媒介，使用安全的基于internet平台的运作平台，为交易的客户提供货币支付或资金流转等的现代化支付与结算手段。

二、我国目前主要的网上支付方式

从目前国内电子商务发展环境来看，支付方式主要包括网上支付和线下支付两种，这些支付方式同时存在。线下支付方式是传统的电子商务支付方式，主要包括货到付款以及通过邮局、银行汇款等。线下支付方式由于存在付款周期长、手续烦琐等问题，一直无法适应电子商务发展需要，甚至在一定程度上削弱了电子商务的优势，阻碍其持续发展。网上支付即在线支付，买方在互联网上直接完成款项支付。具体来说，主要的网上支付方式包括：

1.银联在线支付

这是目前在我国应用非常普遍的网上支付模式。银联在线支付系统是一个银行卡网上交易转接清算平台，用户通过网络或手机等方式订购商品和缴费，无须刷卡，只需提供卡号和相关认证信息就可以完成支付。银联在线支付的优势和特点：一是快速安全的支付方式，每张银行卡均能支付，无须开通网银；二是覆盖全面的银行通道，支持工、农、中、建等所有的带有银联标志的全国性和区域性银行的银行卡；三是统一的风险控制，商户实名认证入网，具有交易监控、事后分析机制；四是具有清晰的后台管理，商户服务网站提供一站式服务，同时提供交易查询等服务。银联在线支付业务可以被广泛应用于以下领域：网上购物、网上缴费、网上转账、信用卡还款、商旅服务、企业代收付、基金申购等业务。

2.电子现金

电子现金是以数据形式存在的现金货币。它把现金数值转化为一系列的加密序列数，来表示现实中各种金额的币值。它的特点有：一是具有现实现金特点，可以存、取、转让，适用于小额支付；二是电子现金银行在发放电子现金时使用了数字签名，商家接受电子现金后将其传输给电子现金银行，由电子现金银行通过对数字签名的验证来确定此电子现金是否有效；三是电子现金的支付是匿名的。

3.电子支票

电子支票实现传统支票电子化网上交易，消费者通过这个通道支付的时候，只要输入支票账户信息就可以完成支付，相当于开了一张电子化的支票，消费者将支票信息提交支票处理系统，发送到消费者的银行，进行资金清算。支付流程和支付页面都与信用卡网上支付类似，支付方便、快捷。只要客户的支票账户信息输入正确就可以成功，没有信用卡那么多的限制措施，也没有像信用卡支付中的信用卡的盗卡、盗刷等情况，拒付率低很多。

2015年12月，中国香港推出电子支票，成为首个支票无纸化地区。2017年6月30日，深圳推出全国首创"跨境电子支票缴税"新功能，深圳国税、地税"跨境电子支票缴税"正式上线，深港两地电子支票缴税用时最快1天。2018年8月，中信银行广州分行推广粤港电子支票，粤港电子支票票据是以电子记录形式签发的支票票据，附有电子支票或电子银行本票的正面及背面影像，以中国香港的银行作为付款人，并由收款人向广东省辖内（不含深圳）的银行出示以作结算的电子支票票据，可实现中国香港电子支票在广东（深圳除外）的使用。接受中国香港电子支票前，收款人可通过电脑或手机APP登录"电子支票跨境存票平台"（http://echeque.gzebsc.cn）注册、激活用户，进行账户认证。收到来自中国香港付款人签发的电子支票后，收款人可通过"电子支票跨境存票平台"，选择经开户银行审核认证后的结算账户办理中国香港电子支票托收。

4.第三方支付

第三方支付是具备一定实力和信誉保障的独立机构，采用与各大银行签约的方式，提供和银行支付与结算系统接口的交易支持平台的网络支付模式。国内诸多具有较强银行接口技术的服务商，在银行基础支付层提供的统一平台和接口的基础上，提供网上支付通道，就像一个插线板一样，前后分别连接商家和银行，通过与银行的二次结算获得分成。

由于这种支付方式具有网上支付、电话支付、移动支付等多种支付手段的特点，因此成长的速度特别快。独立第三方支付平台与银行之间形成了微妙的互补关系，为各种类型的电子商务网站、用户提供全面、安全、便捷及经济的服务。目前，这种方式正在成为电子商务时代在线支付的主导方式，被网民广泛使用。

移动支付就是允许移动用户使用其移动终端（通常是手机）对其所消费的商品或服务进行账务支付的一种服务方式。继卡类支付、网络支付后，移动支付俨然成为新宠。移动支付是未来发展趋势，目前的增长速度很快。移动支付的爆发式增长将为相关企业带来可观的业绩收入。

电话支付是指消费者使用电话（固定电话、手机）或其他类似电话的终端设备，通过银行系统就能从个人银行账户里直接完成付款的方式。

数字电视支付是由广电的网络公司来主导的行业应用，依托数字电视网络优势，主要服务是针对行业内的业务交易。电视支付是采用先进的技术通过数字流转来完成信息传输的，其各种支付方式都是通过数字化的方式进行款项支付的；而传统的支付方式则是通过现金的流转、票据的转让及银行的汇兑等物理实体来完成款项支付的。

【任务描述】

随着20世纪中后期信息网络技术在各行各业中的应用，基于internet的电子商务已经成为国际现代商业的最新模式，而网上支付系统在整个电子商务系统中具有极其重要的作用，甚至影响着电子商务未来的发展。电子商务这种全新的商务模式对传统支付与结算方式的冲击很大。传统的支付与结算系统是以手工操作为主，以银行的金融专用网络为核心，通过传统的通信方式（邮政、电报、传真等）来进行凭证的传递，从而实现货币的支付与结算。其中，使用的支付工具不论是现金，还是支票、传单等，都是有形的，在安全性、认证性、完整性和不可否认性上有较高的保障，已经有一套适合其特点的比较成熟的管理运行模式，但存在效率低下、成本高等问题。电子商务带来的网络化使有形的东西无形化。在网上支付系统中，不论是将现有的支付模式转化为电子形式，还是创造出网络环境下的新的支付工具，它们都具有无形化的特征。

网上支付始终处于稳定发展的进程中，而随着企业对自身数据重视程度的提高，在选择支付服务的过程中，不仅局限在大型支付公司，这使得一些不具备垄断优势的互联网支付公司有了发展空间。随着互联网不断深入人们的日常生活中，如今网上出现了多种形式的支付方式。请尝试收集一下近几年我国第三方网上支付发展的相关数据，并对如何选择网上支付方式提出你的看法。

【任务实施】

步骤1　了解网上支付交易规模（可上网搜索有关报告取得相关数据，如图1-1所示）。

步骤2　网上支付方式的选择。越来越多的网上交易直接引起的就是交易方式的变化。网上支付方式的选择主要是通过网上交易的支付方式的具体比较，看看什么样的支付方式比较适合大家的选择，什么样的支付方式是最好和最安全的选择（举例如图1-2所示）。

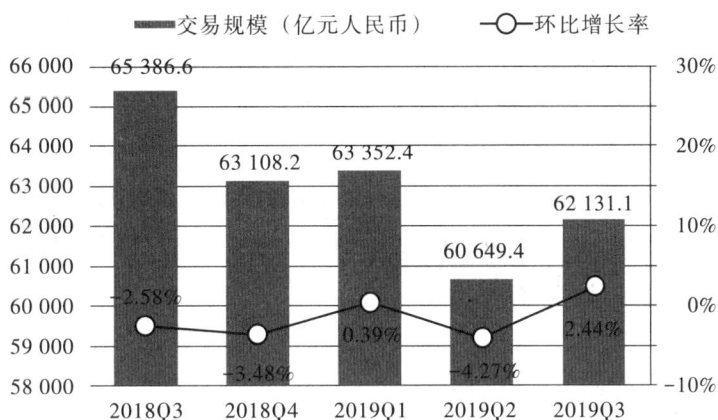

说明：以上数据根据厂商访谈、易观自有监测数据和易观研究模型估算获得，易观将根据掌握的新市场情况对历史数据进行微调。

资料来源　易观. 互联网支付行业数字化进程分析 [EB/OL]. [2019-12-19]. https：//www.analy-sys.cn/article/analysis/detail/20019614.节选.

图1-1　2018Q3—2019Q3中国第三方支付互联网支付市场交易规模

图1-2　网上支付方式的选择举例

（1）第三方支付代表——支付宝（如图1-3所示）。目前，使用量最大的一个支付方式就是我们熟悉的支付宝，因为支付宝是我们国家比较早的一种网上支付方式，现在支付宝和很多网站都有合作，这样使用支付宝就会十分方便。

图1-3　支付宝

（2）网上银行（举例如图1-4所示）。一般使用网上银行要便利很多，把钱放在那里会有利息，转账什么的手续费只有很少甚至没有，整体要方便不少，而且目前与网上银行合作的商家等越来越多，便利性增加了，安全性也增加了，对于我们的使用有很多的优惠。

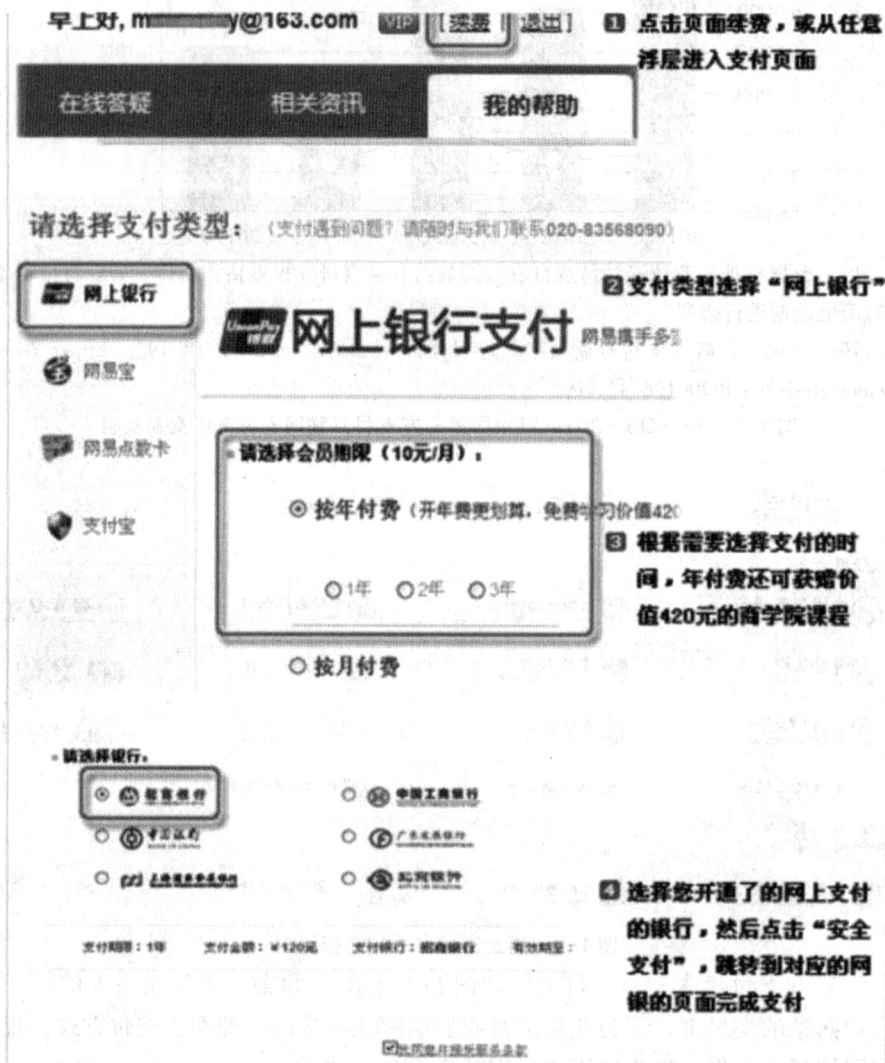

图1-4 网上银行举例

（3）手机银行。手机银行是指银行以智能手机为载体，使客户能够在此终端上使用银行服务的渠道模式。

任务二 了解传统支付方式与支付系统的演变

【案例导入】

回顾一下中华人民共和国成立以来的消费支付方式的变化，会发现，我们的支付方式发生了巨大的变化。支付方式变化的基础是中国近现代银行的不断发展：1897年，中国第一家商业银行"中国通商银行"在上海成立；1948年，中国人民银行成立；1978年改革开放后四大国有专业银行相继恢复和成立；1992年"南方谈话"后，股份制商业银行纷纷成立。金融业爆炸式发展改变了我们的支付方式。

互联网时代的到来，大大改变了人们的生活方式。在网购行业发达的今天，人们足不出户就可以在网上买到心仪的商品，甚至连吃饭都可以通过网上点餐，等待商家配送上门。生活方式已然发生了翻天覆地的变化，支付方式随之发生了很大的变化。

随着人脸识别这项新技术的逐渐成熟，它被应用到各种场景中，新的支付方式——刷脸支付也因此诞生。和扫码支付相比，刷脸支付在支付的便捷程度方面有着更大的优势——不需要在手机上点击操作，只需要站在设备前确保自己的脸被识别，然后确认支付即可，整个过程只需要几秒钟。

比起刷脸支付，指纹支付要更为大家熟悉一些。现在很多人的手机都支持指纹解锁，也具备指纹支付的功能。只要在支付APP中开启指纹支付的选项，就可以在付款时免输密码，直接通过指纹来确认付款。每个人的指纹都是独一无二的，这也使得指纹支付的安全性更高。

刷脸支付、指纹支付已经够省时省力了，更方便的还有无感支付！无感支付是通过识别签约用户的车牌，从关联银行卡支付的一种快捷支付方式，主要应用于停车场、高速ETC收费站等场景。当车辆经过识别设备时，系统会自动识别车牌号，然后完成支付过程，不需要车主做任何操作，大大地节省了时间，避免了拥堵。

【知识准备】

一、传统支付方式

传统支付方式指的是通过现金流转、票据转让以及银行转账等物理实体的流转来实现款项支付的方式，其主要形式有3种：现金、票据和信用卡。

1.现金

现金有两种形式，即纸币和硬币，是由一国中央银行发行的。在现金交易中，买卖双方处于同一位置，而且交易是匿名的。卖方不需要了解买方的身份，因为现金的有效性和价值是由中央银行保证的。同时，现金具有使用方便和灵活的特点，故而多数小额交易是由现金完成的。交易流程为：一手交钱、一手交货。任何人只要持有现金，都可以进行款项支付。但是现金交易存在很多缺陷：第一，受时间和空间的限制；第二，受不同发行主体的限制，给跨国交易带来不便；第三，不利于大宗交易，且不安全。

2.票据

票据分为广义票据和狭义票据。广义票据包括各种具有法律效力、代表一定权利的书面凭证，如股票、债券、汇票等，人们将其统称为票据。狭义票据指的是《中华人民共和国票据法》所规定的汇票、本票和支票，是一种载有付款日期、付款地点、付款人无条件支付的流通凭证，也是一种可以由持票人自由转让给他人的债券凭证。

票据本身的特性使得交易可以异时异进行，突破了现金交易同时同地的限制，大大提高了交易实现的可能性，由此促进了交易的繁荣。但票据存在一些问题，如易伪造、易丢失，商业承兑汇票甚至存在拒绝付款和到期无力支付的风险。因此，使用票据也存在一定的风险。

3.信用卡

信用卡是银行或公司向持有人签发的、证明其具有良好信誉的、可以在指定的商户或场所进行记账消费的一种信用凭证。从广义上说，凡是能够为持卡人提供信用证明，持卡人可凭卡消费或享受特定服务的特制卡片均可称为信用卡。广义上的信用卡包括贷记卡、准贷记卡、借记卡、储蓄卡、提款卡（ATM卡）、支票卡及赊账卡等。目前这一概念用"银行卡"所替代。从狭义上说，信用卡主要是指由银行或其他机构发行的贷记卡，即无须预先存款就可以进行消费的银行卡，是先消费后还款的银行卡。

国内银行所发行的信用卡，有的是准贷记卡，即先存款后消费，允许小额、善意透支的银行卡。信用卡作为支付方式，高效便捷，可以减少现金货币流通量，简化收款手续，并且可以用于存取现金，十分灵活方便。但是，信用卡存在一些缺点：第一，交易费用高；第二，信用卡具有一定的有效期，过期失效；第三，有可能遗失而给持卡人带来风险。

【小知识1-1】

1959年，3位成就显著的中国香港商人合作引进了大莱卡，标志着信用卡正式传入中国香港。

二、支付系统的演变

1.支付和支付系统

所谓支付，就是在商品交易、证券交易和货币交易等中，交易双方的资金往来。任何买卖活动都伴随着资金的往来。

所谓支付系统（payment system），亦称清算系统（clearing system），是由提供支付清算服务的中介机构和实现支付指令传送及资金清算的专业技术手段共同组成的，用以实现债权债务清偿及资金转移的一种金融安排。

2.支付系统的发展

自从出现纸币和票据以来，伴随着商品交易的前述两个层次的资金支付活动就一直存在。资金支付活动中的各方通过各种纸币和票据的流动相互维系在一起，完成商品交易时的资金往来。纸币和票据的流通速度慢，处理工作量大，影响了商品交易的发展，导致维系资金支付活动的各方不能形成一个有机的整体。因此，严格地说，还没有形成现代意义的支付系统。

在商品经济高度发展的市场经济社会里，纸币和票据的流通速度已不能满足急速发展的商品生产与流通的要求，这就促使银行研制开发新的支付工具和新的处理方法。银行卡的出现，促使货币从纸币发展成为电子货币。电子货币的出现和应用推广，促使货币实现了又一次革命性的转变，从而对商品生产的高速发展产生了深远的影响。在电子支付系统里，支付指令的信息流和资金流都是电子流，这样，不管支付系统多复杂，一笔支付活动瞬间就可完成，大大加快了资金的流动速度。

电子支付系统的形成不仅使银行的业务处理实现了电子化，还使银行不断开发出大量新的自主银行服务项目。在这个基础上，银行利用最先进的信息技术，对各种金融交易中产生的数据进行加工处理，产生各种有用的信息，为各类客户提供各种增值服务，从而使银行进入新的电子银行时代。

3.中国目前的支付系统

目前，我国的支付系统由大额实时支付系统、小额批量支付系统、全国支票影像交换系统、境内外币支付系统、电子商业汇票系统和网上支付跨行清算系统等组成。在项目三的任务四中将对此进行介绍。

【任务描述】

中国经历几千年的历史变革，从交子出现就知道支付方式的不同将为我们的生活带来巨大的便利。如今的中国，支付方式在不经意间已经发生了天翻地覆的变化。2019年天猫"双11"全天成交额为2 684亿元人民币，超过2018年的2 135亿元人民币，再次创下新纪录。最直接的依赖基础就是如今支付方式的改变。中华人民共和国成立70多年，跨越两个世纪，随着第一张银行卡的出现，支付方式都经历了什么变革？通过了解支付方式的发展，了解支付方式的演变过程。

【任务实施】

步骤1 第一代支付方式——原始社会的支付方式（如图1-5所示）。

图1-5 第一代支付方式

步骤2　第二代支付方式——自然经济社会的支付方式（如图1-6所示）。

第二代支付方式：
自然经济社会的支付方式

以实体货币为媒介，交换和支付同时发生，初级支付系统已形成。

货币支付时代：面对面、简单、方便，大数量支付时，操作烦琐，安全性低。

最早的金币出土于埃及
公元前2700年左右

春秋战国　**前770年—前221年**
黄金成为一般等价物，成为贵重的货币

秦统一货币，黄金为上币，铜为下币，单位"**半两**"，方孔圆钱沿用两千余年

公元前113年，汉武帝收回了郡国铸币权，由中央统一铸造**五铢钱**

北宋仁宗天圣元年(1023年)**交子**发行，最早的纸币

1914年，袁世凯发行银元货币，因银元铸有他的侧身头像，故此又称"**袁大头**"

1948年12月1日，中国人民银行成立并发行**第一套人民币**

图1-6　第二代支付方式

步骤3　第三代支付方式——工业化经济社会的支付方式（如图1-7所示）。

第三代支付方式：
工业化经济社会的支付系统

以银行信用为主的支付系统

1823年，**中国第一家私人金融机构**

1897年，中国通商银行——**中国人自办的第一家银行**

1950年，大莱信用卡公司前身"大莱俱乐部"，发行世界上**第一张塑料制信用卡**——大莱卡

中国银行
BANK OF CHINA
1979年，中国银行广东省分行首先同东亚银行签订协议，开始代理信用卡业务，**信用卡从此进入中国内地**

1996年8月，境内首家具有**国际标准人民币借记卡**——长城电子借记卡发行

图1-7　第三代支付方式

步骤4 第四代支付方式——信息经济社会的支付方式（如图1-8所示）。

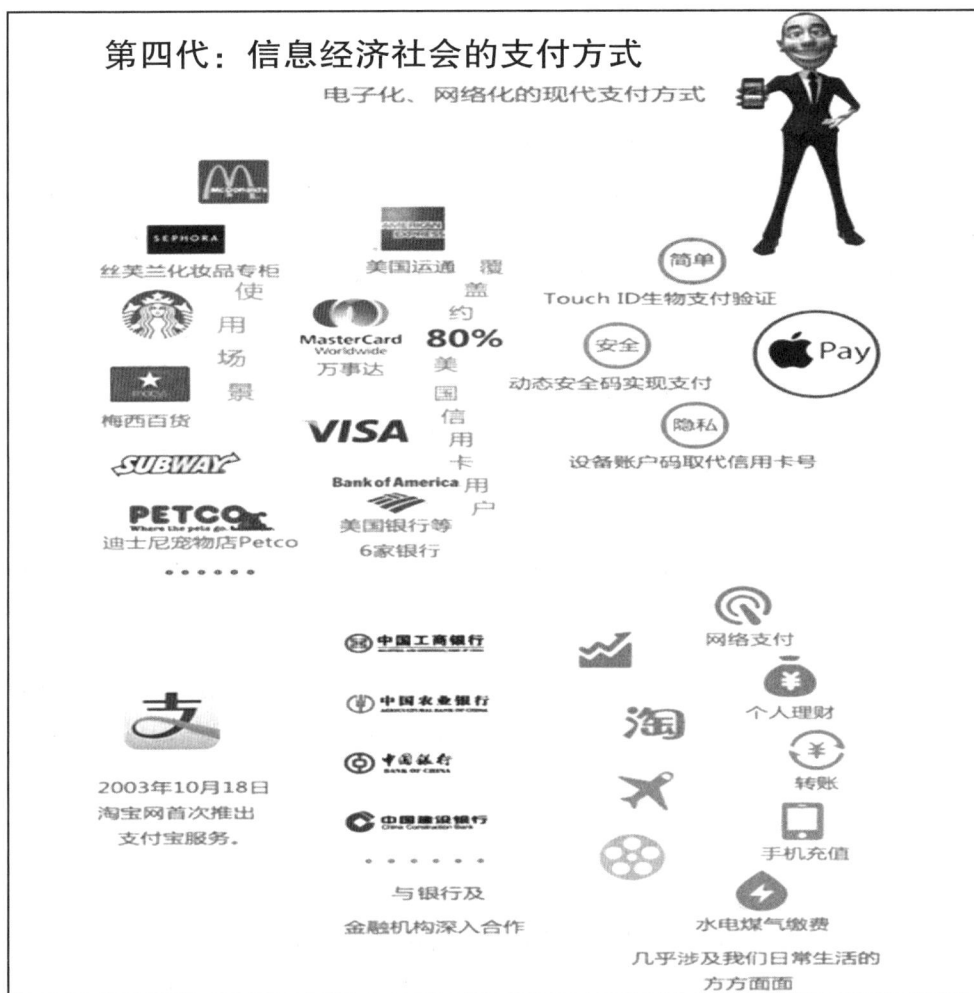

图1-8 第四代支付方式

步骤5 全新支付方式。

二维码支付的出现，人们出门连银行卡都不用再带，只要手机有电，轻轻扫一扫即可完成付款。刷脸支付的出现，只要把脸凑上去，很快就能完成付款（如图1-9所示）。另外，还有指纹支付、无感支付等方式，极大地方便了人们的生活。

图1-9 刷脸支付

任务三 了解网上支付与结算现状及面临的问题

【案例导入】

国务院办公厅2号文件《关于加快我国电子商务发展的若干意见》和《中华人民共和国电子签名法》（以下简称《电子签名法》）以及《电子支付指引（第一号）》为网上支付的发展提供了法律和政策上的支持。在短短一年时间内，仅国内的第三方支付平台就已经发展到50多家。电子支付系统的运用已经取得了迅速的发展，特别是第三方支付平台的出现，引发了支付方式的变革。

网上支付的发展疏通了电子商务交易过程的资金流，打通了电子商务发展的支付瓶颈。从整个支付体系看，网上支付逐步成为我国支付市场和支付体系的重要组成部分。中国金融认证中心（CFCA）发布了《2019中国电子银行调查报告》（以下简称《报告》），电子银行呈现出显著的移动化趋势，首选手机银行的用户占比达到了52%，同时，微信银行成为使用频率最高的电子渠道。《报告》认为，用户的使用习惯已经固化，相较于网银，首选手机银行的用户比例是首选网银的近5倍，占比52%；而基本不用手机银行，首选网银的用户占比是11%。在近80家银行中，个人手机银行近3年界面进行过较大的改版设计的银行比例为75%，16%的银行更为进取，连续两年都进行过较大的改版。手机银行用户比例自2018年首次超越网银后继续保持较高增长态势，2019年增幅达6%，增速达11%，渠道用户比例达到63%；而网银呈现低速增长，较2018年仅增长3个百分点，占比56%。

【知识准备】

一、目前中国网上支付发展现状

网上支付已经成为支撑线上零售、预订、教育医疗等的综合服务平台。第三方支付企业特别是线上第三方支付企业将先进的信息技术与支付服务充分结合，弥补了传统商业银行在线上资金处理效率、信息流整合以及个性化服务等方面的不足，成为网络经济时代金融服务体系日益重要的组成部分。第三方支付又称非金融机构支付服务，主要包括网上支付、预付卡支付、银行卡收单等。其中，网上支付被定义为包括货币汇兑、互联网支付、移动电话支付、固定电话支付、数字电视支付等多种形式在内的，借助网络为付款人提供支付服务的行为。通过互联网、移动通信等平台，第三方支付企业逐渐以多样化、个性化的产品，满足了诸多客户群体的支付需求，而这些领域可能是银行难以覆盖或者并不重视的领域。近年来，第三方支付企业发展非常迅速，这既是由于市场规则不断完善，也是基于互联网与电子商务的快速发展。

目前，网上支付行业主动求变，持续创新，释放发展新动能。

一方面，网上支付机构主动进行业务调整。2019年1月，备付金账户销户迎来最终期限，第三方机构上缴备付金更为彻底。受此影响，支付企业不断收紧自身优惠政策，主动向以支付体系为核心的金融科技服务方向转型。例如，大型支付机构通过整合支付与金融业务线，优化自身支付解决方案，成为理财、小额贷款等金融服务的有效分发渠道；中小型支付机构通过不断尝试对接跨境电商平台，深化企业端支付服务，拓展境外用户来源等方式，以实现转型发展。

另一方面，网上支付创新动力十足，应用场景得以延展。继扫码支付普及之后，生物识别、ETC（electronic toll collection，电子不停车收费）等技术与网上支付业务深度融合，催生出许多不再依赖手机的新型支付方案，并逐步进入商用推广阶段。其中，基于人脸识别技术的刷脸支付发展较为迅速，和扫码支付相比，其便捷性、精准性和支付效率均有所提升。例如，支付宝推出集软硬件为一体的刷脸支付产品"蜻蜓"，微信支付也推出可接入POS（point of sale，销售终端）机的刷脸支付产品"青蛙"，推广落地均较为迅速。此外，交通运输部明确提出推动高速公路ETC发展应用，各大银行推出不同力度的优惠活动，服务网点由线下延伸至手机银行、微信小程序等线上领域；支付宝和微信支付利用自身在线上支付的优势，同步开通ETC在线办理业务，以期完善自身在线下支付场景的布局。截至2019年7月18日，全国ETC用户总量达9 151万个，日均ETC发行量约42万个，是2018年日均发行量的7倍。

1. 支付行业"强监管"成为常态

我国非银支付机构由人民银行负责监管，并于2011年5月开始颁发支付业务许可证。截至2019年年初，共有238家支付机构拥有牌照，业务范围涉及互联网支付、移动支付、银行卡收单、预付卡发行与受理等。近年，人民银行从市场准入和违规处罚两个维度，不断强化支付领域的监管力度，高压监管渐成常态。

2. "交备付"重塑话语权

2018年11月底，人民银行支付结算司下发《关于支付机构撤销人民币客户备付金账户有关工作的通知》，要求支付机构于2019年1月14日之前，对开立在商业银行的"备付金交存专户"（跨境人民币备付金账户、基金销售结算专用账户、预付卡备付金账户和外汇备付金账户除外）完成销户，将客户备付金100%交至央行。此前，按照监管规定，支付机构客户备付金的集中交存比例已在逐步提高，如2017年最初为10%～20%，2018年4月增至40%～54%，且不计付利息。自2018年下半年起，鼓励支付机构提前执行，将备付金全额转至央行"集中存管账户"。备付金利息收入一直是支付机构的重要收入来源之一，此次央行全额上收备付金后，将对支付行业产生较大影响。

3. "断直连"变革交易模式

为更好地防控风险，打破大型支付机构多头直连银行、承担清算职能的模式，央行牵头组建了网联清算有限公司（以下简称网联），并要求支付机构在2018年7月前切断网上支付业务与银行的直连，通过网联或银联实现集中统一的跨行转接清算。到2019年年初，持网上支付牌照的115家支付机构以及424家银行已接入网联平台，99%的市场存量跨机构业务完成了向网联平台的业务迁移，多家银行公告称已全面完成与合作支付机构网上支付业务的"断直连"。

4. 移动互联网的快速发展，移动支付市场形成竞争格局

《2019上半年中国移动支付行业研究报告》显示，2019年上半年中国移动支付交易规模达到166.1万亿元，较2018年上半年上升24.2%，增长势头重回正轨。移动支付产品在全民范围内的普及，推动交易规模不断上升。2018年，移动支付总指数前10强城市包括上海、杭州、北京、武汉、重庆、天津、深圳、广州、温州、南京。从分类项看，北京在

移动支付信息化基础指数排名第一，上海在移动支付商业消费指数排名第一，杭州在移动支付政务民生指数排名第一。随着移动支付平台将应用场景拓展到人们生活圈的更多环节，未来移动支付的使用将更趋频繁。支付宝和财付通（微信支付、QQ钱包）进入市场早，注重用户体验和线上线下应用场景的丰富，占据了移动支付90%以上的市场份额，处于移动支付市场竞争的第一梯队。处于第二梯队的有苏宁支付、银联云闪付、壹钱包等。第二梯队移动支付产品虽然在用户体量和市场份额上不如第一梯队产品，但拥有忠实用户群体，且产品各具特点，能满足不同群体消费者的需求。

2019年第三季度中国第三方移动支付市场交易份额如图1-10所示。

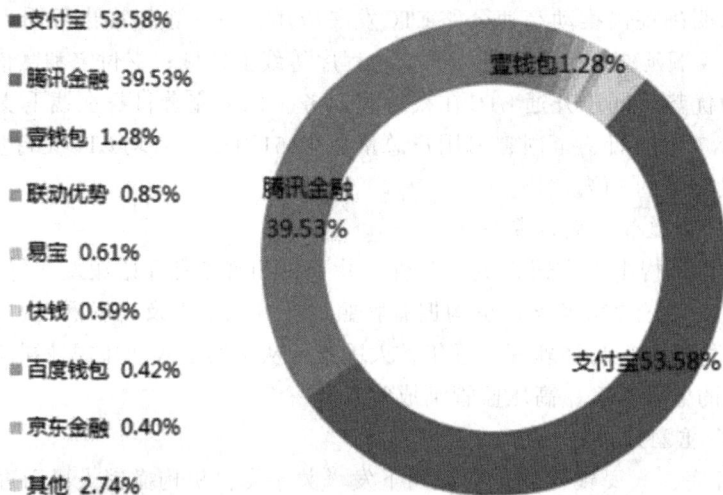

- 支付宝 53.58%
- 腾讯金融 39.53%
- 壹钱包 1.28%
- 联动优势 0.85%
- 易宝 0.61%
- 快钱 0.59%
- 百度钱包 0.42%
- 京东金融 0.40%
- 其他 2.74%

说明：以上数据根据厂商访谈、易观自有监测数据和易观研究模型估算获得，易观将根据掌握的最新市场情况对历史数据进行微调，部分企业未涵盖。

资料来源　易观. 中国第三方支付移动支付市场季度监测报告2019年第三季度［EB/OL］.［2019-12-19］. https：//www.analysys.cn/article/analysis/detail/20019613.节选.

图1-10　2019年第三季度中国第三方移动支付市场交易份额

二、"多元化"成为第三方支付企业的重要战略

第三方支付企业的业务多元化主要体现在以下几个方面：

1.支付业务多元化

随着市场竞争的加剧，主流第三方支付企业在支付业务上逐渐从线上走向线下，支付业务多元化趋势明显。支付业务涉及网上支付、移动支付、电话支付、银行卡收单等，为企业客户提供综合支付解决方案，力求一站式满足企业客户的各种支付需求。

2.增值服务成为拓展用户和提升收益的有效措施

创新能力较强的支付公司不仅为用户提供各种支付服务，也积极寻求在支付业务的基础上开发增值服务产品。增值服务探索主要表现为3个方面：

（1）支付+金融。围绕核心企业的资金现结、赊销和预付等常见支付形式，开发供应链金融服务，代表企业——快钱。

（2）支付+营销。营销是当前电子商务企业面临的主要问题，所以依托企业集团资源和用户资源，在支付的基础上为客户提供营销增值服务，成为支付企业的又一创新，代表企业——财付通。

（3）支付+财务管理。支付公司通过与财务管理软件企业合作，把支付服务嵌入到财务管理软件服务中，为广大中小企业提供资金支付服务的同时，提升了财务管理水平和效率，并通过这种方式提升了企业黏性，代表企业——快钱、支付宝。

3.跨境支付增长潜力巨大

近几年随着海淘用户的增加，用户对于跨境支付的需求越来越旺盛，所以跨境支付的市场应用环境越来越成熟，跨境支付有望成为在线支付领域又一个快速发展的细分市场，代表企业——支付宝、财付通。电子商务研究中心发布的《2018年度中国跨境电商市场数据监测报告》显示，2018年中国跨境电商交易规模达9万亿元，同比增长11.6%。

4.移动支付成为各家支付企业布局的重点

随着移动互联网和智能终端的快速发展，移动支付成为改写未来支付市场格局的重要业务，所以依托企业各自的资源优势，各家主流支付企业纷纷加快在移动支付市场的布局，手机钱包、手机刷卡器、客户端和应用内支付等支付产品都开始推广尝试。

在传统经济社会，实现资金交付功能的银行等金融体系是市场运行的纽带；在网络经济时代，包括传统银行、第三方支付企业在内的线上支付服务体系形成关键性通路，是新经济时代的命脉。第三方支付企业特别是线上第三方支付企业将先进的信息技术与支付服务充分结合，弥补了传统银行在线上资金处理效率、信息流整合以及个性化服务等方面的不足，成为网络经济时代金融服务体系日益重要的组成部分。

三、网上支付所面临的问题

1.50.8%的网民多账户同密码，个人账户"不锁门"

互联网普及的今天，大量的网站需要我们注册账号，并为访问设置密码，然而多数人难以记住大量和复杂的密码。密码作为保护我们在线账户的重要方式，一旦泄露不仅会使个人信息泄露，还有可能引起财产损失。2018年企鹅智酷通过企鹅调研平台对全国规范网民进行了调查，发布的首个《中国网民个人隐私状况调查报告》显示，以"几个密码通用于大多数账号"的中国网民占比达到50.8%。在信息泄露时，接近六成人选择仅修改泄露平台的密码。而对所有账号都采用同一套密码的占了14.9%。可见大多数人不同账号使用的都是同一套密码，而在如今这个互联网时代，不得不说这样做的风险确实太大。是否保存密码方面，不保存密码者占52.6%。保存密码的风险性比起敏感信息、隐私泄露等有所降低。

随着手机支付等支付方式日益多样化，用户在体验支付便捷的同时，对安全支付及风险防范的要求正在不断提升。要增强全社会的支付安全意识，呼吁产业各方共建更安全的支付生态环境。

【小知识1-2】

《中华人民共和国密码法》（以下简称《密码法》）经十三届全国人大常委会第十四次会议表决通过，自2020年1月1日起正式施行，标志着我国在密码的应用和管理等方面有了专门性的法律保障。《密码法》围绕"怎么用密码、谁来管密码、怎么管密码"，重点规范了5方面44条内容。明确立法是"为了规范密码应用和管理，促进密码事业发展，保障网络与信息安全，维护国家安全和社会公共利益，保护公民、法人和其他组织的合法权益"。强调"坚持党对密码工作的领导"，规定"中央密码工作领导机构对全国密码工作实行统一领导"，国家密码管理部门也就是国家密码管理局负责管理全国的密码工作。《密码法》将密码分为核心密码、普通密码和商用密码3类，实行分类管理。其中，核心密码、普通密码用于保护国家秘密信息，属于国家秘密；商用密码用于保护不属于国家秘密的信息，公民、法人和其他组织可以依法使用商用密码保护网络与信息安全。

2.假交易链接"钓鱼"

买家在淘宝等网购平台上拍下商品后，伪装成卖家的不法分子会借口修改价格，通过聊天窗口发给买家一个看似与真实支付页面几乎一样的链接，让买家直接付款。实际上该链接是模仿真实网页制作的钓鱼网站。不法分子可通过买家在钓鱼网站页面上操作记录下的账号、密码登录买家的账户，转走钱款或购买他物。安全联盟提醒用户，在进行付款操作时，一定要看清链接。如支付宝官网，其URL就为加密链接，开头为https，而非http，在地址栏还会显示一个小锁标志。

3.病毒程序伪装成红包群

不法分子用"二维码生成器"将病毒程序生成二维码，再通过微信进行散播，称扫描该二维码即可加入红包微信群，进行抢红包。但当用户扫描二维码后，会弹出一个是否允许进行授权的提示。一旦点击允许，该病毒程序将读取手机内的个人信息、银行卡号、密码等，导致信息被窃、资金被转移。

4.盗版移动支付客户端

盗版移动支付客户端从外观上和实际体验上都与正版应用无异，使用户难以辨别。不法分子通过篡改原始客户端程序的执行流程，能够截获用户的账号名、密码等隐私数据。安全联盟提醒用户，下载银行客户端时，一定要在银行官网或在正规的第三方应用市场中进行下载，擦亮双眼。

5.公共场所登录Wi-Fi为最频繁网络高危行为

《2018年网民网络安全感满意度调查报告》显示，公众网民认为网络购物时向卖家发送个人银行账号、密码等信息和随意打开来源不明的电子邮件或网站链接，是最容易导致网络安全危险的行为。其次是随意扫描二维码、下载安装软件、注册网络账号时使用手机号和个人身份证号码，使用盗版软件等行为。公众网民在过去一年里发生的高频率的网络高危行为，依次是公共场所登录Wi-Fi，使用手机号码、个人身份证号码等敏感信息设置网络账户，长期不做文件备份，多个账户使用同一个密码。其中，公共场所登录Wi-Fi行为占比超四成。

安全联盟提醒大家，尽量不要在任何陌生的网络中使用支付账户和密码。此外可给手机安装防火墙、杀毒软件，设置密钥、数字证书等。对于不确定的无线网络，连接前应先咨询工作人员，确保安全后，再进行连接。

6.假支付权限升级植入木马

不法分子先冒充客户，将事先做好的虚假"未支付成功的订单号"发送给淘宝商家；再冒充淘宝客服，以升级支付权限为由，将新型木马病毒发给淘宝商家安装；淘宝商家一旦听信安装，病毒就会植入支付链接页面，造成支付成功的假象，骗子继而蒙骗淘宝商家并套现。

四、完善我国网上支付市场的建议

中国网民、互联网普及率不断增加。网上支付用户快速增长离不开网上消费的繁荣发展。随着我国网络零售市场的迅猛发展，线上消费的生活服务类型不断拓宽，交易规模持续增大，极大地带动了用户网上支付的使用普及。快捷支付、卡通支付等便利支付形式增强了支付的可用性，促进了网上支付在更广泛用户中的覆盖。而随着移动支付技术标准的确立，支付企业在手机支付领域的布局与发力，也带动了手机网上支付用户的快速增长。

1.用户支付安全意识及技能亟须加强

随着互联网、大数据、人工智能等技术的迅猛发展，电信网络欺诈也频频翻新作案手法，呈现出精准化、多样化、团伙化、跨境化等特征，严重损害社会诚信和社会秩序，成为影响群众财产安全和社会和谐稳定的一大公害。央行2019年3月发布了《关于进一步加强支付结算管理 防范电信网络新型违法犯罪有关事项的通知》，提出21项措施，进一步筑牢金融业支付结算安全的防线。广大网民要提高支付安全意识，防范电信网络新型欺诈。

2.移动化、社交化支付安全风险增大

正是因为对移动支付的依赖性越来越强，不法分子瞄准了网络欺诈的"新领地"。

移动支付渗透到人们衣食住行的各个场景，其中公共交通、医疗服务、金融理财等场景移动支付使用频率较高。手机的移动支付功能愈发强大，大型商场、超市，甚至路边的早餐店、水果铺等都纷纷开通了手机支付功能，使人们的日常生活得到越来越多的便利。但与此同时，作为一种全新的支付方式，手机的移动支付正在被居心不良的犯罪分子所利用，由此滋生出一系列不容忽视的安全隐患。中国支付清算协会移动支付和网络支付应用工作委员会发布的《2019年移动支付用户问卷调查报告》显示，与2018年比，40岁以下用户占比下降近两成，近七成用户每天使用移动支付。用户对移动支付安全的重视程度持续增强，用户最担心的问题是安全隐患和商户不支持；常遇到的安全问题仍是个人信息泄露、账户资金被盗用和手机扫描到伪假条码等（如图1-11所示）。

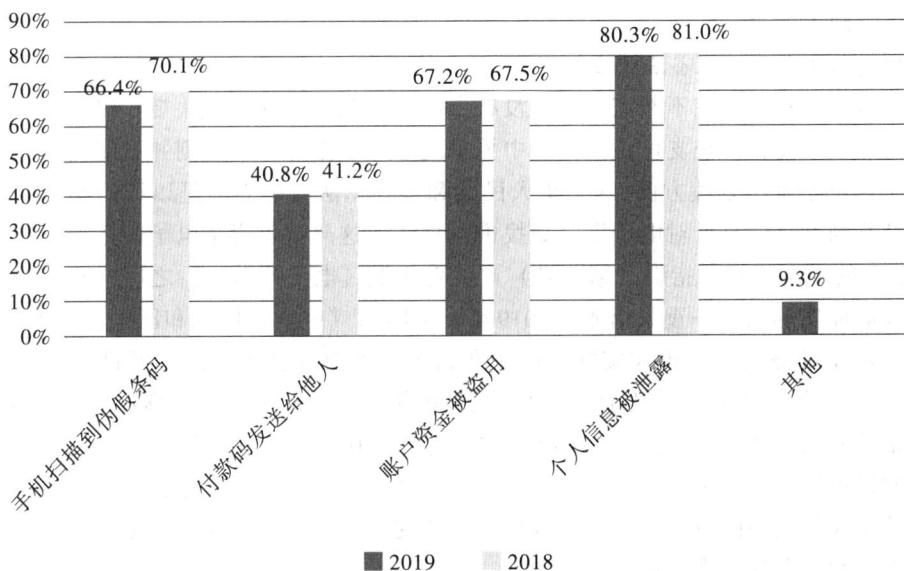

图1-11 移动支付用户遭遇的安全问题比例

加强对移动支付业务的监管，控制移动网上支付系统的各种风险，是保证其持续、良好运作的基础。中央银行应该加强对移动支付业务的监管，宜未雨绸缪，不要等到某些风险成为现实，再进行管理。

　　为确保移动支付安全运作，金融机构应该自始至终将支付体系的安全性放在首位。要提高支付环境安全，首先要制定有关的控制措施，包括数据保护、数据备份、灾难恢复、设备维护、密码管理、网络监控、系统日志等，以及各种预防性措施，从根本上杜绝风险隐患。

　　3.逐步建立健全网上支付的法律法规

　　网上支付涉及网络安全技术、数字签名技术、民事责任分担机制、第三方交易平台等相关问题，因此网上支付的安全性离不开众多配套法律的完善。我国陆续出台《电子签名法》《电子支付指引（第一号）》等，分别从法律上确定了电子签名的合法地位，并对网上交易的安全性提出了指导性要求，为网上支付安全提供了基础保障。近年来，主管部门加强了对网上支付的管理，出台《非金融机构支付服务管理办法》及实施细则、《支付机构反洗钱和反恐怖融资管理办法》、《支付机构预付卡业务管理办法》、《非银行支付机构网络支付业务管理办法》等，对支付机构开展支付业务实施了相应的金融管制要求。在规范经营方面，要求支付机构应按核准范围从事支付业务、报备与披露业务收费情况、制定并披露服务协议、核对客户身份信息、保守客户商业秘密等。网上支付安全保障的法律环境在不断优化。

　　虽然有现行的法规对网上支付主体、经营机构进行规范，但针对网上支付的综合安全保障方面，还缺乏综合性的法规来明确银行、商户等相关方面的责任和义务；针对用户网上支付安全问题的追偿也缺乏明确的监管主体，来有效保障用户财产和信息安全。西方发达国家如美国和欧盟成员国，多是沿用现有传统银行和支付管理法规来监管线上支付，由银行主要承担了保障网络安全的责任。而国内的银行发展滞后，信用体系尚未完善，因此无法完全沿用线下管理体系来规范线上支付行为，使得线上支付安全的政策法规环境出现诸多监管空缺。

　　4.加快立法进程，完善法律法规

　　我国电子商务立法在不断完善中，没有专门的有关电子支付的法规，仅有一些行业规范，效力等级不高，传统支付法律体系中关于现金与票据清算的规则并不能完全适用于网上支付；在电子资金划拨方面，《中华人民共和国票据法》确立的是以纸质票据为基础的支付与结算制度，没有针对电子资金划拨进行立法，这严重阻碍了电子商务的发展。2005年6月公布的《电子支付指引（第一号）》被看作继《电子签名法》之后，政府为推动电子商务发展而实施的又一重大措施。2019年1月1日，《中华人民共和国电子商务法》（以下简称《电子商务法》）正式实施。该法在诸多方面对社会关切的问题进行了细致的规定，为未来电商发展奠定了基础。在经历了20多年的增长之后，电商迎来了有法可依、全面法治的时代，告别野蛮生长，逐渐走向成熟。2019年1月1日起，除了银行账户收支情况、网络银行收支记录外，央行针对非银行支付机构的交易开始进行强行监控管理。对于用户涉及大额交易的案例，必须上报央行。新规的目的是反洗钱和反恐怖主义融资，并非限制个人和企业的正常交易。

　　5.用证书技术解决网上支付安全问题

　　网上支付一直存在安全问题，包括技术上的安全、风险的控制机制、纠纷的解决机制、安全的支付流程、用户的安全意识等。技术上的安全是保障数据的监控和安全。风险的控制机制主要是规范风险的类型，分清风险责任方，防范风险发生。纠纷的解决机制是明确谁来处理纠纷、如何申述、如何取证、如何判罚等问题。安全的支付流程是保证支付过程的流畅，防范交易抵赖等。用户的安全意识是引导用户正确使用网上支付工具，增强自我保护意识。在中国，网上支付安全问题并没有外界传说的那么可怕，只是目前很多消费者还不了解网上支付有诸多的保护措施，也缺乏必要的安全交易常识，这些是导致网上支付所谓不安全的最直接原因。要解决这些问题，可以采取移动证书、浏览器证书或者是动态密码等技术手段，同时培养消费者的使用习惯，增加消费者的安全意识和交易常识。

6.突破电子商务瓶颈，加强诚信体系建设

法律为保障网上支付必须推动社会信用制度的建立。发达的商业社会对社会包括个人的信用有着很高的要求，并会通过一系列公开透明的制度来维护和保障信用制度体系。我国目前在对信用概念内涵的理解、信用信息公开的方式和程度、信用服务企业的市场发展程度，以及对失信者的惩戒制度方面都还十分落后，甚至存在空白，应当承认我国信用制度还很不健全。我们应当着手网上支付信用机制的建设，建立个人社会信用体系，网络交易应采用实名制，普及CA认证，及时收集和反馈用户信息并做出相应的解决方案，促进用户建立网络信用。中国电子商务企业要与国外厂商竞争，就必须加强自身的诚信体系建设，制定游戏规则，这样才能以企业诚信带动网民诚信，从而形成良性的循环。这里，我们可以引入传统商业经验，将传统商业的保障制度和电子商务的先进技术结合起来，形成一套防范机制，并真正从企业的角度引导和保护网民的诚信。应在全社会树立诚实守信的道德观念，鼓励守信，惩戒失信，整顿和规范市场经济秩序、规范个人行为；重视全民的诚信知识教育并深入群众进行诚信和网络道德宣传，提高人们诚实守信的自觉性；加快个人诚信系统建设，建立健全的个人信用档案，加强个人信用数据的管理。

【小知识1-3】

支付账户与银行账户有哪些不同呢？

支付账户最初是支付机构为方便客户网上支付和解决电子商务交易中买卖双方信任度不高而为其开立的，与银行账户有明显不同。

一是提供账户服务的主体不同。支付账户由支付机构为客户开立，主要用于电子商务交易的收付款结算。银行账户由银行业金融机构为客户开立，账户资金除了用于支付与结算外，还具有保值、增值等目的。

二是账户资金余额的性质和保障机制不同。支付账户余额类似于预付费卡中的余额，是支付机构以其自身名义存放在银行，并实际由支付机构支配与控制。该余额不受《存款保险条例》保护。一旦支付机构出现经营风险或信用风险，将可能导致客户遭受财产损失。

【知识拓展】

2018年8月31日，第十三届全国人民代表大会常务委员会第五次会议通过《电子商务法》。该法自2019年1月1日起正式实施。对于该法的解读请自行扫描二维码查看。

扫一扫 看一看

【任务描述】

　　小额免密免签支付是中国银联为持卡人提供的一种小额快速支付服务。当持卡人使用具有"闪付"功能的金融IC卡或移动支付设备，在指定商户进行一定金额（境内一般最高限额为1 000元人民币，境外以当地最高限额为准）的交易时，只需将卡片或移动设备靠近POS机等受理终端的"闪付"感应区"挥卡"，即可完成支付。支付过程中不需输入密码也无须签名，可享受真正的"一挥即付，付过即走"的"闪付"新体验。由于"闪付"功能无须申请，是银行默认为持卡人开通的基础功能，虽然给持卡人带来了便捷支付服务，但是存在着一定的安全风险。那么，如何关闭手机中的小额免密免签功能呢？

　　我们以支付宝为例来说明，如何关闭支付宝小额免密功能。

【任务实施】

　　步骤1　打开支付宝，点击右下角"我的"选项（如图1-12所示。）

图1-12　支付宝页面

　　步骤2　在"我的"页面，找到右上角的"设置"，点击进入（如图1-13所示）。

　　步骤3　在"设置"页面里面有个"支付设置"，点击进入（如图1-14所示）。

　　步骤4　在"支付设置"页面里可以看到有"免密支付/自动扣款"的选项，点击进入（如图1-15所示）。

图 1-13　支付宝"我的"页面

图 1-14　　"设置"页面

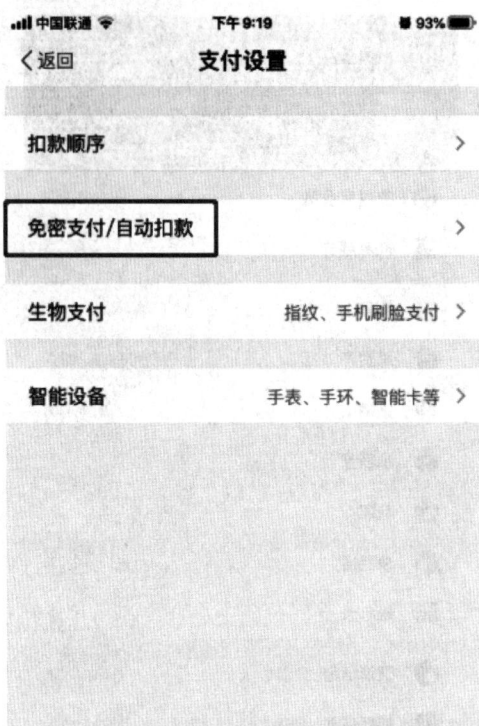

图1-15 "支付设置"页面

步骤5 这时候会看到在APP上设置的免密服务，选择你要关闭的选项。比如，选择"高德地图APP打车免密支付"，点击进入（如图1-16所示）。

图1-16 "免密支付/自动扣款"页面

步骤6 点击"关闭服务"就可以了（如图1-17所示）。

图1-17 "服务详情"页面

项目总结

本项目首先介绍了网上支付与结算的概念、支付方式与支付系统的演变过程，然后重点叙述了网上支付存在的主要问题，并相应地针对我国网上支付发展的现状提出合理的建议。

基本训练

一、核心概念

网上支付与结算 信用卡 支付 票据

二、简答题

1.网上支付快速发展的原因是什么？

2.我国目前主要的网上支付方式是什么？

3.网上支付所面临的问题有哪些？

三、案例分析题

居民王林准备利用互联网开展网上个人理财业务，根据本项目所学过的知识，你认为需要哪些程序？

项目实训

登录互联网完成以下实训操作：

1.登录中国工商银行网站开通个人网上银行。

2.登录京东商城了解提供的网上支付主要方式。

项目二　电子货币

学习目标

1. 知识目标：了解货币的产生与发展历程、国内外电子货币的发展现状，掌握电子货币的概念及对金融的主要影响，了解我国电子货币工程的发展状况。

2. 技能目标：掌握电子货币的定义和种类，电子货币通过电子计算机进行储存、支付和流通的基本流程。

3. 能力目标：具有在互联网上运用电子货币的操作能力。

随着微电子技术、通信技术和电子商务的飞速发展，网络经济得到迅猛发展，电子货币——这种新型的货币形式，将几千年来的实物货币转变为以电子形式表现的虚拟货币，这是货币史上一次有深远意义的变革。但是电子货币在发展过程中又面临着许多制约其自身发展的问题，只有找出相关对策解决这些问题，才能保证我国经济持续稳健的发展。由于人们进行的各项经济活动均是利用货币作为交易媒介实现的，因而货币形态的发展变化速度能否适应网络经济迅速发展的需要，便成为金融产业结构变革能否顺利进行的关键。

任务一　了解电子货币的产生和发展

【案例导入】

随着互联网的发展，生活形态越来越数字化，实体经济与虚拟经济正彼此冲击与融合，主要表现为：

一是实体经济交易正在虚拟化，我们越来越频繁地使用电子钱包、线上刷卡和支付系统等；二是数字形式的虚拟货币也一步步进入实体经济，让人不必花真实的钱，也能进行实体消费。央行在组织市场机构从事央行数字货币研发相应工作。2019年8月21日，央行微信公众号发布两篇有关数字货币的文章。央行从2014年就开始研究数字货币，已取得了积极进展。央行把数字货币和电子支付工具结合起来，将推出一揽子计划，目标是替代一部分现金。央行数字货币是经国务院批准计划发行的法定数字货币。全球现在使用虚拟货币的人数越来越多，而且几乎你能想到的大多数互联网群体以及你没想到的数千个群体，都在发行自己的虚拟货币。虚拟货币虽然只是电脑上的数字，但是算得出来的虚拟金额将以数百亿美元计算，如果你能了解其中的运作规则，就能从中获利，否则也可能蒙受其害。财富的未来可能属于数字货币，不是美元，也不是黄金！

【知识准备】

一、电子货币的概念

人类社会已有百万年的历史，货币却只不过是在几千年前才开始出现的，其发展形态主要经历了实物货币、代用货币、信用货币、电子货币4种形态。

1.货币的主要类型

（1）实物货币。实物货币是指作为非货币用途的价值和作为货币用途的价值相等的实物商品。能充当实物货币的商品具有以下特征：①普通接受性。②价值稳定性。③价值均值可分性。④轻便和易携带性。很显然，一般金属都具备这些特征，因此在实物货币的类型中，金属货币最具有代表性。

（2）代用货币。代用货币主要是指政府或银行发行的、代替金属货币执行流通手段和支付手段职能的纸质货币，它唯一的作用就是流通。它是金属货币的代用品，货币面值本身代表了相应数额的金属货币，真正的货币还是金属货币。理论上来说，金属货币本身的材质价值等于它的面值，而代用货币本身材质价值极低，约等于零，它可以兑换金属货币，并且仅可代表金属货币在市场上流通。代用货币的发行依赖于发行方持有的金属货币的数量。此货币发行体系叫作金本位。代用货币较实物货币的优越性主要有：①印刷纸币的成本较铸造金属货币要低。②避免了金属货币在流通中的磨损，甚至故意磨削，可以节约贵金属货币。③克服了运送货币的成本与风险。当然代用货币也有一些缺点，比如易损坏、易伪造等。

（3）信用货币。信用货币产生于20世纪30年代，由于世界性的经济危机，许多国家被迫脱离金本位和银本位，所发行的纸币不再能兑换金属货币，信用货币应运而生。它是一种纯粹的价值符号，且不能与金属货币相兑换。它是在信用关系的基础上产生的。信用货币作为一般的交换媒介需要有两个条件：一是人们对此货币的信心；二是货币发行的立法保障。二者缺一不可。

目前信用货币又可分为以下几种形态：①辅币。辅币是指本位币单位以下的小额货币辅助大面额货币的流通，供日常零星交易或找零之用，其特点是面额小、流通频繁、磨损快，故多用铜、镍及其合金等贱金属铸造，也有些辅币是纸制的。②现金或纸币。其主要功能是作为人们日常生活用品的购买手段，一般为具有流通手段的纸币，其发行权为政府或者金融机构专有。③银行存款，又称债务货币。存款人可借助支票或其他支付指示，将本人的存款交付他人，作为商品交换的媒介。银行存款又进一步发展成为由电子计算机联网后的存款划拨转账形成的"电子货币"。

（4）电子货币。电子货币通常是指利用电脑或储值卡进行的金融活动。持有这种储值卡就像持有现金一样，每次消费可以从卡片的存款金额中扣除。电子货币在使用方便的同时存在一些问题，如如何防范电子货币被盗，如何对个人资信情况进行保密等。

2.电子货币的定义

实际上，从早期的朴素商品货币到贵金属货币再到纸币和银行账户上的记录数据，货币形式经历了从价值实体到价值符号的演变。同时，电子货币应运而生。有关电子货币的定义很多，基本内容大同小异。其中巴塞尔委员会1998年发布的关于电子货币的定义和国际清算银行的定义比较权威。巴塞尔委员会认为：电子货币是指在零售支付机制中，通过销售终端、不同的电子设备之间及在公开网络（如internet）上执行支付的"储值"（stored value）和预付（prepaid）支付机制。这个定义不是很直观，而且容易将支付手段和支付工具混为一谈。国际清算银行把电子货币定义为以电子形式储存于消费者持有的电子设备中，依现行货币单位计算的货币价值。

事实上，要想对电子货币有一个准确的界定，首先要从货币的属性来认识电子货币。货币作为一般等价物，其最原始的职能是作为商品交易的媒介。货币的基本属性有：

（1）交易行为的自主性。在商品交易过程中，无论货币的形式是什么样的，作为交换的媒介都不会影响交易的行为。交易行为的发生是各交易主体的自主行为。

（2）交易条件的一致性。只有交易双方对所要交易的对象达成一致时，交易才有可能发生，而此时作为媒介作用的货币对交易主体来讲是等效的。

（3）交易方式的独立性。货币媒介的交易活动彼此独立、互不干扰。

（4）交易过程的连续性。对于不同的、连续的交易活动，货币的媒介也是连续的。

这是作为媒介功能的货币在交易过程中不可缺少的最基本的属性。从这一角度来说，同样作为交易媒介的电子货币必须具有交易媒介的自主性、一致性、独立性和持续性。也就是说，电子货币执行货币的支付功能时与传统货币在本质上是没有区别的。但事实上，具备这些属性的电子媒介并不一定会成为电子货币，比如现在一些网站上常用的消费积分，在一定程度上也可以作为交易的媒介，但它们显然不是一种货币，而只是一种支付工具。电子货币作为现代科技与现代金融业务相结合的产物，具有以下几个突出的特点：

（1）电子货币是一种虚拟货币。它是在银行电子化技术高度发达的基础上出现的一种无形货币，采用数字脉冲代替金属、纸张等载体进行传输和显示资金，通过芯片进行处理和存储，因而没有传统货币的物理形态、大小、重量和印记，持有者得不到持有的实际感觉。

（2）电子货币是一种在线货币。电子货币通常在专用网络上传输，通过 POS、ATM 等进行处理，也就是说，电子货币是在现有支票、纸币等之外，通过网络在线大量流通的钱。电子货币保管需要有存储设备，交换需要有通信手段，保持其安全需要加密和解密用的计算机。

（3）电子货币是一种信息货币。电子货币说到底只不过是观念化的货币信息，实际上是由一组含有用户身份、密码、金额、使用范围等内容的数字构成的特殊信息。人们使用电子货币交易时，实际上交换的是相关信息，这些信息传输到开设这种业务的银行后，银行就可以为双方交易结算，从而使消费者和企业能够通过比现实银行系统更省钱、更方便和更快捷的方式相互收付资金。

综上所述，可以给电子货币下一个比较通俗、比较贴切的定义：所谓电子货币（electronic money 或 E-money），是指以电子化机具和各类交易卡为媒介、以计算机技术和通信技术为手段、以电子数据形式存储在银行的计算机系统中，并通过计算机网络以信息的传递形式实现流通和支付功能的货币。电子货币可被广泛地应用于生产、交换、分配和消费领域，集储蓄、信贷和非现金结算等多种功能为一体，具有比现金更简便、更安全、更快捷等优势，从而得到了广泛的应用。

【小知识2-1】

1918年美联储银行（Federal Reserve Banks）通过电报的形式转移资金，这是电子货币的第一次出现。然而，电子货币的广泛使用直到1972年美联储设立自动清算中心（Automated Clearing House，ACH）后才开始。该清算中心用于给美国财政部及商业银行提供电子形式的支票处理。

二、我国电子货币的主要种类、功能和特征

1.电子货币的主要种类

（1）储值卡型电子货币。一般以磁卡或IC卡形式出现，其发行主体除了商业银行之外，还有电信部门（普通电话卡、IC电话卡）、商业零售企业（各类消费卡）、政府机关（内部消费IC卡）和学校（校园IC卡）等。发行主体在预收客户资金后，发行等值储值卡，使储值卡成为独立于银行存款之外的新的"存款账户"。同时，储值卡在客户消费时以扣减方式支付费用，就相当于用存款账户支付货币。储值卡中的存款目前尚未在中央银行征存准备金之列，因此储值卡可使现金和活期储蓄需求减少。

（2）信用卡应用型电子货币。信用卡应用型电子货币指商业银行、信用卡公司等发行主体发行的贷记卡或准贷记卡。它可在发行主体规定的信用额度内贷款消费，之后于规定时间还款。信用卡的普及使用可扩大消费信贷，影响货币供给量。

（3）存款利用型电子货币。它主要有借记卡、电子支票等，用于对银行存款以电子化方式支取现金、转账结算、划拨资金。该类电子化支付方法的普及使用能减少消费者往返于银行的费用，并可加快货币的流通速度。

（4）现金模拟型电子货币。它主要有两种：一种是基于internet网络环境使用的且将代表货币价值的二进制数据保管在微机终端硬盘内的电子现金；另一种是将货币价值保存在IC卡内并可脱离银行支付系统流通的电子钱包。该类电子货币具备现金的匿名性，可用于个人间支付，并可多次转手，是以代替实体现金为目的而开发的。该类电子货币的扩大使用，能影响到通货的发行机制、减少中央银行的铸币税收入、缩减中央银行的资产负债规模等。

2.电子货币的主要功能

电子货币是在传统货币基础上发展起来的，与传统货币在本质、职能及作用等方面是相同的，本质都是固定充当一般等价物的特殊商品，具有价值尺度、流通手段、支付手段、储藏手段和世界货币5种职能；对商品价值都有反映作用，对商品交换都有媒介作用，对商品流通都有调节作用。电子货币主要具有以下功能：

（1）转账结算功能：直接消费结算，代替现金转账。

（2）储蓄功能：使用电子货币存款和取款。

（3）兑现功能：异地使用货币时，进行货币汇兑。

（4）消费贷款功能：先向银行贷款，提前使用货币。

3.电子货币的主要特征

电子货币的主要特征表现在以下5个方面：

（1）通用性：指电子货币在使用和结算中特有的简便性，电子货币的使用和结算不受金额限制，不受对象限制，不受区域限制，而且使用极为简便。

（2）安全性：指电子货币在流通过程中对风险的排斥性。

（3）可控性：指通过必要的管理手段，将电子货币的流向和流量控制在一定的范围内，从而保证电子货币正常流通。

（4）依附性：指电子货币对科技进步和经济发展的依附关系。

（5）起点高：指基础高，即经济基础高、科技水平高以及理论起点高。

4.电子货币与银行卡

（1）银行卡：属于"接入产品"，其本身只是一个接入银行的电子货币服务系统的媒介。在消费者购买商品或服务需要进行支付活动时，必须将其实时接入银行或发行者的后台服务系统，经过在线授权才能完成交易，并且在交易之后要对客户银行账户进行借记处理。

（2）电子货币：电子货币作为"贮藏价值"，本身就记录了消费者的账号、密码、账户资金甚至健康记录等信息，消费者购买商品或服务时，并不需要将其实时接入银行或发行者的后台服务系统，只需要由一个装置读取电子货币中的记录并扣减消费资金额度即可，与发行者的清算可以在工作日终了后或选择一个适当的时间段进行。

三、电子货币与传统货币的主要区别

电子货币就现阶段而言，大多数是以既有的实体货币（现金或存款）为基础存在的，具备"价值尺度"和"价值保存"职能，且电子货币与实体货币之间是以1∶1比率交换这一前提条件而成立的。而作为支付手段，大多数电子货币又不能脱离现金或存款，是用电子化方法传递、转移的，以清偿债权债务实现结算。因此，现阶段电子货币的职能及其影响，实质是电子货币与现金或存款之间的关系。

人类自开始使用电子货币至今也不过约百年的时间，电子货币是在传统货币的基础上伴随着计算机的迅速发展而逐步发展起来的，所以它与传统货币无论是在职能还是在作用等方面均存在着许多共同之处。但作为一种全新的货币形式，它与传统货币之间还是存在着十分明显的区别。

1.发行机制不同

电子货币是不同发行主体自行开发设计、发行的产品，使用范围受到物理设备、相关协议的限制，被接受和使用的程度依赖于各发行者的信誉与实力，其发行机制需针对不同的商户根据不同的产品进行调整，而且发行效力大多不具有强制性。而传统货币则由中央银行或特定机构垄断发行，中央银行承担其发行的成本与收益，发行机制由中央银行独立设计、管理与控制，并被强制接受、流通和使用。

2.发行主体不同

电子货币的发行者有中央银行、商业银行、非银行金融机构，还有信息产业公司和其他企业。而传统货币是由中央银行唯一发行的，中央银行拥有一国货币发行的垄断权，而且正是这一独占权为中央银行获得铸币税收入、行使基本职能和保持独立性奠定了基础。电子货币发行的多元化、私人化，在某种程度上呼应了哈耶克自由货币理论对古典货币理论和中央银行制度的挑战。信息化时代的电子货币似乎恰好为哈耶克的这种极端自由化的货币学说提供了生存的土壤。

3.传递方式不同

传统货币需要持款人随身携带，大量的货币需要运钞车和保安人员进行押送，运送时间长，传递数量和距离也十分有限；而电子货币利用网络和通信技术进行电子化传递，传递的只是各个金融机构间的数字信息，不存在大量现金的转移，打破了时空的界限，可以在极短的时间内将大量货币传送到互联网的任何地方去，既快捷、方便，又安全。

4.形态的虚拟性和币值的无限可分割性

电子货币作为一种虚拟货币，不具有物理形态，其币值的空间具有无限可分割性，可

以满足任何小单位的交易支付，而传统货币具有物理形态，其币值是固定的，不可无限分割。

5.货币真伪辨别技术发展更新速度快

电子货币的更新、防伪只能通过技术上的加密算法或认证系统来实现。由于货币伪造技术发展的迅速，电子货币的防伪技术必须及时更新，以防范系统性的攻击行为，而传统货币防伪主要依赖于物理设置，并且伪币的使用和流通具有一定的地域性。

6.匿名性程度不同

传统货币既不是完全匿名的，也不可能做到完全非匿名，通过交易方式或多或少地可以了解到一些个人情况。相比而言，电子货币要么是匿名的，几乎不可能追踪到其使用者的个人信息；要么是非匿名的，可以详细记录交易，甚至交易者的所有情况。

7.交易方式不同

传统货币通常需要面对面进行交易，而电子货币基本上不需要面对面进行交易，交易双方不见面、不接触是电子货币的重要特点。

8.存储空间不同

大量的传统货币需要保存在钱箱、保险箱或金库里，需要占用很大的空间；电子货币所占的空间极小，装有各种电子货币的电子钱包、信用卡、服务器等存储的货币数额都可以不限。

9.流通的地域范围不同

在欧元未出现以前，货币的使用具有严格的地域限定，一国货币一般都是在本国被强制使用的唯一货币，而电子货币打破了地域的限制，只要商家愿意接受，消费者可以较容易地获得和使用各国货币。

四、电子货币的产生

自20世纪60年代开始，科学技术突飞猛进，特别是20世纪末全球计算机、信息产业和网络技术的广泛应用，网络经济这一新的经济形态的出现，使电子商务这一刚刚兴起的最先进的商品贸易形式迅速地融入了人类社会经济生活的各个方面，与之相随的在线支付系统和电子化结算工具的需要也变得越来越迫切，而正是在这种条件下，一种新型的货币形式——电子货币应运而生。电子货币的出现满足了网络经济和电子商务对支付手段与结算工具的需要，它抛弃了传统币材的实物形态，取而代之以无形的数字标识。这种数字形式的货币更容易与其他资产相互转换，提高了资产的流动性，降低了转换成本与持有成本，企业和个人可以减少手持现金的比例，增加储蓄和投资比例从而获得更高的利益。这种非实物形态的电子货币在支付时能任意分割，自动进行不同币种的换算，免除了兑换的麻烦，大大方便了跨国消费，电子货币在传输与转移上的优越性远远超过了传统的纸币。

电子货币较早的构想是IC卡，而IC卡真正的产品化是在1984年由法国的一家通信服务公司将之应用在电话卡上。消费者所购买的电子货币如同其拥有中央银行所发行的通货一般，可以直接用来购买特约商店的商品与服务，当其使用此货币进行消费时，可从电子装置上直接扣除所购买商品与服务的电子货币，而商家将收到的电子货币存入银行，其账户内的存款会因之增加，因此在从事零售支付时十分便利。

作为电子货币运行载体和工具，银行信用卡和电子资金传输系统（EFT）早已在人们的日常生活中被广泛应用。世界上最早的银行信用卡是美国富兰克林国民银行在1952年发行的信用卡。此后，美洲银行从1958年开始发行"美洲银行信用卡"，并吸收中小银行参加联营，发展成为今天的VISA集团。美国西部各州银行组成银行卡协会于1966年发行了Master Card信用卡，发展成为今天的万事达集团。美国早在1981年就建立了专用的资金传送网，后经多次改进，于1982年组建了电子资金传输系统。随后英国和德国也相继研制了自己的电子资金传输系统，使非现金结算自动处理系统具有相当的规模。银行信用卡和电子资金传输系统是电子货币赖以生存的基础，随着无现金、无凭证结算的实现，电子货币才得以面世。

1.电子货币产生的主要原因

（1）追求利润最大化是电子货币产生的基本原因。

由于金融行业的竞争日益激烈，使得传统业务所带来的利润越来越微薄，这就迫使金融企业进行不断的创新以弥颓势。这样一来，为丰厚回报而进行的业务创新就给电子货币的出现提供了契机。因为对于电子货币的提供商而言，发行电子货币既可以作为金融创新寻找新的利润增长点，又可作为一种新的服务手段来吸引客户，增加潜在的收益。

（2）电子商务的兴起需要电子货币的发展。

由于信息技术的进步以及网络在商业贸易中的深入应用，网上购物、虚拟交易等新的商务模式让人们有了新的消费体验的同时感到支付上的不便，对能够快捷、安全地进行支付的新货币形式就有了内在的需求。电子货币不但可以满足这一需求，而且具备了基本的货币特征，能够为人们所广泛接受，所以电子货币在这种环境下迅速发展也就顺理成章了。

（3）信息、加密技术的发展给电子货币的发展提供了技术支持。

没有信息技术和加密技术的高度发展，今天我们所能看到的包括各种信用卡、储值卡、数字现金等电子货币形式被普遍地接受并使用是不可想象的。人们对电子货币的需求除了要考虑能被普遍接受外，同时对其的安全性有很高的要求。也就是说，电子货币本身必须是安全的，而且应该被认为是安全的才可以广泛地进入流通。信息技术和加密技术的发展则对这一安全性给予了极大的保障。

（4）降低交易费用是电子货币产生并发展的根本原因。

综观货币形态的演化历史，体现了这样一种内在机制，就是货币自身的物质价值与其代表的商品价值的逐渐剥离，其大小和重量也逐渐变小，慢慢地从可见演变为不可见。这些演变无外乎都是为了提高货币流通效率、降低货币流通费用，从而降低商品的交易费用，这也是电子货币产生并发展的根本原因。

2.电子货币成为独立通货的条件

电子货币在发展过程中，曾有过电子现金、数字现金、电子钱包和电子支票等形式，但在实践中，这些电子货币都是在原有的现金或存款基础上发行使用的，并不是一种独立的通货形式。电子货币要成为一种独立的通货形式，应具备如下条件：

（1）独立的支付手段。

电子货币作为一种独立的通货形式，使用它支付时，需要通过网络以数据信息形式从交易一方转移到另一方，钱货两讫时，交易应随即宣告完成。但目前由于被认可程度的不同和行业间的限制，电子货币在支付中并不被普遍接受。很多时候，只有将其同比例兑换为传统通货才能满足交易需求，而个人之间目前还几乎无法直接通过电子货币完成借贷和支付。所以最终能标志支付完成的还是现金、存款形式通货的转移，真正体现交易信用的仍是被电子化、数字化前的现金或存款。因此电子货币要想成为独立的通货进入流通，独立的支付功能是必要条件。

（2）独立的价值尺度。

在行使价值尺度方面，目前的电子货币还离不开传统通货的支持，这倒不是因为电子货币缺少货币价格标准（元），这样的量度只是人为的一个约定基准。中国古代的货币量度就有文、吊、两等多种，既然纸币可以沿用"元"，电子货币自然也可以。即使叫成"比特"也没有关系，这不是问题的实质。

电子货币目前还不能执行独立的价值尺度，根本原因在于抛开了支撑它的传统通货后，它没有足够的信用为人们所普遍接受。而且货币不仅是一种经济现象，更是一种社会现象，受使用它的社会人的观念惯性的影响，当它与传统通货共同流通时，还无法摆脱传统通货的影响，所以只能依赖传统通货来充当间接的价值尺度。

（3）独立的价值贮藏手段。

电子货币目前的价值贮藏功能也依赖于传统通货，因为人们手中现有的电子货币还是用现金兑换得到的储值卡，或是用存款做保证的银行卡等，这样得到的电子货币还是以现金或存款为基础的，当卡里的数字变小或为零时，还要再用存款或现金去补充，所以这样得到的电子货币永远不可能摆脱持有者手中原有通货的数量约束。这样一来，电子货币作为价值贮藏手段是名不符实的。所以就此意义来讲，电子货币本身并不具备价值贮藏的功能。

（4）独立的发行方式。

一种真正独立的通货形式应是独立发行的，而不是以别的货币为发行基础。因为如果没有发行上的独立，它在流通中的独立性就是相对有限的，在出现信用危机时，就被要求兑换成支持其发行的原有通货，从而无法摆脱原有通货的影响。所以目前的电子货币还是在传统货币支持下流通的二次货币形式，是独立电子通货的前期发育形态。

电子货币是以计算机通信、金融与商业专用电脑等现代化科技为基础，通过电子信息转账形式实现的一种货币流通方式。多年以前，未来学学者就曾预言未来社会必然是一个无现金的社会。随着20世纪90年代智能卡的问世，这种预言已经越来越接近于事实。美国是网络业的鼻祖，它在1995年6月25日，由当时的总统克林顿签署了《改进收债法》，宣布美国联邦政府将全面取消纸质支票，以电子转账方式向雇员、承包商和受益者付款。这项法令的颁布和实施，是美国政府为提高工作效率、减少差错和防范欺诈而进行的支付方式的改革，也标志着一个全新的电子货币时代的到来。除美国外，电子货币工程在欧洲、日本、加拿大等发达经济体的建设也取得了长足进步，根据国际清算银行《十国集团支付体系》的统计数据，电子转账支付已经占据了非现金业务支付总金额的90%以上。

【小知识2-2】

最早的信用卡产生于20世纪50年代。1949年，纽约金融家麦克那马拉与零售界的名人卢明代尔在一家高级餐厅就餐，结账时发现随身携带的现金不够，只好打电话请其妻子来付账。这件事给了麦克那马拉一个重要的启发，如果有一种便携的、可以证明个人信用的工具，那将大大地方便人们的日常生活。于是，麦克那马拉与卢明代尔于1950年在纽约投资创立了Diners Club，发行了一种可以记账的卡片，卡片持有者在定点餐厅可以凭卡记账而不用当场支付现金。这种可以记账的卡片，就是信用卡的维形。它为那些信誉良好的人士提供了赊账的便利，避免了绅士们在高档餐厅由于现金不足而无法结账的尴尬。1952年，美国加利福尼亚州的富兰克林国民银行作为金融机构首先发行了银行信用卡。

五、国外电子货币工程发展情况

目前的电子货币主要有信用卡和网上电子货币两种。信用卡是用于个人购物和消费的支付卡，或用于提取现金的凭证卡。信用卡有两种类型：一种是商家和卖主（例如百货公司、石油公司等）发行的信用卡；另一种是银行发行的信用卡，例如VISA、Master Card。信用卡允许持卡人有一定的信用额度进行透支，也可以通过银行柜台和ATM进行提取现金。在美国，最重要的银行类信用卡是VISA、Master Card，非银行类信用卡有American Express、Discover和Diners Club等。

信用卡从1981年以来，得到了迅速的发展。1995年，信用卡交易次数达149亿次，发卡量也有较大的发展。对于客户来说，利用银行卡购物付款、提现、存款、转账等，方便快捷、安全高效，而且可以获得咨询和资金融通的便利。同时，世界上由网上电子货币带动的网上金融服务正在迅速发展。其中美国的网上金融业务发展最快，欧洲国家也在大力发展。美国的Mark Twain银行是美国第一家提供电子货币业务的银行，早在1996年4月就获得了1万个电子货币客户。

根据市场研究机构eMarketer的估计，2019年全球零售市场将达到25.038万亿美元，比前一年增长4.5%。与前5年相比，这一数字明显下降，当时全球零售额的年增长率在5.7%至7.5%之间。2019年，中国零售电子商务销售额将增长30%以上，达到近2万亿美元，超过全球总销售额的一半。美国零售电子商务市场的销售额将达到6 006.3亿美元，同比增长近15%。

自从2000年美国开始加大发展电子商务至今，一种专门用于网络交易的虚拟货币——比特币随之应运而生。"比特币热"要从2008年说起，一位程序员写了一篇概述电子货币设计的论文，描述了这种以网络形式交易的货币。只要你的电脑接入了互联网，就可以将电子货币转移到世界上任何一个角落，这种电子货币被命名为比特币。用标准的定义来解释比特币，它是"一种由开源的P2P软件产生的电子货币"。通俗一点来说，人们使用计算机去计算一个特定的数学问题，一旦计算出来，就能获得一定的比特币奖励。除了计算，还可以从交易商手中购买比特币或通过物物交换、索取报酬等方式获取比特币。也可以绕开交易商购买比特币，比如特定的网站，可以将货币直接转换成比特币。比特币可以自由地进行转账，不需要依赖中央结算所、银行、政府等第三方机构。这是真正的点对点交易。不仅如此，比特币本身拥有价值，可以防止通货膨胀，不能随便发钞。据说，目前已有多家机构提供比特币与世界各国货币的兑换服务。尽管存在各种优势，但是比特币也并非十全十美，由于其交易的匿名性，使得不法分子可以通过比特币进行毒品、军火武器等非法交易；而比特币失窃后也难以找回，不像信用卡或银行账户，一旦失窃可以立刻挂失。

美国拥有全世界最成熟的支付体系基础设施和丰富多样的支付工具种类，这也是美国金融服务产业的核心竞争优势之一。美国支付体系的特点深刻影响了以电子货币为代表的新兴支付工具的演化过程：一方面，完善的支付体系基础设施为快速发布和推广新兴支付工具奠定了软硬件基础，善于借力已存支付服务网络的电子货币产品往往能迅速脱颖而出；另一方面，既有的支付工具已经能很好地覆盖支付服务市场各个板块，新兴支付工具在存量市场中寻找机会的可能性变得渺茫，电子货币产品必须通过突破性创新发掘和开辟支付市场的"蓝海"。

【小知识2-3】

电子货币是一种"储量"或"预付"产品，即将客户所能支配的资金或货币币值存储于其特有的某种电子化机具和各类交易卡上，如信用卡和数字化电子现金等。电子货币是一种依托全球和网络银行产生的虚拟的无货币实体的数字符号。电子货币随着网络银行的产生而产生，随着网络银行的发展而发展。

六、我国电子货币工程的发展

我国电子货币的发展稍晚于发达国家，但基本上是紧跟世界发展步伐。目前，国内储值卡业务发展十分迅猛。由于监管不允许银行发行储值卡，因此储值卡发行主体均为非银行机构，小到中小商户，大到电信企业、大型商场、公交公司等，其产品形式则为电话卡、商场购物卡、公交卡等。储值卡产品中单用途储值卡居多，多用途储值卡较少。截至目前，国内典型的卡基电子货币主要有香港八达通卡、上海公交卡、广州羊城通卡、厦门易通卡等。我国电子货币的发展已显示出旺盛的生命力。在市场经济的作用下，商品交易、信用转移等社会经济活动大量产生，也要求货币流通速度不断加快，为此，在支付业务中，变票据流为电子流的需求日渐强烈；另外，由于伪钞、假支票及抢劫银行的事件等不断发生，使得人们在对支付工具的选择上，更加看好具有高度防伪性和不宜攻破性的电子货币。由此可以看出我国对电子货币的需求十分强烈。

区块链数据资讯聚合平台数动派发布的《数说 | 2018年虚拟货币数据报告》显示，2018年虚拟货币全球用户数达3 200万个，虚拟货币共2 300种，总市值1 320.4亿美金。国内网基电子货币发展较快。概括起来，国内网基电子货币主要有两种形式：一是第三方支付平台中的电子货币；二是各大网络服务提供商发行的电子货币。

2014年，央行开始启动数字货币的研究，论证央行发行法定数字货币的可行性；2015年，央行公布数字货币研究报告；2017年2月，央行推动的基于区块链技术的数字票据交易平台测试成功；2020年，中国人民银行贸易金融区块链平台已上线运行供应链应收账款多级融资、跨境融资等多项业务，业务量超过900亿元。

【小思考2-1】

什么是IC卡？

答：IC（integrated circuit）卡是1974年由法国人罗兰·莫雷诺（Roland Moreno）发明的，他第一次将可编程设置的IC芯片放于卡片中，使卡片具有更多功能。IC卡是集成电路卡（integrated circuit card）的简称，是镶嵌集成电路芯片的塑料卡片，其外形和尺寸都遵循国际标准（ISO）。芯片一般采用不易挥发性的存储器、保护逻辑电路，甚至带微处理器CPU。带有CPU的IC卡才是真正的智能卡。此后法国布尔（Bull）公司致力于这一方面的研究，并于1976年推出了全世界第一张可工作的IC卡。

七、电子货币能否完全取代现金货币

从目前研究发展的现状来看，电子货币模拟现金货币并逐步取代现金货币的主要难点在于如何实现交易的便捷性和安全性的统一。荷兰的数字现金研究所开发的"e现金"通

过随机排序和盲化签名技术保证了其发行的电子货币交易的匿名性与安全性，但是"e现金"仍然是一种在线支付工具，在其交易过程中仍然需要"e现金"的发行者对其进行认证，因此交易的便捷性受到了很大影响。另一项较有影响的研究成果是英国企业Mondex UK开发的Mondex卡，Mondex卡采用便携式读写终端，实现了电子货币的离线支付，保证了Mondex卡现金交易的便捷性和匿名性，同时实现了现金货币所不能具有的网络支付能力。然而，正是由于Mondex卡完全脱离了银行的监控，所以容易发生伪造事件，而且一旦发生伪造Mondex卡现金的问题，其隐蔽性和危害性将比现金伪造更为严重。

因此，电子货币能不能完全取代现金货币，主要取决于技术发展能不能完全实现交易的便捷性和安全性的统一，而在电子货币伪造和防伪的"魔道相争"中谁将胜出，还需拭目以待。

电子货币是在网络化、数字化时代商品经济高度发达与银行转账和结算技术不断进步的产物。电子货币是一种无形的价值等量信息。它是代表价值的信息预存在集成电路芯片等内的一种虚拟观念中的货币。电子货币与传统货币在发行、本质、形式、传递上都存在不同，有自己的优势。电子货币的形式有电子支票、电子信用卡、电子数字现金和网络货币等。目前我国推广应用的电子货币有银行卡、电子支票和数字化现金等形式。

八、虚拟货币

虚拟货币是非真实的货币，是具有支付功能的电子数据或电子货币。货币"虚拟"的形式及其表现并不是第一位重要的，第一位重要的是虚拟货币的内在价值问题。

根据信用基础来源的不同，虚拟货币可以分为多种不同的形式。

1.以国家财力作为信用担保基础的虚拟货币

这类虚拟货币的发行就是各国（特别地区）政府行使货币发行主权的体现，其本质与传统货币发行在本质上并无二致。所以，这类虚拟货币信誉最高，风险最小。

2.特定企业所发行的专门用于内部支付手段的虚拟货币

该类货币的发行及使用都是以特定企业的业务为支撑的，主要包括各种电子商务企业所发行的各种游戏币、充值点等。例如，我们在生活中比较熟悉的腾讯公司的Q币，可以用来购买会员等级、游戏充值等增值服务。发行企业的信用水平决定了这类虚拟货币信用风险的大小。

3.以社会公众的推崇作为信用基础来发行的虚拟货币

该类虚拟货币的发行和支付缺乏具体信用基础，仅仅靠社会公众的推崇作为其信用基础，发行者也无须承担任何风险，其发行的唯一目的就是盈利，所以风险很大，投机性最强。

另外像近几年比较流行的数字货币，如比特币、莱特币等，也是虚拟货币的一种。人们购买它们主要是因为其附属价值，以用作投资理财。但是这类货币的收益不稳定，波动比较大。

随着移动互联网、云计算、区块链等技术的演进，全球范围内的支付方式都发生了巨大的变化。未来的货币可能实现全部数字化，比如结合第三方支付开发的扫码支付，不需要再用现金去交易等。金融行业、商业支付领域的数字化，支付账户虚拟化、场景化，支付工具的数字化、个性化，支付清算体系网络化、去中心化及实时化将是未来的趋势。

近几年来，数字技术产业和金融服务产业的异军突起给相关传统行业造成巨大冲击，二者的相互碰撞更是促成了加密数字货币这一极具前瞻性、高回报率的新产业的诞生。在当前金融市场高度活跃且数字应用日益普及的现实情况下，加密数字货币的商机日益成熟。与此同时，互联网金融并始向加密数字货币领域渗透，加密数字货币市场也正在寻求金融化创新的契机。

【知识拓展】

随着网络科技的不断发展，互联网经济的兴起和迅猛的发展速度，给实体经济的重振带来希望。在"互联网+"的时代背景下，互联网金融应运而生，而电子货币的蓬勃发展无疑是互联网金融兴起的奠基石。我们正在进入一个全新的互联网世界，智能手机带来通信与互联网的融合，移动互联时代的交融和交互，使虚拟世界不再是现实世界的克隆，人类居住的星球变成了一个村落，虚拟世界的游戏规则正在改变和颠覆现实。一旦全球电子货币形成联盟，成为价值衡量的媒介，实现交换的功能，全球可能出现继黄金之后的通用货币。虚拟货币的出现已经让全球央行变得紧张，这只是一个开头。

未来电子货币（而不是国际货币基金的特别提款权）可能实现全球货币的统一，这可能是和平与繁荣之路，要取决于全球央行如何面向一个电子化生存。电子货币的投资价值逐渐被大众认同，电子货币的应用价值也逐渐被商家认可，越来越多的国家、商家认同电子货币的结算方式。电子货币的应用和发展，对央行职能、货币政策带来了影响。关于电子货币的进一步介绍，请自行扫描二维码查看。

扫一扫 看一看

【任务描述】

进入21世纪以来，全球科技创新进入空前密集活跃的时期，区块链、人工智能、量子计算、5G、大数据、云计算、物联网……新一轮科技革命和产业变革催生了数字经济，为全球经济发展提供了新动能。

一开始，1比特币的兑换价格还停留在几十美元，但仅不到一年时间就冲到了600美元以上，甚至一度达到惊人的约20 000美元。有这样的增长速度，比特币真是"世界上最强劲的货币"。你了解比特币吗？

【任务实施】

1.比特币是如何运作的？

从用户的角度来看，比特币就是一个手机应用或电脑程序，可以提供一个个人比特币钱包，用户可以用它支付和接收比特币。在幕后，整个比特币网络共享一个称作"块链"的公共总账。此总账包含了每一笔处理过的交易，使得用户的电脑可以核实每一笔交易的有效性。每一笔交易的真实性由发送地址对应的电子签名保护，这使得用户能够完全掌控从其比特币地址转出的比特币。

2.如何获得比特币？

（1）在一个比特币交易所购买比特币。

（2）和别人兑换比特币。

（3）通过挖矿赚取比特币。

3.比特币丢失时会发生什么？

准确的说法是丢失了存储比特币的私钥会发生什么？如果任何人都无法找到可以再次使用该比特币的私钥，丢失的比特币将永远处于休眠状态，它和其他比特币一样依然存在于块链中。

4.比特币支付是不可逆转的。

比特币交易不能撤销，只能由收到资金的人退还。因此，在进行比特币交易的时候，建议你要确保对方的地址是准确无误的，也建议你尽量和值得信任的人或组织进行交易。

5.比特币不是匿名的。

所有比特币交易都公开并永久地存储在网络上，这意味着任何人都可以查看任何比特币地址的余额和交易，但是地址背后的用户的真实身份仍然是未知的。这也就是建议比特币持有者使用多个比特币地址的原因。

任务二　掌握电子货币对金融业的影响

【案例导入】

云币首获欧盟颁发的电子货币发行牌照，而这个首发牌照在全球只有3张，云币是首发的第一张牌照。云币是由英国云鼎集团授权发行的一种去中心化的互联网数字加密货币，由世界顶级经济学家团队组成的美国数字货币研究实验室开发，来自韩国、日本、中国台湾、新加坡的世界团队倾力打造，欧洲3大国家级银行提供储备金的世界级虚拟货币。它是一个会员制的O2O跨界金融生态系统，以云币为支付工具，贯穿跨境电商、全球旅游、文化产权交易等产业领域，跨境、跨行业、跨虚拟经济与实体经济，是未来具有财富增值属性的、具有金融投资价值的加密电子货币。

【知识准备】

一、电子货币对货币供给层次和货币流通规律的影响

1.电子货币对货币供给层次划分的影响

货币层次的划分和计量是货币理论研究的基础。传统经济学的货币银行理论关于货币流通层次的划分为：将流通中的现金作为最窄口径上的货币，用M0来表示；把流通中的现金、在银行用支票可以转账的存款以及转账信用卡上的存款加起来，就可以得到比M0口径更宽的货币概念，即M1；进一步在M1基础上将储蓄存款、定期存款等包括进来，就得到一个更为宽泛的货币概念M2，在M2口径上的货币概念既反映了现实的购买力，又反映了潜在的购买力；在M2的基础上将储蓄债券、短期政府债券、银行承兑汇票、商业票据等其他短期流动资产包括进来，就构成一个更加宽泛的货币概念M3。由此我们可以看出，这是根据可以转化为现金的金融资产的流动性，即根据不同类型的金融资产转化为现金速度的快慢来划分货币流通层次的，是纸币流通条件下的产物。但是，在电子货币取代纸币流通的条件下，并不存在货币中层次的划分，因为在这时，客户拿到钱以后无论将这笔钱存入哪家银行，都不存在客户从银行提取现金的问题，电子货币是唯一的货币形式，也就是说单一的电子货币层次、实时的在线电子支付将消除产生纸币条件下4个货币流通

层次划分必要性的时间差，模糊了不同货币流通层次之间的界限。因此电子货币取代传统货币后将消除货币供给层次。

2.电子货币对货币流通规律的影响

从马克思的货币流通规律理论看，金属货币或纸币流通条件下的货币流通规律可以简单表示为：

$$M = \frac{PQ}{V}$$

其中 M 表示一定时期的货币必要量，P 表示物价水平，Q 表示待实现的商品总量，V 表示同期同名货币流通速度。假定 PQ 在一定条件下是基本稳定的，那么一定时期货币必要量 M 主要由 V 决定。马克思这一货币流量规律理论是建立在传统经济条件下的，货币流通速度相对稳定且具有可测性。在网络经济条件下，电子货币的流通速度是与整个网上信息流的流量、流速相联系的。由于比特形态的电子货币以光和电作为物质载体，以接近于光速的极限在互联网上高速流通，因而具有很强的随机性（即可测性较差），这导致短期货币流通速度难以预测，从而使预测的准确性受到影响。因此，电子货币的出现使货币流通规律理论失去了它的基础和前提条件，货币流通必要量的规定性有待于重新探讨。

央行统计数据显示，2019 年上半年我国广义货币（M2）余额为 192.14 万亿元，同比增长 8.5%，增速与上月末持平，比上年同期高 0.5 个百分点；狭义货币（M1）余额为 56.77 万亿元，同比增长 4.4%，增速比上月末高 1 个百分点，比上年同期低 2.2 个百分点；流通中货币（M0）余额为 7.26 万亿元，同比增长 4.3%。上半年净回笼现金 628 亿元。

【小知识 2-4】

所谓校园一卡通系统，简单来说，就是使全校所有教职工和学生每人持一张校园卡，这张校园卡取代以前的各种证件（包括学生证、工作证、借书证、医疗证、出入证等）全部或部分功能。教职工和学生在学校各处出入、办事和消费等均只凭这张校园卡便可进行，并与银行卡实现自助圈存，最终实现"一卡在手，走遍校园"，同时带动学校各单位、各部门信息化、规范化管理的进程。此种管理模式代替了传统的消费管理模式，为学校的管理带来了高效、方便与安全。一卡通系统是数字化校园建设的重要组成部分，是为校园信息化提供信息采集的基础工程之一，具有学校管理决策支持系统的部分功能。

关于校园一卡通的相关介绍可通过扫描二维码来了解。

扫一扫 看一看

二、电子货币发展对金融机构的影响

随着电子货币应用的推广和普及，电子货币对社会和金融机构本身将产生许多深远的影响。

1.促进社会商品的生产和流通

电子货币尤其是银行卡的推广和普及，使越来越多的商品交易由传统的使用现金和支票等转向使用电子货币转账，电子货币的转账速度大大高于现金和支票等的流通速度。银行卡在促进社会商品生产和流通方面做出了很大的贡献。

在人类社会发展的过程中，商品生产和资本积累是相互并行的、相互依赖的。商品的流通及因此而产生的货币流通，是人类社会生活中的两个基本的相互诱导的共生流。商品生产越发达，货币流通的强度就越大。货币流通是商品流通的映像，如果货币流通不畅，则商品流通也会不畅,商品生产就要受阻。反之,允许货币流通的强度大,可促使商品流通更加通畅,进而促进商品生产得到进一步发展。

从货币流通角度看,人类经历了实物货币、商品货币、电子货币3个发展阶段。在商品生产高度发展的今天,商品生产的规模和交换方式都发生了很大的变化。科学技术的发展促使劳动生产率迅速提高,此外,全国性和国际性贸易的急速发展,无论在规模上还是在速度上,都使得商品流通和货币流通急速加大。除了与商品流通有关的货币流通外,在现代银行业务中,还有大量与实物商品流通没有直接联系的货币流通。如此急剧增长的货币流通使整个金融流通渠道日益被堆积如山的金融纸票(现金、支票和各种凭证)所阻塞,而以银行卡为代表的电子货币的发展,使货币的流通以光速进行,从而促使货币实现又一次革命性的转变。这一转变已经对商品的生产和流通产生了重大的推动作用,可以预言,还将继续产生更加深远的影响。

2.推动银行等金融机构实现电子化

电子货币的出现为银行业带来诸多益处,如减少了银行处理现金的巨大成本、扩大了银行的资金来源、为拓展银行卡新业务和利用电子货币进行金融创新提供契机等,但是电子货币也对银行业造成了一定的冲击,主要表现在银行执行结算职能的传统垄断地位面临挑战。首先,随着小额结算方法的日趋多样化,以及开放式网络结算服务使用者队伍的不断扩大,结算业务的提供者已逐步超出银行范围,结算业务作为商业银行固有业务的地位受到越来越大的挑战。例如电信、交通、旅游等行业发行的名目繁多的储值磁卡和IC卡,实际上已成为新形式的"结算账户",储值卡的购买者在购买时就与发卡公司产生借贷关系,并在使用卡时逐步结算。尤其是随着电子技术的发展,储值卡的功能越来越强,使得这些行业能够通过电话或互联网以更低的价格提供更贴近客户需求的服务。因此,银行在结算领域有可能被其他行业夺去更多的机会。其次,以往企业间交易双方的资金结算一般都是通过银行中介进行的,银行可以从中收取一定的手续费。但是,金融电子数据交换(EDI)的应用促使交易双方支付资金冲抵及企业间差额结算,其结果是银行不仅丧失手续费的收入,而且难以掌握企业的资金流向。这对银行的结算职能以及资金监管职能又是一个挑战。最后,电子货币加剧了结算的同行国际竞争。电子货币和电子结算发展的结果,将为使用者跨越国境利用国外的结算服务提供更多的机会。特别是互联网的发展使得网民可以无须跨出国境,即可直接利用外国金融机构提供的电子结算服务。

从银行卡开始发展起来的现代化电子银行业务,已深入到商品生产和流通的各个领域,深入到社会的各个角落。这不仅使各金融机构开发出大量的新业务,吸引更多的客户,获得新的收益,从而加强银行传统的信用中介作用,还使得现代化的银行肩负更加重要的新作用,即逐步成为整个社会经济信息的搜集、处理和服务中心。这种变化对银行的职能、体制、业务重点和收入结构已经产生并将继续产生深远的影响,同时必将大大加强银行在国民经济中的作用和地位。

3.电子货币对证券业的影响

随着证券行业的发展,各大证券公司纷纷在各个不同的地区设立营业部,营业部面积越来越大,从业人员越来越多,试图通过各种手段赢得更多的客户,扩大交易量,增加佣金收入。这就导致各证券公司之间为了争夺客户和资金发生激烈竞争,而银行也不失时机地插足这一领域,纷纷推出利用"银行卡"炒股等措施。一般意义上,银行卡炒股是指投资者利用银行电子划账系统通过电话委托等无纸化途径在自己的储蓄账户上实现股票交易，其交易保证金无须存入证券公司营业部，可接受直接来自银行的交易服务，包括从开户、交易、清算、交割到查询对账等全过程。银行的这种举措也吸引了一批投资者，特别是散户投资者，大大方便了投资者的交易行为，但也给证券公司造成了很大的压力，影响了外围资金的流入。

【小知识2-5】

20世纪20年代，美国芝加哥一黑手党金融专家买了一台投币式洗衣机，开了一家洗衣店。他在每晚计算当天的洗衣收入时，就把其他非法所得的钱财加入其中，再向税务部门申报纳税。这样，扣去应缴的税款后，剩下的其他非法所得钱财就成了他的合法收入。这就是"洗钱"一词的来历。

三、电子货币发展应注意的问题

就目前而言，作为支付工具的电子货币应用于电子商务仍然存在一些问题。比如，进一步提高安全技术、网络基础设施建设不完善、电子商务的发展还不很成熟、系统可靠性以及数字认证技术有待提高等问题。这些问题将会对电子货币的发展产生极大的影响。从总体上讲，出现上述问题的原因是我国电子货币立法滞后，主要表现为：第一，个人资信的法律障碍。网上电子货币的支付是在不见面的虚拟环境下完成的，对个人资信的要求很高。目前，国内有关个人资信的规定还没有任何立法性质的文件，对资信进行评估的法治化程度也较低。第二，安全认证的标准不统一。我国已有的网上银行所采用的安全认证方式各不相同，国家对此还没有一个明确的标准，对电子货币安全技术系统的认定，其唯一性、一致性，没有相配套的法律约束和保障。第三，电子货币交易各方的权利、义务没有立法予以明确。使用电子货币支付涉及的当事人有付款人（客户）、付款行（开户银行）、结算行（清算中心）、收款人（商家），众多的当事人在法律上处于不稳定地位，造成在实务中纠纷较多，出现问题各自应负的损失赔偿责任没有明确规定。要使电子货币能够迅速、健康地发展，必须尽快解决出现的这些问题。不仅要加强网络基础设施的建设，提高互联网的普及率；同时要积极发展电子商务，进而带动电子货币的发展；另外，要尽快出台并且完善相应的法规，给网络安全提供相应的法规保障，规范网上交易程序，正确使用数字证书。金融支付系统是社会活动的重要组成部分，并随着科学技术的进步而不断发展。从传统的手工操作到电子化支付、清算与结算，网上支付在21世纪电子商务时代将形成其特点。今后金融支付系统的发展将注重解决如下几个方面的问题：

1. 电子数据的法律效力问题

作为电子货币的物是存储于计算机或IC卡等中的电子数据，那么电子数据的法律效力问题就是传统法律所要解决的首要问题。《中华人民共和国合同法》第十一条规定，数据电文为书面形式之一种。据此，以电子数据为物质载体的电子货币与以纸面为物质载体的纸币具有同等的效力。但是，我们认为，此种"功能等同"模式的立法只是过渡性质的立法。我国法律应明确规定作为意思表示的电子数据的法律效力。另外，承认电子数据的效力固然重要，但解决电子数据的认证问题则更具重大意义。2005年4月1日，《电子签名法》开始正式实施，它以法律形式对直接关系公共利益的电子认证服务业设定行政许可，并授权信息产业部作为实施机关，对电子认证服务提供者实施监督管理。

2.电子货币的安全问题

安全是银行业内部和外部每一个人都密切关注的焦点问题。与纸币相比，电子货币很难被抢劫和被偷盗，相比较于支票等票据，电子货币更不容易被冒认和盗用。但因为目前计算机网络资源共享的开放环境以及尚存在一定漏洞的软硬件环境，电子货币的安全技术还需要得到进一步的提高。电子货币增加了安全风险，所有零售支付系统在某种程度上自身都是脆弱的，而电子货币产品也增加了一些诸如鉴定、认可、完整性方面的问题。系统崩溃可能在消费者、商家或发行者任何一个层次上发生，其潜在因素包括盗用消费者和商家的设备，伪造设备，更改存储或设备间传输的数据，或者更改产品的软件功能等。安全攻击大部分是为了利益，但也可能是为了攻击系统本身。计算机信息的加解密技术也正在发展中，如何使电子信息在传送过程中得到安全保证是目前各大网络软硬件工程公司的难题，如何严密修订计算机安全条例和法律也尚未有成熟的方法。因此电子货币安全问题也是立法应充分考虑的问题之一。

3.电子货币的监管问题

电子货币的产生与发展给各国的金融机构提出了新的课题，特别是电子货币对现行金融监管制度带来了直接或间接的影响，为维护金融体系的稳定和安全，防止侵害消费者利益的行为发生，以及避免出现恶性竞争和无秩序的行为，"政府适度监督有没有必要"成为各国比较关注的问题。我们如果将电子货币作为一种科技产品来管理，沿用统一、规范和标准化的原则，势必会与电子货币兴起进程中出现的产品多样化和技术、协议等的快速演进相矛盾，同时形成一些业务领域的规则和管理的真空。因此，我们需要通过详尽的法律规定来完善电子货币的监管问题。

4.电子货币的隐私权保护问题

就法定货币而言，除了通过银行转账结算的情形外，其他流通完全是匿名的，即交易当事人以外的第三人无从知晓货币的流向，持币人支付了多少金额，支付给了谁，都无据可查，从而在技术上很好地保护了当事人的交易隐私。但就目前的电子货币而言，不能如此成功地实现这一点。账户依存型电子货币的流通完全依赖于转账结算，账户管理者保存其交易记录，因此对账户管理者而言，交易当事人毫无隐私可言。现金型电子货币系统要求每一个使用者都须在发行者处开设一个存款账户，便于使用者申请电子货币或最后兑换法定货币时转账，发行者可由此掌握信息，造成使用者的隐私权益受到一定程度的损害。综上所述，目前的电子货币类型都不能像法定货币那样解决使用者的隐私保护问题，这就需要我们在法律上和电子技术上加以完善。

5.流动性风险问题

这一风险是指网络金融机构没有足够的资金满足客户兑现电子货币的风险。风险的大小与电子货币的发行规模和余额有关。发行的规模越大，用于结算的余额越大，发行者不能等值赎回其发行的电子货币或清算资金不足的可能性越大。因为目前的电子货币是发行者以既有货币（现行纸币等信用货币）所代表的现有价值为前提发行的，是电子化、信息化了的交易媒介，尚不是一种独立的货币。交易者收取电子货币后，并未最终完成支付，还需要从发行电子货币的机构收取实际货币，相应地，电子货币发行者就需要满足这种流动性要求。当发行者实际货币储备不足时，就会产生流动性危机。流动性危机也可由网络系统的安全因素引起。另外当计算机系统及网络通信发生故障，或病毒破坏造成支付系统不能正常运行时，也会影响正常的支付行为，降低电子货币的流动性。

6.电子货币规模的扩大将可能带来更庞大的国际游资

电子货币出现后，各种市场主体将会利用其便捷的电子化手段和较低的交易成本经常性地调整货币的持有结构，减少手持现金和活期存款的比例，增加以追逐高额短期回报为目标的金融资产比例，从而可能形成更大数量的国际游资（hot money）。同时，电子货币的"无形性"使其活动失去了时间和地域的限制，交易过程更加不透明，导致国际投机资本的运作更具隐蔽性和复杂性，其与金融监管当局之间的信息不对称程度将趋于严重，增加了金融当局对其进行控制的难度。大量国际游资的突发性转移无疑将导致金融市场的波动，而电子货币的快速传播特征又会使这种波动迅速蔓延，造成整个金融体系的不稳定。

7.电子货币洗钱犯罪问题

电子货币的出现和利用为犯罪分子进行洗钱活动提供了便利。就大规模的洗钱犯罪来讲，传统货币本身给犯罪分子带来许多不便，如其面值有限，大量价值的货币必然占据较大的空间，其运输、清点和计算都需要花费时间，远距离地安全传输更需要花大量的时间与资源，且容易被人发现。电子货币则不存在这些问题，犯罪分子可以通过电话线、互联网瞬间将巨额资金从地球的一端转到另一端。所以电子货币尤其是现金型电子货币，对洗钱犯罪分子具有无限吸引力，他们可以把来源于非法活动的钱利用电子货币很快转移到法律上对洗钱犯罪监管较为薄弱的国家，在那儿会更容易将这些钱合法化。如何有效地预防和打击洗钱犯罪，是电子货币发展中亟待解决的问题。

8.电子货币标准化问题

网络是全球性的，在网络上流通的电子货币要真正国际化，必须依靠世界银行和国际货币组织，联合各国对其进行标准化定义，并使其与各国的货币进行汇率挂钩。现今在互联网上流行的电子货币有许多种，有的网络超级市场不得不在网页上挂上五颜六色的标志以表示支持各种电子货币，这种发展趋势必须加以控制和管理。因为虽然这样能够让各发行电子货币的公司相互之间存在竞争从而促进技术进步，但也会引起某些混乱，应该在统一标准的前提下竞争，这样电子货币才能得以健康发展。

【知识拓展】

数字货币是一种不受管制的、数字化的货币，通常由开发者发行和管理，被特定虚拟社区的成员所接受和使用。欧洲银行业管理局将虚拟货币定义为：价值的数字化表示，不由央行或当局发行，也不与法定货币挂钩，但由于被公众所接受，所以可作为支付手段，也可以电子形式转移、存储或交易。

随着信息科技的发展以及移动互联网、终端安全存储、区块链等技术的演进，全球范围内支付方式发生了巨大变化，数字货币的发展正在对中央银行的货币发行和货币政策带来新的机遇与挑战。数字货币的发展也引发了全球的关注，尤其是在欧盟国家，在2016年年初又相继出台了一些关于数字货币的法律法规政策。2016年1月，欧洲数字货币协会（Electronic Money Association）、捷克中央银行、英国云鼎集团（Cloud Tripod Group）、捷克第三方支付公司 IKORUNA 等欧盟国家以及韩国、日本、中国香港等亚太地区的金融机构在捷克首都布拉格共同举办了"泛欧数字货币论坛"。

在 2015 年，欧盟出台了一些相关的法律法规，允许非银行机构介入金融交易，这将会给欧洲地区以及更大的范围带来新的商业机会。数字货币发行机构在得到注册地国家政府及国家银行授予发行牌照的情况下，可以在全欧洲运营，也可以在欧洲以外的其他国家以代理公司的方式或者以会员制的方式来运营，就像成为 VISA 或 Master Card 这些支付机构的会员一样。

数字货币的发行机构必须获得欧盟国家银行授权的发行牌照，而且必须有 35 万欧元以上的储备金，储备金在商业运营过程中不可动用，但是可以收取利息。除丹麦、爱沙尼亚、匈牙利、波兰等国家以外，到 2015 年为止，欧盟国家的数字货币交易额在以 10 亿欧元为基本单位持续增长。

数字货币的使用场景愈加丰富，使其用户接受度不断增长。目前，数字货币的使用已经覆盖至购物消费、工资支付、交通出行、旅游外出、外卖结算和学费支付等各类场景，不断拓展的落地场景也带来了更加广泛的消费人群。总体而言，虽然就总人口而言，数字货币的使用人群仍占小部分，但是其使用人数在不断增长，目前全球范围内已有 10 个国家的使用率超过 10%。数字货币的使用场景基本情况见表 2-1。

表 2-1 数字货币的使用场景基本情况

使用场景	基本情况
购物消费	2019 年 7 月，澳大利亚连锁超市品牌 IGA 的 1 400 多家门店正式接受比特币和其他加密货币支付；2019 年 4 月，加密支付处理初创公司 Moon 宣布只要通过其浏览器扩展应用，所有支持闪电网络的钱包都可以在亚马逊网站上直接花费比特币等加密货币
工资支付	近日，新西兰税务局（IRD）在其发布的所得税法中指出，企业可以通过加密资产支付工资。摩根溪联合创始人 Pomp 评论称，新西兰成为第一个将比特币替代国家主权货币支付工人工资合法化的国家；瑞士传媒巨头 Netzmedien、日本网络服务提供商 GMO Internet Group 以及 NBA 球队独行侠、国王等开始用比特币结算工资
交通出行	2019 年 2 月，阿根廷 37 个城市的居民可以使用比特币支付公共交通费用；2019 年 7 月，欧洲第三大航空公司挪威航空公司宣布将推出比特币兑换服务，除了进行比特币交易，该公司的客户还可以使用比特币购买机票
旅游外出	英国最大的旅行管理公司 Corporate Traveller 接受比特币付款，美国旅游公司 Expedia 通过 Coinbase 接受比特币预订酒店和航班
外卖结算	2019 年 1 月，德国最大的在线食品配送平台 Lieferando.de 已经扩展到超过 1.3 万家餐厅，并接受比特币付款。该公司表示，如果使用比特币付款不会收取任何手续费用，而使用 PayPal 和信用卡支付费用则需要额外支付 6%
学费支付	2018 年 10 月，法国金融商学院提供金融和区块链技术的研究生课程，允许学生用数字货币支付学费。自推出这一举措以来，有 6 名学生用 BTC 支付了 2018 学年的学费

2019 年 9 月，《中国日报》报道，央行数字货币闭环测试已经开始，央行数字货币呼之欲出。2014—2019 年中国央行数字货币发展历程见表 2-2。

表2-2   **2014—2019年中国央行数字货币发展历程**

时间	相关事件
2014年	成立数字货币研究小组，旨在探讨所需的监管框架或国家数字货币
2015年	发布央行发行数字货币的系列研究报告，央行发行数字货币的原型方案完成两轮修订
2016年1月	央行召开了数字货币研讨会，进一步明确央行发行数字货币的战略目标，做好关键技术攻关，研究数字货币的多场景应用，争取早日推出央行发行的数字货币
2016年7月	央行启动了基于区块链和数字货币的数字票据交易平台原型研发工作，决定使用数字票据交易平台作为法定数字货币的试点应用场景，并借助数字票据交易平台验证区块链技术
2016年9月	央行票据交易平台筹备组会同数字货币研究所筹备组，牵头成立了数字票据交易平台筹备组，启动了数字票据交易平台的封闭开发工作
2016年12月	央行完成了对区块链的首个试验，几家主要的商业银行参与了此次试验
2017年2月	央行推出的数字票据交易平台开始进行测试，这个平台用区块链技术搭建，并运行法定数字货币
2017年3月	央行科技工作会议强调构建以数字货币探索为龙头的央行创新平台
2017年5月	央行数字货币研究所正式挂牌，研究方向包括数字货币、金融科技等
2017年11月	时任央行数字货币研究所所长姚前出席第二届"数字金融的中国时代"会议并表示，法定数字货币是数字经济发展的基石，将从四大方面助推数字经济发展：一是有助于数字经济提质增效；二是有助于数字经济普惠共享；三是有助于数字经济宏观调控；四是有助于数字经济风险防范
2018年1月	数字票据交易平台实验性生产系统成功上线试运行，结合区块链技术前沿和票据业务实际情况对前期数字票据交易平台原型系统进行了全方位的改造和完善
2018年3月	央行召开2018年全国货币金银工作电视电话会议，会议指出"稳步"地推进央行数字货币研发
2018年9月	数字货币研究所在深圳成立"深圳金融科技有限公司"，并参与贸易金融区块链等项目的开发
2019年2月	央行召开2019年全国货币金银工作会议，提到"稳步、深入"地推进央行数字货币研发
2019年8月	央行召开2019年下半年工作电视会议，指出下半年要加快推进我国法定数字货币（DC/EP）研发步伐，跟踪研究国内外虚拟货币发展
2019年8月	中国人民银行支付结算司副司长穆长春在第三届中国金融四十人伊春论坛上表示，央行数字货币（DC/EP）的研究已进行五年，现在已经"呼之欲出"

资料来源 根据前瞻产业研究院相关资料整理.

【任务描述】

虚拟货币作为货币电子化过程中产生的一种新型货币，它的基本理论和所面临的风险还没有被完全认识，不断深入地研究其基本理论和所面临的风险，并在此基础上建立相应的监管制度，对指导虚拟货币的相关立法与司法具有重要意义。

那么，如何在网络平台上获得网络货币呢？

【任务实施】

步骤1　找到一个可以信任的网络平台。

首先我们要在浏览器中搜索相关的能获取网络货币的平台，然后在搜索出来的网站中选择其中一个可靠的，进入网站首页，然后点击首页的"注册"选项，给自己注册一个账号（最好是用手机注册，比较容易找回密码，而且用邮箱注册的账号容易被盗取），注册成功后返回网站首页进行登录，然后就可以赚取网络货币了。

步骤2　完成新人任务。

一般来说，可以获取网络货币的网络平台上都会有"新人任务"这个选项。我们首先点击相关网站的第一个选项"新人任务"，进入其中进行新手任务的执行，如：（1）了解这个网络平台；（2）完善个人用户的资料；（3）完成游戏体验；（4）连续登录等。接下来只要我们完成了这些任务那么就会获得这个网络平台所赠予的网络货币奖励了。

步骤3　体验游戏平台。

一般在网络平台中，"新人任务"选项的右边都有一个"游戏平台"，这个平台是专门给想要做"游戏体验员"的朋友准备的，有喜欢这方面的朋友可以点击进入，在游戏平台上可以看到有几种游戏类别，分别是网页游戏、棋牌游戏、单机游戏等；然后选择一款自己看中的游戏并点击进入这个游戏的页面进行游戏账号的注册，注册成功后，我们登录所选择的游戏中（一般都是网页游戏，所以不用下载），只要达到一定的游戏时间或者游戏等级，便可以回到这个网络平台的游戏平台上领取网络货币的奖励了。

步骤4　查看广告平台。

在天天钻首页上选择进入到广告大厅（如图2-1所示），接着点下面查看广告就可以。这个任务需要保证金，如果有钻的话，可以用钻，没有的也可以充钱进去。领取任务后，会有广告总数，每天只能看一次，必须观看完后才能领取奖励。这属于长时间的投资。

喜欢宣传资料的朋友可以在天天钻首页上选择"广告大厅"这个选项赚取网络货币。

步骤5　了解打码平台。

在相关网络平台中，会存在"打码"这个项目，可能很多人并不了解"打码"是一个什么样的项目。其实意思很简单，就是在所选的打码系统中会随时出现一些由数字、中英文等组成的码来给你输入，就和我们平时登录其他业务账号所出现的验证码输入一样，是十分简单的，如果还是不懂，那可以点击打码平台上的"打码了解"。选择好相关打码软件后，我们对其进行下载，下载完后便解压到桌面，然后返回打码平台申请一个自己的打码工号并设置密码，最后就可以开始打码了。打码的奖励是按天发放的，所以多劳多得哦。

步骤6　体验调查专区。

与以上的几种项目不同，调查专区与其说是一个赚取网络货币的平台，不如说是一个赚取网络货币的活动。点击进入其中，可以选择自己喜爱的调查问卷，然后根据上面的提示进行调查问卷的完成（有需要调查的任务和不需要调查的任务，两者皆可以赚到网络货

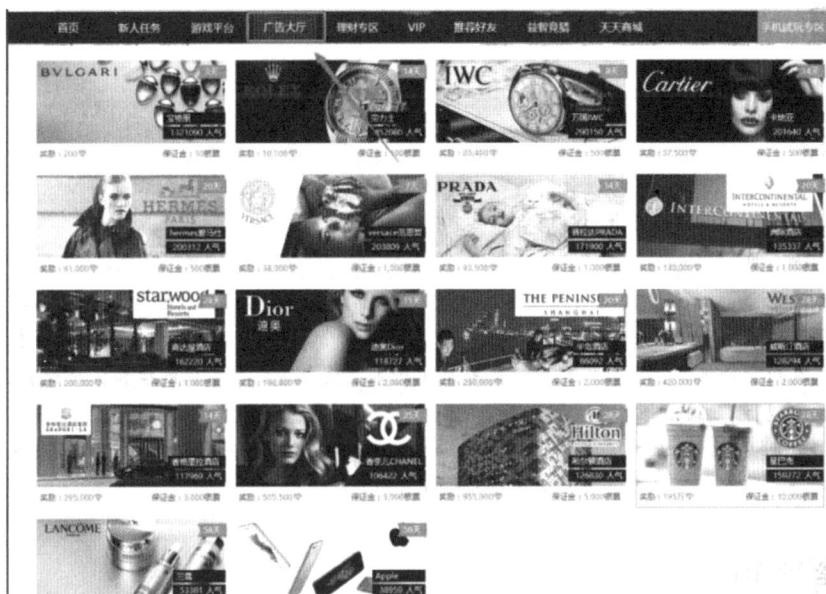

图 2-1　天天钻首页

币）。完成后便可以返回页面领取网络货币的奖励了，不过有的时候因为系统的延迟可能会晚点发放。

步骤 7　推荐好友。

在相关的网络平台获取网络货币的同时，要是想邀请好友等人参与进来，可以点击"邀请好友"选项，进入后先领取自己的专属"邀请好友牌"，然后再将这个发给好友等人，以使其成为相关网络平台的用户。这样一来，你不但可以获得完成任务的奖励，还可以获得自己的下线用户，即通过你的好友牌注册的用户，他们在网络平台获得的网络货币会根据等级高低的情况以计算百分比的形式返利给你。

最后想告诉大家，虽然在网络平台上赚取网络货币再兑换现金等这条路固然可靠，但是也要保持警惕之心，不要被坏人利用了自己的意图，从而泄露了自己的财产安全等信息，所以在"网赚"的同时要注意自己的操作，以免遭受不良信息的欺骗。

项目总结

电子货币是指以电子化机具和各类交易卡为媒介、以计算机技术和通信技术为手段、以电子数据形式存储在银行的计算机系统，并通过计算机网络以信息的传递形式实现流通和支付功能的货币。电子货币与纸币等其他货币形式相比，具有保存成本低、流通费用低、标准化成本低、使用成本低等优势。电子货币的产生是现代社会生产发展、信息网络技术进步的必然结果。在上述基础上，电子货币的发展取决于互联网的普及和电子数据交换的应用两大重要因素。

电子货币与传统货币不同。人民币是我国的信用纸币，是国家发行的强制流通的价值符号，人民币代表的是一般等价物，反映的是国家信用，可以在市面上流通；电子货币则是商业银行等的金融创新工具，发行权属于商业银行等，属于银行等信用，在金融网络系统流通。两者存在本质的区别。电子货币充当支付功能，与传统货币相比有自身的优势，即快捷方便、处理简单、可简化国际汇兑。

基本训练

一、核心概念

电子货币 代用货币

二、简答题

1.信用纸币与电子货币的区别是什么?

2.电子货币对金融机构和社会的影响有哪些?

三、案例分析题

2016年6月25日,银监会批准的中国首批5家民营银行之一的浙江网商银行正式成立。银行传统的系统给我们用户带来了一些不良好的体验,例如很简单的一个问题,必须要让你跑一趟银行解决,这些使我们厌恶了在银行的等待,厌恶了银行嫌贫爱富的恶习,厌恶了银行死板的操作!马云言:"银行不改变,我们就改变银行。"当时马云在主席台讲,只有两个东西能够制约网商银行的发展:一是大数据;二是现金。随着互联网和移动通信成为人们日常生活中不可或缺的一部分,移动支付等网上支付逐渐成为重要的支付手段,那么电子货币是否会取代传统纸币呢?

项目实训

浙江网商银行是阿里巴巴推出的一款专为小微企业及个人提供金融借贷的民间银行软件。该软件主要提供具备网络特色、适于网络操作、结构相对简单的金融服务及产品,银行不设任何物理网点,是一家纯网络运营的云端银行,使用网商银行借贷非常方便简单。不过有不少朋友对浙江网商银行还不太熟悉,那么网商银行怎么用?请写出网商银行的注册流程。

项目三　电子支付系统

学习目标

1.知识目标：了解电子支付系统的构成和发展历程，熟悉 ATM 系统和 POS 系统流程，了解国内外电子支付系统的发展现状。

2.技能目标：掌握电子支付系统功能、ATM 系统和 POS 系统的使用方法。

3.能力目标：具有利用银行卡在自动取款机或自动柜员机上执行取款和转账等金融交易的能力，具有利用 POS 系统进行商品交易、资金支付、转账等能力。

在电子商务的交易中，如果依赖传统的支付方法，如现金、支票等就不可能完成在线的实时支付。在这种情况下，在线电子支付应运而生。它是电子商务得以顺利发展的基础条件。电子支付的应用场景已逐渐从单纯的支付渠道，向跨境结算、理财产品销售、资产管理、保险代销等领域快速渗透，同时利用其自身的整体优势，使传统产业加速从线下向线上转移，提供了支付的空间。现在的电子支付系统主要借助于电子银行的转账系统，这个系统虽然较为安全，但缺点就是交易形式过于单一，无法满足市场上一些潜在的互联网商务需要，所以想要更好地发展互联网的电子支付系统就必将面临创新。随着互联网的广泛使用，类似于支付宝钱包、微信支付、邮箱支付等新的支付形式的出现满足了新新人类的电子商务需求，这也是对传统支付系统的一个巨大挑战。

任务一　建立电子支付系统

【案例导入】

2018 年 7 月起，海关总署新一代海关税费电子支付系统全面推广，中国光大银行成为首批对接海关总署"新一代电子支付系统"的商业银行。"新一代电子支付系统"通过财关库银横向联网实现了海关、商业银行、国库等部门的直连互通，进一步提升进出口企业支付海关税款的便捷性，提高税款入库的效率。中国光大银行通过业务对接，实现了企业、银行、海关在线签署三方协议，同时简化了扣款指令，优化了作业流程，提高了支付效率，使签约、缴税、税款入库可以全线上操作完成。

企业通过这一系统缴纳税款时，可在"单一窗口"一站式办理报关单申报、税款缴纳等通关手续，提升通关效率。企业使用"新一代电子支付系统"支付税款成功后，海关系统将自动放行，货物通关再提速。

【知识准备】

一、电子支付系统的相关概念

1.电子商务支付系统

电子商务支付系统是电子商务系统的重要组成部分，指的是消费者、商家和金融机构之间使用安全电子手段交换商品或服务，即把新型支付手段（包括电子现金、信用卡、借记卡、智能卡等）的支付信息通过网络安全传送到银行或相应的处理机构，来实现电子支付。

央行发布的《2018年支付体系运行总体情况》显示，2018年支付系统共处理支付业务2 157.23亿笔，金额6 142.97万亿元。央行支付系统共处理支付业务157.11亿笔，金额4 598.4万亿元，同比分别增长27.84%和15.99%。其中，网上支付跨行清算系统业务量稳步增长，共处理业务120.98亿笔，金额89.05万亿元，同比分别增长42.93%和44.29%；人民币跨境支付系统业务量增长较快，共处理业务144.24万笔，金额26.45万亿元，同比分别增长14.57%和81.71%。

网上支付是指通过互联网实现的用户和商户、商户和商户之间的在线货币支付、资金清算、查询统计等过程。网上支付完成了使用者信息传递和资金转移的过程。广义的网上支付包括直接使用网上银行进行的支付和通过第三方支付平台间接使用网上银行进行的支付。狭义的网上支付仅包括通过第三方支付平台实现的支付。网上支付有时也被称为电子支付，但严格来说，两者之间有一定区别，前者实际是后者的一个分类。网上支付对电子商务具有重要作用，是"资金流"的中心环节。随着电子商务环境的逐步成熟，网上支付已经是一项很重要的电子支付工具，尤其是非常适合应用在数字产品类行业。电子支付系统是实现网上支付的基础，网上支付是电子支付系统发展的更高形式。网上支付是以电子支付系统为条件的。电子支付是一种通信频次大、数据量较小、实时性要求较高、分布面很广的电子通信行为，因此电子支付的网络平台通常是交换型的、通信时间较短的、安全保密性好的、可靠的通信平台，必须面向全社会，对所有公众开放。我国电子支付发展非常迅速，已成为我国零售支付体系的重要组成部分。

2.电子支付

所谓电子支付，是指用户通过电子终端，直接或间接向金融机构发出支付指令，实现货币支付与资金转移的行为。

根据使用终端的不同，电子支付可分为网上支付、电话支付、移动支付、销售点终端交易、自动柜员机交易和其他电子支付。与传统的支付方式相比，电子支付具有以下特征：

（1）电子支付是采用先进的技术通过数字流转来完成信息传输的，其各种支付方式都是通过数字化的方式进行款项支付的，而传统的支付方式则是通过现金的流转、票据的转让及银行的汇兑等物理实体来完成款项支付的。

（2）电子支付的工作环境是基于一个开放的系统平台（即互联网），而传统支付则是在较为封闭的系统中运作。

（3）电子支付使用的是最先进的通信手段，如internet、extranet，而传统支付使用的则是传统的通信媒介。电子支付对软硬件设施的要求很高，一般要求有联网的终端设备、相关的软件及其他一些配套设施，而传统支付则没有这么高的要求。

（4）电子支付具有方便、快捷、高效、经济的优势。用户只要拥有一台上网的终端设备，便可足不出户，在很短的时间内完成整个支付过程。有些支付费用仅相当于传统支付的几十分之一，甚至几百分之一。

【小思考3-1】

什么是支付网关（payment gateway）？

答：支付网关是连接银行网络与internet的一组服务器。其主要作用是完成两者之间的通信、协议转换和进行数据加密、解密，以保护银行内部的安全。

电子支付是通过开放的网络来实现的，支付信息很容易受到来自各种途径的攻击和破坏，信息的泄露和受损直接威胁到企业等客户的切身利益，所以信息安全是树立和维护客户对电子支付信心的关键。银行应在物理上保证电子支付业务处理系统的设计和运行能够避免电子支付交易数据在传送、处理、存储、使用和修改过程中被泄露与篡改；采取有效的内部控制措施为交易数据保密；在法规许可和客户授权的范围内妥善保管与使用各种信息和交易资料；明确规定按会计档案要求保管电子支付交易数据；提倡由合法的第三方认证机构提供认证服务，以保证认证的公正性；要求在境内完成境内发生的人民币电子支付交易信息处理及资金清算。就目前而言，电子支付仍然存在一些缺陷。比如安全问题，一直是困扰电子支付发展的关键性问题。2005年10月26日，中国人民银行发布了《电子支付指引（第一号）》（中国人民银行公告〔2005〕第23号，以下简称《指引》），对银行从事电子支付业务提出指导性要求，以规范和引导电子支付的发展。《指引》还要求银行根据审慎性原则，针对不同客户，在电子支付类型、单笔支付金额和每日累计支付金额等方面做出合理限制。目前，各大银行为了进一步提高网上银行的服务水平，提升客户的安全体验，对支付限额纷纷做出了调整。比如，工商银行将个人网上银行电子密码器对外支付交易限额调整为单笔5万元、日累计5万元；交通银行个人储蓄卡用户开通短信密码后单笔支付限额为5万元，日累计限额为5万元；中国银行储蓄卡用户开通中银快付的单笔支付限额为1 000元，日累计限额为5 000元；建设银行个人储蓄卡用户办理了动态口令或账号支付的单笔支付限额为5 000元，日累计限额为5 000元，客户如有更高额度的对外支付需求，可通过手机银行或使用U盾办理。

二、电子支付系统的发展

进入21世纪后，现金和支票支付方式正逐渐被银行卡所替代。随着高新技术日新月异的发展，"现金流动"和"票据流动"正逐渐地被以先进的计算机网络为媒体的"电子计算机数据流动"所淘汰，大量的资金在银行的计算机网络中以最快的速度在各行之间进行转账、划拨。这种以电子数据形式存储在银行计算机中，并通过银行计算机网络来流动资金的系统称为电子资金转账系统。

电子资金转账系统，即EFT系统，是银行同客户进行数据通信的一种电子系统。它是银行之间利用自有的网络来做电子资金转换，用于传输同金融交易有关的电子资金和相关的数据与信息，为客户提供支付服务的系统。使用者以一定的现金或存款从发行者处兑换并获得代表相同金额的数据，并以可读写的电子信息方式储存起来，当使用者需要清偿债务时，可以通过某些电子化媒介或方法将该电子数据直接转移给支付对象，这种电子数据便可称为电子货币。电子货币的主要特征：无形性，不再以实物、贵金属或纸币的形式出现；普遍性和多用途性，无须在线授权，也无须在交易后对客户银行账户进行借记或贷记处理；预先储值性；隐秘性，给金融监管带来了难度。当前计算机在银行业务中得到广泛应用后，银行利用计算机、终端机、电子信息网络等电子通信设备建立了可以高速划拨资金的电子支付系统，明显地改变了支付与结算方式，降低了成本，提高了效益，因而得到了迅速发展，各国相继建立了（大额）电子支付系统和主要为消费者服务的POS系统、ATM系统。中国人民银行的新一代支付系统和银联的跨行电子资金转账网络也属于这一范畴。

EFT系统利用所提供的缴付信息对电子付款进行最佳的处理，大大改变了金融市场的传统处理方式。如今有许多类似的电子资金转换方式，例如在商店及零售点（POS）普遍使用的赊账卡，以及自动转账的员工支薪等。

电子支付系统的发展是与电子银行业务的发展密切相关的。从历史的角度来看，电子支付系统经历了5个发展阶段：

第一阶段：银行内部电子管理系统与其他金融机构的电子系统连接起来，如利用计算机处理银行之间的货币汇划、结算等业务。

第二阶段：银行计算机与其他机构的计算机之间资金的汇划，如代发工资等。

第三阶段：通过网络终端向客户提供各项自助银行服务，如ATM系统。

第四阶段：利用网络技术为大众在消费时提供自动的扣款服务，如POS系统。

第五阶段：网上支付方式的发展，电子货币可随时随地通过internet直接转账、结算，形成电子商务环境。

目前EFT系统是银行同其客户进行数据通信的一种有力工具。通过它，银行可以把支付系统延伸到社会的各个角落，例如，零售商店、超级市场、企事业单位甚至家庭，从而为客户进行支付账单、申请信贷、转账、咨询、交纳税金等金融活动提供方便、快捷的服务。在网络时代，EFT系统已经发展成为一个广泛的电子支付网络系统。

三、电子支付系统的功能

虽然货币的不同形式会产生不同的支付方式，但安全、有效、便捷是各种支付方式追求的共同目标。对于一个支付系统而言（可能专门针对一种支付方式，也可能兼容几种支付方式），它应具有以下的功能：

1.使用数字签名和数字证书实现对各方的认证

为实现交易的安全性，对参与贸易的各方身份的有效性进行认证，通过认证机构或注册机构向参与各方发放数字证书，以证实其身份的合法性。

2.使用加密技术对业务进行加密

可以采用单钥体制或双钥体制来进行消息加密，并采用数字信封、数字签字等技术来加强数据传输的保密性，以防止未被授权的第三者获取消息的真正含义。

3.使用消息摘要算法以确认业务的完整性

为保护数据不被未授权者建立、嵌入、删除、篡改、重放，而是完整无缺地到达接收方，可以采用数据杂凑技术。通过对原文的杂凑生成消息摘要一并传送给接收方，接收方可以通过摘要来判断所接收的消息是否完整。若发现接收的消息不完整，可要求发送端重发以保证其完整性。

4.当交易双方出现纠纷时，保证对业务的不可否认性

这用于保护通信用户对付来自其他合法用户的威胁，如发送用户否认他所发的消息，接收方否认他已接收的消息等。支付系统必须在交易的过程中生成或提供足够充分的证据来迅速辨别纠纷中的是非，可以用仲裁签名、不可否认签名等技术来实现。

5.能够处理贸易业务的多边支付问题

由于网上贸易的支付要牵涉客户、商家和银行等多方，其中传送的购货信息与支付指令必须连接在一起，因为商家只有确认了支付指令后才会继续交易，银行也只有确认了支付指令后才会提供支付。但同时，商家不能读取客户的支付指令，银行不能读取商家的购货信息，这种多边支付关系可以通过双重签名等技术来实现。

【任务描述】

电子支付系统是实现网上支付的基础。电子支付系统的发展方向是兼容多种支付工具，但目前的各种支付工具之间存在较大差异，分别有自己的特点和运作模式，适用于不同的交易过程。

电子支付系统的数据流可以分为基于商家转发的和非商家转发的两种模式。根据目前我国电子商务交易采用基于非商家转发的模式，你认为从客户发起购买请求到客户收到商品、商家收到资金，完成整个交易过程，需要经过哪些支付流程？

【任务实施】

步骤1 电子支付的工作流程如图3-1所示。

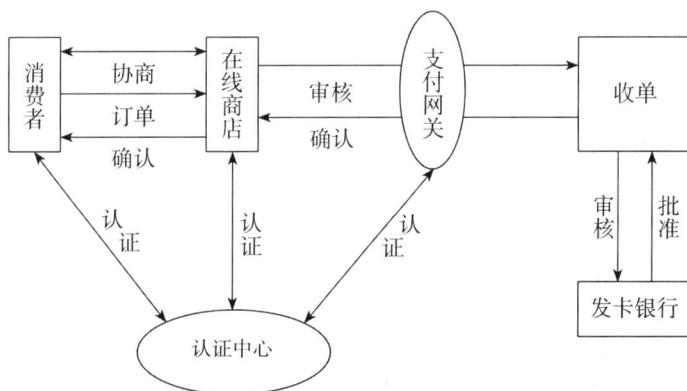

图3-1 电子支付的工作流程

步骤2 根据工作流程图，可将整个电子支付工作程序分为以下7步：

（1）消费者利用自己的计算机通过互联网选定所要购买的物品，并在计算机上输入订单，订单上需包括在线商店名称、购买物品名称及数量、交货时间及地点等相关信息。

（2）通过电子商务服务器与有关在线商店联系，在线商店做出应答，告诉消费者所填订单的物品单价、应付款数、交货方式等信息是否准确，是否有变化。

（3）消费者选择付款方式，确认订单，签发付款指令，此时认证中心开始介入。

（4）在认证中心中，消费者必须对订单和付款指令进行数字签名，同时利用双重签名技术保证在线商店看不到消费者的账号信息。

（5）在线商店接受订单后，向消费者所在银行请求支付认可。信息通过支付网关到收单银行，再到发卡银行进行确认。批准交易后，返回确认信息给在线商店。

（6）在线商店发送订单确认信息给消费者，消费者端的软件可记录交易日志，以备将来查询。

（7）在线商店发送物品，并通知收单银行将钱从消费者的账号转移到在线商店账号，或通知发卡银行请求支付。在认证操作和支付操作中间一般会有一个时间间隔，例如，在每天的下班前请求银行结一天的账。

任务二　认识ATM系统

【案例导入】

2018年8月网易号报道，为使当事人便捷、安全地缴纳诉讼费用，大新县人民法院引进中国工商银行ATM（自动柜员机）入驻该院诉讼服务中心，实现了当事人在法院即可自助缴纳诉讼费用，非常方便和快捷。迄今为止，已有多名当事人分别通过自助缴费渠道成功缴纳了费用。

ATM进驻法院，当事人在办理缴纳诉讼费用或者退费时，再也不用在法院和银行之间两头跑，只要在工作人员的引导下直接在ATM上就可以办理。缴费完成后，凭借"诉讼费缴费成功回执单"到收款窗口换取诉讼费专用票据，即完成诉讼费缴纳，大大节省交费时间，同时可以分流窗口压力，提高办案效率。此外，ATM还集合了缴纳电费、水费、煤气费、宽带费等功能，也为广大干警生活带来方便。

【知识准备】

一、ATM系统简介

ATM（automated teller machine）系统，即自动柜员机系统，是利用银行卡在ATM上执行存取款和转账等功能的一种自助服务的电子银行系统。它是客户与金融机构层次最典型的银行卡授权支付系统的代表，也是最早获得成功应用的电子资金转账系统。1987年2月，中国银行在珠海推出了第一台ATM。

在ATM系统中，只能做现金配出器使用的终端机，称作CD（现金配出器），即所谓的自动取款机；还有只能做存款用的终端机，即自动存款机；不仅可用于取现，还可接收存款，可在不同账户之间进行转账的多功能终端机，称为自动柜员机。ATM是无人管理的、自动的、自助的出纳装置，是一种为方便银行卡持卡人进行自我服务的关键设备。ATM可在广泛的场所为客户提供全天候的日常银行业务服务，大大方便了客户，同时它具有快捷、安全的特点，深受客户的欢迎。近些年逐渐衍生出了CDM（存款取款一体机）、登折机、发票补打机等多种终端产品。

根据英国零售银行研究公司RBR发布的《2019全球ATM市场及预测报告》，预计2019年全球ATM保有量将达到400万台，亚太区将是最大的、增长最快的区域。中国作为全球新安装量最大的国家，预计在接下来的几年仍将主导全球ATM市场的持续扩张。

近年来，基于人工智能、物联网、5G等前沿技术，已经有多家银行推出了各具特色的智能银行网点。国内智慧银行的发展主要经历了3个阶段：

第一个阶段是改革开放初期至1996年的萌芽期，呈现的形式是银行卡和ATM。当时智慧银行主要实现的是存、转、汇等简单操作的自动化，创新模式相对单一。

第二个阶段是1997—2008年，表现形式是网上银行。相比于ATM，网上银行不仅能突破业务办理的时间和空间限制，而且智慧化程度更高，服务面更广。成长期的智慧银行是银行线上化转型的初级产物，存在用户体验方面的问题。

第三个阶段是从2009年至今，国内智慧银行进入成熟期，发展十分迅猛，衍生出手机银行、微信银行、纯粹的线上银行还有无人网点等，不断出现新趋势、新渠道，大幅提升了银行业务的离柜率。据悉，2012年，国内银行业离柜交易额为924万亿元，到2018年已经增长到1 936万亿元，平均业务的离柜率由过去的不足55%到现在已经接近90%。

智慧银行最具代表性的智能设备是VTM（远程视频柜员机）（如图3-2所示）。VTM不仅能够为客户提供更为安全舒适的专业金融服务，提高客户满意度，而且能够帮助金融机构聚焦高端客户提升价值，是远程金融服务的革命性创新。整个解决方案部署方便，为客户提供7×24小时不间断服务，更易于集中管理和统一维护。VTM集多项创新技术为一体，整合电话银行、网上银行、营业厅、ATM等多种渠道，引领服务新模式。VTM将极大地延伸金融机构多种服务的广度和深度，未来市场的发展潜力非常大。

图3-2　VTM

二、ATM分类

ATM的分类见表3-1。

表3-1　　　　　　　　　　　　　　　　　　　ATM分类

分类依据	类别
按设置位置分类	从位置设置上看，可分为在行式（on-premises）与离行式（off-premises）两类，又以在行式居多 ◆ 在行式ATM指设在银行网点内的ATM ◆ 离行式ATM指设在银行网点外的ATM，主要位置包括酒店、商场、饭店、超市、机场、车站、码头、学校、企业、写字楼、电影院、居民区、娱乐中心、24小时便利店等。由于它所处位置不同，给管理的有效性和时效性提出了不同要求，因此往往对两者采取不同的管理模式
按设备类型分类	从设备类型上看，可分为取款机、存取款一体机、查询机、存款机等。其中，中国市场上查询机和存款机的份额较小

三、ATM系统主要功能

ATM系统通过ATM可提供如下多种功能：

（1）取现功能：可以从支票账户、存款账户或银行卡账户等提取现金。

（2）存款功能：可以存款到支票账户或存款账户等。

（3）转账功能：可以实现支票账户与存款账户的相互转账、存款账户到银行卡账户的转账等。

（4）支付功能：具有从支票账户、存款账户扣款等功能。

（5）账户余额查询功能：系统可根据客户的要求检索该特定账户的余额。

（6）非现金交易功能：例如修改个人密码（PIN码）、支票确认、支票保证、验证现钞、缴付各种公用事业账单等。

（7）管理功能：例如查询终端机现金余额、终端机子项统计、支票确认结果汇总，查询营业过程中现金耗用、填补及调整后的数据，安全保护功能等各种管理性功能。

【小知识3-1】

ATM是1967年由英国人约翰·谢菲尔德·霸隆发明的，经过迭代演化，利用一张信用卡大小的磁条卡或芯片卡上的芯片来记录客户的基本资料，让客户可以透过机器自助办理提款、存款、转账、缴费、理财、兑换货币等银行柜台服务。ATM大大节省了空间和人力，可以7天24小时无休服务，一经发明，两年内风靡世界。1987年2月，中国银行在珠海推出了第一台ATM。2005年在中科院自动化所、模识科技公司和广电运通金融电子公司（国内最大的ATM及金融电子设备供应商）的科研人员的共同努力下，联合研制开发完成了中国第一台虹膜识别ATM。

四、顾客在ATM上的操作

持卡人在ATM上的取款等操作顺序如图3-3所示。

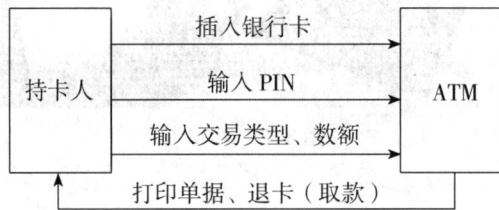

图3-3 持卡人在ATM上的取款等操作顺序

（1）提款。按卡上箭头所示方向将卡插入插卡处。在键盘上输入密码后，按"输入"键。依照屏幕上显示的栏目，按屏幕左侧"提款"键。输入所需取款金额，核对后按"输入"键。取回提款卡及"客户通知书"。点收从提款机吐出的现钞。

（2）查询。按卡上箭头所示方向将卡插入插卡处。在键盘上输入密码后，按"输入"键。依照屏幕上显示的栏目，按屏幕右侧的"查询"键。屏幕上将显示你的账户余额、可用余额以及当日自动提款机上可用余额。屏幕返回后，按屏幕右侧的"取卡"键，取回提款卡。

（3）更改密码。按卡上箭头所示方向将卡插入插卡处。在键盘上输入密码后，按"输入"键。依照屏幕上显示的栏目，按屏幕左侧"更改密码"键。在键盘上输入新密码（6位数字，屏幕显示6个"*"）后，按"输入"键。再输入一次新密码，以确认新密码正确与否，若两次输入不一致，则密码不被更改；若密码被更改，则屏幕上显示"新密码已被接纳"。取回提款卡。

（4）请注意，操作时，每一步骤请勿超过30秒钟。当你的提款卡退出时，请随即抽出，如退出一半的提款卡又被直接推入或超过30秒钟不取卡，ATM将吞没提款卡。如密码输入错误，ATM将要求你重新输入，连续3次输入错误，ATM将自动将卡吞没。如遇提款卡被ATM吞没，请你凭身份证到发卡行领取。如遇取款交易完成但钱款未从ATM中吐出，请携带身份证及"客户通知书"速与银行联系。密码遗忘时请持身份证到银行办理。提款卡应避免接触磁性物质。

另外并非所有地区的ATM服务都是免费的，有些国家和地区使用ATM服务是要收费的，如澳大利亚和新西兰会对客户每次利用ATM提存款项而收取少量费用。并非所有ATM都是24小时服务的。在韩国，只有标明"24-hour Service"（24小时服务）的ATM才提供24小时服务。否则的话，要留意ATM上张贴的服务时间。除了少量只在银行办公时才提供服务，其他的大多数会在晚上10点停止运作。使用ATM时，要留意机种是否匹配。在美国和韩国有不少旧式ATM只能输入4位数字的密码。如果你的提款卡需要输入6位的密码，请放弃并使用其他提款机。我国多数ATM都已加入银联网络，只要是有银联标识的银行卡都可以通用，但收费与否则和发卡行的规定有关。没有银联标识的卡只能在本行网络的ATM上使用。

五、ATM给客户带来的好处

随着银行卡的推广和普及、ATM系统的完善和发展，ATM的功能将不断增强，其覆盖面将日益扩大，ATM服务会给持卡人带来更多的好处。

ATM服务给持卡人带来的主要好处有：

（1）快捷。一笔ATM交易，一般在30~60秒内就可完成，比柜台人工操作快得多。

（2）方便。ATM可安装在银行内外、商场、饭店、机场和其他公共场所，持卡人可在任何有ATM的地方，方便快捷地取到所需的现金。

（3）全天候服务。ATM可提供24小时服务，不受时间限制。

（4）安全。带银行卡比带现金安全得多。

六、ATM发展趋势

1967年，全球第一台ATM在英国投入使用。到1969年，瑞典、德国、瑞士、加拿大、美国和日本等国家先后开始安装使用ATM。20世纪70到80年代初，在美国、日本和西欧等国家的推动下，ATM保有量得到稳定的增长。20世纪80年代中期，ATM市场在亚太地区开始快速增长，并在拉美的一些国家开始得到安装使用。20世纪90年代初，ATM在中、东欧的一些国家开始得到安装使用。目前，世界发达国家或地区尤其是北美地区ATM市场发展已经相当成熟，已趋饱和，但是占全球比例最大、人口最多的发展中国家或地区，ATM保有量不高，市场需求量很大。中国、俄罗斯、巴西、印度、乌克兰和泰国将是未来ATM市场发展的主力。

从市场发展来看，我国ATM行业主要特点有：

1.与国外相比仍有较大差距

近年来，我国各银行业金融机构加大了对ATM的投放，推动了柜面业务向自助设备的转移，缓解了柜台排队现象，为客户提供了更加细致周到的金融服务。2019年，我国总体 ATM 保有量为 109.77 万台，ATM 对应银行卡数增长至 7 670 张每台。从分布的区域看，中国的 ATM 主要集中布放在大中城市，在中小城市和农村的布放率还非常低。据初步统计，目前北京与上海布放的 ATM 数量分列全国的第一、第二位，每百万人拥有量分别为 765 台和 648 台，但这与西欧国家平均每百万人拥有 795 台 ATM 的水平还存在差距。而在其他一些省份，如四川 ATM 的布放密度刚刚超过每百万人拥有 50 台，一些偏远农村地区目前甚至没有布放，中国 ATM 行业孕育着广阔的村镇市场以及约 6.57 亿农村人口的金融服务需求。因此，随着我国在全球经济地位的提高和政府对改善民生的重视，人均 ATM 保有量和每台 ATM 对应的银行卡数量等金融自助设备布放指标还会逐渐向国际先进水平靠拢，我国金融自助设备需求仍有较大的增长空间。

2.存取款一体机成为主流机型

由于存取款一体机可高效地实现现金循环存取，有助于银行提升服务效率，提高客户体验及满意度，降低综合成本，近年来我国各大银行持续加大了对存取款一体机的使用，多数银行的存取款一体机采购量占全年自助设备采购量的 70% 以上，存取款一体机已经成为银行采购金融自助设备的主流机型。

3.VTM设备成为市场亮点

VTM 设备能帮助用户实现对公对私、国际国内、本外币、金融理财等全方位金融服务，其功能的极大扩展以及较高的成本效益比，使之成为未来自助金融服务市场的亮点。目前中国各大银行已经开始陆续布放该类设备。

目前中国 ATM 厂商有数十家，其中包括广电运通、深圳怡化、东方通信、御银股份、恒银金融等在内的国产品牌，NCR、迪堡、德利多富在内的欧美品牌以及日立、日本冲电气（OKI）、晓星等在内的日韩品牌。

随着中国政府对于金融信息安全越来越重视，对于信息技术自主可控的要求越来越严，本土几家拥有核心技术和知识产权的 ATM 品牌随之崛起。如广电运通基于目前在人工智能 5 要素（即应用场景、大数据、通信、算法、算力）方面取得的一些阶段性胜利，未来将通过应用场景切入和 AI 基础技术攻关，短期内成为金融、安全、交通、便民等行业领先的人工智能场景服务商。

如今各银行间的竞争日益激烈，ATM 布放量不断增多。银行出于对人力成本压力及风险控制等方面的综合考虑，为达到更有效地分配资源的目的，将非核心的业务外包成了必然的选择。

目前，海外诸如欧美、日本等 80% 的银行，已将 ATM 运维服务外包给专业公司，从简单的"人力替换"的外包形式发展成为业务流程外包，即从简单的 ITO（信息技术外包）改变为 BPO（业务流程外包），进而向 KPO（知识流程外包）发展。尽管目前我国 ATM 金融服务外包还处于创新、探索、尝试的阶段，但是随着我国在鼓励金融服务外包的政策层面的进一步明朗，比如国务院 2009 年下发的《关于金融支持服务外包产业发展的若干意见》，银监会在 2010 年印发的《银行业金融机构外包风险管理指引》以及 2010 年 1 月 1 日颁布的新《保安服务管理条例》等，将有利于 ATM 金融服务外包的全面、深入开展，行业竞争将进一步规范，也更考验运营商的资源整合与管理能力。

ATM 系统已经相当发达，在全球被广泛使用并朝着多功能服务、网络化的趋势发展。

首先，由于 ATM 系统的使用技术越来越先进，促使 ATM 向多功能化发展。现在，它不仅可用于存取款作业，还可当作自助银行的一台终端机使用，进行各种非现金交易和信息服务。例如，具有磁性墨水字符识别和光学字符识别功能的ATM，能读取公用设施账单和汇款单上的磁性墨水字符、光学字符条码线，识别账单上的文字和图形，从而可为储蓄用户提供验证现钞、缴付各种公用事业账单等服务，如不仅能以转账方式缴税、缴房租、缴水电费，甚至还可以缴停车罚款、办理驾驶执照续期等非现金交易事务。同时，利用视频技术和各种专家系统，ATM能进行视像会晤，并实现交互服务。这种终端机具备超级出纳能力，客户通过这种终端机，可同外地的银行职员谈话，犹如面对面地商讨开户、贷款等事项，银行职员也可用之指导客户完成一笔金融业务，如提供保险或安排旅行计划，直接解答客户提出的各种疑难问题等信息服务。1998年，HP公司推出了手持自动柜员机，它是一种可以随身携带的向银行自己的顾客自动提供现金的设备。顾客通常利用手持ATM提取现金。手提式的ATM终端更加灵活，这进一步扩大了它的使用范围。并且随着IC卡制造成本的下降和广泛应用，以及电子钱包IC卡的发展，必将有更多的ATM系统为多功能的IC卡提供多种支持服务。而采用虹膜识别技术和声纹识别技术的ATM，将大大提高系统的安全性，可以将其运用于网上购物支付等商务活动。

其次，是网络化方面的发展趋势。一方面是共享ATM系统的发展，即不同银行ATM系统的互联；另一方面就是ATM系统与其他电子支付系统的互联，尤其是与开放式的互联网相连，形成广泛的金融服务网络。随着其他电子银行系统的应用，将会有更多的ATM系统可同其他的电子银行系统，如柜员联机系统、POS系统、家居银行系统等做联动处理。也就是说，ATM系统将作为电子银行系统的一部分，同其他电子银行系统集成在一起，形成电子银行综合服务网络，为客户提供综合的业务服务。

2018—2023年中国联网ATM市场容量预测如图3-4所示。

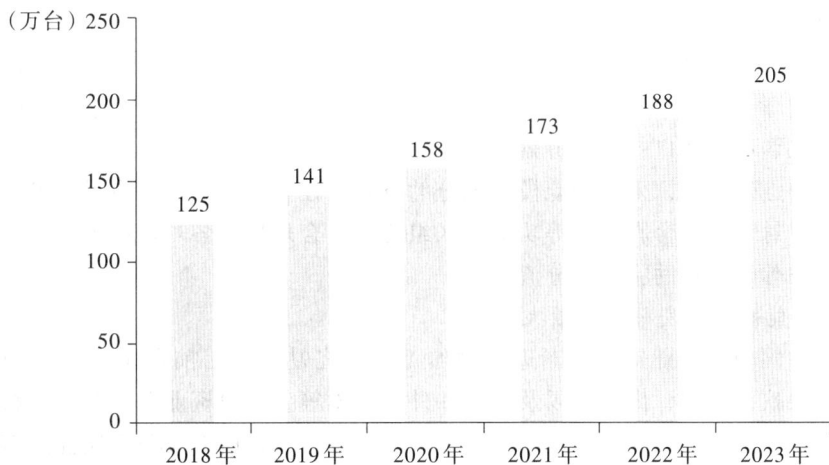

资料来源 前瞻产业研究院. 2018—2023年中国ATM自动机行业市场分析报告［R］. 深圳：前瞻产业研究院，2018.

图3-4 2018—2023年中国联网ATM市场容量预测

随着计算机硬件技术、软件开发能力和网络安全技术等进一步增强，国家信息高速公路的建设，网络的带宽和规模不断扩大，网络将无处不在。在金融方面，金融业务已呈现出高度电子化和网络化的趋势。针对当前我国农村ATM配备基数较低、分布不均，金融服务环境较为落后等情况，我国政府陆续出台了各类支农补贴、新农保及新农合等惠农政策，并依托银行卡进行资金发放。央行公布的《2018年支付体系运行总体情况》数据显示，2018年第四季度银行ATM总量为111.08万台。2018年第一季度末，ATM总量为111.53万台，较上季度末增加15.47万台。究其原因，主要是央行扩大了ATM的统计范围，自2018年第一季度起，ATM数量统计口径调整，不仅统计银行业存款类金融机构布放的传统自助设备，新增统计了自助服务终端、远程视频柜员机（VTM）、智能柜台等新型终端设备。2018年第二季度末，全国每万人对应的ATM数量为8.11台，环比增长1.08%。2018年第三季度末，全国每万人对应的ATM数量为8.12台，环比增长0.11%。2018年，在国有6大行智慧柜员机采购量稳步增长的基础上，全国性股份制商业银行、城市商业银行、农村商业银行和农村信用社智慧柜员机的采购量均迎来大幅增长。从2018年智慧柜员机类设备市场销售份额来看，长城金融和恒银金融依然保持行业领先地位。越来越多的自助设备在医疗、教育、政务、旅游、零售等细分领域涌现，"机器解放人"成为不可逆转的趋势，自助设备市场迎来巨大发展空间。自助设备的底层技术相通，钞票的防伪识别技术可以推广应用到交通、政务、便民、安防等多个领域，人脸、声纹、指静脉、掌静脉、虹膜识别等生物识别技术的应用场景则更为丰富。

七、实施ATM业务创新

1. 明确定位，实施专业化渠道管理

ATM自助渠道作为重要的银行渠道，具有自身的目标客户和功能要求。建立明确的不同类型设备所定位的不同层次的普通大众目标客户，实现高程度的标准化、规范化服务，将其作为独立渠道，针对其特性，实施专业化的渠道管理，对推动业务发展具有重要意义。

2. 进行格局改造，实现目标客户服务

在银行服务渠道体系调整中，同网点规划一样，ATM选址布放以自身目标客户和效益为主导、科学选址、合理布局。ATM渠道与网点渠道互为补充，通过多种渠道的整合布局，达到区别不同客户、服务覆盖最广、银行效益最大化的目标。

在银行网点改造中，采用功能模块划分的方式，在咨询服务区、自助服务区、开放式柜台服务区、封闭式柜台服务区等功能分区组合中，合理规划各功能区人员流线，使目标大众客户业务首先向自助服务区分流。

3. 合理功能规划，发挥设备最大效益

近年来，国内各商业银行不断追求增加ATM设备功能，目前在ATM上开通的业务种类已覆盖存取款、查询、代缴费以及基金和外汇买卖等各种投资业务，甚至手机充值、票务代售业务在个别发达地区分行也已实现。但实践表明，在所有设备上覆盖所有可能实现功能的做法，并不能使银行投入产出效益随之最大限度提高。

相比较，不同种类设备应合理规划功能，如取款机、存取款一体机等成本较高的现金类设备上，控制或有限开通交易占时长或收费低的缴费、投资类功能，配套增加缴费机、多功能自助终端等低成本设备投放，满足客户非现金类的需求。此方式将更加符合客户差别化服务的要求，更加有利于银行实现投入资源最大化。

4. 实施业务流程创新，优化自助渠道运营

目前银行ATM业务流程不合理，前中后台分离不彻底，后台运营活动过分分散在大量的基层网点，内控措施难以到位，这是推进 ATM 渠道业务发展的主要瓶颈之一。实施 ATM 业务流程重组创新，就是按照前中后台分离的原则，利用科技手段，建立一个突出前台市场拓展营销以及后台集中操作、集中运营、增强内控能力的全新标准 ATM 业务流程。

5.自主、安全、可控，加速国产品牌发展

金融是现代经济的核心，金融业的安全堪称重中之重。当前，金融面向更开放的经营环境，网络攻击、病毒入侵、非法窃取账户资金等安全问题都需加强防范。国家互联网信息办公室公布的《金融信息服务管理规定》于 2019 年 2 月 1 日正式实施。该规定主要是为了加强金融信息服务内容管理，提高金融信息服务质量，促进金融信息服务健康有序发展，保护自然人、法人和非法人组织的合法权益，维护国家安全和公共利益。在中华人民共和国境内从事金融信息服务的，应当遵守该规定。要求金融信息服务提供者不得制作、复制、发布、传播含有下列内容的信息：（1）散布虚假金融信息，危害国家金融安全以及社会稳定的；（2）歪曲国家财政货币政策、金融管理政策，扰乱经济秩序、损害国家利益的；（3）教唆他人商业欺诈或经济犯罪，造成社会影响的；（4）虚构证券、基金、期货、外汇等金融市场事件或新闻的；（5）宣传有关主管部门禁止的金融产品与服务的；（6）法律、法规和规章禁止的其他内容。

长期以来，我国金融领域核心软硬件被国外垄断、金融业务系统风险控制水平相对薄弱等问题严重威胁金融行业安全，但这一局面目前正在得以改善。受普惠金融政策等利好影响，且随着国家继续鼓励自主创新、推进金融安全建设等政策因素发挥作用，国产品牌金融自助设备销量进一步增长，迎来产业发展的春天。从统计数据可以看出，国产民族自主品牌通过掌握核心技术，厚积薄发，才有了今天的市场格局，也为今后国产民族自主品牌的发展以及响应国家中国制造"走出去"的号召打下良好的基础。

在"自主安全可控"的政策导向下，不但外资 ATM 企业在华业绩急转直下，与外资 ATM 企业合作 OEM 生产的中外合资厂商亦受到影响。深圳怡化目前是国内最大的智能金融设备生产企业，产品在 10 多个国家进行布局；日本冲电气是全球范围内的老牌金融设备生产企业，曾经在全球市场居于领先地位。2019 年 12 月，深圳怡化同日本冲电气两大金融设备生产企业之间的知识产权博弈以中方企业全面胜利告终，意味着深圳怡化的专利和创新成果得到了最高人民法院的认可，这也是国内 ATM 自主创新企业面对跨国垄断企业专利围剿取得的一场全面胜利。

以发展的眼光来看，只有通过自主研发，掌握核心技术，不断增强企业核心竞争力，才能保持企业持续发展，近几年国内 ATM 厂商的销量变化从侧面给予了印证。完全掌握金融自助设备核心技术的厂商，将成为我国金融自助设备领域的中坚企业。

6.与时俱进，跟进行业最新政策法规

2013 年央行实行冠字号码新政，从产品结构和经营理念上冲击到了 ATM 行业。所谓的冠字号码，其实是用来记录纸币的发行序列，每一张钞票的号码唯一，故俗称百元大钞的"身份证号码"。

银监会（现银保监会）要求：银行业金融机构必须在 2013 年年底前，实现 ATM 付出的 100 元面额人民币冠字号码可查询；在 2014 年年底前，存取款循环一体机付出的 100 元面额人民币冠字号码可查询；在 2015 年年底前，银行业金融机构柜台付出的 100 元面额人民币冠字号码可查询。各地金融机构纷纷对于 ATM 进行了冠字号码查询布局，虽然模式不一，但是其背后的 ATM 整个产业链正在渐变之中。

利用 NFC 非接触式射频技术，美国几家最大的银行已经开始支持使用智能手机在 ATM 上提取现金，从而代替使用银行卡的传统方式。2019 年美国富国银行对其在美国布置的 13 000 台 ATM 敞开无卡取款功用，该银行还一起宣告，支撑 NFC 的移动钱包，包含 Apple Pay。当该功用正式推出时，其客户就能够经过 Apple Pay、富国银行 Wallet、Android Pay 和 Samsung Pay 进行根据 NFC 的取款，整个进程将会十分简单。根据市场研究机构 eMarketer 最新的预测，Apple Pay 的主导地位以及零售商越来越多地采用近场移动支付技术，让它在美国的使用量正在增长。2019 年美国近场移动支付交易总额将达到 988.8 亿美元，2020 年将增长 31.8%，达到 1 303.6 亿美元。到 2021 年，总交易额将达到 1 614.1 亿美元。

"ATM 无卡化"所覆盖的业务包括 ATM 存取款、可视柜台和柜面办理业务、APP 取号、客户经理面访等，几乎涵盖了此前必须出示卡片的全部场景。新版 ATM 的界面上显示着"扫码取款""手机 Pay 取款""刷脸取款"等多个选项。比如，客户若选择"扫码取款"，则需打开招商银行 APP，点击"扫一扫"来扫描 ATM 上的二维码，随后，客户将在 APP 上看到"取款""存款"两个选项，点击"取款"，在 APP 上输入取款金额、密码，现金将从 ATM 中吐出，全程无须实体银行卡。

ATM 交易在银行支付渠道中占据着越来越重要的位置。随着信息化、网络化的日新月异，以 ATM 交易为代表的自助交易将逐步成为个人业务处理的主要渠道之一，在包括电话银行、网络银行等各类电子化银行中，ATM 仍然是主要的电子银行渠道。同时，银行 ATM 未来的运行效率、经营成本、管理水平和盈利能力的高低将是决定其核心竞争力高低的重要因素之一。

【任务描述】

ATM 可提取现金、查询存款余额、进行账户之间资金划拨等工作，还可以进行现金存款（实时入账）、存折补登、中间业务等工作。那么，ATM 怎么使用呢？

【任务实施】

步骤 1　余额查询功能（跨行不收取费用）。

任意银行的 ATM 都可以进行这项操作。将卡按照卡上箭头的方向插入 ATM 中，输入卡密码—选择查询余额，显示余额后取卡即可。

步骤 2　取款功能（跨行收取手续费）。

将卡按照卡上箭头的方向插入 ATM 中，输入卡密码—选择取款—选择金额。金额一般都是以 100 为单位的，必须为 100 的整数倍。如果没有你想要取得的金额可以选择其他，输入取款金额后确定即可。

步骤 3　打印凭条。

取款后选择是否打印凭条，如果给自己取款可以不选择，如果给别人取款一定要打印凭条作为凭证。如果一次取款的金额不能达到你需要的数目可以选择继续取款，如果不取了直接选择取卡即可。

步骤4　转账功能（跨行收取手续费）。

插卡—输入卡密码—选择转账交易—输入转入卡卡号—输入转账金额—显示转入卡号、转入户名、转入金额并要求确认—交易完成显示交易金额和手续费并提示是否显示余额—询问是否打印交易凭条。

步骤5　修改密码功能。

我们可以通过ATM进行密码的修改。

插卡—输入卡密码—选择修改密码交易—输入新密码（2次），修改成功后取卡完成操作。

步骤6　存折补登。

选择带有存折打印功能的ATM，将存折翻至需要补登页，把存折放入打印口，根据屏幕提示开始打印，打印完毕，退出存折，并取走存折。

任务三　了解POS系统

【案例导入】

2016年9月6日起由国家发改委、中国人民银行下发的《关于完善银行卡刷卡手续费定价机制的通知》（以下简称《通知》）将正式实施。《通知》明确规定银行卡刷卡手续费行业分类取消，实行政府指导价、借贷记卡分离、信用卡单笔刷卡费用上不封顶。

据悉，此次POS机刷卡手续费新政，发卡机构收取的发卡行服务费由现行区分不同商户类别实行政府定价，对借记卡、贷记卡（通常指信用卡）执行相同费率，改为不区分商户类别，实行政府指导价、上限管理，并对借记卡、贷记卡差别计费。费率水平降低为借记卡交易不超过交易金额的0.35%，贷记卡交易不超过交易金额的0.45%。

网络服务费由现行区分商户类别实行政府定价，改为不区分商户类别，实行政府指导价、上限管理，由银行卡清算机构分别向收单、发卡机构计收。费率水平降低为不超过交易金额的0.065%，由发卡、收单机构各承担50%（即分别向发卡、收单机构计收的费率均不超过交易金额的0.0325%）。

借记卡交易的发卡行服务费单笔收费金额最高不超过13元，贷记卡交易的收费金额不实行单笔封顶控制；网络服务费不区分借记卡、贷记卡，单笔交易的收费金额最高均不超过6.5元（即分别向收单、发卡机构计收时，单笔收费金额均不超过3.25元）。

对部分商户实行发卡行服务费、网络服务费优惠措施。对非营利性的医疗机构、教育机构、社会福利机构、养老机构、慈善机构，实行发卡行服务费、网络服务费全额减免；与人民群众日常生活关系较为密切的超市、大型仓储式卖场、水电煤气缴费、加油、交通运输售票商户按照费率水平保持总体稳定的原则，在2年的过渡期内实行发卡行服务费、网络服务费费率优惠。

【知识准备】

银行卡电子支付具备安全、高效、便利等优势，现已逐渐替代现金和支票等，成为支付方式的重要发展方向，金融POS机交易是银行卡电子支付的重要方式之一。随着银行发卡量的高速增长以及居民交易习惯的转变，以 POS 机为载体的银行卡交易正逐步替代传统的现金交易，因为与现金交易相比，POS 机交易具有支付安全、交易便捷、防控伪钞等优点，POS 机交易将逐步成为主流支付方式，推动我国 POS 机交易规模的不断扩大。

【小思考3-2】

移动POS机未来的市场前景有多大？

答：经过20多年的发展，商家的POS机系统已经形成一种体系，而且由于POS机多和银行合作，银行具有的成熟数字认证体系和身份验证安全系统，使POS机使用起来更安全，所以即便有移动支付的猛攻，商家也不可能轻易放弃自己经营多年的POS机体系。我们经常看到的场景是商家收银台上摆着微信支付或者支付宝等移动支付的标志，同时摆着POS机。目前，拉卡拉已宣布与华为达成合作，双方将围绕华为终端开展手机POS机收款、会员营销、便利业务、华为支付推广等业务合作。随着用户和企业需求的不断增加，特别是连锁企业的批量采购，手机POS机的普及程度将逐步提高。未来，随着我国第三方移动支付产业的蓬勃发展，手机POS机将可能成为新的市场增长点。

一、POS系统简介

1.POS（point of sales）系统

自1968年出现以来，POS系统经历了几个发展时期：第一代是使用借记卡的专有系统；第二代是共享的，即联机的POS系统，这种系统既可用借记卡，也可用信用卡进行购物消费；第三代是近些年，随着电子商务的快速兴起，出现了能完成网上购物、网上支付和电子转账的POS系统。

POS系统是随着零售业的迅速发展，在计算机技术逐渐成熟的基础上产生的新一代销售结算方式。它不但结束了手工结算的诸多弊病，开创了快速、准确的计算机结算，同时将各种详尽的销售信息予以采集，为制定各种销售策略、实现商品的单品管理和库存的优化管理等提供了便捷。POS系统基本作业原理是先将商品资料创建于计算机文件内，通过计算机收银机联机架构，将商品上的条码通过收银设备上的光学读取设备直接读入后（或由键盘直接输入代号），马上可以显示商品信息（单价、部门、折扣等），从而加速收银速度与正确性。每笔商品销售明细资料（售价、部门、时段等）会自动记录下来，再由联机架构传回计算机。经由计算机计算处理，生成各种销售统计分析信息，作为经营管理的依据。POS系统除能提供精确的销售情报外，通过销售记录还能掌握卖场上所有单品库存量，供采购部门参考或与EOS系统（电子订货系统）连接。总之，POS为现代零售管理必备工具。POS中文译为"销售终端"，是一种配有条码或OCR码的终端阅读器，具有为持卡人提供授权、消费、退货等信息转接服务功能。它通过通信网络传输到发卡行请求授权，然后将应答再送回POS。

同ATM系统一样，POS系统也是第一线的便民服务系统，系统网络的覆盖面广，服务网点多，能提供实时的、全天候的电子资金转账服务。这种系统有以下特点：由人驱动、面向客户、高度分散，能吸引大量客户，而这些客户又是不断变化的。为此，POS系统应是一种联机的共享系统。事实上，当今世界上的主要POS系统几乎都是以共享形式出现的，兼具直接扣账和信用挂账双重功能。

POS系统是多用于闹市区的、繁忙的交易系统，由客户输入交易数据，每笔交易都必须在严格的监控下进行。在联机的情况下，每笔POS交易都要能同相应的银行数据库打交道。POS 系统要能实现请求处理、授权处理、确认处理和账务处理，而且要能确保交易的各个方面都得到正确的处理。

为实现上述要求，同其他的银行联机系统一样，POS 系统必须做到：能正确访问所需数据所在的文件；能实时处理；整个操作过程必须在授权的控制下进行，并有证实过程；必须有日志文件记录每笔交易；要能及时发现交易中出现的差错，及时进行冲正处理。

根据央行支付体系历年运行的总体情况，全国 POS 机数量仍保持了较快的增长，截至 2018 年年末，我国联网 POS 机共有 3 414.82 万台，较上年增长 295.96 万台，全国每万人对应的 POS 机数量为 245.66 台，同比增长 8.91%。全国联网 POS 机数和联网商户数的持续增长为智能 POS 机收单发展提供了广阔空间，智能 POS 机对于第三方支付收单市场具有重要的业务升级作用。但结合受理商户增长率来看，POS 机数量在未来几年将步入缓慢增长阶段（见表 3-2、图 3-5）。

表 3-2　　　　　　　　　　2011—2018 年国内 POS 机数量规模和增长率

年份	2011	2012	2013	2014	2015	2016	2017	2018
数量（万台）	482.7	711.8	1 063.2	1 593.5	2 282.1	2 453.5	3 118.8	3 414.8
增长率（%）	44.8	47.5	49.4	49.9	43.2	7.5%	27.1	9.5

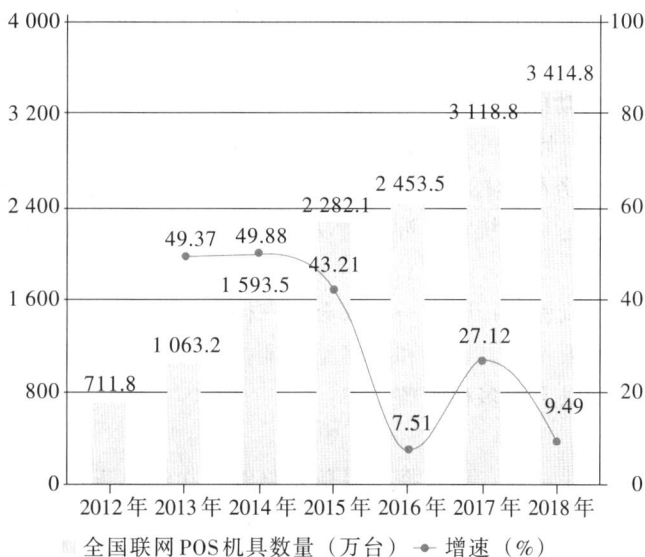

数据来源　根据前瞻产业研究院相关资料整理.

图 3-5　2012—2018 年全国联网 POS 机数量统计及增长情况

此外，随着互联网巨头的目光由线上转向线下，线下支付开始引来一场革命，线下支付开启移动支付时代。随后智能手机品牌对于移动支付领域的争夺加速，支付宝和微信为了争夺线下场景的消费者和商户，不定期举办各种大力度补贴活动，培养客户习惯，大幅缩短了移动支付普及的时间，一定程度上对商户接入传统 POS 机的热情造成影响。换言之，扫码支付的出现和发展已经对传统 POS 机形成了挑战，单一的刷卡支付已经难以满足商户的日常需求。特别是小微商户，出于降低运营成本的考虑，会有更多的商户倾向于使用微信和支付宝进行 P2P 收款，手机完成了 POS 机收单功能，这也直接造成了POS机增长率降低。或许移动化、小型化也能成为POS机的发展方向之一，越来越多功能更为齐全的POS机将走向市场。另一方面，集成了多种收单方式的智能POS机会更有市场机遇。

2.手机POS机

它是一种RF-SIM卡终端阅读器，通过CDMA、GPRS、TCP/IP等方式与数据服务器连接。工作时，将装有RF-SIM卡的手机在手机POS机上"刷卡"并输入有关业务信息（交易种类、金额、积分多少等），POS机将获得的信息通过各种网络送给数据服务器。服务器对数据进行相应处理后，向POS机返回处理结果并在机器上显示，从而完成一次积分及数据服务。其主要功能是完成现金或易货额度出纳、会员消费积分的记录统计，以及对服务网点商品销售情况进行控制管理、财务管理等，通过以上功能最终达到轻松支付、吸引顾客、优化管理、提升竞争力的目的。

未来，智能化、一体化、移动化将成为POS机发展的3大方向。在移动支付时代，POS机行业将迎来更多的挑战和机遇。EMV改造将提升银行卡支付的安全性，这也将在中长期提升对金融POS机的需求。随着中国经济的高速发展，现代化产业的不断快速增长，金融市场正处于一个高速增长时期，具有广阔的发展空间。POS机快速的发展已经备受人们的关注。面对国际市场上越来越激烈的竞争，以及人们对POS机的要求越来越高等因素，对企业来说，必须要不断吸收新的知识和技术，适当调整产品的产销理念，适应当前的发展格局。

二、POS系统服务功能

金融POS系统是银行计算机与商业网点、收费网点、金融网点之间通过公用电话线或分组交换网进行联机业务处理的银行计算机网络系统。它具有自动授权、自动转账、查询、密码管理、消费、退货、统计、冲正等功能。金融POS系统由POS、网络设备、主机及辅助设备几部分组成。

操作POS机的基本流程为：刷卡→输入金额→持卡人在密码键盘上输入密码→交易成功→打印签购单→持卡人签名。密码和签名是保证持卡人资金安全的手段。目前，广泛采用的共享POS系统可提供下列多种服务：

1.自动转账支付

自动完成顾客的转账结算，即依据交易信息将客户在银行开立的银行卡账户上的部分资金自动划转到商家在银行开立的账户上。它具体指POS机能完成消费付款处理、退货收款处理、账户间转账处理、修改交易处理、查询交易处理、查询余额处理、核查密码处理并打印输出的账单等功能。

2.自动授权

自动授权是指具有银行卡的自动授权功能，如能自动查询银行卡止付黑名单，自动检测银行卡是否为无效卡、过期卡，自动检查银行卡余额、透支额度等，使商家在安全可靠的前提下迅速为客户办理银行卡交易。

3.信息管理

信息管理是指在POS机上完成一笔交易后，POS机还具有自动更新客户和商家在银行的档案功能，以便今后查询；同时，可更新商家的存货资料及相关数据库文件，以提供进一步的库存、进货信息，帮助决策管理。

一些发达国家的零售商还利用POS系统，通过综合信息管理，产生了一种称为微观市场的销售观念。这种微观市场以存货为单位计算利润的基础，比传统的按部门计算利润的方法更精细。具体而言，它将POS机采集来的交易数据，通过数据仓库技术和数据挖掘分析方法，了解各种货品的销售利润、销售特点、各货品之间的微妙的互动销售关系，从而策划适当的订货、货架空间管理、促销方法等，实施有效的存货管理和促销策略。

三、POS系统的优越性

POS系统的推广使用，使银行、商场、客户三方的交易都能在短时间内迅速完成，给三方都带来了较大的经济效益和较好的社会效益，其主要表现在：

1.减少现金流通

使用POS机后，客户只需随身携带一张银行卡，就能方便地进行消费结算，甚至在必要时还可提取少量现金以供急需。在POS系统中，现金已被电子货币所代替，从而减少了货币的印刷、运送、清点和保管，提高了整个社会的经济效益。

2.加速资金周转

POS系统的使用，使客户在数秒钟内就能完成与商户资金的转账结算，保证商户资金及时到账，明显提高了资金周转率。

3.确保资金安全

随身携带现金或支票进行消费往往不安全，尤其进行大额交易时会带来诸多不便。使用POS机可以防止此类现象的发生，即使丢了银行卡，通过挂失仍能保证资金安全。传统的支付方式使商户手中留有过多现金，也给其安全带来一定的威胁，使用POS机后，商户就不会因为手头存有过多现金而烦恼担忧。

4.提供有用信息

POS系统能为商户提供各种实时的商品交易信息，同时各种金融交易信息在银行主机系统中归类、汇总、分析后，可以帮助银行分析形势，确定适应形势发展的目标。

四、手机POS机与传统POS机的主要区别

1.刷卡种类不同

传统POS机：磁条卡、芯片卡。

手机POS机：RF-SIM卡（放置在用户手机中）。

2.功能不同

传统POS机：支付、积分消费、统计等传统功能。

手机POS机：拥有所有传统功能，还可以拓展考勤、身份识别、电子钱包等功能。

3.使用人群不同

传统POS机：所有需要支付人群。

手机POS机：消费能力、接受能力都强的年轻群体。

【小思考3-3】

商业POS系统是如何发展的？

答：商业POS系统起始于1982年，当时的一些石油公司成功地在其加油站上安装了POS机，由司机自己用借记卡启动加油站的油泵加油，这样既可防止盗窃石油，又可节约人工成本。20世纪60年代后期，日本率先研制成功了电子收银机，具有智能化、网络

化、多功能的特点，成为在商业销售上进行劳务管理、会计账务管理、商品管理的有效工具和手段，当时在我国还并没有。1974年，中国第一台商用收款机的样机经北京市商业机械研究所研制诞生。2002年，中国银联的成立，促使银行卡产业开始向集约化、规模化发展，从而打破了一台POS机只能刷一个银行的卡的局面，一个店、一个收银台用一台机器就可以搞定。2011年，中国人民银行分批分次地为非金融支付机构发放了支付业务许可证，第三方支付公司由于审核快、流程简单，大多数商家都选择第三方支付公司办理POS机。2016年，第三方支付公司推出了支持微信、支付宝、刷卡交易、会员系统为一体的智能POS机，融合移动互联网和云平台技术。智能POS机会成为以后大POS机的潮流，将取代普通POS机成为行业第一。

【任务描述】

近几年来，中国银行卡支付的需求越来越强，联网商户数量迅速增加，促进了对金融POS机的需求。截至2019年年末，全国银行卡在用发卡数量为84.19亿张，同比增长10.82%，银行卡跨行支付系统联网商户为2 362.96万户，联网POS机为3 089.28万台。全国每万人对应的POS机数量为221.39台，每台POS机对应银行卡数量为247张，同比增长1.2%，POS机使用数量的增长带动一系列市场主体发展。POS机制造商向银行、银联提供POS机，银行和银联则免费为商户安装POS系统，并从POS机刷卡消费金额中提取一定比例的手续费。目前，较普遍使用的是联机的POS系统，那么手机POS机该如何操作？有哪些需要注意的事项呢？

【任务实施】

步骤1 在你的智能手机上安装客户端软件。个人移动POS机使用的时候，首先你需要准备一台智能手机，苹果ISO操作系统的手机或者安卓操作系统的手机都可以。然后在你的智能手机上安装个人移动POS机的客户端软件（如图3-6所示）。

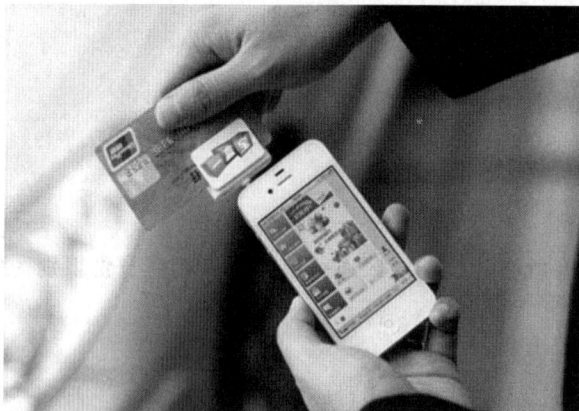

图3-6 个人移动POS机和智能手机客户端

步骤2 开启你的智能手机的蓝牙功能，打开个人移动POS机电源开关，打开智能手机上安装好的客户端软件，输入个人账号和密码，登录POS交易系统（如图3-7所示）。

步骤3 登录成功后的客户端主页面，功能很多，我们主要使用"通知收款"这个功能来刷银行卡（如图3-8所示）。

图 3-7 登录 POS 交易系统

图 3-8 通知收款

点击一下图 3-8 中最下方的"设备未连接",出现"扫描附近的蓝牙设备"按钮,点击它。客户端就能找到附近的个人移动 POS 机(名字一般为 PB10005188 这样的),选择它,客户端就能与个人移动 POS 机连接(如图 3-9 所示)。

步骤 4 使用蓝牙将智能手机和个人移动 POS 机连接起来。发现步骤 3 主页面的截图(即图 3-8)最下方的"设备未连接",那是因为个人移动 POS 机和智能手机还没有通过蓝牙进行连接,这一步就是要使用蓝牙,将智能手机和个人移动 POS 机连接起来。

图 3-9 设备已连接

步骤5　点击客户端主页面中的"通知收款"功能后，输入收款账号和金额（如图3-10所示）。

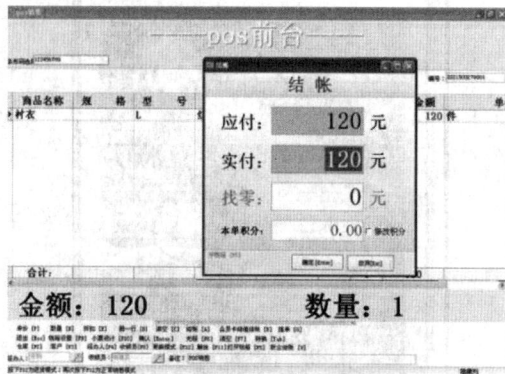

图3-10　输入收款账号和金额

步骤6　点击"下一步"按钮，客户端会提示你，让你在个人移动POS机上刷银行卡，在个人移动POS机上刷银行卡，并且输入这张银行卡的密码，按下"确认"键。

智能手机客户端显示收款成功，但需要付款人"电子签名"。

手机POS机一般都是第三方公司自主开发的软件，一般是具有银行或者银联认证的有支付牌照的企业才具有资格从事此行业。这样也是对用户一个安全的保障。

任务四　掌握电子支付系统的应用

【案例导入】

云闪付APP于2017年12月11日诞生，时隔一年多后的2019年1月22日，中国银联官网发布消息称，云闪付APP累计注册用户快速突破1亿个，现已达到1.2亿个。目前，云闪付APP实现了老百姓衣食住行等线上线下主要支付场景的全面覆盖，已在90多个城市公交、21个城市地铁、1 000多所高校校区、近6 000家医院、5万家药店、8 100余家菜市场、超20万家超市等各类便民场景实现受理，累计建成近千个示范商圈和1 600余个示范街区，实现了生活场景全覆盖。另外，云闪付APP不仅支持面对面扫码转账，还支持APP里转账到别人银行卡；输入手机号也能转账，如果对方也是云闪付APP用户，可通过手机号自动识别出他接收账款的银行卡信息，实时到账，全程无手续费。

【知识准备】

一、电子汇兑系统

1.电子汇兑系统的主要功能

电子汇兑系统泛指银行间各种资金调拨作业系统，包括一般的资金调拨业务系统和清算作业系统。一般的资金调拨业务系统，如托收系统用于银行间的资金调拨；清算作业系统用于银行间的资金清算。电子汇兑系统是银行之间的资金转账系统，它的转账资金额度很大，是电子银行系统中最重要的系统。

通常，一笔汇兑交易由汇出行发出至汇入行收到为止。一般将汇兑作业分成两类：联行往来汇兑业务和通汇业务。联行往来汇兑业务是指汇出行与汇入行隶属同一个银行的汇兑业务；通汇业务的资金调拨作业需要经过不同银行多重转手处理才能顺利完成，因此通汇业务实际是一种银行间的资金调拨业务。

电子汇兑系统中，一个银行既可作为汇出行，也可作为汇入行，而且通常涉及的是通汇业务。其间，数据通信转接过程的繁简虽然不同，但是基本作业流程及账务处理逻辑是相似的，即汇出行与汇入行都要经过数据输入、电文接收、电文数据控制、处理与传送、数据输出等基本作业处理流程。

2.电子汇兑系统的类型

为适应国际贸易和国际金融交易快速发展的需要，国际上建立了许多著名的电子汇兑系统。这些系统所提供的功能不尽相同，依其作业性质，可以分成3大类：通信系统、资金调拨系统和清算系统。

（1）通信系统。这类系统主要提供通信服务，专为其成员金融机构传送同汇兑有关的各种信息。成员接收到这种信息后，若同意处理，则将其转送到相应的资金调拨业务系统或清算作业系统内，再由后者进行各种必要的资金转账处理。

这种系统的典型实例，就是SWIFT系统。通过该系统，可把原本互不往来的金融机构全部串联起来。

（2）资金调拨系统。这类系统是典型的汇兑作业系统，其功能较齐全。这类系统有的只提供资金调拨处理功能，有的还具有清算功能。

在这类系统中，有代表性的系统如美国CHIPS、Fedwire系统和日本的全银系统。中国各商业银行的电子汇兑系统、中国人民银行的全国电子联行系统。

（3）清算系统。这类系统主要提供清算处理。当汇入行接受汇出行委托，执行资金调拨处理，导致银行间发生借差或贷差时，若汇入行与汇出行之间无直接清算能力，则需委托另一个适当的清算系统进行处理。

以美国为例，CHIPS除可做资金调拨外，可兼做清算，但对象仅限纽约地区的银行。纽约以外的银行清算则要交由具有清算能力的Fedwire系统进行处理。中国的异地跨行转汇必须经过中国人民银行的全国电子联行系统，才能最终得以清算。其他如英国的CHAPS、新加坡的CHITS和日本的日银系统，都是纯粹的清算系统，负责银行间的所有账务清算工作。

【小知识3-2】

全国电子联行系统是指运用现代化计算机网络及卫星通信技术处理全国联行汇划清算业务的系统。它是目前运行在中国金融卫星通信网上的主要系统。它的基本任务是在全国范围内实现有电子联行行号的行同异地资金划拨的账务往来处理，监督资金流动。具体来说，就是处理各个银行间及各自系统内不同行处的资金汇划业务。它的特点是快、准、平、清、安全。它的运行缩短了资金的在途时间，提高了资金的利用率，对稳定金融秩序、减少支付风险起了良好的作用，为央行制定和执行货币政策、进行宏观经济调控提供了技术保证。

二、封闭式网络的转账结算

先进的计算机通信技术被应用于资金结算，建立了实现票据处理自动化的电子资金支付网络系统。目前,国际上金融机构通过自己的专用网络、设备、软件及一套完整的用户识别、标准报文数据验证等规划协议完成数据传输,从而控制安全性。这种方式已经较为完善,主要问题是扩展到 IP 网络 Web 方式操作。今后将逐步过渡到公共互联网络上进行传输。下面介绍国际上主要的电子资金清算系统:

1.SWIFT 系统简介

SWIFT 系统是环球同业银行金融电讯协会(Society for Worldwide Interbank Financial Telecommunication, SWIFT)为实现国际银行间金融业务处理自动化而开发的系统。SWIFT 是一个国际银行间非营利性的国际合作组织,依据全世界各成员银行金融机构相互之间的共同利益,按照工作关系将其所有成员组织起来,按比利时的法律制度登记注册,总部设在比利时的布鲁塞尔。

SWIFT 组织建设和管理的全球金融通信网络系统,为全球范围内传送金融指令与信息服务,所以也称国际环球金融通信系统。

SWIFT 成立于 1973 年 5 月,当时包括 19 个国家的 239 家欧美银行,主要研究世界银行间标准化外汇处理业务,到 1977 年 5 月正式开通全球 SWIFT 业务。1996 年 6 月 SWIFT 已经连接 139 个国家的 2 945 家银行。其全球计算机数据通信网分别在比利时、美国、荷兰建立了 3 个 SCC(system control center,系统控制中心),并采用 X2.5 网络相连接,美国与荷兰操作中心主要进行业务处理,比利时操作中心主要进行文件传递和财务信息的备份。它在各会员国设有地区处理站。

SWIFT 系统的传输网络分为网络管理中心、核心网络、校验网络和界面网络 4 个层次,操作中心备有双重发电机、继电器设备、电信网络及 24 小时的查询服务。网络与系统管理设置在美国和荷兰操作中心,遇到故障时,另一个中心网络智能工作台可以照顾整个 SWIFT 网络,网络的设置及更改由比利时网络操作中心统一运筹管理。银行本地线路、校验站由当地处理站处理。银行用户可用电话、电传等方式查询网络状况。

SWIFT 系统是主要用于商业银行大额跨境汇款,具有安全性高、资金额度大的特点,一般涉及大型企业及国家间的贸易往来。SWIFT 系统正式投入运行以来,以其高效、可靠、完善的通信服务和金融服务,在加强全球范围内的银行资金结算与商品流通,促进世界贸易的发展,促进国际金融业务的现代化和规范化方面发挥了重要的作用。SWIFT 系统连通着遍布全球 200 多个国家的 11 000 多家银行及证券机构、市场基础设施和企业客户,国际支付结算额每日达到 5 万亿~6 万亿美元。SWIFT 和 CHIPS、CNAPS、Fedwire 等银行金融网络系统一样,已经成为全世界著名的银行金融通信和银行资金清算系统。

【小知识 3-3】

SWIFT 网络是国际上最重要的金融通信网络之一。通过 SWIFT 系统,可在全球范围内把原本互不往来的金融机构全部串联起来,进行信息交换。该系统主要提供通信服务,专为其成员金融机构传送同汇兑有关的各种信息。成员接收到这种信息后,将其转送到相应的资金调拨业务系统或清算作业系统内,再由后者进行各种必要的资金转账处理。

中国银行作为中国的外汇外贸商业银行于 1983 年 2 月加入 SWIFT,成为中国第一家会员银行,1985 年 5 月,中国银行正式开通了 SWIFT 业务。中国金融体制改革后,工商银行、农业银行、建设银行、交通银行也可开展外汇外贸业务,这几家商业银行也相继加入 SWIFT,这个时期是中国 SWIFT 业务发展的初级阶段,各行采用 ST200 单机,以单点形式与 SWIFT 系统连接，只限在各商业银行总行使用，收发的 SWIFT 报文需手工处理，SWIFT 收发报量小，缺少应用接口，手工处理多，使用业务范围小。

2017 年 5 月 SWIFT 协同会员银行推出 GPI（全球支付创新）服务，保证了 GPI 支付快速到账、成本可视、交易可追踪 3 大特征。截至 2018 年 8 月底，全球范围内已经有超过 230 家银行加入 GPI，其中中国加入该服务的银行有 66 家，涵盖了所有的国有大行、股份行以及部分城商行、农商行和农村信用社。央行 2018 年 8 月公布的第二季度支付数据显示，人民币跨境支付系统目前日均处理业务已经达到 5 470.84 笔，金额超过 1 万亿元。从加入 GPI 服务的中资行跨境支付业务量来看，一旦国内这 66 家银行全部上线，他们所处理的 GPI 支付业务量几乎占到中资银行全部跨境支付业务量的 95%。

【小思考3-4】

SWIFT 的优势有哪些？

答：SWIFT 自投入运行以来，以其高效、可靠和完善的服务，在促进世界贸易的发展，加速全球范围内的货币流通和国际金融结算，促进国际金融业务的现代化和规范化方面发挥了积极的作用。我国的中国银行、农业银行、工商银行、建设银行、交通银行、中信银行等已成为环球银行金融通信协会的会员。

2.电子资金转账系统简介

Fedwire 系统是由美国联邦储备委员会管理与担保的资金转账服务系统，是美国的第一个国家级电子支付系统，也是美国境内最大的资金调拨系统。这个系统可以接收和处理各种形式的电子现金、电子信用卡和电子支票等，能够实时处理客户之间的资金转账，实时处理美国国内大额资金的划转业务，并且可以逐笔清算资金。借助此系统，每天平均可以处理的资金及传送证券的金额超过 1 万亿美元，每笔金额平均为 300 万美元，是可以实现最终清算的网络系统。

Fedwire 系统的功能齐全，可在世界范围内提供资金调拨处理、清算等功能和大额资金支付与结算功能，还具有跨国、跨地区、跨行转汇、最终清算以及各种金融信息处理功能。

在美国境内的这家被委托的银行可以根据不同的付汇过程或付汇路径，与美国境内的 Fedwire 系统、美国纽约的 CHIPS、内部转账系统、支票支付系统清算之后，通过各种不同方式通知付汇银行。在美国，境外银行委托境内银行进行美元清算时，如果因付款指令出现错误而引起的罚息，均由委托银行承担。

清楚了美元清算的各种方法和美元清算的全过程，不仅能够很好地完成中国银行对境外美元的支付，避免在支付过程中出现错误和损失，也有利于中国的电子汇兑系统建设与国际接轨，为中国的国际贸易提供服务。

3.CHIPS 系统

由于 SWIFT 系统只完成国际支付与结算指令信息的传递，因此真正进行资金调拨还需要另外一套电子作业系统，这就是 CHIPS（clearing house interbank payment system，清算所银行同业支付系统）。CHIPS 主要用来完成资金调拨，即资金的支付与结算过程。

20 世纪 60 年代末，随着经济的快速发展，纽约地区资金调拨交易量迅速增加。纽约清算所于 1966 年研究建立了 CHIPS，并于 1970 年开始创立。

CHIPS 主要以世界金融中心美国纽约为资金结算地，具体完成资金调拨即支付与结算过程。

因为纽约是世界上最大的金融中心,国际贸易的支付与结算活动多在此地完成,所以CHIPS虽然运行在纽约,但涉及全世界范围的资金支付与结算业务,也就成为世界性的资金调拨系统。现在,世界上90%以上的外汇交易是通过CHIPS完成的。可以说,CHIPS是国际贸易资金清算的桥梁,也是美元供应者进行交易的通道。

总之,利用CHIPS的清算过程,凡是在纽约的CHIPS成员银行开设了用户识别号码的美国境外银行,都可以经过CHIPS的成员银行,将资金调拨指示经CHIPS美元清算系统支付给另一家接收银行。在进行日终结算时,在纽约的CHIPS的成员银行,要经过直接清算银行与美国联邦储备局清算系统进行清算。与此同时,在纽约注册的CHIPS成员银行,将代理在CHIPS成员银行开设了UID号码的美国境外银行,完成各个银行之间全部的美元支付,并且通过电子网络将支付结果通知被委托银行,整个支付过程只需几秒钟。

中国工商银行就是通过开设在纽约的CHIPS成员银行的账户进行美元清算的。例如,美国美洲银行的CHIPS成员银行账号为CP959,SWIFT银行的识别码为BOFAUS3N,中国工商银行总行和全国其他分行在美国美洲银行开设6位数的UID代号。在进行美元清算时,特别要注意查阅每年都更新的CHIPS手册资料。正确选择每一家的清算代号,以便确保付款路线的质量和美元支付与清算的准确性。

从上述处理过程可以看出,利用CHIPS进行国际资金转账是很方便的,因此各国银行在纽约设有分行者都想加入CHIPS。面对日益增多的参加银行,为了快速完成清算,纽约清算所决定,由该会员银行利用其在纽约联邦储备银行的存款准备金账户,代理各参加银行清算。因此,在CHIPS清算体制下,非参加银行可由参加银行代理清算,参加银行又由会员银行代理清算,层层代理,构成了庞大、复杂的国际清算网络。

【小思考3-5】

CHIPS主要处理哪些业务?

答:CHIPS处理的主要业务包括以美元支付的国际和国内贸易往来的资金调拨、国际贷款、联合贷款、外币买卖和兑换、欧洲美元投资、短期资金卖出、欧洲债券结算等。

三、互联网开放式网络的转账结算

上面介绍的电子清算系统均是银行相互之间,或者银行与专业终端之间,在封闭式网络中的电子资金移动,尚不属于通过internet开放式网络授权银行间转账指令的虚拟空间的结算。下面介绍在internet虚拟空间进行的电子货币结算服务:

1.基于信用卡的网上支付系统

信用卡支付是美国等发达国家,人们进行日常消费的一种常用电子支付工具,信用卡可以在商场、饭店、车站等许多场所使用。它可采用刷卡记账、POS机结账、ATM提取现金等方式进行支付。信用卡支付与其他形式的支付相比,其优点是:信用卡使用简单方便,而且被全世界所广泛发行和接受,占有很大的市场份额。如今在internet上,信用卡支付同样是最普通和首选的支付方式。先后在网上出现的信用卡支付系统包括无安全措施的信用卡支付、通过第三方代理人的信用卡支付、简单加密信用卡支付和基于SET的信用卡支付等几种。由于无安全措施的信用卡支付系统对信用卡信息未做加密处理,对消费者来说,其信用卡信息的安全根本得不到保证,对商家来说,消费者的身份也得不到验证,因而这种无安全措施的信用卡支付系统早已被淘汰。

2.电子现金网上支付系统

按其载体来划分，目前电子现金主要包括两类：一类是币值存储在IC卡等上的电子钱包形式；另一类则是以数据文件的形式存储在计算机的硬盘上。由此，电子现金网上支付系统包括电子钱包模式与纯数字现金模式两种。

3.电子支票网上支付系统

目前，电子支票主要还是通过专用网络系统进行传输的，公共网络上使用电子支票的支付行为还较少。为了保证电子支票的安全传输和方便使用，国际金融机构为此建立了专用网络、设备、软件及一套完整的用户识别、标准报文、数据验证等规范化协议。通过专用网络进行电子支票交换的方式已经较为完善，现在发展电子支票的主要问题是如何将电子支票结算系统扩展到internet上。

在线的电子支票可在收到支票时即验证出票者的签名、资金状况，避免了传统支票常发生的无效或空头支票的现象。另外，电子支票遗失可办理挂失止付。因此，电子支票既可满足B2B交易方式的支付需要，也可用于B2C交易方式的结算，而且成本低，支付速度快，安全性高，不易伪造。

网上电子支票主要通过互联网和金融专用网络，用发送E-mail的方式传输，并用数字签名加密，进行资金的划拨和结算，它是网络银行常用的一种电子支付工具。通常情况下，电子支票的收发双方都需要在银行开设账户，让支票交换后的票款能直接在账户间转移，而电子支票网上支付系统则通过身份认证、数字签名等手段，以弥补无法面对面地进行交易所带来的缺陷。

一般来说，网络银行和大多数银行金融机构通过建立电子支票网上支付系统，在各个银行之间发出并接收电子支票，并可以向广大顾客提供电子支票的电子支付服务。

4.中国现代化支付系统

（1）中国现代化支付系统简介。

中国现代化支付系统（CNAPS）是中国人民银行按照我国支付清算需要，利用现代计算机技术和通信网络开发建设的，能够高效、安全处理各银行办理的异地、同城各种支付业务及其资金清算和货币市场交易资金清算的应用系统，是中央银行履行支付清算职能、改进金融服务的重要核心系统。目前，中国现代化支付系统主要包括大额实时支付系统、小额批量支付系统、全国支票影像交换系统、境内外币支付系统、电子商业汇票系统和网上支付跨行清算系统等，其中大额实时支付系统、小额批量支付系统、全国支票影像交换系统、电子商业汇票系统和网上支付跨行清算系统与各企事业单位及百姓的工作生活密切相关。中国现代化支付系统建有两级处理中心，即国家处理中心（NPC）和全国省会（首府）及深圳城市处理中心（CCPC）。国家处理中心分别与各城市处理中心连接，其通信网络采用专用网络，以地面通信为主，卫星通信备份。下面主要介绍大额实时支付系统和小额批量支付系统。

①大额实时支付系统。

大额实时支付系统简称大额支付系统（HVPS），于2002年10月8日投产试运行，2005年6月24日完成全国推广。该系统主要处理同城和异地的大额贷记支付业务和紧急的小额贷记支付业务。大额支付系统采取逐笔实时发送方式处理支付业务，全额清算资金，主要为银行业金融机构和金融市场提供快速、高效、安全、可靠的支付清算服务，是支持货币政策实施和维护金融稳定的重要金融基础设施。大额支付系统是广大企业和百姓日常跨行汇款的最好途径，只要到任意一家可以办理汇款业务的银行网点，都可以向银行工作人员提出通过大额支付系统进行资金汇划。原则上大额支付系统处理5万元以上的汇款业务，当然5万元以下也可以通过大额支付系统汇划，但是只受理紧急款项，手续费要高一点。据央行发布的《2018年第四季度支付体系运行总体情况》，2018年第四季度我国大额支付系统处理业务2.84亿笔，金额1 161.62万亿元，同比分别增长9.79%和15.31%。日均处理业务450.87万笔，金额18.44万亿元。

②小额批量支付系统。

小额批量支付系统简称小额支付系统（BEPS），于2005年11月28日投产试运行，2006年6月26日完成全国推广。该系统主要处理同城和异地纸凭证截留的借记支付业务以及每笔金额在规定金额起点以下的小额贷记支付业务。小额支付系统采取批量发送支付指令，轧差净额清算资金，主要为社会提供低成本、大业务量的支付清算服务。据央行发布的《2018年第四季度支付体系运行总体情况》，2018年第四季度我国小额支付系统处理业务6.01亿笔，金额10.58万亿元，笔数同比下降2.20%，金额同比上升27.18%。日均处理业务653.51万笔，金额1 150.35亿元。

（2）中国现代化支付系统的功能。

①支持跨行支付清算：商业银行总行及其分行与所在地支付系统的城市处理中心连接，通过支付系统提供的开放的业务处理路径，实现跨行支付业务的快捷、安全、方便处理，并有利于实现其最终清算。

②支持货币政策的实施：中国人民银行公开市场操作业务系统与支付系统连接，实现央行公开市场操作业务资金的即时转账，支付系统还能支持对商业银行法定存款准备金的管理。

③支持货币市场的资金清算：中央债券综合业务系统与支付系统联系，实现债券交易的"钱券对付"，即DVP清算，外汇交易的人民币资金和同业拆借市场的资金拆借，也可通过支付系统办理资金的快速划分和清算。

④适度集中管理清算账户：支付系统对清算账户的设置是"物理上集中摆放，逻辑上分散管理"，即全国各商业银行在中国人民银行当地分支行开设的所有清算账户，物理上均在全国处理中心存储和处理资金清算，逻辑上仍由中国人民银行当地的分支行进行处理。这一做法提高了支付系统处理资金清算的效率，便于中国人民银行对商业银行流动性的集中监管和金融市场资金清算的即时转账，同时适应了商业银行会计业务处理逐步集中的需求，符合支付系统的国际发展趋势。

⑤有利于商业银行流动性管理：商业银行总行及其分行可以通过支付系统实时监控本机构及辖署各机构清算账户的变动情况，并灵活地进行头寸调度，提高资金使用效率。支付系统还提供日间透支、自动质押回购等功能，为商业银行提供紧急融资服务，提高商业银行的支付能力。

⑥具有较强的支付风险防范和控制机制：支付系统采用了大额支付实时清算、小额支付净额清算、不足支付排队处理的方式，为防止隔夜透支，支付系统设置了清算窗口时间，用于头寸不足的银行及时筹措资金。支付系统还设置了头寸预警功能，清算账户达到余额警戒线时，系统会自动报警，中央银行可根据管理的需求对清算账户实施必要的控制等。此外，支付系统还具有支付清算信息和异常支付监测等功能。

　　中国现代化支付系统的建设是从中国金融电子化与信息化的国情和需求出发的，借鉴了其他发达国家的先进经验，为中国跨地区的、大规模的、电子商务下的网络支付提供强有力的应用平台。

四、新兴的电子支付系统简介

1.电话支付系统

　　电话支付是指消费者使用电话（固定电话、手机）或其他类似电话的终端设备，通过银行系统就能从个人银行账户里直接完成付款的方式。电话支付业务是基于电话网络及合作金融机构清算系统，整合合作双方客户资源和商户资源，通过电话支付终端向用户提供自助支付、自助金融等电子支付服务的电信增值业务。

　　中国银联于2019年12月发布实施了《中国银联支付终端安全技术规范》（简称"UPTS 3.0"），其中第4部分"电话支付终端规范"明确要求，对所有接入银联网络的电话支付终端执行严格的认证审核。该规范根据电话支付终端产品适用的环境及功能不同，将电话支付终端产品分为Ⅰ型和Ⅱ型两种不同认证种类。Ⅰ型终端建议用于家庭场所，Ⅱ型终端建议用于有人值守的小区物业和便民点、单位办公室、无集中收银的商品批发市场。该规范对电话支付终端的安全要求尤为重视。据银联相关负责人介绍，单就安全性测试而言，就需要通过物理安全和逻辑安全两大关卡、十几道环节的重重考验。随着政策的明朗和各方规范的出台，各种电话支付商业模式作为电子支付时代的重要组成部分必将得到更加迅速发展。

　　电话支付业务具有交易安全、成本较低、操作简便、业务扩展性较好等特点。网络安全性：终端与电话支付平台通过PSTN网络连接，满足银行卡交易对网络安全的需要。信息安全性：对磁道信息、密码等数据由PSAM卡进行加密操作。信息完整性：进行报文的MAC校验，保证报文的完整与不被篡改。密钥安全性：具有完备的密钥管理系统，每次交易使用不同的过程密钥，密钥不可读取。操作简便：以菜单和操作提示信息提示用户完成业务交互，用户界面友好、简单。成本较低：与同类产品相比，终端具有较大的成本优势，运营维护成本低。业务扩展性较好：业务加载无须对终端、平台进行改造，承载业务内容丰富，具有较好的灵活性、可扩展性。

　　以发展的眼光来看，电话支付业务具有很大的潜力，但目前存在一些问题，主要体现在如下几个方面：

　　（1）应用内容有待丰富。电话支付目前的应用相对缺乏，除自助金融业务、水电等传统支付业务外，有特色的、能吸引用户使用的业务不多，不能有效满足用户需要。因此需要引入有吸引力的SP（指移动互联网服务内容应用服务的直接提供者，负责根据用户的要求开发和提供适合手机用户使用的服务），丰富应用内容，吸引用户使用，大力拓展电话支付应用。

　　（2）业务规模需进一步扩大。对普通用户来说，电话支付还是一种新兴的支付方式。应通过营销模式创新和业务模式创新，从业务品牌、应用拓展、市场细分、渠道发展、终端促销推广等多个角度推动业务发展，扩大业务规模。另外，可以通过电信运营商和金融机构的客户资源，细分用户群，明确业务需求，发展潜在用户，并通过对每月用户消费数据进行分析，采取措施提高用户业务使用频率。

　　（3）盈利模式的探讨。目前各方的利润主要来自通信费用、功能使用费、代理佣金、银行卡手续费等几个方面。而用户使用电话支付业务需要特定的电话支付终端，业务发展初期的业务运营成本包括终端补贴、平台建设、运营维护、宣传营销等。这就需要在扩大用户规模、增加规模效益的同时，探讨电话支付业务新的盈利模式，努力控制运营成本，拓宽盈利渠道。

2.移动支付

随着几年来国内移动支付行业的快速发展，扫码支付、云闪付、刷脸支付等已基本替代现金交易，移动支付更被称为"中国的新四大发明"之一。iiMedia Research（艾媒咨询）的数据显示，中国移动支付交易规模持续增长，2018年移动支付交易额为277.4万亿元，2019年前3个季度交易额达252.2万亿元。预计中国移动支付用户规模在2019年突破7亿人，达到7.33亿人，2020年有望达到7.90亿人。目前5G商业化应用已逐渐提上日程，移动支付发展的技术环境正在发生变化，5G+物联网的时代即将来临。技术更替的背景下，移动支付将迎来升级发展，包括支付场景、交互模式、支付效率、商业化探索将实现全面升级。

手机支付像磁铁一样牢牢吸引了运营商的眼球，使其纷纷启动了手机支付战略。和网上支付工具"支付宝""财付通""快钱"不同，手机支付是以离线支付（现场支付）为基础的。和银行卡等也不同，手机支付的立足点是解决小额支付。但是，当手机支付的芯片被植入到手机中，当通信和支付结合，"化学反应"就开始上演了：通过通信的作用把智能射频支付卡同时扩展到公交地铁、电子门票、门禁、身份识别、会员卡、优惠券等应用，变成了支付卡、民生卡、商务卡等多卡合一（all in one），我们也就进入了移动电子商务时代。

移动支付（mobile payment，简称M-Payment）是使用移动设备通过无线方式完成支付行为的一种新型的支付方式。移动支付所使用的移动终端可以是手机、PDA、移动PC等。

移动支付和手机支付还是有一些区别的，移动支付大于手机支付。

（1）移动支付的主要类型。

①移动支付按照金额来分，可分为宏支付和微支付。宏支付是指比较大金额的，比如银行的转账、买一千多块钱的衣服等都属于宏支付。宏支付注重的是安全性而非便利性，可以多输入一些密码，但是安全性最重要。微支付是金额比较小的，比如买一杯咖啡，还比如坐公交都是典型的微支付。微支付注重的是优先便利性而非安全性。

②根据支付者和消费者之间的距离，可以把移动支付分为远程支付和现场支付。

现场支付："刷"手机。现场支付是指消费者在购买商品或服务时，即时通过手机向商家进行支付，支付的处理在现场进行，并且是在线下进行的，不需要使用移动网络，支付完毕，消费者即可得到商品或服务。在这种情况下，手机支付实际上是取代了现金支付和刷卡支付，消费者只需刷手机即可。目前，主流的技术是NFC技术，手机终端需要内置NFC芯片，并且植入用户信息、银行卡卡号等信息，这样消费者就可以像刷银行卡一样刷手机了。当然，这需要商家具备兼容的读卡器，即我们经常说的POS机。公交车收费是典型的现场支付，公交车上的车载POS机就是公交公司的收费点。现场支付的使用场所通常是商场、超市、便利店、公交车等。

远程支付："动"手指。远程支付是指消费者用手机进行支付时，支付的处理是在远程的服务器中进行的，支付的信息需要通过移动网络传送到远程服务器中才可完成支付过程。消费者在购买商品时，可以用短信、WAP或客户端的方式将支付信息传递到支付平台的后台服务器，支付平台会在银行账户中扣除相应的费用，并且向商家发出支付确认信息，商家再向使用者确认，这样一次支付就完成了。远程支付包括水、电等公用事业缴费。

（2）移动支付的特点。

①支付灵活便捷。用户只要申请了移动支付功能，便可足不出户完成整个支付与结算过程。

②交易时间成本低，可以减少往返银行的交通时间和支付处理时间。

③有利于调整价值链，优化产业资源布局。移动支付不仅可以为移动运营商带来增值收益，也可以为金融系统带来中间业务收入。

（3）移动支付存在的主要问题。

①移动支付产业链的协调。移动运营商与银行部门是两个系统，如果要完成两个系统之间的融合，将是很困难的事情。移动运营商与银行之间的融合问题阻碍了移动支付的发展。

②信用制度问题。移动支付就是将手机变成"手机卡+信用卡"，由于使用环境的多变和使用频繁，丢失、泄密的概率大大增加，因此移动支付的风险也高于普通信用卡。

③法规标准实施困难。虽然我国在电子支付方面设立有相关的法律法规，比如《非金融机构支付服务管理办法》《电子签名法》《电子银行业务管理办法》《中国金融移动支付系列技术标准》等，但在现实中面临着执行操作困难、约束力不足等问题，发挥的作用也极其有限，由此导致了发展方向不明和无序发展的问题。

随着电子支付的发展，支付手段的电子化和移动化是不可避免的，是必然的。移动支付将移动的便携性和电子支付的自主性结合，庞大的移动用户和银行卡用户为移动支付的发展提供了良好的基础，因此移动支付所蕴藏的市场潜力巨大。2009年5月26日，电信运营商正式推出移动支付业务，到目前移动支付产品从传统远程支付、二维码支付、NFC近场支付发展到刷脸支付、声波支付等。支付方式也形成了店内支付、在线支付、运营商代收费、移动POS机支付以及电子钱包支付等多元化的格局。人们在日常生活中使用移动支付的习惯已经养成，第三方移动支付渗透率达到较高水平，市场成倍增长的时代结束，正式步入稳步发展阶段。目前，移动支付企业正积极布局海外市场，中国移动支付将引领全球支付的发展。

【任务描述】

电子支付系统是实现网上支付的基础，电子支付系统的发展方向是兼容多种支付工具，但目前的各种支付工具之间存在较大差异，分别有自己的特点和运作模式，适用于不同的交易过程。如何通过小额支付系统收取公用事业费和公益性费用？

【任务实施】

步骤1 了解公用事业费和公益性费用范围。公用事业收费是指与水、电、煤气、电话等公用事业服务相关费用的收取。公益性收费是指养老保险、失业保险、生育保险、工伤保险和医疗统筹等社会保障资金的收取。这两类收费都与我们日常生活密切相关。公用事业收费和公益性收费业务可以通过小额支付系统办理。

步骤2　收费单位、收费单位开户银行、付款人和付款人开户银行之间要事先签订委托付款合同（协议），约定各方的权利、义务和责任。

步骤3　建立合同（协议）数据库，银行和收费单位做好定期借记业务合同号的规范、入库和维护工作，这是付款银行准确高效处理定期借记业务的基础，也是银行确认付款和规避法律风险的重要依据。

步骤4　做好银企接口开发，收费单位采取磁介质或联机方式向收费单位开户银行提交业务数据，实现业务数据传递的电子化处理，这是提高业务处理效率的重要手段。

步骤5　收费单位将业务数据传递给收费单位开户银行后，由收费单位开户银行通过小额支付系统向不同的付款人开户银行发起定期借记业务指令。

步骤6　付款人开户银行接收定期借记业务指令后，根据与付款人签订的委托付款协议办理扣款，并将处理结果形成定期借记业务回执通过小额支付系统返回收费单位开户银行。

任务五　学会使用拉卡拉

【案例导入】

有银行工作人员称，信用卡用户逾期后常见"雷区"主要有两种：其一，不按时还款的同时通过更换地址和手机等联系方式来"跑路"，让银行联系不上自己。实际上办理信用卡之时，用户的实名信息已被银行记录，一旦"跑路"，银行将会认定你恶意透支和欠款。其二，信用卡逾期后一次性还清欠款，随后立即注销信用卡。对此，互联网金融平台拉卡拉考拉金服相关业务人员提醒，还款后注销信用卡的行为不可取。因为个人征信报告可以显示查询之月起向前追溯5年的记录。其中，近两年内的记录会逐月显示，而另外3年只显示逾期记录，不显示正常记录。也就是说，只要5年内存在逾期记录都会显示出来，如果信用卡终止，对应的记录也不再滚动，而会长时间保存下来。

记者了解到，信用卡消费后一般有20～50天的免息还款期，如果用户没有在规定期限内还清透支费用，那将面对"利息滚利息"危机甚至是个人信用受损恶果。当然，如果过度刷卡而到最后还款日却没有资金还款，就应该马上采取措施来避免逾期。如：按最低还款额还款和申请账单分期进行还款，但选择这两种做法的用户需承担一定的利息或手续费。相比之下，以拉卡拉"替你还"为代表的信用卡代偿业务更受用户推崇。据了解，拉卡拉"替你还"信用卡代偿业务是针对信用卡还款的信贷产品，它创造性地把发薪日贷款与信用卡业务充分结合起来，除了能有效帮助用户缓解还款压力免受信用卡逾期困扰还可实时恢复用户信用卡消费额度，避免因无法及时还款带来额度告急困境。

资料来源　慧聪网. 拉卡拉替你还：卡债雷区，玩的是心跳还是信用？[EB/OL]. [2019-10-26]. http://info.finance.hc360.com/2016/10/261545340966.shtml.

【知识准备】

拉卡拉是中国个人刷卡时代的开创者和领导者。2010年开始，拉卡拉推出了一系列拥有自主知识产权的个人刷卡终端，包括拉卡拉mini家用型刷卡机、拉卡拉超级盾电脑刷卡器、拉卡拉考拉手机刷卡器等，受到市场热烈欢迎。2011年开始，拉卡拉进入商户收单服务市场，创新了针对大、中、小、微型商户的多种POS产品和服务，尤其是针对小、微型商户的"收款宝""生意通"等产品，极大地满足了商户的需求，广受好评。2014年，拉卡拉手机收款宝问世，让小微商户的收单业务步入移动互联网时代，给传统POS产品以全新定义；拉卡拉推出创新银行解决方案，为城乡银行提供平台支持以及技术支持；拉卡拉推出"替你还"业务，为信用卡用户提供短期代偿业务，正式进军互联网金融领域；拉卡拉超级手机银行APP上线，提供无卡支付与刷卡支付多种选择。2015年，拉卡拉旗下考拉征信获央行个人征信业务准备工作资质，上线个人信用分；拉卡拉6.0版本上线，征信、信贷全覆盖；拉卡拉旗下考拉征信发布商户信用分；拉卡拉手环推出，满足全场景支付；拉卡拉发布互联网POS+及云平台。2016年年初，拉卡拉获中国移动支付产业协会颁发的"中国移动支付产业年度影响力奖"。此外，拉卡拉还为用户提供特惠、团购、账单分期等多种增值服务，为用户创造消费价值。拉卡拉始终坚持"让支付更简单"这一经营目标，整合资源，不断创新，提供个性化的服务体验，是用户身边名副其实的便民支付专家。

拉卡拉已拥有过亿个人用户和数千万企业用户。拉卡拉以支付为基础，搭建起综合性服务平台，借助互联网"快捷、高效、大渗透率"等特点不断创新，为用户提供全方位的服务。近期，NFC支付大潮席卷全国，拉卡拉早在2015年便先一步推出将智能可穿戴设备与全场景支付功能相结合的拉卡拉手环。同年，还上线一款新型收单产品拉卡拉互联网POS+，能够受理刷卡支付、扫码支付、NFC支付等所有支付方式。

截至2018年年末，拉卡拉的收单业务POS机及扫码受理产品累计覆盖商户超过1 900万家，2018年收单业务交易金额逾3.65万亿元。便民支付业务方面，已在全国371个城市的便利店内铺设了近10万台拉卡拉自助支付终端，2019年全年收单交易金额逾3.25万亿元，服务商户数2 200万家。此外，拉卡拉高水平的风控系统也是交易安全的重要保障。拉卡拉致力于为用户提供高效、全面、安全的金融服务，坚持走正道，坚守监管机构对支付安全规范的各项管理。

尽管在新金融业态下，线上支付已经不断地弱化了线下的场景支付，但在社区中，线下消费场景依旧是主导。因此，拉卡拉通过与银行的合作把信用卡还款、转账、余额查询、个贷还款、信用卡账单分期、拉卡拉账单号付款、公益捐款等银行服务类业务纳入其中，成为便民自助银行；通过整合各地的公用事业缴费业务，为用户提供水费、电费、燃气费、通信费、交通罚款等便民缴费服务；通过开通手机话费充值以及飞机票、电影票、游戏点卡购买等增值业务，打造出多元生活服务项目。除此之外，拉卡拉还针对商户及个人用户提供各种信贷、金融增值服务。

在以便民为核心的新金融生态图景中，拉卡拉在支付领域的创新和整合能力所发挥的巨大价值正在进一步凸显。随着支付从技术到场景的进一步延伸，拉卡拉在便民金融领域的不断开拓将深度推进普惠金融与智慧支付的全面发展。

一、拉卡拉产品

1.互联网 POS+

它是一款基于互联网和云计算的智能 POS 机，集全支付、全受理、会员营销于一体。它叠加的拉卡拉便民服务和新型金融增值服务，一站式满足商户转账、还款、贷款等各类金融所需，其各种定制化应用，助力商户实现智能化的店铺经营。

2.拉卡拉手环（如图3-11所示）

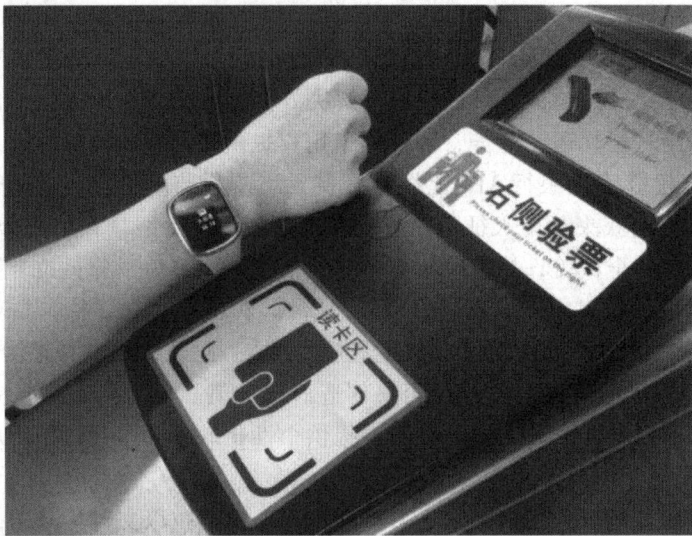

图3-11　拉卡拉手环

精英版：它是一款专注于支付的智能手环，定位为"腕能支付平台"。各地交通卡、银行卡及各种智能卡都可叠加到手环内，刷公交卡地铁卡、刷 POS 闪付免签，APP 端随时充值，支持7天高强度无忧使用。精英版已在北京、深圳、西安、广州、上海、武汉等城市开通使用，开通城市持续添加中。

双卡号：它沿用精英版的外观设计、材质工艺和续航能力，是一款主打通信的智能手环。手环可内置 nano-sim 卡，单卡手机实现双卡双待，且出国接打国内电话无国际漫游费。手环还可拓展公交一卡通、移动和包、联通沃支付等 SIM 卡应用，并支持运动睡眠监测、来电提醒等功能。

3.拉卡拉云小店

拉卡拉开店宝是集支付、生活服务、金融等多功能于一体的社区金融服务终端，具有社区金融、自助银行、便民缴费、生活服务、电子货架、商户收单6大功能，还可以帮助商户承载千百种热销的品牌厂商和知名电商的商品信息，同时帮助商户打通进货渠道，提供收单收款的服务，是下游商户旺人气、扩经营、减成本的利器。

4.拉卡拉收款宝

拉卡拉收款宝是拉卡拉推出的一款面向小微商户的智能、多用途收款终端。它整合了商户的收款需求和便利支付业务需求，具有申请易、结算快的特点，一站式解决商户开店所需，是帮助商户聚集人气、减支创收的收单工具。

5.拉卡拉手机收款宝

拉卡拉手机收款宝是一款移动支付终端，专为满足小微商户的收款需求而设计。它拥有成熟的支付解决方案，可通过蓝牙及音频连接技术配合相关的客户端，实现与 Android 和 IOS 智能手机进行通信，为使用者提供收款、转账、信用卡还款、手机充值等多项金融服务。

6.拉卡拉蓝牙手机刷卡器

拉卡拉蓝牙手机刷卡器是一款通过蓝牙进行数据传输且支持金融 IC 卡的个人刷卡终端，兼容 iPhone、三星、小米等各类主流智能手机以及 pad 产品，主要提供信用卡还款、转账、余额查询、充值缴费等便民金融服务。拉卡拉蓝牙手机刷卡器与手机相连接时，不再需要与手机接触，同时支持符合银联标准的磁条卡和金融 IC 卡，其兼容特点符合发展的潮流。

7.拉卡拉手机刷卡器

拉卡拉手机刷卡器是拉卡拉推出的拥有自主知识产权的个人刷卡终端。拉卡拉手机刷卡器是一款通过音频进行数据传输的刷卡外设终端，支持 iPhone、华为、小米等各类主流手机以及 pad 产品，主要提供：信用卡还款、余额查询、转账汇款（银行账户汇款和手机号汇款）、手机充值、账单号汇款、支付宝交易号付款等支付类业务；交易查询、开通手机号收款、提醒服务、网点查询等服务类业务；彩票、商城、积分、团购、票务等后续拓展类业务。

二、拉卡拉支付

1.便民支付

拉卡拉社区便民支付服务平台是拉卡拉首创的远程自助银行中间业务系统，通过安装在社区商铺中的拉卡拉终端，实现 4 大功能：

（1）自助银行。理财、信贷、信用卡还款、转账、余额查询、个贷还款、信用卡账单分期、拉卡拉账单号付款、公益捐款等银行服务类业务。

（2）便民缴费。整合各地的公用事业缴费业务，为用户提供水费、电费、燃气费、有线电视费、通信费、宽带费、交通罚款等缴费服务。

（3）生活服务。手机话费充值以及火车票、飞机票、电影票、演出票、游戏点卡购买等增值业务。

（4）金融服务。针对商户及个人用户提供各种信贷、征信、理财等金融服务。

2.移动支付

拉卡拉移动支付在传统的支付业务基础上进行移动端的产品开发，可以满足个人用户及商户完成便民金融、生活缴费、社区电商等业务办理，为个人用户及商户提供安全、便捷、时尚的移动支付服务，全面提升用户体验，提高交易效率，打造移动支付新生活。

3.POS 收单

拉卡拉商户收单业务是我国领先的专业化收单服务，为全国约 300 个城市的 300 万商户提供收单服务、增值服务和行业解决方案；通过完善的拉卡拉支付平台，不断丰富、创新收单产品，拓展增值服务；致力于为商户提供专业化与全方位的收单服务，全面满足国内外银行卡的刷卡需要。

4.跨境支付

拉卡拉致力于为广大开展电子商务的境内外商户提供支付与结算整体解决方案，包括针对跨境交易电子商务平台的外币、人民币跨境支付与结算解决方案，以及针对境内交易电子商务平台的支付与结算解决方案。拉卡拉还与国内知名跨境物流仓储企业合作，能为商户提供跨境物流仓储解决方案和相关增值服务。2014—2015 年，拉卡拉分别获得国家外汇管理局批复的跨境电子商务外汇支付业务试点资格，以及人民银行广州分行批复的跨境人民币支付业务备案申请许可，可以向境内外商户提供跨境外汇及人民币的支付与结算服务，业务范围包括货物贸易和服务贸易。

【任务描述】

小王大学毕业后不想当个上班族，后来萌生了开个便利店的想法。他家住在一片工厂区，人流量特别大，实际开店后，店内客流不是很理想，经营上勉强能够维持，挣不到大钱。通过与客户的沟通了解了客户的特征（多为打工者、需要每月跑银行向老家寄钱），偶然的机会得知拉卡拉手机收款宝可以做转账、查余额，抱着试试看的心情，装了一台。自从装了拉卡拉手机收款宝后，经常有人来查个余额、转个账，店内客流明显增多，现在收入是以前的好几番。现在专门为拉卡拉手机收款宝腾出一个区域，使他的小店成了一个自助银行。那么，怎么巧妙地使用拉卡拉手机收款宝呢？

【任务实施】

步骤1　手机通过应用软件商城（苹果手机为 APP Store）搜索拉卡拉收款宝（也可以通过浏览器搜索拉卡拉收款宝软件），找到该官方软件后进行下载并安装（如图3-12所示）。

图 3-12　下载并安装拉卡拉收款宝

步骤2　安装成功后，点击注册（如图3-13所示）。（使用商家手机号注册，并请自行设置可靠的、安全性较高的密码）

图 3-13　点击注册

步骤3 注册完毕后，开始重新登录。登录成功后，点击软件界面底部菜单按钮"设置管理"选项，进入后，将出现打开蓝牙的提示，点击"好"（如图3-14所示）。

图3-14 开好蓝牙

步骤4 这时，将拉卡拉收款宝设备打开（按开关按钮即可，即数字"3"右边的按键），此时拉卡拉收款宝屏幕上将出现蓝牙名。此时与手机同步，通过蓝牙连接（手机上显示蓝牙名即为成功连接）。此时，收款宝即可正常使用（如图3-15所示）。

图3-15 正常使用收款宝

步骤5 对于手机收款宝而言，可视化的操作界面，让操作变得更为容易和简单，即学即会（如图3-16所示）。

图3-16 收款宝操作界面

项目总结

本项目比较详细地介绍了电子支付系统的一般流程和基本功能，以及目前比较常用的 ATM 系统和 POS 系统的特点与使用方法，并在此基础上分析了国内外电子支付系统的应用现状。最后对目前较为流行的并且正在使用的电子汇兑系统、电子转账系统等进行了比较详细的分析和阐述。

基本训练

一、核心概念

电子支付　支付网关　ATM 系统

二、简答题

1.POS 系统的优越性是什么？

2.从哪些方面可以实施 ATM 业务创新？

3.电子支付系统经历了哪几个发展阶段？

三、案例分析题

2019 年 9 月 2 日，双鸭山市集贤县福利镇安邦村居民宁某在网上搜索到一个"特价机票订购"的网站，宁某按网站提供的客服电话 400-7352-088 与之联系，对方自称是"国航大连分公司"的，能提供 2019 年 10 月 11 日北京飞往大连的机票，原价每张 706 元，现打折每张 370 元，还剩两张。约 5 分钟后，对方催促宁某立即订购，并提供了银行储蓄卡的卡号。

宁某按要求在 ATM 上将 370 元现金划入对方卡内。随后，询问对方是否收到汇款，对方称已经收到，但机票已售完，并称宁某在操作时有误，因此机票款无法退回，要求宁某按对方提示进行操作，才能将机票款退回。宁某便再次在 ATM 上按对方要求操作，当显示输入金额页面时，对方谎称为输入密码界面，并向宁某提供密码为 19330（实际为转账金额）。操作完成后，宁某查询卡中余额，发现少了 19 700 元。

据警方分析，不法分子利用此种方式行骗主要有以下特点：一是利用购票人的"图利"心理，谎称自己销售的机票是全国最低价格，使购票人降低防范意识；二是利用公众对"400"电话的信任度做文章；三是受害者多为不熟悉网络知识的人；四是受害人不熟悉 ATM 操作流程。

请根据此案例说明使用 ATM 应注意哪些事项。

项目实训

简要说明手机 POS 机的操作流程。使用手机 POS 机安全吗？

项目四　电子支付与结算中介

学习目标

1.知识目标：了解电子银行产生、发展的环境和条件，了解电子银行体系，理解并掌握电子银行的含义，掌握电子银行、自助银行、电话银行与手机银行的业务，掌握金融call center 的功能。

2.技能目标：掌握自助银行、电话银行与手机银行的使用方法，能够熟练使用电子银行的网上服务。

3.能力目标：具有电子支付与结算中介电子银行操作的基本能力，具有一定的进行结算服务的能力。

计算机和信息网络技术的飞速发展及与金融全球化的紧密结合，使全球金融发展进入一个新的历史时期——网络金融时代。网络金融服务包括了大众的各种需要内容，如网上消费、家居银行、个人理财、网上投资交易、网上保险等。这些金融服务的特点是通过电子货币进行网上电子支付与结算。"网上电子支付"简称"电子支付"，是通过网络进行电子货币支付。电子支付与结算是目前电子商务发展的一个重点，而涉及结算就离不开银行。计算机和通信技术的引入，使银行业发生了一次革命性的变革，使银行业的传统业务处理实现了电子化、网络化。

任务一　了解银行电子化与电子银行的产生

【案例导入】

据《经济参考报》的报道，2018年8月，中国农业银行西藏分行营业网点全面实现电子化联网上线的仪式在拉萨举行。随着最后一批共计114个营业网点全面实现电子化联网，该行结束了长达23年的手工作业的历史。这也是我国最后一批实现电子化联网的银行网点，自此手工记账成为历史，我国金融业步入全面电子化的新时代。西藏地广人稀和高寒缺氧等因素给交通、电力和通信等基础设施建设带来了重重困难。为了优先满足营业网点电子化联网工程，该行西藏分行专门优化财务资源，投入大量的人力和物力对该行营业网点手工作业模式进行了一次电子化升级改造。据该行西藏分行基层工作人员介绍，电子化以后，传统手工记账的营业所也具备了一般网点的功能，尤其是客户可以使用借记卡了。此外，营业网点电子化联网后，当地农牧民可以更加便利、高效地使用中国农业银行的"金穗惠农卡"。他们可通过此卡办理财政补贴领取、社保医保资金缴领、水费电费缴纳等业务，贷款也非常便利。其中，各项种粮补贴、生态补偿金等惠农资金可以通过此卡账户直接发放给农牧户。营业所实现联网，可实现"惠农补贴实时到账，取款转账足不出村"，当地农牧民可以真正享受到现代金融服务带来的快捷与便利。

【知识准备】

从国际金融业发展的潮流看，完全手工操作的银行支付系统正在逐渐走向消亡，现代化电子清算体系已经建立，并促进了资金在全球范围内的快速流动。早在20世纪60年代初，结合计算机与现代通信技术的应用，西方发达国家的银行就开始为客户提供电子支付与结算服务。自20世纪70年代起，世界开始全球经济一体化的进程，全球的金融机构通过SWIFT系统实现全球范围的互联互通，使银行能为客户提供远距离跨区域的全球电子支付与结算服务。进入20世纪90年代后，伴随internet的爆炸性应用浪潮与电子商务的蓬勃兴起，银行业已经不可逆转地受到了电子信息技术的深刻影响，依靠技术进行创新已成为商业银行发展的不竭动力。银行及时将自己的电子银行服务向internet平台延伸，很快就为电子商务提供了安全的资金流，即借助安全的网络支付与结算工具为电子商务的各方服务，有力地推动了全球电子商务的发展，并使银行在较短的时间内通过已有的电子银行体系，以较小的革新成本为internet的广大用户提供网络支付与结算服务和网络银行业务服务。要深入了解网络支付与结算机制和网络银行服务，就必须先了解银行的电子化和电子银行体系。

【小知识4-1】

SWIFT是环球同业银行金融电讯协会的简称，是国际银行同业间的国际合作组织，成立于1973年，目前全球大多数国家大多数银行已使用SWIFT系统。SWIFT系统的使用，为银行的结算提供了安全、可靠、快捷、标准化、自动化的通信，从而大大提高了银行的结算速度。

一、银行电子化

1.银行电子化概述

银行也是商品经济的产物。自从1580年在意大利威尼斯诞生第一家银行起，随着商品交换、货币流通的迅速扩大，以及国际贸易的迅速发展，银行业获得了空间，飞速发展，银行业的地位、作用日益加强，其工作效率和货币流通能力成为整个经济发展速度的重要决定因素之一。科学技术是人类现代文明的基石，是社会发展的推动力。20世纪50年代计算机的发明及广泛的应用前景为银行业的发展奠定了坚实的基础，一些大银行纷纷将计算机应用于银行业务的改革和银行业工作方式的更新，从此银行业迈出了电子化的步伐，使具有数百年历史的银行业发生了本质性的变革。银行电子化是现代电子技术与银行业务渗透、融合所出现的一种业务再现、改造和重建的过程。银行的电子化进程从20世纪50年代中期应用计算机开始。西方各国均将银行业务电子化作为发展的重中之重，投入逐年增加。进入20世纪90年代以来，美国银行业的技术性投入每年以21%的速度增长。银行电子化又称狭义金融电子化，反映的是银行内部业务处理的自动化、业务监督的电子化和信息管理的自动化，而反映在银行与客户之间的业务往来方面，则是在银行与客户之间通过电子网络技术和数据传输技术的应用建立起银行同客户的电子联系网络。

我国银行电子化建设从20世纪80年代开始起步，90年代进入全面开发应用阶段。目前，计算机、通信技术已在银行柜面业务、清算业务、经营管理和信息服务等领域全面应用。一卡通、企业银行、流动银行、网上银行等以信息技术为基础的金融新产品不断推出，电子化也正日益成为各家银行创新产品、抢占市场、寻求可持续发展的重要手段。工商银行电子化起步早、投入大、开发强度大、应用水平高；中国银行在国际业务、本外币一体化方面保持领先，其环球收付清算系统已实现与海外信息和资金清算的实时化和一体化；建设银行的个人电子汇兑系统实现了实时联网等。

2.银行电子化的发展

银行电子化建设经过半个多世纪的发展，实现了3次飞跃。第一次飞跃是将计算机与通信（C&C）技术融入银行业务，使银行业务的手工操作实现了电子化，并推出了自助银行服务。第二次飞跃是将信息技术（IT）融入银行业务，使银行业务在提供支付服务的基础上，还能为客户提供金融信息增值服务，从而使传统银行发展成了电子银行。第三次飞跃是将万维网（Web）技术融入银行业务，使实体银行向虚拟银行发展。银行的电子化和信息化是国民经济的基础，因此各国都特别重视银行的电子化和信息化建设。迄今，银行电子化的发展经历了4个阶段，即银行的传统业务处理实现电子化；开发出大量的自助银行服务项目；为客户提供金融信息增值服务；开展网上银行服务。从联机柜员到ATM、POS、HB的应用，到IT理财，再到internet服务，可以通俗而又有代表性地概括这4个阶段。银行电子化的发展策略，使其逐渐从单一的完成支付计算等传统业务的信用中介部门，发展成为具有多功能、全方位、全天候的金融服务体系，有力地推动了电子商务的发展、世界经济的发展与社会的信息化进程。

二、电子银行

1.电子银行的概念

由于电子金融活动正处于飞速发展阶段，关于究竟何为电子银行，目前国内外存在狭义与广义两种观点，两者主要区别是对电子银行外延大小的认定不同。

第一种观点将电子银行（electronic bank，简称E-Bank）局限于网上银行（I-Bank），这是一种狭义的定义。有关专家将E-Bank直译为电子银行，并将它与网上银行、在线银行等同起来，认为E-Bank是指金融机构利用internet网络技术，在internet上开设的虚拟银行。1998年3月，巴塞尔银行监管委员会公布了一份名为《电子银行与电子货币风险管理》的报告，其中将电子银行定义为：通过电子渠道提供零售性的小额银行产品和服务。这些产品和服务包括存贷、账户管理、金融顾问、电子账户支付，以及其他一些诸如电子货币等电子支付的产品和服务。从这个定义可以看出，该委员会将电子银行业务局限于零售性的小额银行业务。

另一种观点认为，E-Bank的概念应是一种广义的电子银行，是指商业银行利用计算机和网络通信技术，通过语音或其他自动化设备，以人工辅助或自助形式，向客户提供方便快捷的金融服务。呼叫中心（call center）、ATM、POS、无人银行等多种多样的金融服务形式都涵盖在电子银行的范畴之内。

总之，电子银行是指商业银行等银行业金融机构利用面向社会公众开放的通信通道或开放型公众网络，以及银行为特定自助服务设施或客户建立的专用网络，向客户提供的银行服务。具体而言，它可以分为两大部分：一是网上银行、电话银行和手机银行；二是其他利用电子服务设备和网络，由客户通过自助服务方式完成金融交易的银行业务，包括自助银行、ATM等。

2.电子银行发展

1973年，美国将在1937年以电报电话手段建立起的"联储电划系统"改建成电子化的"联储电划系统"，即建立起银行间清算服务的电子计算机系统，点燃了银行业电子化的革新浪潮。不久，互联网的崛起使银行进入了 internet 时代，改变了银行传统的管理和服务方式。1995 年 10 月，美国的第一家网络银行——安全第一网络银行（Security First Network Bank，SFNB）开业。它没有建筑物、没有地址、只有网址（http://www.sfnb.com），客户可以在任何时间和地点，只要拥有一台电脑和一个调制解调器，还有一个网络账号，就可以享有 24 小时的服务。这种新兴的银行形态在很短的时间内就得到了迅速的发展，普遍认为网上银行已经成为金融机构拓宽领域、争取业务增长的重要手段，网上银行的范围涉及电子支票兑付、在线交易登记、支票转账等几乎全部的金融业务。它将成为 21 世纪银行业发展的主流趋势。

1995 年网络银行的出现，标志着当代银行业开始步入电子银行时代。可以说，电子银行既是电子商务发展的支撑点，又是银行自身金融产品创新与业务发展的增长点。正是电子银行业务的突飞猛进，使得金融产业和金融市场呈现出异彩纷呈的发展势头。1997 年，招商银行率先推出网上银行"一网通"，成为中国电子银行业务的市场引导者。1998 年 3 月，中国银行开通了电子银行服务。1999 年 4 月，建设银行启动了电子银行，并在北京、广州、四川、深圳、重庆、宁波和青岛进行试点，标志着我国电子银行建设迈出了实质性的一步。

纵观国内电子银行业务这几年来的发展，可以发现，电子银行的发展极大地提高了银行处理信息的能力和效率，促进了金融工具和金融服务的不断创新，更推动传统的银行经营和服务模式发生根本性的变化，即突破时间、空间和方式的限制，以更低的服务成本、更高的服务效率与更优的服务质量，为客户提供任何时间（anytime）、任何地点（anywhere）、任何方式（anyhow）的全天候金融服务。因此，也有人称电子银行是无处不在、无时不在的虚拟银行。

目前，电子银行正由单纯的渠道经营向互联网技术与金融核心业务深度整合的方向发展，银行在经营模式及业务流程上正面临深层次变革。

三、银行电子化与电子银行的关系

随着知识经济时代的到来和银行电子化建设的发展，现代信息技术不再只是银行开展业务的一种辅助工具。银行电子化水平已经成为银行市场运作、金融创新、客户服务、量化管理的技术基础，也是银行争取未来竞争优势的重要手段。我国金融机构电子化在经过了基础设施建设、业务联网处理发展阶段，已经实现了全国范围的银行计算机处理联网，互联互通支付清算和业务管理办公计算机处理，建立起了银行电子化服务体系。"电子化"是银行业的大势所趋，基于大数据和云计算的信息平台是未来竞争的核心。银行电子化与电子银行的关系主要表现为：

1. 银行电子化是银行业生存的基础

从银行电子化的发展历程可以看出，银行业是计算机和通信技术最大的受益者与原始驱动力之一。技术的进步使传统银行突破了时空的限制，模糊了传统银行的业务边界，也冲击了传统银行的业务制度和业务规划，以技术手段为支撑的金融产品创新层出不穷，网络技术的介入更使银行业的发展前景无可限量。发展到今天，电子手段已经成为银行业的基本载体和生存基石，离开电子手段，银行将无所适从，无法生存。

2. 银行电子化要求电子银行应实现统一规划、统一管理

基于银行电子化的发展要求，多样化的电子银行服务手段需要统一的规划与管理。但

不同的服务渠道与服务手段，如 ATM、POS、自助银行、网上银行、移动银行等，一直以来由分行不同的业务部门负责或参与管理，难以形成统一、整体的规划，也缺乏强有力的资源监控与科学合理的配备安排，且容易造成分行政出多门、支行各自为政的局面。如自助银行的设立、智能设备和一般自助设备的配备等没有统一的、严格的标准，各支行都根据自身利益进行规划，容易出现设立不合理或配备不充分等问题。

要确保各种电子银行服务手段得到严格、规范、统一、科学的管理，实现全行一盘棋，就必须有效整合电子银行服务手段，以实际需求为依据，合理分配电子银行资源。对存取款机、存折补登机、电子回单机等电子银行设备建立完备的管理制度，实行统一规划、统一管理、合理配置、科学评估；对自助银行、网上企业银行、网上个人银行、移动银行等电子银行产品进行统一整合、包装、推广；对网站、客服中心（电话呼入、网上呼入、传真呼入、手机呼入）等电子化服务手段进行统一规划、统一建设。电子银行必将成为银行电子化的主要经营方式。

【小思考4-1】

什么是云证通？

答："云证通"是CFCA面向手机APP应用提供的符合法律效力、安全便捷的云端移动证书数字签名服务。这种签名服务为移动端用户颁发数字证书用于电子签名。签名私钥通过CFCA签发证书、移动设备硬件等进行绑定，并由PIN码保护，确保私钥仅为电子签名人掌握。在用户使用自己的数字证书签名时，需要用户端、平台端、业务应用端共同参与，协同完成，任何一方均无法仿冒用户的签名操作。同时，电子签名及证书由CFCA进行认证，保证针对签名数据内容和形式的任何改动均可被发现。

【任务描述】

随着银行零售业务迅猛发展，各银行柜面业务所耗费的纸质单据种类和数量直线上升。以招商银行为例，柜面业务单据已从十几种发展到数百种，从每年几百万张发展到1.5亿张。庞大的数字背后意味着高成本、浪费等问题。为此，招商银行在业内首创并推广实施了零售柜面无纸化项目，使用零售柜面无纸化管理系统。

我们到银行柜台办业务，通常填单、签字、领取回单是必不可少的程序。但随着招商银行零售柜面无纸化项目的全面实施，现在到银行办业务时，只需通过液晶屏和电子签名就能全部完成整个过程。这样就彻底告别了品类繁多的各类单据，既低碳环保，又减少了因单据遗失所带来的泄漏个人信息等后顾之忧。现李女士有一笔闲置资金，想要存入银行，那么怎么通过银行无纸化办公实现呢？

【任务实施】

步骤1 李女士可通过电子填单或者口述的方式办理业务，业务信息通过液晶屏展示。

步骤2 使用手写笔直接在液晶屏上签字确认。

任务二　熟知电子银行体系

【案例导入】

2018年7月12日，浦发银行推出业内首个API银行（无界开放银行），突破传统物理网点、手机APP的局限，开放产品和服务，为生态圈伙伴提供"金融+教育、金融+医疗、金融+制造业、金融+旅游、金融+出行"等各种跨界金融服务，构成一个开放共享、共建共赢的生态圈，以更高的性价比满足企业和个人愈加多样化的金融需求。

浦发银行这次推出API银行一方面是为了应用API前沿的技术将财富管理、消费信贷、开户、支付等服务融入互联网场景，重构银行业务模式；另一方面则是为了将金融科技赋能给中小企业，利用科技的力量帮助其更快更好的发展，真正实现"惠民、利民、便民"。目前，浦发银行已与中国银联、京东金融等46家企业建立紧密合作，为超过500万户B端和C端用户提供便利服务。

【知识准备】

经过半个多世纪的努力，全球银行界推出了各种电子银行系统，这些电子银行系统构成了完整的电子银行体系。无论对银行界还是对整个国民经济的发展来说，电子银行体系的建设都是至关重要的。随着新技术的不断应用与银行业务的拓展，电子银行的体系结构逐渐从较为简单的形式演变为较为复杂的形式，并不断地发展完善。

一、电子银行体系构成

1.电子银行系统

电子银行系统是由EFT系统发展起来的，因此其基本结构也与EFT系统类似。图4-1为EFT系统业务架构。

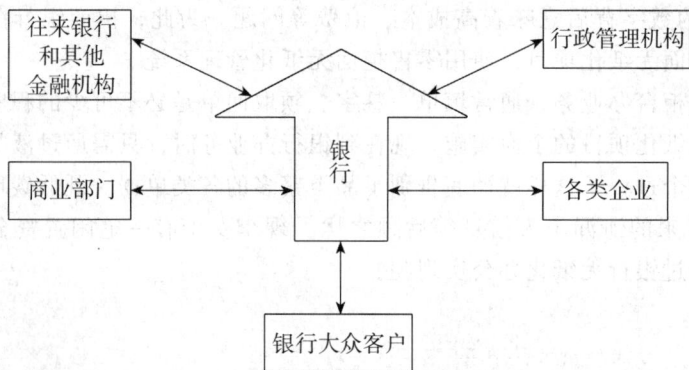

图4-1　EFT系统业务架构

EFT系统（electronic funds transfer system）即电子支付系统，又称电子资金转账系统。随着高新技术日新月异的发展，"现金流动"和"票据流动"正逐渐地被以先进的计算机网络为媒介的"电子计算机数据流动"所淘汰，大量的资金在银行的计算机网络中以最快的速度在各行之间进行着转账、划拨。这种以电子数据形式存储在银行计算机中，并通过银行计算机网络来使资金流动的系统称为电子资金转账系统。

EFT 系统是银行与下述主要 5 种客户之间进行数据通信的一种电子系统。这 5 种客户分别为：①国内外行政管理机构。②国内外的往来银行和其他金融机构。③包括制造业和服务业在内的各类企业。④零售业和批发业的商业部门。⑤作为消费者的银行的大众客户。EFT 系统主要用于传输与金融交易有关的电子货币和相关的指令信息，并且借助网络为客户提供支付与结算服务。采用 EFT 系统以及银行信用卡系统后，银行如果想为客户进行资金转账或将客户的资金从一个地方转汇到另一个地方，只需采用电子处理的方法，而不必用传统的纸币和票证。比如，应用结算 POS 系统，人们可以方便地采用信用卡在商场当地付账消费，POS 就像银行的柜台一样。由于 EFT 系统能为客户提供优质服务，因此一经推出，就以极快的速度发展。随着银行电子化和信息化的发展，EFT 系统正逐步发展完善成既能提供电子资金转账又能提供信息增值服务的电子银行系统。

2.电子银行的体系结构

电子银行的金融信息和交易体系如图 4-2 所示。

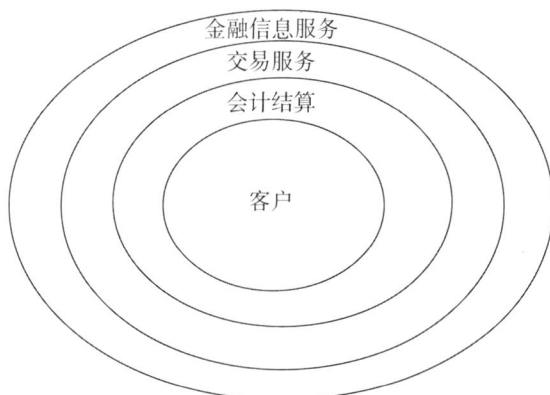

图 4-2　电子银行的金融信息和交易体系

在全球金融一体化的环境里，银行业内的竞争加剧。银行为加强竞争能力，在积极进行银行电子化建设的同时，在不断地拓展自身的业务领域，以构筑现代的电子银行体系。结合发达国家现代银行体系的综合分析，电子银行的金融信息和交易体系有 4 层：该体系的核心是客户；第二层是会计结算；第三层是包含支付与结算在内的交易服务；最外层是金融信息服务。银行借助先进的信息网络技术，将银行的这 4 层金融业务充分集成在一起，把涉及 4 个层次业务的所有数据全部存于联机的集中式（或分布式）业务数据库和数据仓库里，通过设置尖端的软、硬件进行数据的安全保护，由所有的经授权的各方进行存取。

为保证上述金融业务的良好运行，现代电子银行体系里必须包含如下 3 类系统：

（1）建立在联机的集中式（或分布式）业务数据库上的金融综合业务服务系统（即银行传统业务如支付与结算，存取款的电子化、网络化处理）。

（2）建立在数据仓库上的以 IT 技术为核心技术的金融增值信息服务系统。

（3）金融安全监控和预警系统。

【小思考4-2】

什么是无界开放银行？

答：无界开放银行（API bank），即通过API架构驱动，将场景金融融入互联网生态，围绕用户需求和体验，形成"即想即用"的跨界服务，塑造全新银行业务模式。用通俗易懂的语言来描述，就是"把银行从大街上的实体网点，开到了企业和机构的ERP系统中来"。从此，银行将突破传统物理网点、手机APP的局限，开放产品和服务，嵌入到各个合作伙伴的平台上。它可以植入企业的门户系统，可以在合作伙伴的APP中下载，甚至微信小程序都可以调用API bank。

二、电子银行的业务

以网上银行、电话银行、手机银行、自助银行以及其他离柜业务等为代表的电子银行业务，是商业银行等银行业金融机构利用面向社会公众开放的通讯通道或开放型公众网络，以及银行为特定自助服务设施或客户建立的专用网络，向客户提供的银行服务。电子银行业务主要包括利用电话等声讯设备和电信网络开展的电话银行业务，利用计算机和互联网开展的网上银行业务，利用移动电话和无线网络开展的手机银行业务，以及其他利用电子服务设备和网络，由客户通过自助服务方式完成金融交易的网络服务业务（近年来在我国得到了较快的发展，目前已进入了高速发展时期）。从当前国内外各商业银行电子银行的发展现状可以看出，中外银行都已觉察到了这一市场的巨大潜力，电子银行的较量已从当初的简单服务渠道上升到业务处理和服务平台。

（1）网上银行（internet bank），网上银行详述请见项目七。

（2）电话银行。电话银行是实现银行现代化经营与管理的基础，通过电话这种现代化的通信工具把用户与银行紧密相连，使用户不必去银行，无论何时、何地，只要通过拨通电话银行的电话号码，就能够得到电话银行提供的服务（往来交易查询、利率查询等），当银行安装这种系统以后，可使银行提高服务质量，增加客户，为银行带来更好的经济效益。

（3）手机银行。手机银行也可称为移动银行，是利用移动通信网络及终端办理相关银行业务的简称。你只需使用手机，依照屏幕提示信息，即可享受手机银行提供的个人理财服务，实现账户信息查询、存款账户间转账、银证转账、证券买卖、个人实盘外汇买卖、代缴费、金融信息查询等。

（4）自助银行。自助银行是近年来商业银行为满足客户的需求而进行金融创新的成果，指银行运用多媒体、网络、通信设施等，为客户提供24小时不间断的自助综合银行服务，属于银行柜台业务处理电子化与自动化的一部分。

（5）离柜业务。随着通信技术和计算机技术的发展，特别是当前计算机网络技术的飞速发展，银行客户可以通过电话（telephone）、传真（fax）、电子邮件（E-mail）、国际互联网（internet）或手机无线网络（WAP）等多种现代通信媒介获得银行服务。如银行客户使用自己所持有的银行卡，利用银行的ATM进行存取款；银行的客户在特约商户消费时，利用自己所持有的银行卡，通过POS进行转账支付。

银行呼叫中心为银行客户提供自动语音应答服务和人工接听服务。对银行客户来说，利用银行呼叫中心获得银行服务具有操作简单、方便快捷的特点。电话银行将银行客户服务通过电话线路、计算机网络延伸到客户的办公室内、家中。

【任务描述】

商业银行正在加快互联网化进程的速度，国有银行、股份制银行均制定了互联网金融战略，将自身优势与互联网相结合，加快互联网金融业务的布局；充分利用云计算和大数据处理等新技术，构建符合未来业务发展要求的 IT 新技术框架，为电子银行交易的进行提供基础性的支持。电子银行这种适应社会发展趋势的全新业务逐渐在各个商业银行展开，不断拓展新领域合作模式，将电子银行渠道与业务相结合，提高业务办理效率。这也是银行转型、面向现代化的要求。你了解股份制银行的代表之一兴业银行电子银行的特色业务主要有哪些吗？

【任务实施】

步骤1　了解兴业银行直销银行业务。

直销银行是开往千家万户的财富直通车，面向各家银行客户在线直接销售金融产品。如兴业银行直销银行的智盈宝（保本型理财产品）、兴业宝、代销基金、定期存款等产品，支持多家银行卡直接在线购买，具有操作简单、"一键购买"的畅快体验（如图4-3所示）。

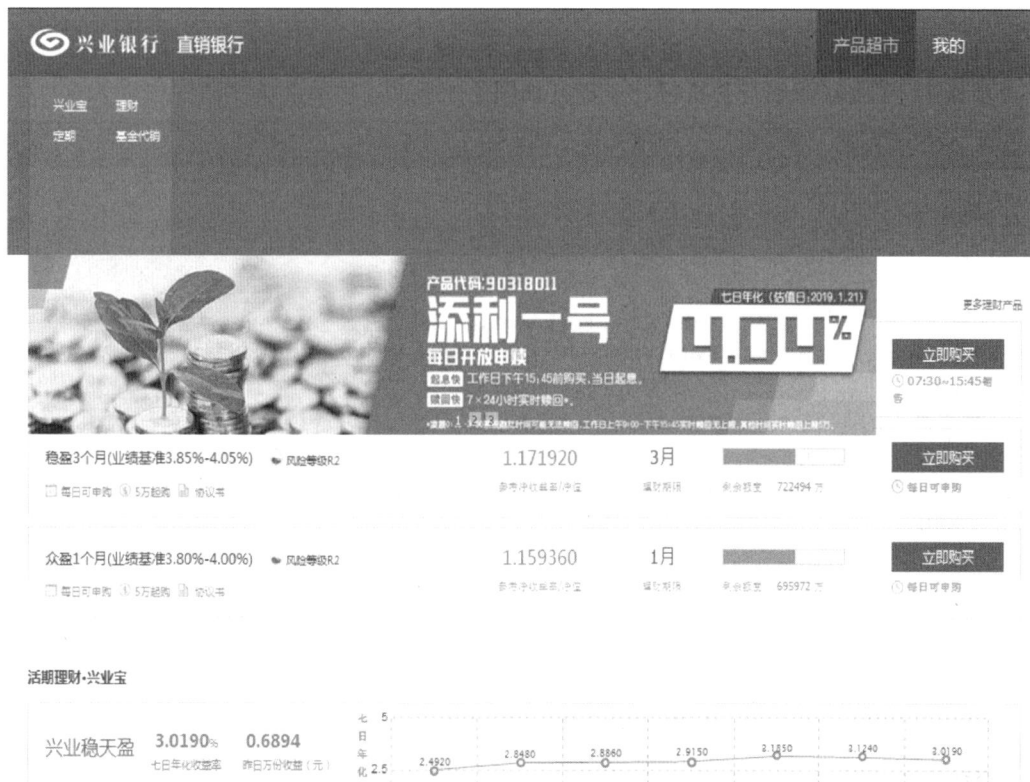

图4-3　兴业银行直销银行

步骤2　了解兴业银行个人网上银行业务（如图4-4所示）。

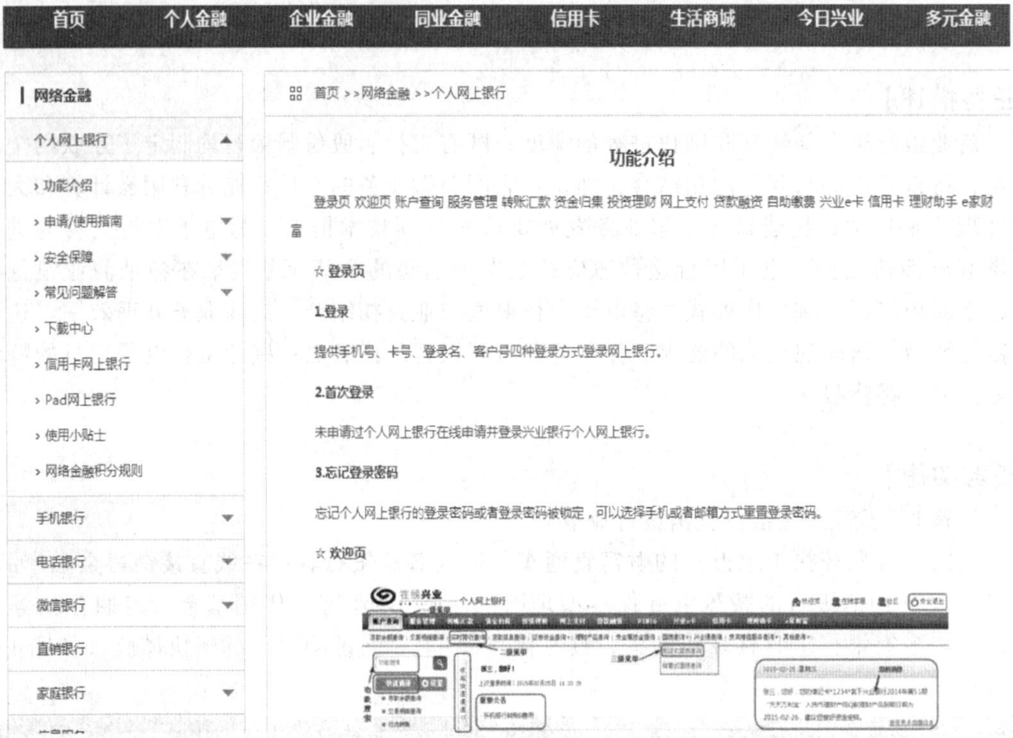

首页 个人金融 企业金融 同业金融 信用卡 生活商城 今日兴业 多元金融

网络金融

个人网上银行 ▲
› 功能介绍
› 申请/使用指南 ▼
› 安全保障 ▼
› 常见问题解答 ▼
› 下载中心
› 信用卡网上银行
› Pad网上银行
› 使用小贴士
› 网络金融积分规则

手机银行 ▼
电话银行 ▼
微信银行 ▼
直销银行 ▼
家庭银行 ▼

首页 >> 网络金融 >> 个人网上银行

功能介绍

登录页 欢迎页 账户查询 服务管理 转账汇款 资金归集 投资理财 网上支付 贷款融资 自助缴费 兴业e卡 信用卡 理财助手 e家财富

☆ 登录页

1.登录

提供手机号、卡号、登录名、客户号四种登录方式登录网上银行。

2.首次登录

未申请过个人网上银行在线申请并登录兴业银行个人网上银行。

3.忘记登录密码

忘记个人网上银行的登录密码或者登录密码被锁定，可以选择手机或者邮箱方式重置登录密码。

☆ 欢迎页

图4-4　兴业银行个人网上银行

步骤3　了解兴业银行手机银行业务（如图4-5所示）。

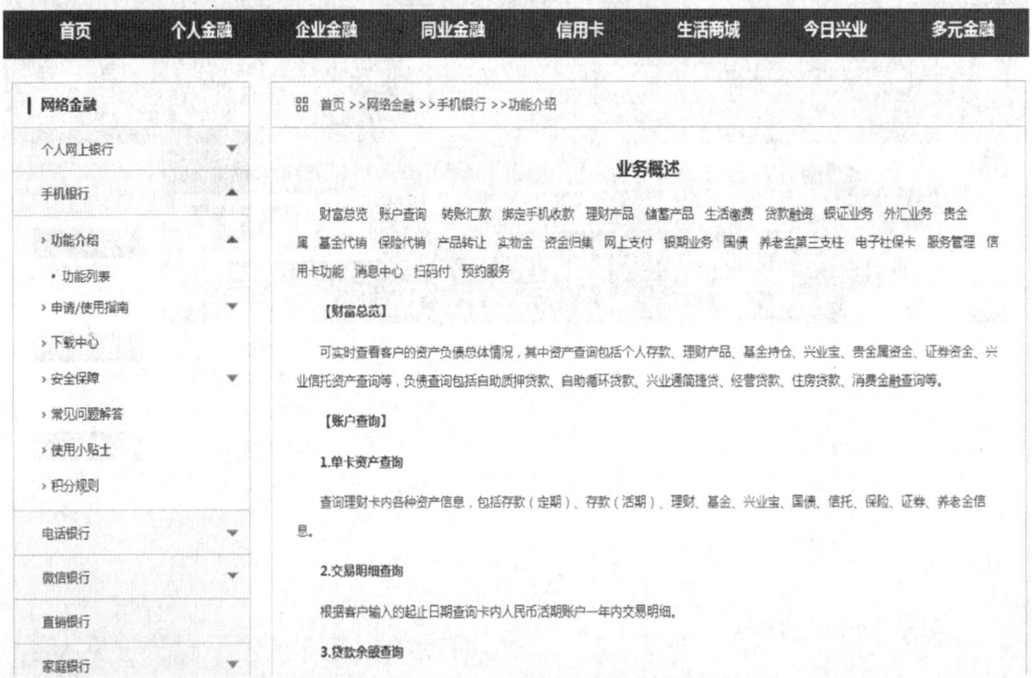

首页 个人金融 企业金融 同业金融 信用卡 生活商城 今日兴业 多元金融

网络金融

个人网上银行 ▼
手机银行 ▲

› 功能介绍
· 功能列表
› 申请/使用指南 ▼
› 下载中心
› 安全保障 ▼
· 常见问题解答
· 使用小贴士
› 积分规则

电话银行 ▼
微信银行 ▼
直销银行 ▼
家庭银行 ▼

首页 >> 网络金融 >> 手机银行 >> 功能介绍

业务概述

财富总览 账户查询 转账汇款 搬定手机收款 理财产品 储蓄产品 生活缴费 贷款融资 银证业务 外汇业务 贵金属 基金代销 保险代销 产品转让 实物金 资金归集 网上支付 银期业务 国债 养老金第三支柱 电子社保卡 服务管理 信用卡功能 消息中心 扫码付 预约服务

【财富总览】

可实时查看客户的资产负债总体情况，其中资产查询包括个人存款、理财产品、基金持仓、兴业宝、贵金属资金、证券资金、兴业信托资产查询等，负债查询包括自助质押贷款、自助循环贷款、兴业通简捷贷、经营贷款、住房贷款、消费金融查询等。

【账户查询】

1.单卡资产查询

查询理财卡内各种资产信息，包括存款（定期）、存款（活期）、理财、基金、兴业宝、国债、信托、保险、证券、养老金信息。

2.交易明细查询

根据客户输入的起止日期查询卡内人民币活期账户一年内交易明细。

3.贷款余额查询

图4-5　兴业银行手机银行

步骤4　了解兴业银行电话银行业务（如图4-6所示）。

图4-6 兴业银行电话银行

步骤5 了解兴业银行微信银行业务（如图4-7所示）。

图4-7 兴业银行微信银行

步骤6　了解兴业银行移动支付业务（如图4-8所示）。

图4-8　兴业银行移动支付

任务三　熟悉自助银行的使用

【案例导入】

近年来，金融业竞争日益严峻，国内各家银行不得不通过各种"升级"转型变革来重蓄新的核心竞争力，尤其是面对互联网金融的冲击，迫使银行的转型速度加快。各大行已经快速转身投入智慧银行的建设大潮中，如民生银行的跨界联姻的转型模式，建设银行的"无人银行"，农业银行的网点软转型。

对于新兴商业银行而言，远程视频柜员机（VTM）的出现，为银行网点转型升级、强化银行的核心竞争力，带来了全新的发展思路。江南农村商业银行（江苏农信系统排名第一）部署的南方电信VTM智慧银行应用解决方案，已成功运行4年多。2018年数据统计显示，其400余个VTM终端，实现了仅80个后台座席即达成日均4 500次的业务量；业务高峰时，单日座席呼叫量达12 600余次，解决了银行物理网点建设经费高、自助终端业务覆盖面过窄等问题，引领智慧银行新潮流。作为一种全新的服务模式，VTM秉承"无人银行，有人服务"的理念，可将银行的金融服务覆盖到不同环境和区域。用户无须前往网点柜台，在任何时间、任何一台自助设备前，通过远程视频"面对面"的形式或自助形式，即可办理相关业务。在行业内，南方电信为江南农村商业银行设计建设的VTM智慧银行应用解决方案，已经成为行业的标杆。

【知识准备】

自助银行义称"无人银行""电子银行"，属于银行业务处理电子化和自动化的一部分，是近年兴起的一种现代化的银行服务方式。它利用现代通信和计算机技术，为客户提供智能化程度高、不受银行营业时间限制的24小时全天候金融服务，全部业务流程在没有银行人员协助的情况下完全由客户自己完成。对于百姓来讲，自助银行的好处就是，它不受银行营业时间的限制，能够24小时不间断地为客户提供服务。我们常说的或者常用到的那个ATM是自助银行吗？ATM是自助银行的初始模样，属于自助银行设备中的一部分。从理论上讲，ATM应该算是自助银行的一种模式——设备不齐全的自助银行。

一、自助银行简介

世界上第一个完全意义上的自助银行（self-service banking），即无人银行（unmanned banking），是1972年3月在美国俄亥俄州哥伦布市开设的亨奇顿国民银行总行。这种新型银行自助服务的诞生，为客户提供了跨越时空限制的多功能银行服务。

在我国，1997年年初，中国银行上海市分行设在虹桥开发区的中国第一家现代化水准的无人银行诞生。它标志着我国无人银行的研究已从技术准备阶段转向实现阶段。

随着自助设备服务功能的不断拓展，异地交易、跨行交易、代缴费等业务给银行带来的手续费收入不断增加，自助设备已经可以实现盈利，而由其带来的人力成本节约、客户满意度提升等替代效益则更为可观。随着银行业的较快发展，自助银行的快速建设以及服务、信息化建设水平的不断提高，银行对于自助服务终端的需求量均在快速增加。在信息技术广泛应用的今天，自助银行已成为衡量商业银行现代化水平的重要标志之一。作为自助银行，应具有如下主要特点：

（1）全天候服务：由于对客户提供自动化服务，所以应从系统设计、管理、运行以及账务处理等方面将其当成一个无人值守、无人服务的储蓄网点。

（2）保密性强：由于完全是由客户自行操作，所以可以做到良好的保密性。

（3）方便快捷：客户可以随时办理存取款等业务，不受服务时间的影响，非常方便。

（4）以客户为中心：银行利用计算机网络技术及银行业务自动化设备向客户提供自助式服务，可以满足不同的市场及客户需求，吸引更多的客户。这将会推动客户理财服务，强化客户与银行的关系，使银行经营更具特色。

（5）交易信息完整及时：自助银行的所有金融交易均采用联机实时交易方式，自助银行系统内及与分行监控中心和分行主机之间的金融交易信息，以及大量非金融交易信息，如统计信息、管理信息等都能及时处理。

二、自助银行的类型与服务功能

随着更多种类的银行自助设备的不断推出，自助银行提供的服务越来越完善，自助银行的应用组合也越来越多。

1.自助银行的类型

目前自助银行主要有两种类型：一种是混合式自助银行；另一种是隔离式自助银行。

混合式自助银行：是在现有的银行分支机构的营业大厅内划分出一个区域，放置各种自助式电子设备，提供24小时的自助银行服务。该区域在日常营业时间内与营业大厅相连通，能够分担柜台的部分银行业务，缓解柜台压力。在柜台营业时间外，营业大厅关门，该区域被人为地与营业大厅隔离，又变成了独立的自助银行。

隔离式自助银行：又称全自动自助银行，这种形式的自助银行与银行分支机构的营业大厅完全独立，一般设立在商业中心、人口密集区或高级住宅区内，也是全天候开放。

2. 自助银行主要服务功能

（1）自动提款。自动提款机是最普遍的自助银行设备，最主要的功能就是提供最基本的一种银行服务，即出钞交易。在自动提款机上也可以进行账户查询、密码修改等业务。

（2）自动存款。自动存款机能实时将客户的现金存入账户，这种功能其实就是自动取款的反向操作。

（3）存折补登。存折补登机是一种方便客户存折更新需要的自助服务终端设备。通过存折感受器和页码读取设备的配合，实现自动打印和向前、向后自动翻页。客户将存折放入补登机后，设备自动从存折上的条码和磁条中读取客户的账户信息，然后将业务主机中的客户信息打印到存折上，打印结束后，设备会发出声音提示客户取走存折。

（4）多媒体查询。多媒体查询机利用触摸屏技术提供设备说明、操作指导、金融信息、业务查询等多种服务。其中包括外汇牌价、存贷款利率等信息。不少自助银行还都配有大屏幕，及时提供各类公共信息的查询。

（5）外币兑换。在机场和商业圈的自助银行里，我们经常可以看到外币兑换机。其主要服务对象为外国游客和有外汇收入的居民。外币兑换机能识别多种不同的货币，在兑换过程中自动累计总数，然后按照汇率进行兑换。

（6）外汇买卖、银证转账。点击自动柜员机屏幕上的"个人外汇买卖"项目，选择相关的币种，输入交易金额，按照指示一步步操作下去即可。银证转账业务的操作也类似。

（7）缴纳公用事业费。当前不少银行的自助终端都能提供公用事业费的缴纳服务。用户只需将存折或借记卡插入或者输入卡折的号码、密码，然后将带条形码的公用事业缴费单对准机器紫外线端口扫描，机器就会自动将账户内的对应资金扣除，缴费即刻成功。

【小思考4-3】

无卡ATM如何预约取现？

答：近年随着手机银行的兴起，基于手机银行和ATM的结合，建设银行、民生银行、工商银行、光大银行等陆续推出了手机银行预约ATM取现业务，持卡人不带银行卡可直接在ATM上取款。以民生银行为例，客户须先登录手机银行，点击"无卡取现"业务，并对金额、期限等进行预约，然后在约定时间内到ATM取款。客户凭预约手机号码、预约号、预约金额及预约银行卡的取款密码就可实现无卡取款。各个银行预约取款的限额不同，具体可登录各大银行官方网站查询或进行电话查询。

三、自助银行与银行零售业务

银行零售业务是指商业银行运用现代经营理念，依托高科技手段，向个人、家庭和中小企业提供的综合性、一体化的金融服务，包括存取款、贷款、结算、汇兑、投资理财等业务。它是银行针对个人客户和中小企业的盈利手段，能有效提高银行服务范围的深度和广度，实现银行的规模经营，是银行重要的利润增长点。银行零售业务以客户为导向，充分考虑到不同客户的消费需求。商业银行充分利用了自助银行这一工具来促进零售业务的发展。根据不同的情况，在不同的地点设置自助银行，产生了如下自助银行模式：

1.社区模式

在居民区、办公楼及其附近提供银行服务的分行模式，强化中间业务服务及营销，以自助设备为主，并不定时地配合必要的人工服务，以期同时达到高效率服务和业务推广的双重目标。

2.商业区模式

在商业区、人口流动量大的区域提供快速现金服务的自助银行，以快速取现服务为主。

3.校园模式

在校园及其附近提供简单存取款服务，培养潜在客户，以"频度高、单次交易额小、业务单一"为主要特征。

4.店中行模式

在机场、加油站、商场、酒店等其他行业的营业厅内提供银行服务。在这些场所提供银行服务能给银行储户提供最大的方便。

5.顾问银行模式

顾问银行模式又称VIP分行，是一种专门为其VIP客户提供专业理财服务的网点，其目标是提高对VIP客户的服务质量，培养其忠诚度。

与传统的网点不同，这些新型模式的网点具有更强的针对性、更贴近普通社会大众的生活，可以根据目标客户群的不同需要采用不同的自助设备和设计风格，以满足目标客户群的需求，这些将是未来银行网点发展的主要形式。

四、自助银行的使用安全

1.使用安全提示

（1）办理业务前，请留意查看自助设备插卡口、出钞口、键盘及设备其他部位是否加装或粘贴异物，注意周围是否有可疑人员，发现可疑现象请立即向银行反映。在自助银行门禁系统刷卡前，请留意门禁是否有改装痕迹。

（2）办理业务时，请仔细阅读屏幕中的操作说明和安全提示，确认操作无误。

（3）办理业务时，如果自助设备工作不正常，请立即取消交易并退卡；如果自助设备吞卡或未吐钞，请尽快联系营业机构人员或拨打银行客户服务电话。

（4）在交易过程中请不要离开自助设备，尽量避免被他人吸引注意力。交易完成后，应及时退出系统并取回银行卡，注意检查取回的银行卡是否为本人的卡片。

（5）选择打印交易单据后，请妥善保管或及时销毁，切勿随意丢弃，以防银行卡信息失窃。

（6）请不要向他人透露您的密码（包括银行职员和警察等），也不用生日、账号、手机号、QQ号、有规则数字等作为密码，定期更换密码。输入密码时应快速并尽量用手遮挡，以防不法分子窥视。

（7）切勿轻信手机短信中银行卡交易或中奖等信息，切勿拨打粘贴在自助设备上除银行客服外的任何联系电话，警惕不法分子利用自助设备转账功能进行诈骗。

（8）请随时关注银行卡账户资金情况，建议开通账户变动消息服务业务，发现异常交易及时联系发卡银行。

2.使用自助银行及自助设备时的自我保护

（1）尽量避免太晚时间进入自助银行，避免进入位置僻静的自助银行。

（2）进入自助银行时，要注意观察有没有人不刷自己的卡而尾随您进入。

（3）使用自助设备时，要注意观察后面的人有没有站在一米线外的安全位置，还是站在您背后偷窥您的账号、密码。

（4）使用前先观察一下自助设备上有无可疑的附加装置。

（5）有陌生人跟您说话或干扰您时，尤其要注意先取回卡、现金和交易凭条。

（6）千万不要向任何来历不明的账户转款。

3.常见的自助设备诈骗形式

（1）张贴虚假告示。不法分子在ATM上张贴紧急通知或公告，让用户把资金转移到其指定的账户上。

（2）制造吞卡假象。不法分子将自制装置放入ATM读卡器内，当取款人将银行卡插入插卡口时，实际上是插入该自制装置，于是就出现吞卡假象。

（3）设置出钞故障。不法分子利用自制装置在ATM出钞口设障，如用铁片或胶水粘住出钞口，使ATM吐出的钱卡在出钞口内。

（4）监控取款设备。不法分子直接在ATM上安装微型摄像装置，或利用高倍望远镜在距ATM不远处窥视，窃取用户的银行卡密码。

（5）"热心帮助"设诈。不法分子冒充"好心人"提醒或帮助受害人在提款时设诈。

（6）取款键盘设障。不法分子用仿造的ATM键盘（内有电路装置，具有记录存储功能）附在ATM键盘上。

【任务描述】

以前，我们都有"只有银行卡才能在ATM上操作"的传统观念，不过，伴随着技术的进步，ATM也变得更加智能。越来越多的ATM加入到无卡存取款的行列中，细心的市民不难发现，如今的ATM上多了很多新的按键，如"预约取款""无卡存款"等。这些新增的功能，你会用吗？你了解国农业银行自动柜员机无卡存款操作流程吗？

【任务实施】

步骤1 点击屏幕右边无卡/无折存款，屏幕随后会显示如图4-9所示页面的温馨提示，可以随便看一下，不看的话直接点击右下方"确认"。

图4-9 农业银行自动柜员机屏幕

步骤2 输入要存钱进去的账号（如图4-10所示）。

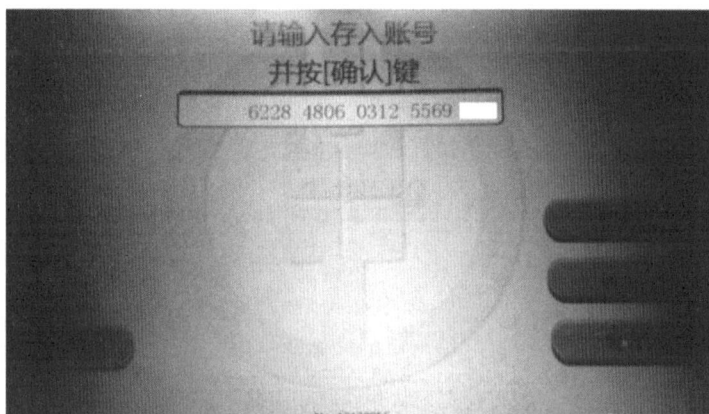

图4-10 输入账号

步骤3 核对账号和户名，无误后点击右下方"确认"（如图4-11所示）。

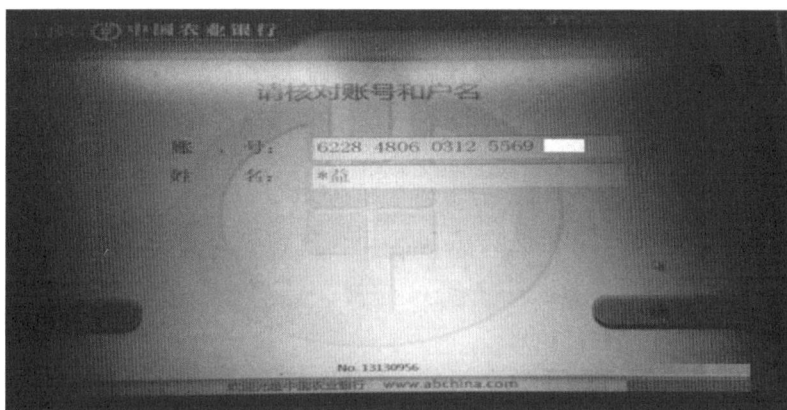

图4-11 核对账号和户名

步骤4 为避免交易异常，银行可以联系到你，需要输入你的手机号码。输入后点击"确认"（如图4-12所示）。

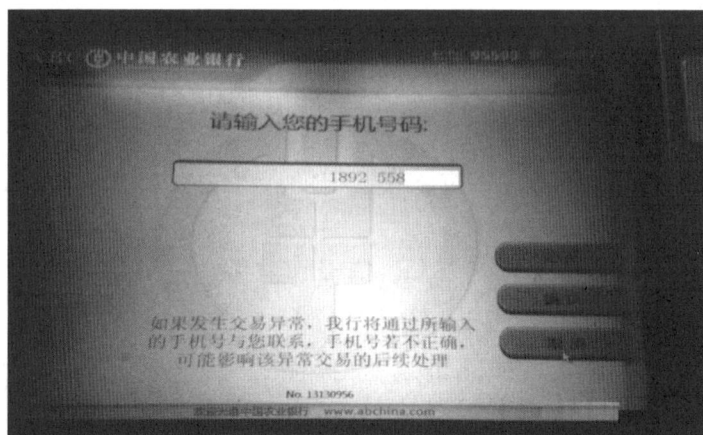

图4-12 输入手机号码

步骤5 "请放入钞票"页面出现，放钞口会自动打开，随后把钱平整放进即可（如

图4-13所示）。提示：仅接收面额为100元的钞票，放入前请把钞票弄平，不可有折角、破损，否则识别不了。

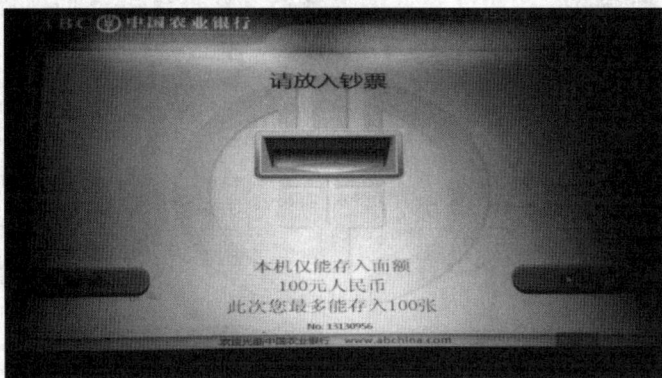

图4-13　放入钞票

步骤6　验钞后若出现"请取回不能识别的钞票"提示（如图4-14所示），用手把钱取出来，检查是否有折角或破损，弄好后点击左下方"继续放钞"再次放入，验钞完成后检查提示数量与存入数量是否一致，无误后点击"确认"。

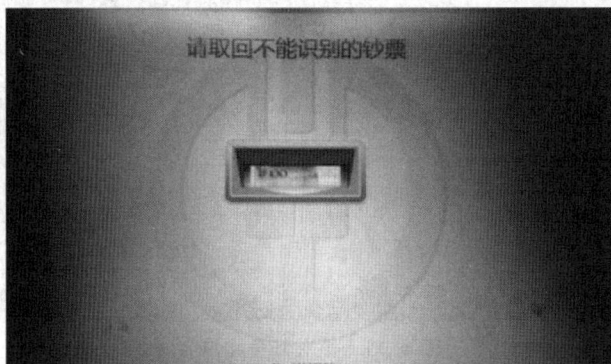

图4-14　取回不能识别的钞票

步骤7　最后确认存入账号、户名、存入金额、手续费，无误后点击"确认"（如图4-15所示）。

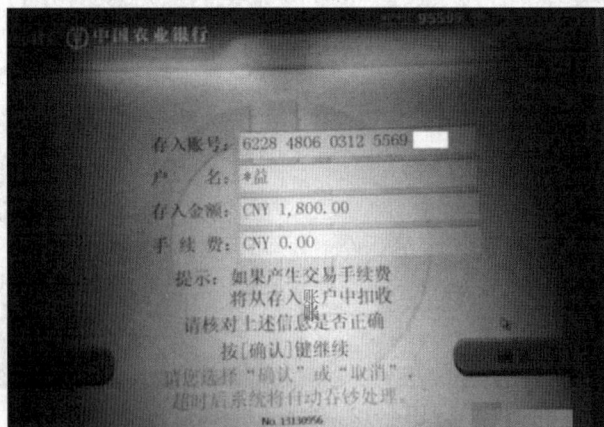

图4-15　确认信息

步骤8　交易成功。如果需要打印凭条的话，点击右下方"打印凭条"（如图4-16所示），柜员机会自动打印出凭条。这里建议最好打印凭条，以便存款出现问题的时候找银行方便解决。

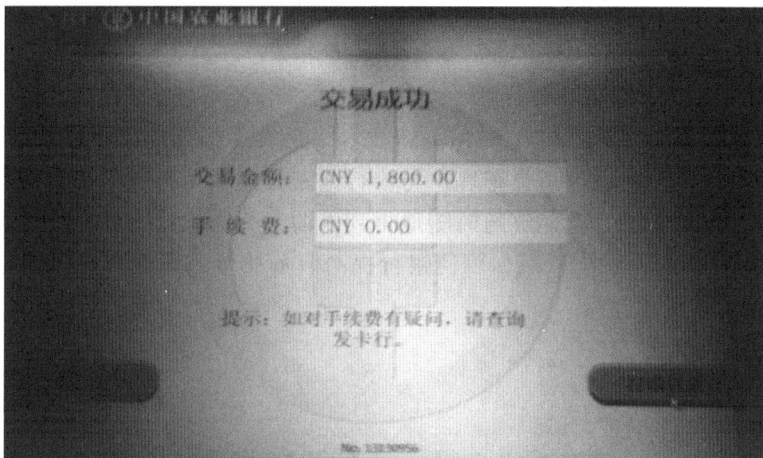

图4-16　交易成功

任务四　了解电话银行

【案例导入】
一个快递引来"警察"电话　大学生涉嫌洗黑钱被骗近万元

一天晚上，小何在宿舍里接到一个自称是顺丰快递的陌生电话，告知小何有一个快递久未领取，快递单上的内容显示为"护照"。蹊跷的是，小何从未办理过护照，但是经过顺丰"客服"的反复核对，快递确实是小何的。"客服"好心提醒小何，称可能是被人盗办了护照，建议用紧急专线转到公安局报案。

随后，自称是上海市静安区公安局的"陈警官"打来电话帮小何查证护照情况。为了取得小何的信任，"陈警官"先让小何拨打114查询上海市静安区公安局的电话号码，查询结果显示，"陈警官"所用的电话确实是上海市静安区公安局的号码。

"陈警官"表示，快递是从国外寄来的，寄件人是上月刚刚破获的跨国贩毒洗钱案的重大罪犯，小何也被牵涉其中。为了证明小何已被卷入案件，"陈警官"还给小何提供了一个打开显示为"中华人民共和国最高人民检察院"的网址，小何用身份证号和警察提供的案件编号进行查询，果然看到了有自己名字的通缉令！"陈警官"警告小何，小何作为犯罪嫌疑人，在洗清嫌疑之前要被拘留半年，还要冻结所有资产1年零6个月，因为涉嫌国家机密，因而不能告知包括父母在内的任何人。

就在小何万分焦急之下，"陈警官"又表示，只要小何愿意配合调查就可以洗脱嫌疑。在对方的指导下，小何先后将自己3张银行卡里的8 899元存款全部取出，并转账到对方提供的"安全账号"里。为了稳住小何，对方还表示资金审查要48小时，在此期间需要小何严格保密，并在接下来的3天里早晚8点都要汇报自己在哪里。谁知3天过去了，不仅小何的资金杳无音信，对方电话也怎么都打不通了，小何这才知道自己上当受骗了。

资料来源　佚名．一个快递电话引出跨国洗钱诈骗案 高校学生被骗 8 899 元 ［EB/OL］．［2020-01-01］．https：//news.qudong.com/article/285111.shtml.

【知识准备】

电话银行系统是近年来兴起的一种高新技术，是实现银行现代化经营与管理的基础。它通过电话这种现代化的通信工具把客户与银行紧密相连，使客户不必去银行，只要通过拨通电话银行的电话号码，就能够随时随地得到电话银行提供的服务（交易查询、利率查询等）。当银行安装这种系统以后，可使银行提高服务质量，增加客户，为银行带来更多的经济效益。

一、电话银行概述

1.电话银行简介

（1）电话银行的含义。

电话银行（telephone banking）即金融电话服务，是与公共电话网络连接的银行电脑系统。该系统采用先进的交互式语音、传真自动应答等设备，自动处理顾客的服务要求，处理结果转化为语音或传真文件发送给客户。简单来说，电话银行就是金融机构提供的一种服务方式，允许其客户通过电话进行交易。

（2）电话银行的分类。

按照提供服务的形式不同，可以将电话银行分为人工服务电话银行、自动语音服务电话银行、人工服务与自动语音服务综合服务电话银行。

（3）电话银行用户的分类。

电话银行主要满足所面对客户的需求，但是客户之间是存在差异的，不同的客户存在不同的需求，所以需要对电话银行的客户进行分类，根据客户需要提供优质服务。按照电话银行客户性质的不同，可将其分为单位注册客户、个人注册客户和非注册客户。单位注册客户在注册时指定其公存账户和商务卡为操作账户；个人注册客户指定其拥有的活期储蓄账户、定期储蓄账户、信用卡账户、借记卡账户为其操作账户。注册客户可以通过电话银行对其指定账户进行包括付款在内的各类操作，而非注册客户则无法得到这些服务。

2.电话银行的发展

从电话银行诞生到发展至今所经历的历程来看，大致经历了 3 个阶段，即人工服务阶段、自动语音服务阶段与呼叫中心服务阶段。

（1）人工服务阶段。

这一阶段，银行只是通过话务员接听电话为客户提供业务申请、查询、咨询、通知等简单服务，将传统部分的柜台业务通过电话的方式进行实现。

（2）自动语音服务阶段。

20世纪80年代初期，许多银行开始利用计算机语音技术为客户提供简单的账户余额查询、明细查询、公共金融信息查询等服务，客户拨打银行提供的专用服务号码，通过在话机上按键输入有关信息即可完成各种操作。这种方式的出现，标志着电话银行进入自动语音服务阶段。

（3）呼叫中心服务阶段。

20世纪80年代末期，自动语音服务不能满足客户多样化的需求，客户在享受语音服务的同时，产生了有很多自动语音服务没法解决的问题，此时他们需要与银行的业务员进行直接的电话交互，从而产生了兼具自动语音服务和人工服务的需求，最后产生了呼叫中心服务。

呼叫中心也称电话呼叫中心，是由电话接入设备、自动电话分配系统、自动语音应答系统、计算机电话集成系统、主机系统和话务员工作部等部分组成。与单纯的人工服务和自动语音服务相比，呼叫中心具有自己独特的特点：

①呼叫中心兼具人工和自动语音服务功能。呼叫中心将自动语音服务与人工服务有机地结合起来，为顾客提供自动语音和人工服务双重服务，更好地满足客户个性化的需求。

②呼叫中心功能比较完善。呼叫中心不仅包括人工服务系统和自动语音服务系统的全部功能，而且可以受理客户来电，还可以通过业务代表提供的服务进行电话营销和市场调查，处理银行业务，进行客户关系管理和提供决策支持。

呼叫中心工作效率比较高。呼叫中心采用了先进的计算机电话集成技术，话音和数据同步传输，客户个人资料、账户信息与语音可以同时通过计算机与银行业务员协同处理。

【小知识4-2】

电话银行和手机银行两者的服务区别：

电话银行的服务：客户账户余额查询；账户往来明细及历史账目档案；大额现金提现预告；银行存贷款利率查询；银行留言；银行通知；其他各类指定的查询服务。

手机银行的服务：手机银行并非电话银行。电话银行是基于语音的银行服务，而手机银行是基于短信等的银行服务。通过电话银行进行的业务都可以通过手机银行实现，手机银行还可以完成电话银行无法实现的二次交易。

二、电话银行的功能与特点

1.电话银行的功能

电话银行主要为客户提供了两大类服务功能：一是交易处理功能；二是交易处理功能以外的功能。

（1）交易处理功能。

电话银行为注册客户特别是个人注册客户提供了较为完善的交易处理功能。通过电话银行客户几乎可以办理除现金交易外的各类金融服务。

①为单位注册客户提供的服务功能。

A.账户查询。账户查询功能可以查询指定账户余额及明细、查询贷款归还情况、查询商务卡的余额及明细等。

B.其他。办理支票挂失，查询支票挂失止付情况，修改客户密码等。

②为个人注册客户提供的服务功能。

A.账户查询。账户查询功能可以查询指定账户的余额、明细、利息及利息税等。

B.账务处理。账务处理功能包括账户挂失、通存通兑、账户之间的转账（如活期账户资金转到信用卡账户、活期账户资金转到定期账户）等。

C.代理交费业务。通过与收费部门联网，使用电话银行可以缴纳各种费用，如缴纳手机话费和固定电话费等。

D.银证通。使用电话银行系统，可以直接使用指定账户进行股票买卖，不必在证券营业部开立资金账户，同时可以通过电话银行进行股票的委托查询、成交查询、行情查询等。

E.其他。使用电话银行系统还可以修改客户密码等。

（2）交易处理功能以外的功能。

电话银行的功能还表现在客户服务和产品营销上，这一方面的功能也是电话银行中心的重要功能。

①金融业务咨询。客户可以向接线员咨询各类金融业务知识和办理方式，不必像以前亲自去银行了解。同时，咨询范围不再被限制在某一专业，接线员可以依靠强有力的后台支持解答客户的各类问题。

②处理客户投诉。电话银行中心从某种意义上说是面向社会开放的一个集中式服务监督机构，可随时接受并及时处理客户对银行服务工作的投诉。

③提供应急服务。电话银行提供全天候的服务，可以在非营业时间和特殊情况下为客户办理挂失、紧急救援等一系列应急服务。

④推介金融产品。电话银行可以根据掌握的资料，使用外拨功能主动向客户推介金融产品。

2.电话银行的特点

电话银行与其他形式的电子银行相比，具有以下特点：

（1）安全。电话银行既要强化服务功能，又要保证信息传输过程的安全，保障客户账户安全，同时要保证银行系统的安全，所以在电话银行中，所有的信息都是采用加密传输的，安全可靠。

（2）操作简单、使用方便。电话银行的便捷性主要体现在开户简单、追加信息方便以及不受地域限制等方面：①电话银行只需开户一次。②追加信息方便。追加委托交费、更改个人信息、销户等业务客户只需打电话后通过人工服务就可以办理，不需要亲自去银行。③不受时间、地域限制。电话银行受理固定电话、手机、传真、电子邮件等多种通信方式发出的业务请求，不受通信方式、时间、地域的限制，向客户提供每年365天每天24小时不间断的服务。

（3）服务形式多样。电话银行的服务形式多样主要体现在提供的服务系统多样、服务对象类型多样、服务方式多样等方面。①服务系统多样。大多数银行的电话银行提供人工服务系统、自动语音服务系统、外拨服务系统、网上银行系统等。②服务对象类型多样。服务客户类型分为个人注册客户、单位注册客户、非注册客户等。③服务方式多样。绝大部分电话银行提供自助业务、委托业务、外拨业务等。④实时操作、覆盖面广。在把金融风险降到最低的前提下，电话银行系统在设计中加大了开放处理的力度，设计了较为开放的处理方案，为任何一个客户提供全天候的实时服务。

【小知识4-3】

工商银行95588个人电话银行功能简介，见表4-1。

表 4-1   工商银行95588个人电话银行功能简介

服务方式	功能名称	功能介绍
自助语音服务	查询服务	自助查询在工行开立的各类活期/定期账户和银行卡余额及交易明细
	卡内转账	进行银行卡下挂的各类账户、信用卡之间的资金划转
	转账汇款	向已注册的同城工行账户、异地工行账户、同城跨行账户和异地跨行账户自助转账汇款，款项实时到账
	银证通	直接使用银行活期账户作为证券交易资金结算账户在电话银行中买卖股票
	外汇买卖	通过电话银行自助进行个人实盘外汇买卖和委托买卖
	基金	通过电话银行自助申购、认购、赎回、查询开放式基金
	银证转账	实现银行账户与证券保证金账户之间的资金划转，方便客户理财
	银期转账	实现银行账户与期货保证金账户之间的资金划转，方便客户理财
	缴费	自助缴费服务，可缴纳手机费、固定电话费、水费等
	信用卡还款	实时转账到同名信用卡/贷记卡，实现信用卡/贷记卡的自助还款
	购买国债	自助购买凭证式国债
	通知存款	自助办理活期转通知存款、通知存款转活期、提前通知、取消通知等个人通知存款业务
	支票保付与验证	自助进行支票保付与验证，付款人通过支票保付功能对支票进行保付操作，将账户中的保证金冻结；持票人通过验证功能确认支票的保付状态，为持票人回收资金提供保障
	年金查询	提供相关企业员工年金自助查询
	银行公告	发布工行的各项产品和服务信息
	财富365积分查询	自助查询财富365积分
	传真服务	使用传真电话可以得到常用利率、人民币外汇牌价等信息
	挂失服务	自助办理银行卡、存折等账户的临时挂失
	菜单切换	自助切换电话银行普通版和专业版功能菜单，普通版仅提供转账汇款和查询功能，专业版将提供投资理财、缴费等更为丰富的功能
	异地漫游	身处境内异地的客户只需拨打当地95588，无须支付长途费用即可漫游到开户地区的电话银行

服务方式	功能名称	功能介绍
人工服务	业务咨询	可通过人工服务咨询工行的各项服务与产品信息、查询疑难账务等
	受理客户投诉	受理客户对工行的服务建议和投诉，并在规定时间内答复客户
	挂失服务	通过人工服务办理银行卡、存折等账户的临时挂失
	外拨服务	银行主动以电话、传真、电子邮件等方式与客户联系，向客户发送各种重要通知、业务宣传资料等信息
	预约服务	受理大额取款预约、个人通知存款预约
	转账服务	受理注册客户的卡内下挂账户之间的转账

三、电话银行的风险及其防范

1.电话银行的风险

电话银行的风险主要体现在转账中。电话银行转账，一般分为个人"账户内划转"和不同人"账户间划转"两种。由于是一个人自己名下的定期、活期以及信用卡账户资金划转，因此"账户内划转"一般不存在资金被窃的外部风险。对于"账户间划转"，虽然银行采取了网管以及数据加密等手段，对交易主机通信进行安全保障，并对不同人账户间转账进行了金额上的限制，起到了对客户资金的风险防范作用，但仍有风险存在。这种风险主要表现为以下几种方式：

（1）在公话中使用电话银行服务系统，会留下客户账户资料。

（2）通过书信、手机短信告知客户获得大奖，当客户打电话核实时，以便于存入资金和填写获奖人资料为由，要求客户告知银行卡账号、生日、家庭电话、结婚纪念日等个人基本资料（因为许多人将生日、电话号码、结婚纪念日作为银行卡的密码），然后套取密码。

（3）以做生意验资为名，在电话里骗取外地持卡人的身份证号码、卡号和密码，然后冒领存款。

（4）冒充银行人员打电话给客户，套取银行账户信息。

2.电话银行风险的防范

为应对电话银行风险，更好地保护客户资金安全，应从3个方面着手：首先商业银行自身应加强防范；其次普通客户应当提高电话银行安全意识；最后加强法律法规的规范。

（1）商业银行方面的防范。

银监会（现银保监会）在《关于商业银行电话银行业务风险提示的通知》中对商业银行提出了几项要求：

①商业银行应面向客户开展各种形式的电话银行风险教育和安全提示，明示电话银行业务操作应注意的各类安全事项，帮助客户培养良好的密码设置习惯和密码保护意识。

②商业银行应积极开展电话银行转账功能风险评估和分类，依据收款账户潜在风险的高低，相应设置不同的转账额度和次数限制。

③对应用银行卡卡号和密码完成登录的电话银行业务，商业银行应在客户使用潜在风险较高的转账功能时，增加其他身份信息的检验要求，如银行卡CVV码、身份证信息或其他注册信息等。

④商业银行应严格控制规定时间内同一卡号、账号、密码等登录信息在电话银行操作中的输入次数，避免无次数限制地输入错误登录信息，严格防范犯罪分子采用试探手段获取密码信息。

⑤商业银行应建立电话银行异常交易监测预警机制。

（2）普通客户方面的防范。

普通客户在使用电话银行时应当注意以下几点：

①删除通话记录。避免在可以查询到输入号码的电话机上进行电话银行操作，使用电话银行后，应删除通话记录。无论是在办公室还是在公共电话亭，客户均能通过电话银行完成查询、转账，甚至购买基金等业务，其便捷性受到不少人的青睐。但客户在电话键盘上输入的卡号、密码，也会被电话完整地记录下来，如不及时删除，就可能被他人利用。

②避免使用免提电话。在进行电话银行的交易类操作时，避免使用免提电话，以防他人偷听。

③不要使用经其他号码连接后的"电话银行服务"。目前国内电话银行服务主要有两类：一种是各家银行使用的全行统一客户服务电话，该号码均已印制在银行卡上，客户应直接使用此电话号码的银行服务；另一种是当地分支机构或营业网点正式公布的可供客户咨询、办理有关业务的电话号码。同时，客户应特别注意的是，不要使用经其他号码连接后的"电话银行服务"。目前，没有一家银行可通过单一电话号码同时提供多家银行的电话银行服务，客户不要轻信任何非正常渠道提供的电话银行服务。

④密码设置要科学。客户在设置电话银行密码时，不要使用过于简单的数字（如6个6，6个8等），不要使用自己的出生日期、电话号码等容易被人猜中的数字，也不要使用与电子邮件或连接互联网相同的密码，可以考虑分开设置查询密码和交易密码，并定期进行修改。客户还要及时更改初始电话银行密码，否则他人知道卡号后就可以利用初始密码窃取账户信息，给资金安全留下隐患。

⑤不要轻信一些无缘无故的中奖信息。

（3）加强法律法规的规范。

【小思考4-4】

电话银行操作安全吗？

答：银行人士表示，电话银行就安全性来说是可靠的，开通多年来，目前我国商业银行未发现有电话银行自身安全问题方面的案例。电话银行在业务设置上也进行了安全性考虑，比如非本人账户间的资金划转问题，是最容易引起客户担心的业务。目前，由于账户划转对安全性要求较高，许多银行对账户划转有具体规定。比如，有的银行要求，对向非本人账户的资金划转，需在银行柜台提前做一个约定，即电话银行所做的资金账户划转必须在指定的账户之间，增加了资金的可控性，确保了转账资金的安全。再者用电话银行转账需要银行卡卡号、银行卡密码、电话银行密码，三者缺一不可。知道银行卡卡号和电话银行密码，可以对此银行卡进行查询、挂失。所以，身份证号码、银行卡号、银行卡密码，电话银行密码都要保管好。有的电话银行在签约的时候，可以选择相应服务，如有只能查询的，有向固定账号转账的，有设定电话银行固定使用电话的。

【任务描述】

电话银行能通过电话对银行卡进行转账和查询等业务操作，这样就省去了去银行办理的时间。你知道怎样用建设银行网银来开通电话银行吗？

【任务实施】

步骤1　进入建设银行官网首页（如图4-17所示）。

图4-17　建设银行官网首页

步骤2　点击"电子银行"，出现电子银行产品介绍下拉框（如图4-18所示）。

图4-18　建设银行电子银行产品介绍

步骤3　选择产品介绍中的电话银行，显示电话银行开通指南，根据实际情况按照开通流程操作即可开通电话银行（如图4-19所示）。

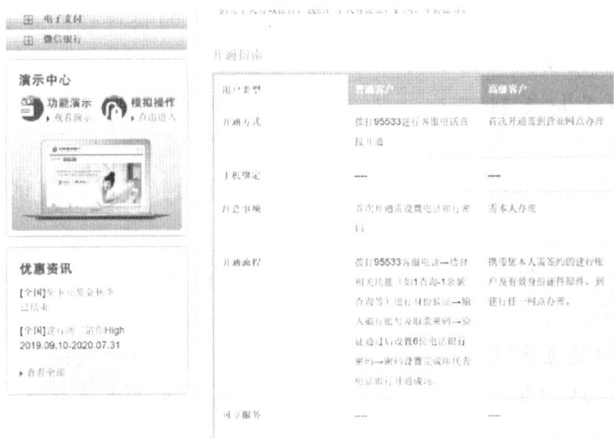

图4-19　建设银行电话银行开通指南

步骤4　也可通过左侧工具栏选择电话银行相应的服务（如图4-20所示）。

图4-20　建设银行电话银行功能介绍

任务五　掌握手机银行的操作

【案例导入】

《理财评测室：2019手机银行评测》由新浪金融评测室发起，遍邀各商业银行相关负责人、专家学者共同探讨制定手机银行评测标准，综合用户体验、产品功能、性能安全、创新发展4大维度，150多项细分指标对21家手机银行APP进行全扫描。经过多轮体验式交叉评测得出结果如下：

招行银行91.55分：待办事项没有自动提醒信用卡还款日、电话客服不能一键拨打、用户自定义功能键权限小。

平安银行88.65分：APP承载内容太多，需要适当做些减法，尤其是产品推广方面。

中国银行86.95分：APP生活栏目页界面体验仍有提高空间。

民生银行86.95分：同样机型同样测试条件下，APP部分操作的加载时间略长。

建设银行 87.55 分：不支持"复制卡号诱发转账"等较实用的快捷转账方式。

工商银行 84.15 分：余额变动提醒需要另外下载"融 e 联"APP。

农业银行 84.05 分：不支持复制卡号、仅支持查询一个月内的转账记录，有提升空间。

交通银行 82.95 分：语音便捷服务暂未上线，部分操作有转接时滞，测试中偶有闪退发生。

光大银行 80.80 分：操作流畅度仍有提高空间，智能客服转人工服务需要"通关密码"。

江苏银行 80.65 分：页面交互太多、比较烦琐，搜索功能仍有提升空间。

浦发银行 80.60 分：不支持"复制卡号诱发转账"等比较实用的快捷转账方式。

广发银行 80.40 分：部分体验、功能逻辑仍有待优化，特别是客服体验依旧不尽如人意。

邮储银行 80.35 分：查询转账记录等相对高频的常用功能细节建设未做足。

中信银行 80.05 分：不支持"复制卡号诱发转账"等比较实用的快捷转账方式。

浙商银行 79.55 分：操作流畅度仍有待提高，罕见地缺少了在线客服，部分功能建设不及同业。

上海银行 77 分：操作流畅度仍有待提高（同一测试条件下，部分操作加载耗时较长）。

兴业银行 76.25 分：理财、基金等产品尚未进行系统性功能建设。

北京银行 75.3 分：操作流畅度仍有待提高，相同测试条件下部分机型出现多次闪退。

南京银行 74.75 分：部分交互设置有待改进，相同测试条件下部分机型出现闪退。

宁波银行 74.60 分：存款、理财等大类产品仍需系统性功能建设，减少与同业的差距。

华夏银行 66.95 分：转账汇款等常用功能仍有待完善。

资料来源　新浪财经. 理财评测室：2019 手机银行评测 ［EB/OL］. ［2020-03-26］. http：//finance. sina.com.cn/event/19appbank/.

【知识准备】

作为一种崭新的服务，手机银行不仅可以使人们在任何时间、任何地点处理多种金融业务，而且极大地丰富了银行服务的内涵，使银行能以便利、高效而又较为安全的方式为客户提供传统和创新的服务。

一、手机银行概述

手机银行也可称为移动银行（mobile banking），是网上银行的延伸，也是继电话银行、网上银行之后又一种方便银行用户的金融业务服务方式，有贴身"电子钱包"之称。它延长了银行的服务时间，扩大了银行的服务范围。当手机把收音机、MP3、照相机、摄像机、电视机、PDA 等各种功能集于一身，超出了最初作为单纯的通信工具的定位、成为人们日常生活的一个重要组成部分时，它也成了银行业务嫁接的目标，即银行业务与手机结合而成的"手机银行"。随着多年业务的推广，尤其是近来的炒股热、转存热等，手机银行已经为广大用户所熟悉并接受。无论对通信业还是银行业，这种"贴身金融管家"的方式为用户提供了"随时随地"、"各种方式"、满足"各种需求"的移动电子商务业务。

二、手机银行的产生与发展

手机银行所独具的贴身特性，使之成为继 ATM、POS、互联网之后银行开展业务的强有力工具，越来越受到国内外银行业者的关注。

1.国外手机银行的发展

国外移动运营商很早就开始了对手机银行业务的探索，其中日本和韩国在这一领域发展较快，而欧美地区的手机银行业务由于种种原因相对滞后。

世界上最早的手机银行出现在东欧，是由 Expandia 银行同移动运营商 Radio Mobile 公司在布拉格地区联合构建的。它从 1998 年 5 月 1 日开始运行，以实现商业运作为目的，推出后不久便吸引了超过 4 000 位银行用户。在当时的情况下看来，此项举动取得了很大程度的成功。该手机银行业务的实现是基于 STARSIM 卡，每位申请了此项手机银行业务的用户都能得到一张 STARSIM 卡。通过这张卡，用户能够获得 Expandia 银行和 Radio Mobile 公司提供的各种新颖服务，如利用手机进行账户结算、查询账单支付、获得股票或汇率信息等。

手机银行服务一经推出，就在银行信息电子化水平较高的欧美国家迅速"走红"。在瑞典，人们可以利用手机拨号购买饮料，买票乘坐公共汽车。由于使用方便且其安全程度高于传统的支付方式（不必向商家提供信用卡号码），所以在瑞典、德国、奥地利和西班牙大受欢迎，该服务目前已推广到英国等国家。

2.中国手机银行的发展

我国手机银行的发展可大致分为 3 个阶段：

1999—2009 年的探索期。银行业开始推出手机银行业务，短信银行为主流模式。

2010—2013 年启动期。各大银行纷纷推出支持苹果和安卓手机银行客户端模式，并逐渐成为主流。

2014 年至今的高速发展期。这一阶段以央行下发《关于手机支付业务发展的指导意见》为开始标志，手机银行的功能不断丰富，应用场景不断拓展，手机银行交易规模保持快速增长的趋势（如图 4-21 所示）。

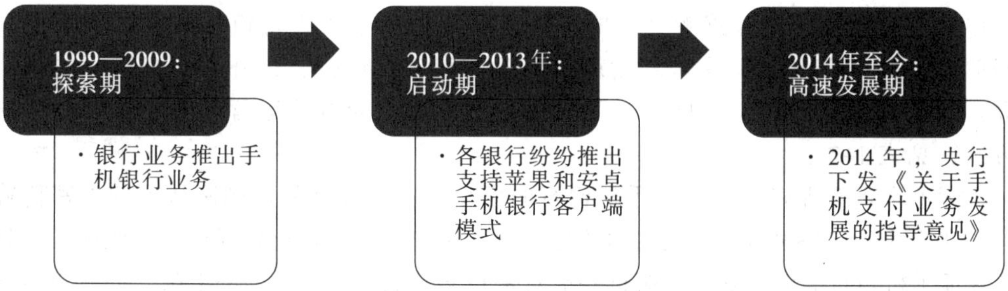

资料来源　前瞻产业研究院. 2019 年中国手机银行行业市场现状与发展趋势 ［EB/OL］.［2019-10-31］. https://www.qianzhan.com/analyst/detail/220/191030-c3d5feda.html.节选.

图 4-21　中国手机银行发展阶段

前瞻产业研究院《中国智慧银行深度调研与投资战略规划分析报告》显示，随着我国手机银行业务的拓展，手机银行的交易笔数和交易金额也在逐渐上升。根据银行业协会数据，2018年我国手机银行交易笔数达到940.37亿笔，交易金额为241.68万亿元，同比增长11.86%。2018年第四季度中国手机银行市场格局中，建设银行以21.4%的市场交易份额占据第一位，工商银行以19.1%的市场交易份额尾随其后，农业银行位居第三，市场交易份额为17.2%，招商银行、中国银行则分别以10.6%和7.0%的市场交易份额排在第四、第五位（如图4-22所示）。在手机银行领域，建设银行具有长期积累起来的优势，在第四季度的大力推广过程中，通过生活平台"惠生活·悦生活"以及O2O服务体系的推动，其手机银行市场交易份额获得较大幅度提升。随着产品和服务的不断丰富与完善，手机银行将成为银行最重要的用户服务渠道，市场也会逐渐进入稳定状态。

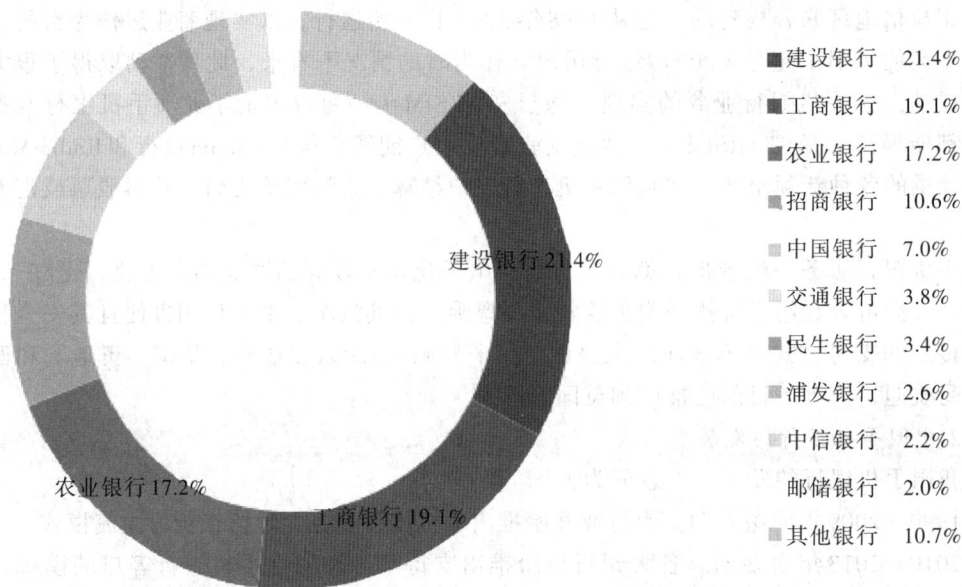

建设银行	21.4%
工商银行	19.1%
农业银行	17.2%
招商银行	10.6%
中国银行	7.0%
交通银行	3.8%
民生银行	3.4%
浦发银行	2.6%
中信银行	2.2%
邮储银行	2.0%
其他银行	10.7%

资料来源　数据根据银行年报、易观自有检测数据和易观研究模型估算获得，易观会根据掌握的最新市场情况对历史数据进行微调.

图4-22　2018年第四季度中国手机银行市场交易份额

3.电信运营商推动手机银行的发展

作为移动金融早期探路者之一的电信运营商，为手机银行市场的发展积累了一定的经验。自2000年年初，中国移动就已经开始和各大银行合作开发手机银行项目，中国联通和中国电信随后相继展开。手机银行已发展成为电信运营商向外拓展业务的重要方式，见表4-2。

实际上在信息保密性方面，手机银行的信息传输、处理采用国际认可的加密传输方式，实现移动通信公司与银行之间的数据安全传输和处理，防止数据被窃取或破坏。目前为了保证手机银行的账户安全，银行一般对每日交易额设置了严格的上限，同时将客户指定手机号码与银行账户绑定，并设置专用支付密码，这样即使用户的手机不慎丢失，也不会带来账户上的危险。建设银行的手机银行采用通信专线连接，从手机端到银行端全程加密，同时采用了数字签名机制、手机与卡的绑定机制，保证了客户交易和账户资金的安全。而招商银行的手机银行，只要用户一切换到其他界面中，手机银行就会自动退出登录，最大限度避免了由于手机丢失而造成的账户损失。

表 4-2			电信运营商在手机银行领域的尝试
运营商	时间	合作对象	具体事件
中国移动	2000 年	中国银行 招商银行 工商银行	先后联合开通手机银行服务
	2001 年	广发银行	联合推出手机钱包项目
	2005 年	商业银行 中国银联	联合推出的手机银行品牌"手机钱包",加快了在各地的普及步伐
	2006 年	建设银行	推出全新手机银行服务
	2010 年	浦发银行	签署战略合作协议
	2011 年	招商银行	联合推出安卓手机银行
	2012 年	浦发银行	继续丰富手机银行服务内容
中国联通	2004 年	无	基于 CDMA1X 技术推出手机银行
	2005 年	建设银行	共同研发、基于 brew 技术的手机银行
	2009 年	中国银联	签署全面战略合作框架协议,双方表示将在金融支付和通信服务领域展开全方位合作
	2010 年	兴业银行	签署战略合作协议
	2011 年	招商银行	合作发布 iPhone 手机银行
	2012 年	招商银行	联手推出手机钱包
中国电信	2009 年	无	手机支付业务在上海开通
	2010 年	建设银行	在福建推出手机支付业务
	2010 年	中国银行	推出银联标准的手机银行卡——天翼长城卡
	2011 年	招商银行	联合推出安卓手机银行

资料来源 艾瑞咨询. 2012 年中国手机银行研究报告简版［R］. 北京:艾瑞咨询,2013.

另外,银监会(现银保监会)还颁布了《电子银行业务管理办法》和《电子银行安全评估指引》,这两项规定将手机银行业务、个人数字辅助(PDA)银行业务纳入监管体系,进一步加强了手机支付的交易安全保证。相比起网上银行,手机银行的安全性实际更好,具备不易受到黑客攻击、私密性更强、更安全等特点。在移动互联网越来越普及的今天,在用户越来越倾向于使用移动设备登录网络的今天,手机银行也越来越被广大用户所接受。大家不用再考虑手机银行怎么用的问题,而是应该更好地选择适合自己生活方式的手机银行,为生活工作带来更大的便利。

【小思考 4-5】

什么是人脸识别?

答:人脸识别的原理是用摄像机或摄像头采集含有人脸的图像或视频流,并自动在图像中检测和跟踪人脸,进而对检测到的人脸进行脸部识别。人脸识别系统的研究始于 20 世纪 60 年代,80 年代后随着计算机技术和光学成像技术的发展得到提高,而真正进入初级的应用阶段则在 90 年代后期,并且以美国、德国和日本的技术实践为主。

人脸识别系统成功的关键在于是否拥有尖端的核心算法,并使识别结果具有实用化的识别率和识别速度。人脸识别系统集成了人工智能、机器识别、机器学习等多种专业技术,同时需结合中间值处理的理论与实践,是生物特征识别的应用。其核心技术的实现,体现了弱人工智能向强人工智能的转化。

三、手机银行的业务

下面以建设银行的手机银行为例来说明手机银行的业务。

1.手机股市

手机股市具有股市资讯查询功能，可选择一家证券公司进入，查询最新的沪深指数和所关注的股票信息；股票委托交易功能，选择开户的证券公司进入，即可直接登录证券公司系统进行股票委托交易。无须在任何证券公司开户，就可通过建设银行手机银行查询股市资讯、实时行情。在相应的证券公司开户后，即可通过建设银行手机银行进行股票委托交易。目前建设银行手机银行已接入到中投证券、国信证券、国泰君安证券等的股票交易系统。

2.手机转账

手机转账支持建设银行的同城和异地转账，首先选择已经签约的活期账户作为付款账户，然后输入收款方的手机号码及转账金额，即可实现向已经开通手机银行服务的收款方转账，同时收款方会有相应的短信提醒。

3.Q币充值

手机银行可以为本人的或其他任意QQ号码充值。

4.查询业务

建设银行手机银行提供全天候账户查询服务，方便随时随地掌握账户信息。

余额查询：进入"查询业务"中"查询余额"，可以查询各类注册账户及其卡内子账户信息。

明细查询：进入"查询业务"中"查询明细"，可以查询手机银行注册账户明细，包括用户通过各种银行渠道办理的涉及账户资金变动的业务。

来账查询：进入"查询业务"中"来账查询"，可以查询到手机银行注册账户的款项转入信息，包括转账时间、付款人姓名、账号和转账金额等。

积分查询：进入"查询业务"中"积分查询"，可以查询用户信用卡账户积分，包括结余积分、消费积分、奖励积分。

日志查询：进入"查询业务"中"日志查询"，通过选择账户、交易类型并输入时间，可以随时查询账户的手机银行操作记录，还可以通过点击某一笔，查看具体内容。

公积金查询：进入"查询业务"中"公积金查询"，可以查询到公积金账户余额、明细等信息。

5.转账汇款

活期转活期：进入"转账汇款"中"活期转活期"，可以通过签约活期账户向规定范围内任意个人活期账户转账。

活期转定期：进入"转账汇款"中"活期转定期"，可以通过签约活期账户，向规定范围内任意个人定期一本通、理财卡账户转账。

定期转活期：进入"转账汇款"中"定期转活期"，可以通过签约定期一本通、理财卡账户，向规定范围内任意个人活期账户转账。

向企业转账：进入"转账汇款"中"向企业转账"，可以通过签约活期账户向规定范围内任意企业活期账户转账。

约定账户转账：在转账前先设置收款账户信息，转账时直接点击收款人记录，就可通过签约的活期首选账户向规定范围内任意个人活期账户转账。

转账汇款的付款账户必须是手机银行签约账户，如果需要转账汇款服务，需携带身份证件以及存折、银行卡等，到银行网点办理手机银行签约；向企业客户转账时，请注意该项业务的受理时间，到账时间取决于对方收款账户开户行；约定账户转账的收款账户根据收款人姓名/昵称保存，在同一收款人名下只能设置一个记录。

6.缴费支付

缴费：可缴纳手机费、市话费、水电煤气费、学费、交通罚款和车船税等多种费用。还可以在缴费成功后选择"保存到我的缴费"保存常用的缴费项目，以便下回快速缴费。

支付：在商户网站上选定商品下订单后，选择建设银行手机银行支付，银行发送短信链接，只需点击链接核对订单信息，无误后即可支付。也可以记下商户号和订单号，进入"缴费支付"中"支付"订单。

未支付订单查询：进入"缴费支付"中"未支付订单查询"，可以查询通过商户网站购物后生成的未支付订单。

7.信用卡

可以通过手机银行办理信用卡的余额查询、账单查询、积分查询、信用卡还款等。

余额查询：进入"信用卡"中"余额查询"，可以查询信用卡的信用额度、取款额度、可用额度以及余额。

账单查询：进入"信用卡"中"账单查询"，可以查询已出账单、未出账单。

积分查询：进入"信用卡"中"积分查询"，可以查询信用卡的消费积分、奖励积分及结余积分。

信用卡还款：进入"信用卡"中"信用卡还款"，可以将在手机银行的其他活期账户中的资金存入信用卡账户中。

8.银证转账

银行转证券：进入"银证转账"中"银行转证券"，可以将银行账户资金转入证券保证金账户。

证券转银行：进入"银证转账"中"证券转银行"，可以将证券保证金账户的资金转入银行账户。

使用手机银行银证转账的前提条件是用户证券保证金账户的开户证券公司与建设银行签订了银证转账协议，且用户在网点签约开通银证转账业务，建立证券保证金账户与银行账户之间的一一对应的关系。

9.银行存管（CTS）

保证金查询：进入"银行存管"中"保证金查询"，可以查询银行存管保证金余额。

银行转证券：进入"银行存管"中"银行转证券"，可以将银行账户资金转入存管保证金账户。

证券转银行：进入"银行存管"中"证券转银行"，可以将存管保证金账户资金转入银行账户。

使用手机银行CTS的前提条件是用户的开户证券公司与建设银行签订了银行存管协议，且用户在网点签约开通银行存管业务，建立了存管保证金账户与银行账户之间的一一对应的关系。

10.外汇买卖

通过手机银行外汇买卖功能，可以方便、快捷地查询外汇行情，及时进行外汇交易。

行情查询：进入"外汇买卖"中"行情查询"，可以实时查询外汇的银行报价、实时曲线、K线图等，并可以在此基础上通过快捷键进行实时、委托的买卖，还可以在委托时进行追单交易。为了操作方便，还可以设置自定义的行情、接收银行提供的外汇资讯等功能。

交易查询：进入"外汇买卖"中"交易查询"，可以查询外汇买卖成交情况与委托挂单情况，包括"当天成交查询""当天挂单查询""成交明细查询""挂单明细查询"等。

实时交易：进入"外汇买卖"中"实时交易"，选择买卖币种等信息后，系统会返回当时汇率，在指定的时间内完成。

委托挂单：进入"外汇买卖"中"委托挂单"，该功能允许用户设置"获利汇率"和"止损汇率"两种汇率及挂单有效时间。

委托撤单：进入"外汇买卖"中"委托撤单"，可以将未成交的委托挂单交易通过此功能进行撤销，只需选中欲撤销交易的合同号后确认即可。

追加挂单：进入"外汇买卖"中"追加挂单"，可以对委托挂单成功但还未成交的交易进行追加挂单，先列出所有委托成功的交易，选择其中某一未成交的交易，以该笔交易的买入币种作为欲追加的币种进行该交易的追单。

在行情查询中，不同的地区将会有不同的汇率，请注意查看；实时交易时，在确认汇率等交易信息后，应在6秒钟内完成提交；追加挂单时，追加挂单的卖出币种须与原挂单的买入币种一致；撤单时，可以单独撤销追加挂单，也可以直接撤销原挂单，撤销原挂单后，在其基础上的追加挂单将自动被撤销；委托挂单交易有效日期最长5天，如遇周末或国外节假日汇市停盘，挂单将会自动撤销。

11.本地服务

在不同的地区用户可以享受各不相同的当地特色服务，如可通过建设银行手机银行缴纳广州本地的交通罚款；在深圳还可以缴纳车船税。

12.账户管理

建设银行手机银行为用户提供贴身银行服务，用户可自助管理账户，查询账户信息、增加手机银行账户、修改别名、设置首选账户、挂失账户、删除账户等。

查询账户信息：进入"账户管理"中"账户信息"，可以查询到手机银行注册账户的账号、账户类型、签约标志等。

增加手机银行账户：进入"账户管理"中"增加账户"，可直接在手机银行上添加本人名下的账户。

修改别名：进入"账户管理"中"修改别名"，根据自己的喜好，给账户起些好记的名字，如"薪水""扣费""零花钱"等，对账户一目了然。

设置首选账户：进入"账户管理"中"首选账户"，将常用的账户设置为首选账户，可以免去在转账、缴费、支付等操作中选择账户的麻烦。

挂失账户：当用户的存折、银行卡遗失时，建设银行提供24小时挂失服务。进入"账户管理"中"账户挂失"，自助办理账户挂失，可及时保护资金安全。

删除账户：进入"账户管理"中"删除账户"，可以删除手机银行上已注册的账户信息。删除账户后，用户如果想再次使用该账户，需重新追加。

13.我的服务

修改登录密码：进入"我的服务"中"修改登录密码"，可以对手机银行登录密码进行修改。

四、手机银行的安全性

中国银联发布的《2018移动互联网支付安全调查报告》显示，2018年移动支付领域呈现5大特点：一是移动支付消费增长明显，创业者的移动支付消费金额领跑其他行业群体，超过3 000元/月，全职主妇的移动支付消费月均支出达2 863元，IT行业群体使用频次最高，学生群体移动支付消费占月可支配收入的四成；二是移动支付场景建设不断深化，便捷的移动支付产品有效地改善了人们在各个场景的支付体验；三是金融科技应用进一步扩大，助力支付便捷与安全性的提升，指纹支付等生物识别支付方式获得超过半数消费者的肯定，较2017年数据提升了6个百分点，在35岁以下的男性中，指纹识别成为使用率最高的验证方式；四是公众安全知识得到普及，网络欺诈继续呈现下降趋势，尤其消费者遭遇传统网络诈骗行为的概率持续下降，与2017年相比，社交账号（QQ、微信等）冒充亲朋好友诈骗及以办理信用卡套现等为借口、骗取验证码等支付信息的两种诈骗行为发生率显著下降；五是移动支付安全习惯值得广泛关注，消费者的移动支付信息安全防范意识进一步提升，移动支付低风险型消费者比例较去年增长一成。

1.手机银行独特的安全特性

（1）客户身份信息与手机号码的绑定。手机不同于电脑等设备，随身携带是它的一个重要特性，现代人基本上离不开它，即使丢失也很快会被发现，并且手机号码已成为个人的身份识别标志。例如，建设银行手机银行安全性最具特点的是客户身份信息与手机号码建立了唯一绑定关系。客户使用手机银行服务时，必须使用其开通手机银行服务时所指定的手机号码，也就是说，只有客户本人的手机才能以该客户的身份登录手机银行，他人是无法通过其他手机登录的。这种硬件的身份识别办法，加上登录密码的验证与控制，建立了客户身份信息、手机号码、登录密码3层保护机制，构建了手机银行业务独特的安全性。

（2）封闭的通信网络，防止黑客、木马攻击。我们熟悉的网上银行风险，很大程度上是由于其处于开放性的互联网中，容易受到黑客攻击，特别是黑客通过放置恶意的木马程序，非法获取客户的账户信息和密码，导致风险的存在。而手机银行处于相对封闭的移动数据网络，并且手机终端本身没有统一的操作系统等病毒所需要的滋生环境，因此手机银行业务受黑客和木马程序的影响相对较小，其安全性也大大提高。

2.系统层的安全性

为确保手机银行的安全性，建设银行手机银行在技术层面采用了多种先进的加密手段。

（1）建立安全通道。手机银行的整个系统全程采用端对端的加密数据传送方式，交易数据在传送之前，手机端必须和手机银行服务器端建立安全通道。由于客户第一次登录需要提供客户账号和密码等关键信息，手机银行系统对这些数据采用1 024位的RSA公钥加密，验证客户信息和DES密钥，如果正确，则客户和服务器端的连接就建立了。

（2）数据传输全程加密。建设银行手机银行系统采用硬件方式实现RSA和DES的加、解密算法，数据在传输过程中全程加密，此方式的实现既保证了系统运算的速度，又确保了手机银行服务的实时性、安全性和可靠性。

（3）防止数据被破坏，确保数据的完整性。手机和银行加密系统对交易数据进行摘要处理，产生交易数据的校验信息，以防止数据在传输中途被修改或丢失。若接收到数据的摘要验证不通过，即认为数据被破坏，要求交易重新进行，确保数据的完整性。

（4）安全方面的其他措施。手机银行系统在安全通道的基础上，在客户登录前将由服务器产生图形附加码传至手机上，由客户输入，上传至服务器验证，在端对端加密的安全方案基础上，加上附加码的验证措施可有效地防止自动尝试密码、避免黑客的网络攻击，从而保证手机电子银行交易平台的安全。另外，客户每次退出手机银行，手机内存中关于卡号、密码等关键信息将会被自动清除，而交易信息和账户密码等内容只保存在银行核心主机里，不会因为手机丢失而影响客户的资金安全。

3.应用层的安全性

（1）密码控制。登录建设银行手机银行系统时需要输入登录密码。登录密码不是账户密码，而是由客户在开通手机银行服务时自行设定的密码。如在银行网点签约时在柜台上的密码键盘，或在网站开通时在网页界面上，或在手机上直接开通手机银行服务时在手机界面上，由客户自己输入登录密码。登录密码由6~10位的数字和字母混合组成。客户通过登录密码才能使用手机银行服务，并可自行更改密码。客户账号和登录密码是手机银行进行客户身份验证的重要环节，银行先进行客户密码的验证，若密码错误，则交易终止。为防止有人恶意试探他人密码，系统设置了密码错误次数日累计限制，当达到限制时，将使该客户手机银行服务为暂停状态。

（2）签约机制。建设银行手机银行为进一步保障客户资金安全，引入了签约机制。对于通过建设银行网站（http：//www.ccb.com）或在手机上直接开通手机银行服务的客户，可以使用查询、缴费、小额支付等功能。如果客户持本人有效证件原件及账户凭证（卡或存折）到账户所在地的银行营业网点进行身份认证，签署相关协议，并通过银行认证，此类客户将成为手机银行的签约客户，签约客户可享受手机银行提供的全部服务，包括转账、汇款等业务。

（3）限额控制。为进一步降低业务风险，建设银行手机银行业务对诸如支付、缴费、转账、汇款、外汇买卖等业务采用了日累计限额的控制。引入的个人交易限额，客户可以根据自身情况灵活设置自己的交易限额，既满足个性化需求，又控制业务风险。

4.手机丢失的安全问题

手机丢失后会对本人账户信息和资金构成危险。其实，手机银行有密码保护，此密码存储在银行核心业务系统中，即使他人捡到遗失的手机，在不知道密码的情况下，也无法使用手机银行业务。如果客户发现手机遗失，可以立刻向移动运营商报失停机，这样这部手机就无法做联机银行交易了，即使别人知道客户密码也毫无用处。另外，客户也可以通过手机、互联网站、银行柜台等渠道取消手机银行服务，待手机找回或使用新的手机号码后，再开通手机银行服务。

【任务描述】

现在科技是越来越发达了，交水电费、电话费、宽带费等通过手机银行就可以实现了，那么手机银行怎么开通呢？我们以建设银行的手机银行为例进行手机银行的开通和功能操作。

【任务实施】

（1）开通条件：需要建设银行账户、有效身份证件和一部支持上网功能的手机。

（2）开通方式：通过网点、网站、网上银行、电话银行或手机开通。

步骤1　进入建设银行手机银行下载页面。

步骤2　单击"获取"，对中国建设银行APP进行安装（如图4-23所示）。

图4-23　建设银行APP获取页面

步骤3　安装完成后，单击"开通"，进行手机银行开通操作（如图4-24所示）。

图4-24　开通建设银行手机银行

步骤4 填写相关信息，并选中"本人已认真阅读与同意"，单击"下一步"（如图4-25所示）。

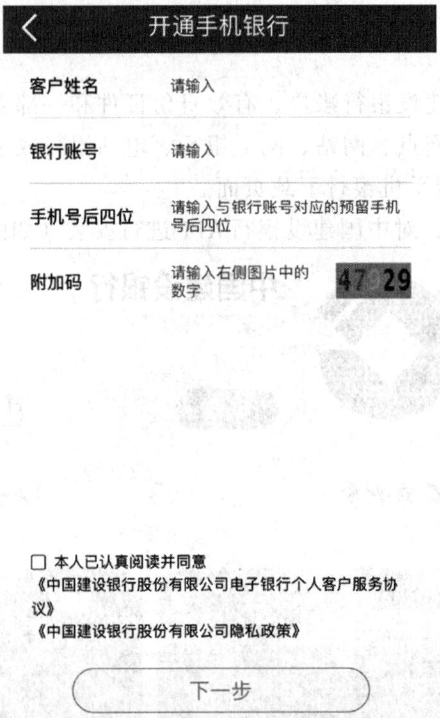

图4-25 信息填写并接受协议

步骤5 输入账户密码和短信验证码后，单击"确定"（如图4-26所示）。

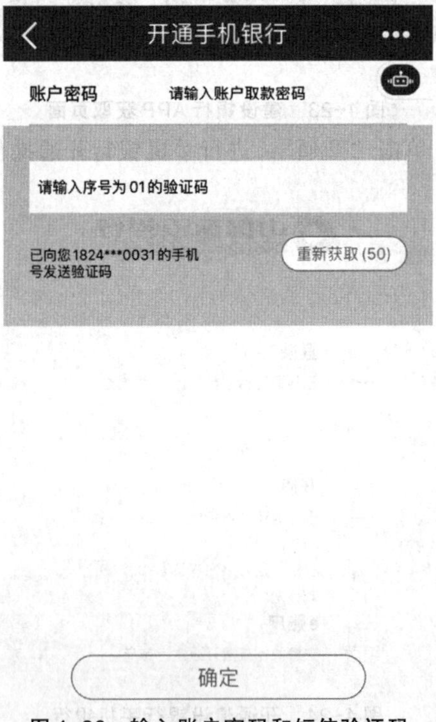

图4-26 输入账户密码和短信验证码

步骤6 开通成功后，就可以登录了。登录成功后，账户信息一目了然（如图4-27所示）。

图4-27 手机银行界面

项目总结

电子支付与结算是目前电子商务发展的一个重点，涉及结算就离不开银行。计算机和通信技术的引入，使银行业的传统业务处理实现了电子化、网络化。本项目介绍了电子银行的产生与银行电子化的发展，电子银行的体系与电子银行的业务，在电子银行的业务中网络银行是目前电子银行发展的最高阶段，自助银行已经与我们的日常生活密切相关，接着阐述了自助银行、电话银行、手机银行的含义、功能与业务。

基本训练

一、核心概念

电子银行 电话银行 手机银行

二、简答题

1.银行电子化经历了哪几个发展阶段?

2.电子银行的服务有哪些?

3.自助银行的服务有哪些?

4.电话银行的功能有哪些?

三、案例分析题

小秋准备采用网上支付的方式在网上购买一本书,但是他不知道自己的银行账号里还有多少资金,所以通过网络查询自己的账户余额。根据本章所学过的知识,分析一下小秋应该采取什么样的操作步骤。

项目实训

登录网上银行,完成以下实训操作:

1.熟悉招商银行一卡通电话银行操作流程。

2.熟悉招商银行手机银行操作流程。

项目五　电子支付工具（上）

学习目标

1.知识目标：了解电子支付工具的概念，掌握银行卡的概念与分类，理解各类银行卡的功能，了解我国银行卡的发展历程，掌握银联的概念，了解我国银行卡的管理方法，熟悉国外银行卡及银行卡种类。

2.技能目标：学会区别各类银行卡，学会辨识银联卡，能够熟知我国各家银行发行的银行卡。

3.能力目标：具有一定的辨识银行卡种类的基本能力，掌握我国的银行卡、银联卡的功能。

电子支付在中国的发展始于网上银行业务，随后各大银行的网上缴费、移动银行业务和网上交易等逐渐发展起来。电子支付市场快速成长，作为电子商务核心的支付环节正在加速电子化，第三方支付、电话支付、移动支付等多种支付形式的出现使得电子商务企业的步伐更加轻快起来。随着计算机和网络技术的飞速发展，新型电子支付工具不断出现，满足了客户多样性和个性化的支付需求。过去几年，包括扫描二维码、近场支付等各种创新的数字支付方式层出不穷，电子支付成为一种趋势。尼尔森发布的2019年第三季度中国消费趋势指数报告显示，中国各级别城市消费趋势指数均呈现增长态势。其中，一、二线城市消费趋势指数为114点和119点，较2018年同期分别增长7个和8个点；而三线城市消费趋势指数增长最为显著，为121点，较2018年同期增长10个点。尼尔森消费趋势指数衡量消费者对于就业预期、消费意愿及个人经济情况3个方面所持的态度。消费趋势指数高于100则为积极，反之则为消极。这一数据要远远高于其他国家。你了解电子支付工具么？如何应用电子支付工具呢？

任务一　了解电子支付工具

【案例导入】

央行发布的《2019年第三季度支付体系运行总体情况》显示，银行机构移动支付业务量增长相对较快，共处理移动支付业务272.74亿笔，金额86.11万亿元，同比分别增长61.05%和31.52%。银行虽然入局移动支付领域较晚，但已成为颇具分量的玩家。除了银行机构，随着移动支付战场的外移和扩张，头部移动支付机构各显神通，抢滩登陆"蓝海"。其中，京东支付已然成为战场中不可忽视的重要角色。

京东支付公开资料显示，京东支付2014年才正式面向市场，属于移动支付领域的"新兵"。虽然后发，但依托京东集团的优势资源，又与银联紧密"联姻"，京东支付在近几年独辟蹊径，通过不断开拓线下支付场景，深耕移动支付细分领域，以开放和合作的姿态持续推出新的支付产品与体验。京东支付在开疆拓土中逐渐由"新兵"快速成长为手握一定话语权的"封疆大吏"。

一方面，京东支付借助京东商城进行用户引流，通过有效的用户运营手段，激励用户完成绑卡，同时打通"支付+理财"和"支付+信贷"，依托京东白条和京东小金库两款产品，吸引用户使用京东支付进行付款。基于此，京东支付在京东集团内部的交易支付占比得到了快速的提升。

另一方面，京东支付作为中国银联最大的第三方支付战略合作伙伴，基于与银联手机闪付合作，推出了京东闪付，立足于开拓更多的线下生活消费场景，打通线上线下支付通道，真正实现了支付用户走出京东生态。值得一提的是，京东支付深耕公共出行领域，全国支持京东支付的公交/地铁城市达到约700座，覆盖北、上、广、深、杭等一二线城市及下沉地级市，不同地域的用户皆可享受智慧出行的便捷体验。

移动支付领域风云搅动，京东支付正在以 NFC 支付市场作为破局捷径，通过集团内部资源，携手合作伙伴，持续发力线下消费场景，打造行业稳固堡垒。

资料来源 中国人民银行. 2019 年第三季度支付体系运行总体情况 ［EB/OL］.［2019-11-23］. http://www.gov.cn/xinwen/2019-11/23/content_5454799.htm. 节选.

【知识准备】

进入 21 世纪后，支票和现金支付方式逐渐被银行卡所替代。伴随着银行应用计算机网络技术的不断深入，银行将支付过程的"现金流动""票据流动"进一步转变成计算机中的"数据流动"。资金在银行计算机网络系统中以人类肉眼看不见的方式进行转账和划拨。这种以电子数据形式存储在计算机中并能通过计算机网络使用的资金被人们越来越广泛地应用于电子商务中。

电子支付在中国的发展始于网上银行业务，随后各大银行的网上缴费、移动银行业务和网上交易等逐渐发展起来。在经济全球化的趋势下，电子商务凭借便捷、低成本的优势日益深入人心，作为电子商务的核心环节，在线支付也得到了迅速发展。网络购物的流行与快递行业的火爆，预示我国已开始加速步入电子支付时代。在新兴电子支付渠道方面，2015 年我国互联网支付行业整体保持安全、平稳、高效运行，交易规模稳步提升；移动支付行业发展迅猛，业务规模延续高速增长态势。国家金融与发展实验室支付清算研究中心发布的《中国支付清算发展报告（2019）》显示，2018 年全国银行业金融机构共办理非现金支付业务 2 203.12 亿笔，金额 3 768.67 万亿元，同比分别增长 36.94% 和 0.23%。同时认为，随着中国富裕人口的增长和人均可支配收入的提升，跨境电商、出境旅游、国际留学的巨大增长空间隐藏着可观的盈利机会。电子支付工具从其基本形态上看是电子数据，以金融电子化网络为基础，通过计算机网络系统以传输电子信息的方式实现支付功能。利用电子支付工具可以方便地实现现金存取、汇兑、直接消费和贷款等功能。

广义的电子支付工具包括卡基支付工具、网上支付和移动支付（手机支付）等。随着电子银行的兴起和微电子技术的发展，电子支付技术日趋成熟，电子支付工具品种不断丰富。

卡基支付工具，通俗地讲，就是我们日常使用的银行卡，它是付款人通过各种交易发起方式（ATM、POS、手机、internet 等）以卡片（磁条卡或芯片卡等）的形式向收款人转移后者可以接受的对发卡主体的货币债权，货币债权以存款余额的形式存储在卡内；支付媒介是对发卡主体（包括银行、信用卡公司或其他发卡主体等）的货币债权；发起（或者存取）方式是 ATM、POS、手机、internet 等。

网上支付是指人们通过互联网完成支付的行为和过程，通常情况下仍然需要银行作为中介。在典型的网上支付模式中，银行建立支付网关和网上支付系统，为客户提供网上支付服务。网上支付指令在银行后台进行处理，并通过传统支付系统完成跨行交易的清算和结算。在传统支付系统中，银行是系统的参与者，客户很少主动参与到系统中；而对于网上支付系统来说，客户成为系统的主动参与者，这从根本上改变了支付系统的结构。常见的网上支付模式有网银模式、银行支付网关模式、共建支付网关模式和 IT 公司支付模式。

移动支付是指利用移动电话采取编发短信息和拨打某个号码等方式实现支付。手机支付系统主要涉及 3 方：消费者、商家及无线运营商，所以手机支付系统大致可分 3 个部分，即消费者前端消费系统、商家管理系统和无线运营商综合管理系统。消费者前端消费系统保证消费者顺利地购买到所需的产品和服务，并可随时查看消费明细账、余额等信息。商家管理系统可以随时查看销售数据以及利润分成情况。无线运营商综合管理系统是手机支付系统中最复杂的部分，包括两个重要子系统：鉴权系统和计费系统。它既要对消费者的权限、账户进行审核，又要对商家提供的服务和产品进行监督，看是否符合所在国家的法律规定，此外最重要的是，它为利润分成的最终实现提供了技术保证。随着信息技术的飞速发展，电子支付工具具有广阔的发展前景。

【任务描述】

随着基于网络支付的应用场景不断丰富，支付风险也随之而来，继工信部发布手机号码实名制要求后，央行颁布的网络支付实名制也启动。2016 年 7 月 1 日，央行于 2015 年 12 月颁布的《非银行支付机构网络支付业务管理办法》正式生效，支付机构对客户实行实名制管理。在政策正式实施前，包括支付宝、微信支付、百度钱包等网络支付平台纷纷开展用户实名制认证工作，通过短信、APP 消息提醒、操作页面提示等方式帮助、引导身份信息不够完整的客户来补全和完善个人身份信息，完成实名制认证。那么，如何进行微信的实名认证？

【任务实施】

步骤 1　打开微信，点击"我"，然后点击"支付"（如图 5-1 所示）。

步骤 2　点击支付页面右上角 3 个圆点（如图 5-2 所示）。

步骤 3　这时会进入到支付中心，然后在此页面内点击"支付管理"（如图 5-3 所示）。

步骤 4　在支付管理页面内点击"实名认证"，如果没有认证过，右边会显示"立即认证"（如图 5-4 所示）。

图 5-1　微信页面

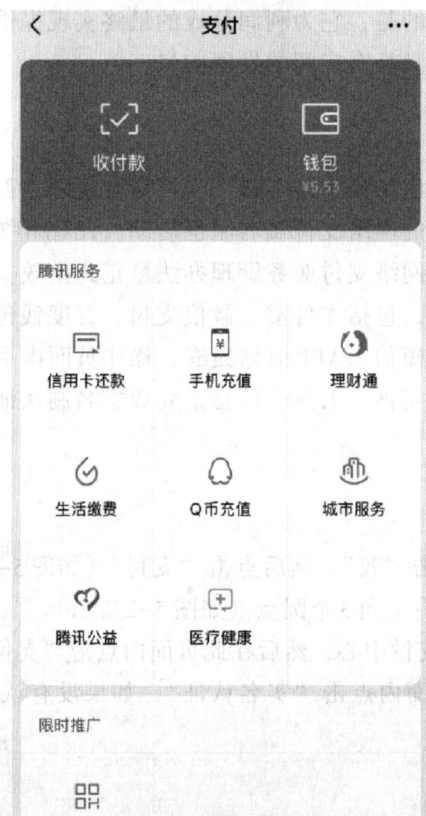

图 5-2　微信支付页面

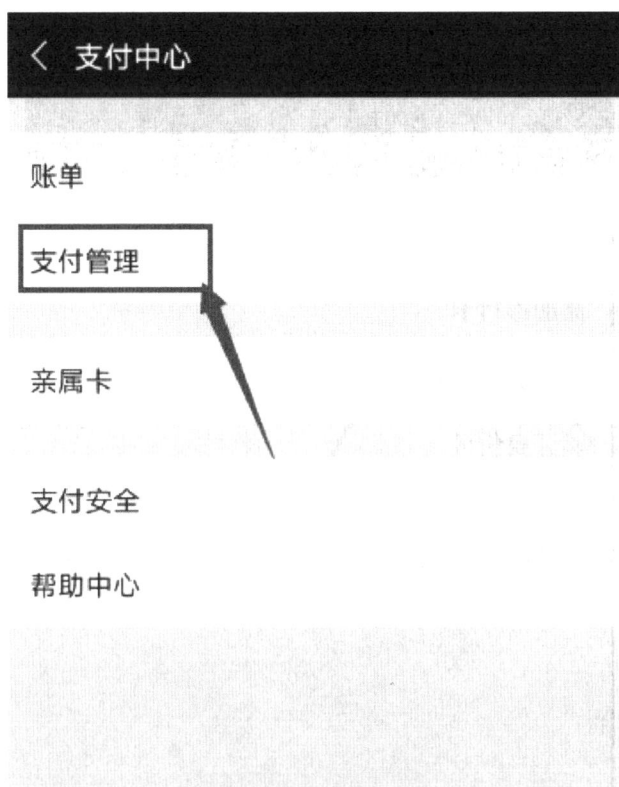

图 5-3　支付中心页面

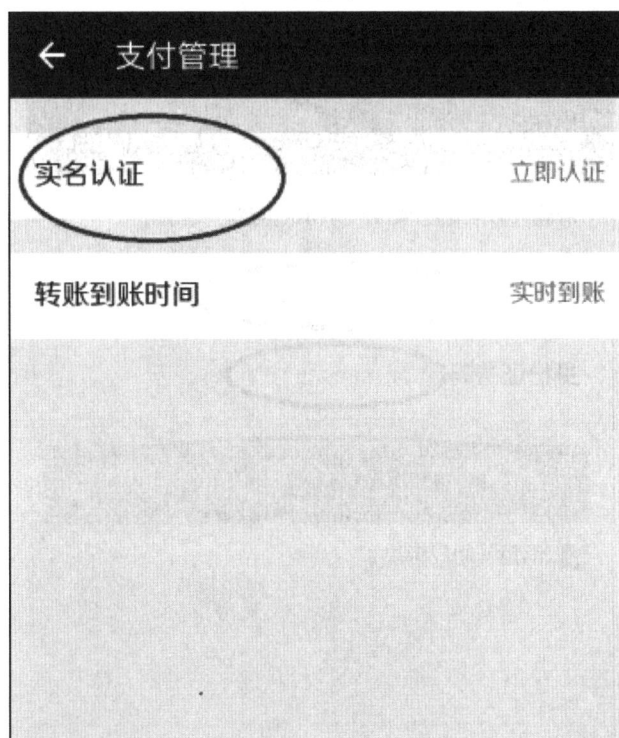

图 5-4　支付管理页面

步骤5 进入实名认证页面之后，点击下面第二个"验证身份证"，进行身份证验证（如图5-5所示）。

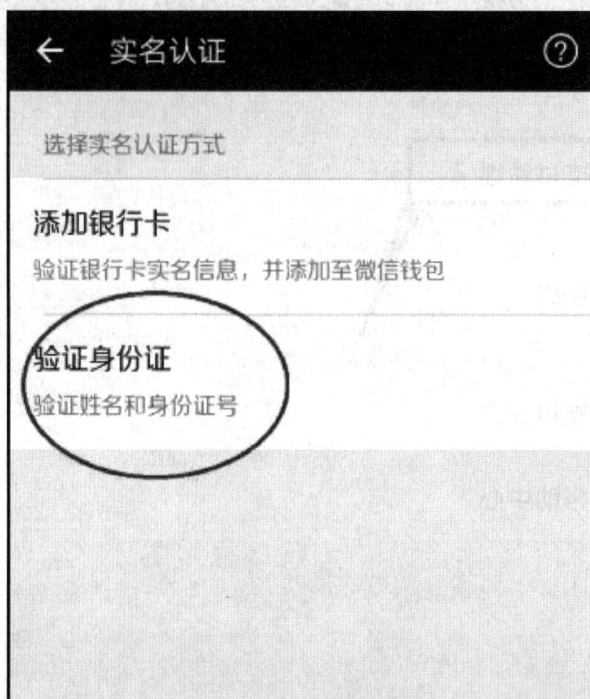

图5-5 选择实名认证方式

步骤6 在弹出的页面内输入自己的"姓名""身份证号码"，输入完后点击"下一步"（如图5-6所示）。

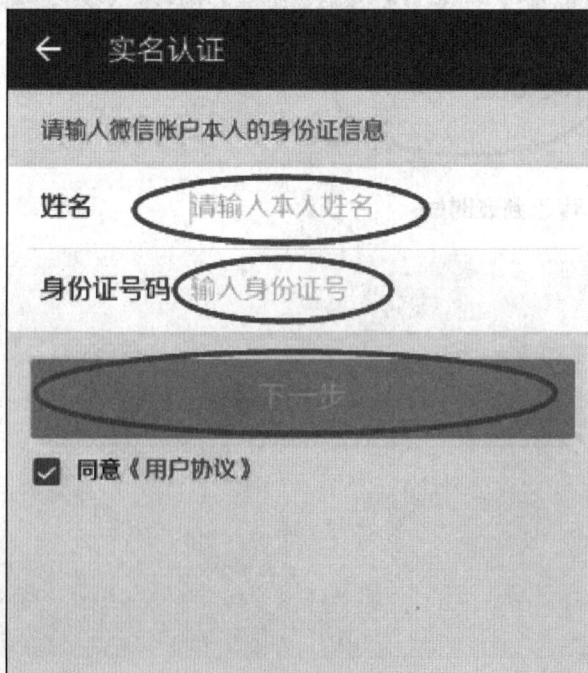

图5-6 实名认证页面

步骤7　设置支付密码（妥善保管好此密码，以后支付时需要用到），连续输入两次相同的密码后，点击"完成"（如图5-7所示）。

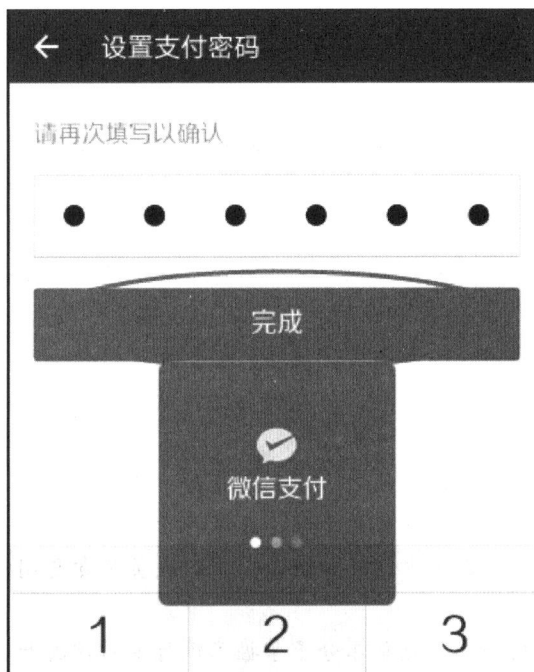

图5-7　设置支付密码

步骤8　回到支付管理页面查看，"实名认证"的右边显示"已认证"，就表示认证成功了（如图5-8所示）。

图5-8　已完成实名认证页面

任务二 掌握银行卡的使用

【案例导入】

卡在包里，钱已被刷，揭秘银行卡盗刷黑幕

案例1：卡在身上，钱莫名其妙地被转走了，很多人会说这不可能。这些人究竟是如何作案呢？

2019年3月20日，深圳龙岗的杨女士一早醒来，就被手机上的10条取款短信惊呆了！账单显示从凌晨开始，卡内的36 000元存款被分10次取走，而取款地点显示在国内多个城市，甚至还有东南亚某国。杨女士慌忙翻看钱包，发现银行卡就在包里！杨女士从未将卡借给他人，更未向他人透露过密码，但钱确确实实被取走了！一桩案件引出跨境犯罪团伙，全国近百人银行卡被盗刷数百万元。

2019年6月，杨女士的案件被侦破。深圳龙岗警方在广州、东莞等地连续抓获5名盗刷银行卡的嫌疑人，同时发现该团伙的上家，正藏身于东南亚某国。该犯罪团伙的层级架构中，境外的上家负责提供银行卡信息和密码，国内成员负责复制银行卡，并分头去各地ATM提现。

银行卡被盗刷的前提条件，是犯罪分子掌握了银行卡的信息和密码。那么，犯罪分子是如何获取银行卡信息的呢？银行卡里的钱到底是怎么没的呢？

案例2：2018年11月中旬以来，广州市公安局南沙区分局鱼窝头派出所接到多起群众报案，称被人盗刷银行卡资金。据事主反映，他们都曾在一条美食街逛街，当时银行卡在自己钱包里，但卡上的钱不翼而飞。犯罪嫌疑人正是利用银联卡小额"免密免签"功能默认开通的漏洞，实施了不法行为。作案手法是将设置好的POS机装进一个普通的男士夹包，然后物色下手对象。"找到合适的对象后，拿着夹包靠过去感应一下。只要感应的距离在5厘米以内，就容易得手。"

芯片卡默认开通小额"免密免签"支付功能，小笔金额的消费不需要输入密码或者签名，只要POS机感应到芯片卡的闪付功能，就会自动付费。"小额'免密免签'支付的单笔最高限额是1 000元，所以嫌疑人每次都将金额设定在999元以下，然后选择到人流密集的场所活动，这样走一圈就得利不少。"自2015年银联为新发芯片卡默认开通小额"免密免签"功能以来，国内已发生多起利用该功能漏洞实施的"隔空盗刷"案件。

资料来源 焦点访谈. 买卖银行卡的幕后［EB/OL］.［2019-07-25］. http://tv.cctv.com/2019/07/25/VIDEEjId0BPMrk1j6voozqx1190725.shtml.节选.

【知识准备】

银行卡是商业银行向社会公开发行，具有消费信用、转账结算、存取现金等全部或部分功能，作为支付与结算工具的各类卡的统称，是商业银行签发的允许信用良好者据以赊购（buy by credit）商品和劳务的身份证明卡（信用凭证），这是银行卡本来的含义。银行卡通常用塑料磁性或芯片卡片制成。银行卡上印有持卡人的姓名、号码、有效期等

信息，这些信息凸印在卡片上，可以通过压卡机将信息复制到能复写的签购单上。为了加强保密性及利用电子技术，银行卡的磁条或芯片上通常也记录有持卡人的账号等有关资料，这些资料人的肉眼是看不见的，可供 ATM、POS 等专门电脑终端鉴别银行卡真伪时使用。持卡人在约定的商店或服务部门购买商品或享受服务时，不必支付现金，只需将银行卡交商店或服务部门在签购单上压印卡号，填写金额，然后经持卡人签字，商店或服务部门即可送发卡机构办理收款，持卡人与商店或服务部门的资金结算由发卡机构完成。

银行卡业务是集结算和信贷两项基本功能为一体的一种业务。申领银行卡须经发卡机构或专门机构征信，规定一定的信用额度，才能发给资信情况可靠的公司或有稳定收入的消费者使用。消费者持卡购物或享受服务后，由受理银行卡的特约商户每天将持卡人的签购单送交发卡机构，由发卡机构代理向持卡人收账。持卡人在规定的期限内付款，可以不付利息。但是，如果逾期不付款，则需自签发账单之日起计付透支利息，透支利率一般高于银行贷款利率。

随着商品经济的发展和金融电子化步伐的加快，银行卡与计算机技术紧密结合，使银行卡已远远超过了它本来的含义。持卡人不但可以凭卡购买商品、在加油站加油、支付旅馆账单，而且可以据此转账等。高级的银行卡除了用作信用凭证、综合实现各种银行卡功能外，还有个人身份证明、病历档案、地铁月票等各种用途。目前，银行卡已成为我国社会公众使用最广泛的非现金支付工具。我国经济进入从高速增长向高质量增长过渡的关键时期，改革措施将加快推进，金融服务对外开放水平将继续提高，银行卡产业与各领域的合作更为密切，将能够在稳增长、促改革、调结构、惠民生、防风险等方面发挥更大作用。商业银行将更加需要支付业务发挥用户入口、引流工具和数据来源的作用，通过支付与贷款业务联动实现面向个人和小微企业客户的更广泛渗透，服务更多长尾客户。同时，支付市场参与各方将秉持普惠便民的理念，继续推出更加丰富多样的支付产品，使电子支付服务成为交通、教育、医疗、通信、水电、社保、政务等民生领域的标配。在支付服务发展相对不平衡的农村市场，支付服务提供方将因地制宜地推进县乡银行卡受理环境建设，以多种支付技术降低金融服务门槛，有针对性地设计多元化支付产品，更高效地推进支付便民、金融惠民。

一、银行卡的种类

银行卡的广泛应用创造了更多便利。中国银行卡产业直接超越发达国家的个人支票阶段，将支付进程由纸基货币带入到高效的电子货币阶段。以银行卡为核心的电子支付方式满足了人们生活中各方面多样化的消费和支付需求，提高了便利性和生活质量，既保障了资金的安全，又创造了更多的社会福利。那么我们生活中常见的银行卡分为哪些种类？

1.按性质分类

（1）信用卡。信用卡是商业银行向个人和单位发行的，凭以向特约单位购物、消费和向银行存取现金，具有消费信用的特制载体银行卡。信用卡分为贷记卡和准贷记卡。

贷记卡：是国际标准的信用卡。贷记卡是指发卡银行给予持卡人一定的信用额度，持卡人可在信用额度内先消费、后还款，非现金消费设有免息还款期，允许按最低还款额还款，信用额度可循环使用的信用卡。贷记卡具有购物消费、转账结算、存取现金、消费信用等功能。

准贷记卡：国内也将该类卡称为信用卡。准贷记卡是指持卡人须先按发卡银行要求交存一定金额的备用金，当备用金账户余额不足支付时，可在发卡银行规定的信用额度内透支，但透支需要支付日息5‰的利息、不设免息还款期的信用卡。准贷记卡具有存取现金、转账结算和消费等功能，并可根据发卡行规定享有一定的透支便利。

一般来说，如果个人经常外出，又需要透支，贷记卡或准贷记卡是不错的选择。银行为规避风险，需要办卡人提供一定证明手续等。不同银行信用卡的备用金起存额不同。如农行的金穗准贷记卡，备用金起存金额个人金卡为1万元，普通卡为1 000元，但需要交纳金卡50元/年、普通卡20元/年的年费。贷记卡如工行的牡丹贷记卡，对于信用额度内的消费透支，持卡人在对账单规定的还款期前全部还款，即可享受最短2天、最长56天的免息还款期。

（2）借记卡。不具备透支功能的银行卡。借记卡分为转账卡（储蓄卡）、专用卡、储值卡。

转账卡（储蓄卡）：转账卡是实时扣账的借记卡。它具有转账结算、存取现金和消费功能，不具备透支功能。

专用卡：专用卡是具有专门用途，在特定区域使用的借记卡。它具有转账结算、存取现金功能。专门用途是指在百货、餐饮、饭店、娱乐行业以外的用途。

储值卡：储值卡是发卡银行根据持卡人要求将其资金转至卡内储存，交易时直接从卡内扣款的预付钱包式借记卡。

由于目前刷卡消费及ATM等都已经联网，因此用卡环境已大为改善。刷卡消费是都没有手续费的，但部分银行会收取取款机跨行使用手续费。因此，选择哪家银行的借记卡，从使用上来说，差异不大。另外，有的借记卡可在境内外通用。如工行牡丹国际借记卡，具有消费、转账、结算、存取现金等功能，可在工行网点和特约的带银联、VISA标识的商户消费结算。农行的金穗国际借记卡，是具有在全球万事达卡特约商户购物、消费和在ATM取现等功能的支付工具。至于专用卡，如华夏银行丽人卡，特别针对女性的一些特定消费项目推出各种优惠。

其实，以方便快捷、安全可靠服务著称的借记卡深受青睐，各个银行不断推出个性化十足的借记卡。所谓个性化，其实就是一层一层剥离并细分市场，围绕不同行业、不同服务需求的人们，丰富和细化借记卡种类，如太平洋学子卡、太平洋彩照卡、牡丹智能卡、牡丹纪念卡等。

2.按币别分类

（1）人民币卡。人民币卡是指持卡人与发卡银行以人民币作为清算货币的银行卡，一般在境内使用。境内各银行发行的各种信用卡和借记卡都属于人民币卡。

（2）外币卡。外币卡是指持卡人与发卡银行以可自由兑换的外币作为清算货币的银行卡，可国际通用，常见的外币卡有美元卡等。

（3）双币种卡。双币种卡是近年来产生和发展起来的过渡卡种，其清算货币有两种：当持卡人在国内使用时，用人民币清算；当持卡人在境外使用时，用可以自由兑换的外币进行清算。

3.按发行对象分类

（1）公司卡（商务卡）。公司卡对象为在中国境内注册的中外企业或机构、团体及事业单位。凡在中华人民共和国境内金融机构开立基本存款账户的单位可凭中国人民银行核发的开户许可证申领公司卡，公司卡最多可申领6张，持卡人由申领单位法定代表人或其委托的代理人书面指定。

（2）个人卡。个人卡是针对个人发行的卡。具有合法收入和完全民事行为能力的个人可申领个人卡，个人卡的主卡持卡人可为年满18周岁、具有完全民事行为能力的个人申领附属卡，附属卡一般不超过2张。

4.按信息载体分类

（1）磁条卡。磁条卡是一种磁记录介质卡片。磁条卡根据其矫顽磁力分为两类：一类是低密磁条卡；另一类则是高密磁条卡，符合 ISO 7810、ISO 7811 国际标准。卡体材料有普通 PVC、透明 PVC 和 PET。磁条卡广泛应用于银行、金融业、超市、商场、娱乐、餐饮、酒店等行业，是现代客户管理方便、有效的支付工具之一。

（2）芯片卡。芯片卡又称为智能卡，是通过大规模集成电路芯片，实现大量数据的存储、加密、运算等功能的卡片。芯片卡可用于金融应用及非金融应用（如门禁、个人资料存储等）。

中国各家银行都发行了各类的银行卡，比如农业银行发行的金穗卡、建设银行发行的龙卡，中国银行发行的长城卡，工商银行发行的牡丹卡，交通银行发行的太平洋卡等。扫描二维码，可详细了解这些银行卡的特点及分类。

扫一扫　看一看

【小知识5-1】

2016年4月26日，银联国际与工商银行在纽约发行美国首张银联信用卡（卡号以62开头）。这既是在美国市场发行的第一张银联信用卡，也是中国商业银行在美国发行的第一张信用卡。此次双方合作发行的银联信用卡，依托覆盖157个国家和地区的银联卡受理网络，以及工商银行的国际化金融服务平台，为经常往来于中国及亚太各国的美国居民、美国华人华侨及留学生群体，提供安全、便捷、优惠的支付体验。该款银联信用卡包括"Preferred卡"和"Premier卡"两种，其中，"Preferred卡"无年费且提供返现优惠；"Premier卡"持卡人则可享受更高的返现优惠和更贴心的VIP服务。

二、银行卡的功能

1.吸存工具

我国各家发卡银行最初的发卡目的都是多吸收存款，主要发行方式是为在本行开户的企事业单位的员工批量发卡，还有一部分是在营业网点的柜台零售发卡。大部分持卡人将其当活期存折用，银行卡收入来源主要是存贷利差。银行利用自身的客户资源和网点资源发行银行卡，使其充当银行负债业务的工具。

2.结算工具

随着POS、ATM等的普及，用卡环境不断改善，发卡银行以各种营销手段扩大发卡规模，与商户进行联合促销，鼓励持卡人用卡消费。此时，银行卡业务不再满足于银行现有的客户资源，而是在社会上广泛吸纳持卡人，呈现规模扩张，大部分持卡人开始用卡消费，银行卡的商户回佣收入逐渐增加。在这一时期，银行利用自身的资金、网络、网点等优势，发展银行卡业务，使其成为以营利为目的的中间业务。

3.信用工具

随着社会经济的发展，特别是面对入世后外资银行的挑战，我国各发卡机构纷纷采取措施，加速银行卡的发展，以期早日与国际并轨。各家发卡银行在这一时期从银行卡产品到经营策略上都与前两个时期有很大的不同，它们既把银行卡业务作为中间业务，充分依托资产负债业务平台，获取大量优质客户资源，与其他金融产品进行捆绑销售，又根据银行卡业务本身的特点，从经营管理模式上把它与其他银行业务明显区分开来，逐步走上产业化经营的道路。从锁定的目标客户群上，开始转向真正的高收入、高消费群体，而不再拘泥于有稳定工作、稳定收入的工薪阶层；从开发的产品上，开始扩大贷记卡的发卡量，并有效开发消费信贷功能，采取各种营销手段鼓励持卡人使用循环信用；从发卡的目的上，追求卡均质量和卡均效益，以营利为最终目的。

近年来，各发卡行瞄准市场新需求，不断创新银行卡功能，相继推出了银行卡存取款、消费、转账、融资贷款、电话银行、代收代付、证券资金、自助划拨等业务。比如将银行账户与传统储蓄账户合二为一的"卡折通"账户，就集中了银行账户与传统储蓄账户的优点，既有利于货币支付方式的现代化，又促进了银行零售业务的开展。银行卡功能已从最初的现金支付替代工具向包括融资功能在内的综合化方向发展，在社会经济生活中发挥着日益积极的作用。

三、银行卡的特性

1.支付的唯一性

银行卡是一种载体，是集银行的资产业务、负债业务、中间业务于一体的金融支付与结算工具，基于银行卡的存、取、贷、汇、转、缴、消费等行为，银行都认为是持卡人所为。

2.风险的可控性

银行卡业务是一项风险业务，但银行可以通过技术、管理等措施，将风险控制在可承受的范围内。

3.效益的互动性

银行卡业务需要规模经营，才能取得效益。扩大银行卡使用范围，形成良性互动，是发挥银行卡规模效益的重要方面。

四、银行卡涉及的主体及其相互关系

银行卡涉及的主体主要包括发卡行、持卡人、商户、收单行（可同时为发卡行）、转接机构，另外还包括设备提供商和网络供应商。

发卡行向客户发卡→持卡人持卡在商户消费（或在 ATM 取款）→商户向收单行结算→转接机构进行信息转接→发卡行调整持卡人账户→发卡行与收单行清算→收单行与商户清算。同时，卡片制造商生产卡片给发卡机构；设备、机具制造商和电信运营商通过各种设备、通信网络给予银行卡运作支持。这样，银行卡的生产、运营、销售、支付等形成一个有机的产业链。

银行卡涉及的主体及其主要相互关系如图 5-9 所示。

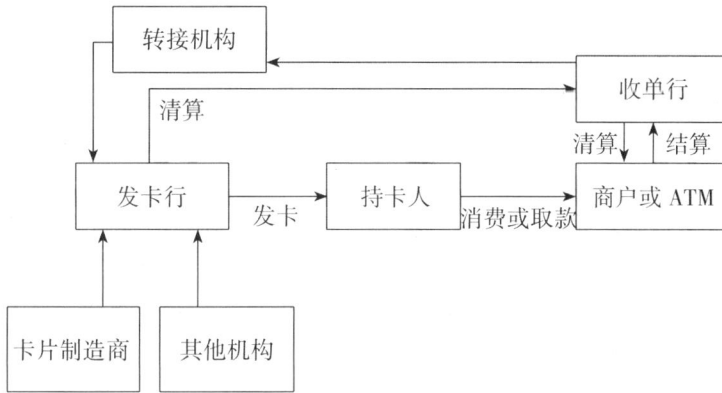

图5-9　银行卡涉及的主体及其主要相互关系

银行卡产业链如图5-10所示。

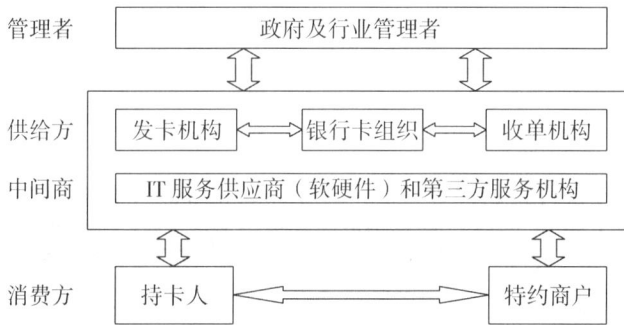

图5-10　银行卡产业链

1.发卡机构（issuer）

发卡机构的主要职能是向持卡人发行各种银行卡，并通过提供各类相关的银行卡服务收取一定的费用。通过发行银行卡，发卡机构获得持卡人支付的信用卡年费、透支利息、持卡人享受各种服务支付的手续费、商户回佣分成等。

2.收单机构（acquirer）

收单机构主要负责特约商户的开拓与管理、授权请求、账单结算等活动，其利益主要来源于商户回佣、商户支付的其他服务费（如POS租用费等）及商户存款增加。大多数发卡银行都兼营收单业务，也有一些非银行专业服务机构经营收单业务。

3.银行卡组织（banknet）

银行卡组织的关键职能在于建立、维护和扩大跨行信息交换网络，通过建立公共信息网络和统一的操作平台，向会员银行提供信息交换、清算和结算、统一授权、品牌营销、协助会员银行进行风险控制及反欺诈等服务。

4.第三方服务供应商（third party service supplier）

银行卡产业链中的第三方服务供应商包括除银行卡组织以外的信息交换和转接机构、第三方金融服务公司、支付处理支援商等。其中信息交换和转接机构提供交易信息转接职能；第三方金融服务公司提供商户管理、设备维护、信用分析、交易清算以及相关咨询等专业化服务；支付处理支援商提供与银行卡产业相关的硬件、软件及相关服务。

银行卡产业内的第三方服务供应商的种类非常广泛，涉及工业企业和服务类企业，有劳动密集型企业，也有技术密集型企业，它们分别为整个产业的消费方和供给方提供各类产品与服务，并通过规模经营来降低成本，同时获得相应的报酬。

近几年，互联网行业的快速发展，带动着我国银行卡产业呈现快速发展态势。以移动支付、互联网支付、金融IC卡为代表的银行卡支付创新步伐日渐加快。伴随着产业快速发展，我国银行卡产业已形成了较为完善的以银行卡为载体的银行卡网络和银行卡产业链。产业链已经覆盖传统制造业、金融业、信息产业、服务业约70个环节。同时，随着产业分工的不断细化，参与主体逐渐增多，除了卡片制造、设备制造、检测认证等企业之外，更多的企业开始提供多样化的支付服务。

【任务描述】

随着人们生活水平的提高，信用卡已经成为大众生活中常见的支付工具之一。最近几年，信用卡的发卡数量激增，大部分持卡人的手上不仅有一张信用卡，多数情况是拥有3~5张。以建设银行为例，请说明如何在线预约办理开通信用卡业务？

【任务实施】

步骤1 进入建设银行官网首页（http://www.ccb.com）（如图5-11所示）。

图5-11 建设银行官网首页

步骤2 进入个人网上银行，点击"信用卡在线申请"（如图5-12所示）。

步骤3 选择所在省市、申请卡种，填写姓名、身份证号信息，阅读领用协议等后，点击"下一步"（如图5-13所示）。

图 5-12　信用卡业务预约申请页面

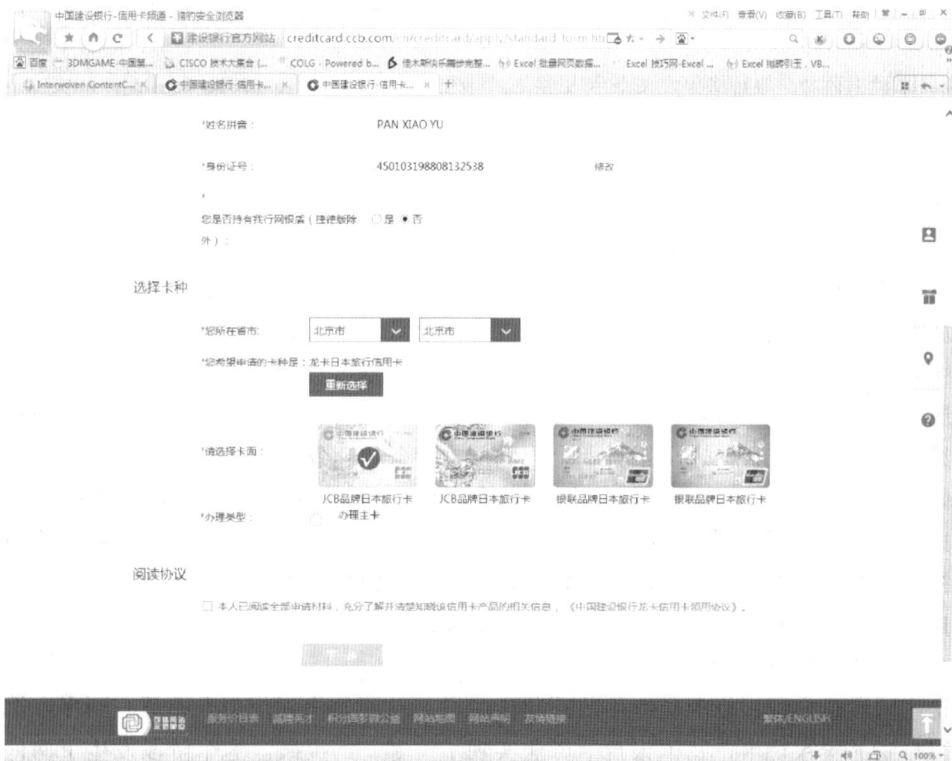

图 5-13　填写信息页面

步骤 4　完成家庭、单位信息填写，提交申请。

步骤 5　了解信用卡使用章程。

年满 18 岁、具有完全民事行为能力和偿还能力的自然人，可凭本人有效身份证件和相关证明文件申领个人卡主卡，还可为其他具有完全民事行为能力的自然人或限制民事行为能力的自然人（必须得到其法定代理人的许可）申领附属卡。每张主卡最多可申请 3 张附属卡。主卡持卡人可随时申请注销附属卡。

任务三 了解我国银行卡的发展历程及银行卡业务风险防范

【案例导入】

根据央行的统一要求，2016年9月1日起各商业银行发行的银行卡全部为芯片卡，停止发行磁条卡，从2017年5月1日起，全面关闭芯片磁条复合卡的磁条交易。从用卡安全角度考虑，市民最好将磁条卡换为芯片卡。磁条卡换芯片卡如何办理？对于同号换卡，卡片上原来绑定的各项业务可实现平移。记者在一家银行进行了现场体验，向柜台提出同号换卡业务申请，银行工作人员受理后表示要有制卡时间，需要20个工作日，换卡不换号的情况，老卡将无法刷卡消费，但是不影响网上银行等电子功能。

值得一提的是，如果换卡时不保留原号码，市民只要带上身份证，几分钟就可办理。不过，银行工作人员提醒，原卡绑定业务移至新卡的过程中，为避免出现差错，持卡人应再确认一遍。比如，如果是工资卡，应将新卡号告知公司财务部门；如果是贷款卡，应将新卡号告知贷款经办行。

资料来源 孙磊. 银行将停发磁条卡 更换芯片卡更安全 [EB/OL]. [2016-09-03]. http: //news.sina.com.cn/o/2016-09-03/doc-ifxvpxua7757964.shtml.

【知识准备】

一、我国银行卡的发展历程

我国的银行卡产业是随着改革开放的步伐发展起来的。从20世纪70年代末中国银行开始从事信用卡代理业务至今，银行卡已成为大众日常生活必不可少的金融支付工具。银行卡作为现代金融与信息技术融合的新型支付工具，不仅减少了现金使用，提高了居民的生活质量，也带动了银行经营理念、策略和运营机制的转变。金卡工程的实施，加强了国家对经济的宏观调控，促进了银行卡全国联网、业务快速发展，推动了金融商贸电子化进程。随着智能IC卡在各行业、各地方的广泛应用，不仅创立了我国的智能卡产业，提高了人民的信息化意识，而且促进了政府、行业管理模式与工作方法的转变，推动着国家经济与社会的协调发展，并为我国信息化建设进行了有益的探索。

1.我国的银行卡产业从起步至今可大致分为6个阶段

第一阶段：1978—1993年

这一阶段是中国银行卡产业的萌芽起步阶段。从开始代理信用卡业务，到多家银行实现发行自主品牌银行卡，我国银行卡产业实现了"零"的突破。这个阶段发生了两件对于我国银行产业而言具有里程碑意义的事件。一是1979年12月，中国银行广州分行与东亚银行签署协议，代理其信用卡业务，这是中国银行业第一次开展银行卡业务。二是1985年3月，中国银行珠海分行发行了我国第一张银行卡——"中银卡"，这是我国第一张自主品牌的银行卡，也是我国第一张自主品牌的信用卡。此后，其他银行纷纷开始发行自主品牌的银行卡：1987年，中国工商银行广州分行发行红棉卡，经过两年试点，工商银行选定国花——牡丹作为标识，在北京、上海、天津、广州等城市发行统一的牡丹卡，成为第二个全国性品牌。两大银行卡品牌的面世，极大地推动了我国银行卡事业的发展。1990

年，建设银行发行"龙卡"；1991年，农业银行发行"金穗卡"；1992年，深圳发展银行发行"发展卡"；1993年，交通银行发行"太平洋卡"。

第二阶段：1994—1996年

1994—1996年是我国银行卡产业的初步发展阶段。不仅国有商业银行各分支机构在大中城市独立发展银行卡业务，股份制银行也纷纷加入发卡行列，全国金卡工程开始启动。在这一阶段，除了国有商业银行各分支机构外，国家邮政储汇局（1994年10月）、广东发展银行（1995年3月）、上海浦东发展银行（1995年4月）、招商银行（1995年6月）等都加入了发卡行列。国内各主要银行基本都是VISA或Master Card的会员银行，但因未遵守VISA、M/C的统一标准，或未与之联网，同时VISA、M/C网络不为不能自由兑换的货币提供本币清算，所以国内银行的人民币卡不能通过VISA或M/C进行跨行、异地授权清算，卡片缺乏通用性，限制了银行卡的进一步发展。1993年，为了实现POS和ATM与网络资源共享，改善用卡环境，时任中共中央总书记江泽民亲自倡导了"金卡工程"；1993年，国务院办公会议批准实施"金卡工程"，由中国人民银行牵头组织，在上海、北京、天津、厦门、大连、青岛、杭州、沈阳等12个试点城市组建城市银行卡网络服务中心和全国总中心，实现联网通用。1994年以后，各商业银行在大中城市加大银行卡业务拓展力度，发卡机构数量、发卡总量、银行卡种类、业务范围、交易金额等方面都呈现出快速增长趋势。截至1996年年底，全国发卡量达到4 170万张，比1993年年底增加了9倍，交易量为10 377亿元，比1993年年底增加了5倍，存款余额为59亿元，共有1 696个银行网点受理银行卡，ATM总量为9 941台，POS总量为10万台，初步建成了一个遍布各大中城市的银行卡受理网络。

第三阶段：1997—2001年

1997—2001年，我国银行卡逐步实现联网通用。金卡工程启动后，由中国人民银行牵头，在各商业银行积极参与和各地政府的积极配合下，1997年首先在上海、北京、天津、厦门、大连、青岛、杭州、沈阳等12个城市试点，分别建成12个同城银行卡跨行信息交换中心，初步实现了这些城市（区域）内的银行卡跨行联合和资源共享，而后又推广到深圳、昆明、福州、武汉、长沙、郑州，总共建立了18个同城银行卡跨行信息交换中心，基本覆盖了全国经济发达地区。这些中心的开通为各商业银行拓宽银行卡市场提供了公共的网络平台，各地银行卡发卡量、POS和ATM受理网点的数量与覆盖范围也大大增加。为进一步提高我国银行卡产业的资源利用效率，2001年2月，中国人民银行组织召开了全国银行卡工作会议。大会通过了《2001年银行卡联网联合工作实施意见》，就实现全国范围内全面联网通用、联合发展的目标，各商业银行达成共识，并决定从2004年1月1日起，国内所有跨行、跨地区使用的人民币银行卡都要加贴银联标识。这是我国历史上第一次召开以银行卡产业发展为主题的全国性会议，对于我国银行卡产业的发展产生了深远影响。

第四阶段：2001年年底—2003年年底

2001年年底—2003年年底，中国银联成立，全面实现联网通用目标，我国银行卡产业迎来大发展时期。在第一届银行卡工作会议精神的指导下，各商业银行开始银行卡经营体制的改革，实行系统主机集中统一和机具标准化改造，金卡工程的目标超额提前完成。2002年1月，北京、上海、广州、深圳、杭州等成为首批启动发行银联标识卡的5座试点城市。2002 年 3 月 26 日，经国务院同意，中国人民银行批准，我国自己的银行卡组织——中国银联股份有限公司（简称银联）正式宣告成立。中国银联的成立是我国银行卡产业"继往开来"的一件大事，标志着我国银行卡产业进入新的发展时期。在国务院和中国人民银行的领导、支持下，通过中国银联及各商业银行的共同努力，2002 年，联网通用"314"目标基本实现，即各国有独资商业银行系统内银行卡业务处理系统实现 300 个以上地市级城市各类银行卡的联网运行和跨地区使用，股份制商业银行和邮政储汇局实现所有地市级以上的分支机构的联网运行；在原有银行卡跨行信息交换网络的基础上，实现 100 座以上城市的各类银行卡的跨行通用；在 40 座以上城市推广普及全国统一的银联标识卡，实现银联标识卡在这些城市内和城市间的跨地区、跨行通用。截至 2002 年年末，全国 300 个地市级城市同行异地联网工作基本完成，初步实现系统内银行卡联网运行和跨地区使用，98 个城市实现各类银行卡的同城跨行使用，在 40 个城市推广全国统一的银联标识卡 8 670 万张。2002 年，跨行交易为 6.3 亿笔，交易金额为 1 790 亿元，分别比上一年增长 100% 和 95%。

2002 年，农业银行成为在西藏拉萨发行首张银联标识卡的发卡银行；2003 年，全国地市级以上城市联网通用也基本实现。同时，中国银联联合各家商业银行开始建立并完善各项规范标准，及其推广实施机制和工作流程，并在受理环境建设、系统安全管理、银行卡跨行交易风险管理等多方面逐步形成了制度化的合作机制。此外，中国银联还联合各商业银行开发了 ATM 跨行转账、柜面通、网上转账、手机支付等多项银行卡新业务。

中国银联的成立既是我国银行卡产业发展到一定阶段的必然产物，也为中国银行卡产业的长期健康发展提供了体制性的保障，中国银行卡产业从此进入快速成长通道。随着中国银联的成立，"314"计划全面推进，联网通用工作取得显著成效。

第五阶段：2004—2013 年年底，品牌创建完善阶段

2004 年至今，市场化运营机制确立，中国银行卡产业融入国际。面对日益增强的国际竞争压力，创建中国自己的银行卡品牌成为共识。在联网通用业务基础巩固和发展的同时，中国银行卡产业坚定不移地朝着市场化和国际化的方向迈进。2004 年 3 月 1 日，中国人民银行批复的《中国银联入网机构银行卡跨行交易收益分配办法》正式实施，意味着发卡机构、收单机构和第三方服务机构可以根据相关业务的实际成本和市场需求情况制定收费标准。银行卡服务收费机制开始逐步建立。与此同时，随着我国履行加入世贸组织承诺的兑现，更多的外资机构通过合资、独资等各种形式进入国内银行卡市场，我国银行卡产业面临的国际竞争压力日益增强。为了提高整个民族产业的素质和国际竞争力，2004 年，中国银联提出创建民族银行卡支付品牌，坚持人民币银行卡的自主知识产权。此举得到中国人民银行和各商业银行的大力支持。2005 年 4 月 27 日，中国人民银行、财政部等 9 部门联合发布《关于促进银行卡产业发展的若干意见》（银发〔2005〕103 号），明确提出要完善人民币银行卡技术标准，加大我国人民币银行卡技术标准的推广发行力度。银联卡网络不断向境外延伸。2004 年 1 月 18 日，银联卡网络正式开通中国香港业务，中国银行卡品牌的国际化之路迈出了划时代的一步。随后，中国澳门、新加坡、泰国、韩国、菲律宾、越南、马来西亚、印度尼西亚、俄罗斯、哈萨克斯坦、日本、美国、德国、法国、卢森堡、比利时、意大利、荷兰、瑞士、土耳其、澳大利亚、新西兰等 23 个国家和地区的受

理业务陆续开通。目前，银联卡境外受理网络已经覆盖了95%以上中国人常去的国家和地区，基本实现"中国人走到哪里，银联卡用到哪里"的目标。2005年1月10日，中国银联开通银联卡在泰国、韩国及新加坡的ATM和POS受理；2007年11月16日起，部分银行信用卡可通过银联在线平台跨行免费还款；2007年12月18日，中国银联与日本三井住友卡公司合作在日本发行银联标准信用卡；2008年5月9日，中国人民银行征信中心在上海正式挂牌。

2009—2013年是金卡工程的又一个5年。这5年是金卡工程建设向更广领域纵深发展的关键阶段，也是金卡工程以人为本，进一步涉及民生、普惠大众，为社会主义和谐社会做出更多贡献的时期。

第六阶段：2014年至今，中国的银行卡正在迎来换"芯"时代

2015年4月1日起，各发卡银行新发行的金融IC卡应符合PBOC3.0规范。

2015年年底，110个金融IC卡公共服务领域应用城市POS非接触式受理比例同比至少增加20个百分点。

2016年1月1日起，发卡银行、银行卡清算机构等开展的移动金融服务应以基于金融IC卡的有卡交易方式为主。

银行卡换芯是由于传统的磁条卡磁道信息易被复制而存在安全隐患。相比之下，芯片银行卡具备密钥加密技术，加密信息随机生成。

根据中国人民银行印发的《关于逐步关闭金融IC卡降级交易有关事项的通知》的要求，同时有芯片和磁条的银行卡片将不再提供磁条刷卡服务，统一改成芯片刷卡；从2015年起，各家银行将陆续停发磁条卡，只发行芯片卡。芯片卡支付将告别"刷卡"，迎来"插卡"时代。

2. 银联的发展历程

自2002年1月10日起，带有银联标识的银行卡首先在北京、上海、广州、杭州、深圳等5城市内及5城市之间联网通用。到2003年年底，银联卡在全国范围内推行使用。2004年1月1日之后，银联卡成为全国范围内唯一使用的人民币银行卡，各类非银联标识卡只能做地方专用卡，不能再用于异地跨行使用了。

所谓的银联卡，并不是指重新发行一种专门的卡，而是在符合通联、通用的银行卡上贴上银联的标识，也就是说各家银行今后发行的新卡通常都带有银联的标识，而现行的旧卡则要逐步更换。银联卡的持有人，可以在开通此业务城市的任何一家商业银行或ATM取款及银行POS消费，并可办理异地存取款业务，实现一卡跨银行跨地区的使用。

银联卡有这样几个特征：一是卡片正面右下侧印有红、蓝、绿3色银联标识；二是在银行卡上，银联标识上方有全息激光图案；三是银行卡背面的签名条上印有彩色银联字样，写上去的字迹无法涂抹。银联卡标识以红、蓝、绿3种不同颜色银行卡的平行排列为背景，衬托出白颜色的银联汉字造型，突出了银行卡联网、联合的主题。3种颜色，红色象征合作、诚信；蓝色象征畅通、高效；绿色象征安全。3种不同颜色银行卡的紧密排列象征着银行卡的联合。图5-14为中国银联广州分公司的"银联"卡。

图5-14 中国银联广州分公司的银联卡

银联卡既然可以异地跨行使用，也就必然涉及异地之间和异行之间的收费问题。在中国人民银行的协调下，各家商业银行初步达成了一个"七一二分润方案"，即从商户收取的清算费按发卡行、银联、收单行7∶1∶2的比例分配。但各家银行的收费标准还没有统一，具体要看收单行的实力，实力雄厚的话就跟银联有议价权，获得更多利益。

银联卡的推行不会影响现行银行卡的使用，已发行的银行卡在发卡银行规定的期限内仍然可以照常使用，也可以在带有银联标识的自动柜员机和销售终端机上使用。需要说明的是：在全国推行统一的银联标识，并不是要取代各家商业银行自己的银行卡品牌，各行的品牌，如长城卡、牡丹卡、金穗卡、龙卡、太平洋卡、一卡通、华夏卡等，都将依旧使用，全国统一的银联标识主要是为了更好地发展国内银行卡市场，规范银行卡之间的竞争，更有力地保障持卡人和特约商户的权益。统一的银联标识将与各家银行的品牌相互依存、相互促进，共同构建中国的银行卡市场。各家银行仍然可以继续发挥自己品牌的特点和优势，在银行卡市场上开展积极竞争，不断提高服务水平。

二、银行卡业务风险和防范

1.银行卡业务主要风险类型及其特征

（1）外部欺诈风险。在各类银行卡风险中，外部欺诈风险是目前最严重、危害最大的一类风险。欺诈目的的实现渠道主要有3种：ATM取现、POS套现（消费）或网络（电话）转账。从欺诈的手段看，主要是伪卡欺诈、直接骗取客户资金和利用ATM骗卡3类。

（2）中介机构交易风险。中介机构交易风险主要是指特约商户非法交易或违章操作引起持卡人或发卡机构资金损失的风险。中介机构交易风险主要体现为两类：一类是部分不法商户提供信用卡套现交易，为犯罪行为的实现提供了渠道，引发交易风险；另一类是中介机构或者个人不规范（甚至是非法）的信用卡营销行为引发的风险。

（3）内部操作风险。内部操作风险是指银行工作人员违规操作或操作失误造成银行资金损失，或者工作人员利用职务之便，与不法分子勾结、串通作案，引起发卡行或客户资金损失的风险。与外部欺诈风险和中介机构交易风险相比，此类案件不具有普遍性，但是由于是内部专业人员作案，手段更加隐蔽，对银行声誉的影响也更严重。

（4）持卡人信用风险。当前各行在信用卡业务的发展上重规模、轻质量，不能有效区分潜在客户，对客户授信未予以严格把关，发卡对象有向高风险群体扩展的现象，过度消费、透支炒股等高风险事件时有发生。另外，不少银行向收入不稳定人群（包括没有固定收入的青少年和在校生等）发放信用卡，也埋下了较大的风险隐患。这些均反映出部分商业银行盲目追求发卡量而对申请人状况审查不严或者降低门槛等问题。

2.如何有效防范银行卡业务风险

（1）完善银行卡业务内控制度，提高制度执行力。银监会（现银保监会）成立以来，先后发布了授信尽职、外部营销、银行卡安全管理等一系列规范性文件和风险提示，各银行机构应查缺补漏，进一步建立、健全内控机制，根据银行卡的属性、业务种类及其风险特点制定相应的业务规章制度和操作程序。各行应从各类风险事件中吸取教训，建立有效的内部监督机制，确保内控制度的落实，把银行卡业务的审计工作纳入银行内部审计工作的整体计划中，结合案件专项治理，建立符合风险管理的长效机制。

（2）加强发卡环节风险管理，严把风险源头关。发卡机构应遵循"了解你的客户"和"了解你的业务"的原则，对申请人的资料进行严格的资信审核，确认申报材料的真实性。针对当前不少银行发卡业务外包的现状，发卡机构应慎重选择发卡营销外包服务商，并严格约束与外包商之间的外包关系，对于发卡营销外包服务商或单位批量提交的申请资料，发卡机构应加大资信审核力度。

（3）加强收单环节风险管理，防范交易风险。一方面，收单机构应加强对特约商户资质的审核，强化对特约商户的风险控制，防范特约商户套现等风险。另一方面，收单机构应建立、健全对特约商户和POS机具的管理制度，根据银行卡受理市场的有关规定，按照"一柜一机"的要求布放POS机具，并严格按照相关业务规范设置商户编码、商户名称、商户服务类别码、商户地址等关键信息，为发卡银行对交易风险度的判断和对交易的正常授权提供准确信息。另外，收单机构还应建立、健全日常监控机制，对商户出现的交易量突增、频繁出现大额或整数交易等可疑异常现象，应及时进行监控和调查。

（4）加强ATM等自助设备管理，防范欺诈风险。一要切实加强对银行自助设备的日常检查。银行机构要严格落实ATM等银行自助设备的检查制度，定时对自助设备工作区域进行检查，并做好检查记录，尤其要加强自助银行区域的安全管理。二要定期检查监控录像设备和相关录像资料。各银行机构必须在自助设备营业场所安装闭路电视监控系统、报警系统、24小时监测系统等。要完善相关制度，按制度规定调阅银行自助设备区域的全套录像资料，重点查看有无可疑人员在银行自助设备上安装物件，并做好调阅情况记录。

（5）加强宣传教育，提高风险防范能力。一方面，银行机构要高度重视对干部员工的教育和思想动态管理，加强内部员工的合规和职业操守教育，重视对有异常活动员工的排查。另一方面，银行机构应通过多种渠道对公众进行有关银行卡知识的宣传，使公众了解银行卡的基本常识。要采取多种形式向客户提示犯罪分子利用银行卡作案的新手段和新动向，提高客户的安全意识和自我保护能力。

（6）加强协作，建立、健全银行卡风险防范合作机制。一方面，各银行机构应加强与银联、公安机关的合作和沟通，建立良好的信息共享机制。"银行卡风险信息共享系统"是中国银联建立的包括不良持卡人、黑名单商户等银行卡重要负面信息的系统，发卡机构和收单机构在办理相关业务时应积极利用该系统，对确认的不良持卡人、商户应及时报至该系统，以实现信息共享，共同防范风险。另一方面，银行业协会要加强协调，充分发挥银行卡专业委员会的职能，督促各会员行严格执行监管部门的有关规定和同业约定，共同营造有利于银行卡产业发展的外部环境。

【小知识5-2】

权威杂志《银行家》发布了"2019年全球银行1 000强榜单"，排行榜前4名连续第2年被中资银行包揽。其中中国工商银行连续7年名列榜首，利润额最高，净利润达到436亿美元，中国建设银行、中国农业银行、中国银行分别位居榜单第2、3、4名，而今年刚加入6大行之列的中国邮政储蓄银行也排行第22名。

三、我国银行卡产业发展趋势

1.银行卡产业发展的政策环境将进一步改善

中国银行卡产业基本规则的行业法规——《银行卡条例》将正式出台，《银行卡条例》将进一步明确发卡机构、收单机构、银行卡组织和专业化服务机构的职能、准入条件与基本运作规范，同时对涉及金融安全和行业风险管理等方面的业务规则做出了具体规定。《银行卡条例》的出台将大大强化我国银行卡市场的制度约束，使银行卡业务的发展更加有章可循。

2.继续推广银联标准卡

众所周知，中国已被公认为拥有全球最大的发卡量、最大的银行卡业务市场和最大的个人支付产业的国家，中国也将出现强大的发卡银行。但是，如果中国没有自己的银行卡品牌，就不可能成为个人支付产业的强国，中国庞大的个人支付体系就只能受制于人。为此，中国需要创建自己的银行卡品牌，制定自己的银行卡标准和规范，发展自己的银行卡交易网络，确保国内个人支付体系和国家金融信息安全。

另外，从产业的利润分布来看，规模带来品牌利益，品牌利益大于产品利益。美国运通发布的《2019年数字支付调查报告》显示，超过2/3（69%）的美国商家表示，它们将大量时间和费用专门用于处理支付欺诈行为。在调查中，近一半（42%）的消费者在使用信用卡或其他支付信息时经历过欺诈，超过一半（59%）的消费者表示，他们担心自己的支付账户或信用卡信息在网上购物时会受到损害。美国有约4.8亿张信用卡在流通，相当于每位公民1.47张。信用卡总数比2008年增加了1亿张。据美联储最新数据，截至2018年第四季度，有3 700万美国人信用卡已欠费逾期90天，逾期债务总额是680亿美元。但普通人只要有工作就有收入，则房贷车贷消费贷等，均会每月还上，他们是银行和放贷机构的"优质客户"。这3 700万信用卡欠费逾期90天的美国人，则是不稳定因素。年龄超70岁的美国人，持有11.6%的信用卡，相当于是9张信用卡中的一张。若是没有足够的养老金收入，则年龄超70岁的美国人，信用卡逾期90天，就是死账。美国经济若是陷入衰退，甚至引发经济危机，则导火索很有可能是：信用卡贷款。全球6大信用卡品牌有4个属于美国，VISA、万事达、运通、大莱加起来占据了大部分的市场份额。中国商业银行如果不联合起来，共同创建自己的品牌，那么如此庞大的国内市场所产生的利润，会有相当一部分流向国外。因此，要创建民族银行卡品牌，发展中国的银行卡产业，就必须发行属于中国自己的品牌而又符合国际标准的卡——银联标准卡。

3.银联卡多渠道支付服务是银行卡产业增长的新亮点

中国银联和产业各方积极创新，在继续完善ATM和POS等传统受理渠道的同时，正逐步实现自助终端、互联网、手机等新兴支付渠道的商旅服务功能，以及加大金融IC卡等新产品在交通出行服务方面的应用，为银联卡持卡人的境内外出行提供日益便捷的服务和多元化支付选择。

（1）刷卡机和自助终端可刷银联卡购车票。2011年年初，中国银联和铁道部联合商业银行，推出铁路刷卡购票服务。原铁道部下属全部18个铁路局的主要车站窗口POS或自助售票机均接受银联卡购票。刷卡购票服务还延伸到公路运输。在开通高速公路电子收费系统的地区如北京，持卡人可在部分"银联便民支付点"为其专用通行卡账户充值。在城市交通领域，北京、上海、广州、深圳等地的"银联便民支付点"及其他自助终端，支持银联卡向"城市一卡通"账户充值。

（2）"银联在线支付"帮你轻松预订行程。登录铁路客户服务中心网站（http: //www.12306.cn），可通过"银联在线支付"，凭借银联卡卡号及相关认证信息，网购火车票。许多公路运输公司网站也接入了"银联在线支付"，如厦门特运集团车站管理公司、陕西西安汽车站、海南海汽运输集团、湖北公路客运集团、杭州长运客运站场公司，以及重庆公路客运售票网、合肥客运网、广州坐车网。旅客还可进入东航、国航网站以及艺龙网、同程网、芒果网等，使用"银联在线支付"购机票。

（3）银联手机支付，随时随地解决出行所需。银联手机支付的远程应用主要通过两种方式实现：一种是在手机中装入绑定银联卡的金融智能SD卡进行支付，可在全国航空、酒店等预订服务。广州、深圳还为SD卡模式加载了公路购票功能，当地主要客运站始发的汽车票均可通过手机方便购买。另一种则是凭银联卡卡号等认证信息进行无卡支付。通过银联手机支付客户端，享受航空查询、预订等服务。

（4）金融IC卡快捷"闪付"便利出行消费。中国银行联合商业银行等，已发行多款用于交通行业的金融IC卡。许多卡面带有"闪付"（quick pass）标识，可在受理非接触式支付的POS上"闪付"。在城市交通领域，深圳、合肥、天津等地推出的"城市一卡通"金融IC卡，以及宁波、湖南、江西、安徽和广东多个省市发行的市民卡，可在当地公交车、地铁上快速支付车费。还有多款针对铁路出行的金融IC卡，比如，持广深铁路牡丹金融IC卡，可在广深铁路动车直接挥卡支付进站。

此外，境外游的持卡人选择银联卡，出行日益方便。中国银联发布的《中国银行卡产业发展报告（2019）》显示，2018年银联网络转接交易金额占全球银行卡清算市场份额进一步提高，并继续保持全球第一。同时，银行卡发卡和受理规模进一步扩大，银联卡全球发行累计超过75.9亿张，银联卡全球受理网络已延伸到174个国家和地区，覆盖超过5 370万家商户和286万台ATM，用卡增值服务不断丰富。比如，游客能提前上网订购中国台湾地区高铁票和Eurail欧洲列车通票等，还可在澳大利亚、新加坡、韩国以及中国台湾等地刷银联卡付出租车费，或用银联卡在中国台湾AVIS及泰国Budget和Hertz主要网点支付自驾费用。银联信用卡（卡面仅有银联标识，且卡号以62开头的信用卡）以签名验证的方式实现了在美国各大主要商户的受理，持卡人通过在签购单上签名的方式完成交易确认，无须输入密码。在境外使用银联卡（卡号以62开头，卡面有银联标识），还可节省占交易金额1%～2%的货币转换费。

中国支付企业在"一带一路"倡议的号召下，不断推动自身产品和服务在境外市场的应用，通过服务、技术、标准和网点的输出传递国内发展成果，参与国际市场竞争。中国银联继续加快与国际市场融合，通过系统建设服务帮助海外国家建立本地的银行卡转接清算体系，织就"一带一路"的普惠金融网，扩大银联在国际市场的影响力。同时，中国支付产品在境外市场的本地化应用步伐加快，通过与境外支付机构的合作，银联二维码标准提升了当地持卡人的便捷支付体验，多家非银行支付机构在中国港澳台地区和东南亚部分地区独立或与当地机构合作发行本地版手机钱包，丰富了相关市场的支付服务内容。

4.支付介质的新秀——智能卡粉墨登场

随着芯片技术的发展，智能卡成为卡基支付的新锐品种。和传统的磁条卡相比，芯片卡使个人信息管理功能、终端和卡片的相互认证功能、离线支付功能、非接触支付功能等集合在一张银行卡上，大大拓展了银行卡的使用范围，同时有效拓展了银行卡的持卡人群和用卡人群。芯片技术的普及促使非接触卡的推广，使银行卡进一步向小额支付领域扩张，客观上将带动预付卡的进一步增长。另外，随着支付终端的普及，预付卡还可以用于短期性支付需求，如劳务费用的支付、福利津贴的发放等。

5.银行卡业务风险防范机制逐渐完善

随着业务的高速发展，银行卡业务的风险管理也日益受到政府、经营机构以及广大持卡人的关注。"加强银行卡风险管理，建立风险防范机制"成为中国银行卡产业的一个重要主题。

在防范信用风险方面，全国性的和区域性的征信体系建设将快马加鞭，银行卡不良信息在中国人民银行、商业银行以及相关部门之间的资源共享程度将进一步提高。与此同时，各发卡机构催收制度、客户信用信息跟踪制度等一系列信用管理制度都会得到有效加强。

在防范欺诈风险方面，中国人民银行和银保监会将会相互配合，建立、健全信用卡风险监管指标体系，并加强银行卡技术风险管理，采取有效的技术措施防范银行卡伪冒和欺诈交易，建立、健全银行卡案件的报备、预警及通报制度。

在操作风险方面，中国人民银行和银保监会将在开放专业化服务市场的同时，加强对银行卡数据处理及相关业务外包的准入和监管，特别是对外资机构在国内从事相关业务的问题将明确规定，确保交易信息和客户信息安全。

【任务描述】

无论是日常消费，还是出游购物，在使用信用卡的时候，都不能忽视信用卡安全。为了保证我们的用卡安全，防止信用卡被盗刷，我们能够做些什么呢，日常需要注意些什么呢？

【任务实施】

步骤1　卡不离开视线。

信用卡被盗刷很大一部分原因是信用卡被复制，信用卡密码被窥视。这就需要做到：在刷卡时，卡片不离开视线，防止收银员通过非法途径复制卡片信息；输入密码时，防止他人窥视。

步骤2　选择正规网站。

网上信用卡被盗刷如今也越来越多，在网上购物时，选择正规网站非常重要。不法分子通常会伪造正规网站，诱导用户点击，从而进入钓鱼网站。因此，不要点来历不明的链接，尽量直接从官方网址点击进入。另外，避免在公共场所登录个人账户，更不要在网吧等场所进行网上交易，避免信息泄露。

步骤3　开通短信、微信提醒。

交易过程中，要注意核对实时的短信提醒或微信提醒，及时核对信息是否正确。在收到非本人交易提醒时，要第一时间进行挂失，防止损失扩大。

步骤4　警惕退款。

在遇到网上交易退款的情况时，第一要认清官方渠道；第二要向客服核实情况后再进行操作。退款时，切忌点击对方发来的不明链接或压缩包，以及二维码等。

做到这些就能够保证基本的用卡安全，在遇到信用卡被盗刷时，第一时间要向发卡行联系，冻结卡片。如今，不法分子的盗刷手段越来越高明，我们要做到的是保护好个人信息，不贪图一时之利。

任务四　了解国际信用卡与国际卡组织

【案例导入】

VISA是一个信用卡品牌，由位于美国加利福尼亚州旧金山市的VISA国际组织负责经营和管理。目前已成为世界10大最高价值品牌之一，也是数一数二的金融服务品牌。自1988年冬奥会开始，VISA就一直作为奥运会各种收入和与奥运会相关的交易的电子支付方式。

2014年1月13日，VISA在其官方博客推出了以"Everywhere you want to be"为主题的新的奥运主题电视广告，同时新的VISA标识也一并亮相。新标识在字体方面并没有明显的升级和修改，最明显的地方就是将V字左上角橙色的斜角统一为深蓝色。整体标识由深蓝到浅蓝做渐变处理。

资料来源　佚名. 国际信用卡组织VISA启用新LOGO［EB/OL］.［2020-01-07］. http：//www.logone-ws.cn/visa-new-logo.html. 节选.

【知识准备】

一、国际信用卡的起源

信用卡是网络银行的重要支付工具，是全世界最早使用的电子货币。信用卡于1915年起源于美国，已经有100多年的历史，信用卡从根本上改变了银行的支付方式、结算方式，从根本上改变了人们的消费方式和消费观念，是一种重要的、应用广泛的电子支付工具。最早发行信用卡的机构并不是银行，而是一些百货商店，以及饮食店、娱乐公司和汽油公司。美国的一些商店、饮食店为招徕顾客、推销商品、扩大营业额，有选择地在一定范围内发给顾客一种类似金属徽章的信用筹码，后来演变成为用塑料制成的卡片，作为客户购货消费的凭证，开展了凭信用筹码在本商号或公司或汽油站等购货的赊销服务业务，顾客可以在这些发行筹码的商店及其分号等赊购商品，约期付款，这就是信用卡的雏形。据说有一天，美国商人弗兰克·麦克那马拉在纽约一家饭店招待客人用餐，就餐后发现他的钱包忘带了，因而深感难堪，不得不打电话叫妻子带现金来饭店结账。于是麦克那马拉产生了创建信用卡公司的想法。1950年春，麦克那马拉与他的好友卢明代尔合作投资1万美元，在纽约创立了"大莱俱乐部"（Diners Club），即大莱信用卡公司的前身。大莱俱乐部为会员们提供一种能够证明身份和支付能力的卡片，会员凭卡片可以记账消费。这种无须银行办理的信用卡，其性质仍属于商业信用卡。1952年，美国加利福尼亚州的富兰克林国民银行作为金融机构首先发行了银行信用卡。1959年，美国的美洲银行在加利福尼亚州发行了美洲银行卡。此后，许多银行加入了发卡银行的行列。到了20世纪60年代，银行信用卡很快受到社会各界的普遍欢迎，并得到迅速发展，信用卡不仅在美国，而且在英国、日本、加拿大以及欧洲各国也盛行起来。从20世纪70年代开始，中国香港、中国台湾、新加坡、马来西亚等发展中国家和地区，也开始发行信用卡业务。

【小知识5-3】

2016年5月26日，浙江农信与全球领先的支付科技公司万事达卡联合宣布，携手推出全国首张省级农信系统国际信用卡——丰收万事达国际卡。

二、国际信用卡业务的发展

1.国际信用卡简介

世界上有5大国际信用卡集团，它们发行的信用卡分别是维萨卡（VISA卡，以前称为威士卡）、万事达卡（Master Card）、大莱卡（Diners Clup）、JCB卡、运通卡（American Express）。这些国际信用卡是可以在全世界使用的"世界性电子货币"卡，是具有多种功能和多种附加值的国际信用卡。

（1）维萨卡。1959年，美洲银行开始在美国加利福尼亚州发行美洲银行卡，1966年，Bank of America Service Corp.（BSC）成立。1970年BSC公司改名为National BankAmericard Inc.（NBI），提供美国各地银行信用卡服务。1977年，NBI改组成VISA International 即VISA国际集团。VISA卡国际组织是由国际上各银行会员组成的信用卡组织，无股份，属于非营利机构。总部设在美国加州旧金山。1987年，VISA推出了多币种清算结算服务，促进了跨境支付与结算的效率；1997年，VISA品牌的支付产品总交易金额突破1万亿美元；2008年，VISA在纽约证券交易所（NYSE）上市，以高达197亿美元的融资额成为那时美国历史上规模最大的IPO。VISA帮助会员开发各种VISA支付工具（又称信用卡）及旅行支票业务；为会员提供各种VISA产品及服务；帮助会员利用VISA产品及服务获取利润；降低会员在网络上的重复投资，提供给会员、消费者及特约商户自动"无现金"的付款工具及系统。VISA全球电子支付网络——VISANET是世界上覆盖面最广、功能最强和最先进的消费支付处理系统，不断履行使用户的VISA卡通行全球的承诺。VISA是全球最负盛名的支付品牌之一。

目前，VISA覆盖全世界200多个国家和地区，拥有数千万家签约商户，提供数百万台ATM的取现服务。VISA为客户提供24小时全中文服务，全球最快2小时紧急现金支援，全球最快24小时补发新卡等服务。VISA国际组织本身并不直接发卡。在亚太区，VISA卡国际组织有超过700个会员金融机构发行各种VISA支付工具，包括信用卡、借记卡、公司卡、商务卡及采购卡。这些产品能让你在消费时倍感安全、便利和可靠。VISA目前在全球拥有33亿张银行卡，2019年全年支付交易笔数超过1 270亿笔，交易金额达11.2万亿美元。

（2）万事达卡。万事达卡国际组织于20世纪50年代末至60年代初创立了一种国际通行的信用卡体系，随即风行世界。1966年，组成了银行卡协会（Interbank Card Association），1969年银行卡协会购下了Master Charge的专利权，统一了各发卡行的信用卡名称和式样设计。10年后，将Master Charge改名为Master Card。万事达卡国际组织是一个包罗世界各地财经机构的非营利协会组织，其会员包括商业银行、储蓄与贷款协会，以及信贷合作社。其基本目标始终不渝：促进国内及国外会员之间的银行卡资料交流，并方便发行机构，不论其规模大小，都可进军银行卡及旅行支票市场，谋求发展。万事达卡已是全球家喻户晓的名字，不过几十年前它仅是一张美国境内的国内卡，它的知名在于万事达卡国际组织一直本着服务持卡人的信念，向持卡人提供最新、最完整的支付服务，因而受到全世界持卡人的认同。

维萨卡和万事达卡在全球范围构建了一个刷卡消费的联盟，国内银行与其合作以后，国内银行发行的信用卡就能在其联盟范围内刷卡消费。你可以在申请信用卡的时候选择申请维萨信用卡还是万事达信用卡。就目前来讲两家国际组织在国内区别不大，就像可口可乐和百事可乐，选择哪一个完全可以凭自己的喜好。如果你经常在亚洲、澳大利亚旅游或者刷卡消费的话，那么建议你选择VISA，因为VISA在亚洲和澳大利亚受理的商户数量比较多，使用起来更方便。Master Card的优势在于欧洲和北美，经常去欧洲和美洲的朋友可以选择Master Card。另外还有一个可以供你参考的数据，那就是海外补卡的收费，一旦不慎在海外遗失卡片，你可以向你所属的组织要求挂失，并在短时间内补卡。

（3）大莱卡。大莱卡于1950年由创业者Frank M C Mamaca创办，是第一张塑料付款卡，最终发展成为国际通用的信用卡。1981年美国最大的零售银行——花旗银行的控股公司——花旗公司接收了Diners Club International。大莱卡公司主要在尚未被开发的地区具有一定优势，继而巩固其在信用卡市场中所保持的强有力的位置。该公司通过大莱现金兑换网络与ATM网络之间形成的互惠协议，集中加强了其在国际市场上的地位。

（4）JCB卡（Japan Credit Bureau）。1961年，JCB作为日本第一个专门的信用卡公司宣告成立。此后，它一直以最大公司的姿态发展至今，它是代表日本的名副其实的信用卡公司。在亚洲地区，其商标是独一无二的。其业务范围遍及世界各地的100多个国家和地区。JCB信用卡的种类成为世界之最，达5 000多种。JCB的国际战略目标主要瞄准了工作、生活在国外的日本实业家和女性。为确立其国际地位，JCB也对日本、美国和欧洲等商户实行优先服务计划，使其包括在JCB持卡人的特殊旅游指南中。空前的优质服务是JCB成功的奥秘。

（5）运通卡。自1958年发行第一张运通卡以来，凭借60多年来的服务品质和创新精神，迄今为止已在全球170多个国家和地区发行了运通卡，构建了全球最大的自成体系的特约商户网络，并拥有超过8 800万名优质持卡人客户。成立于1850年的运通公司，最初的业务是提供快递服务。随着业务的不断发展，运通于1891年率先推出旅行支票，主要面向经常旅行的高端客户。可以说，运通服务于高端客户的历史长达百余年，积累了丰富的服务经验和庞大的优质客户群体。1958年，美国运通推出第一张签账卡。凭借着百年老店的信誉和世界知名的品牌，很多经常旅行的生意人成为美国运通卡这一新兴产品的积极申请者，当时红极一时的猫王成为第一批持卡人之一。在美国运通卡开业时，签约入网的商户超过了 17 000 个，特别是美国旅馆联盟的 15 万户卡户和 4 500 家成员旅馆的加入，标志着银行卡终于被美国的主流商界所接受。1966 年运通发行了第一张金卡，以满足逐渐成熟的消费者的更高需求。1984 年，运通在全球率先发行第一张白金卡，该卡只为获邀特选的会员而设，不接受外部申请。除积分计划和无忧消费主义以外，持卡人还可享受周全的旅游服务优惠和休闲生活优惠，专人 24 小时的白金卡服务为会员妥善安排各项生活大小事宜。1999 年，运通为精选的顶级的白金卡持卡客户发行了百夫长卡（Centurion Card）。持有这种美国运通最高级的卡产品，可以自由进入全球主要城市的顶级会所，可以享有全球独一无二的顶级个人服务及品位超卓的尊享优惠，包括全能私人助理、专享非凡旅游优惠、休闲生活优惠、银行服务专员提供的银行及投资服务和 24 小时周全支持等。白金卡和百夫长卡使得运通成为尊贵卡的代言人。运通凭借百余年的服务品质和不断创新的经营理念，保持着自己"富人卡"的形象。美国运通和别家的信用卡有本质不同，别家信用卡是银行发卡，由结算组织的通道来结算，而美国运通是自己发行卡，自己结算，也就是说，运通自己兼具银行和卡组织的双重身份。其中的自发卡就是我们所熟知的"百夫长卡"，就是卡面上印着一个古罗马士兵造型的卡片。在国内发行的时候，这张卡的卡面上都会被贴上两贴"膏药"——国内银行的标记和银联标记。国外的运通卡是没有贴"膏药"的。运通发行的联名卡更像是一家银行与各个商家的联名卡，这种卡在国内也比较少见。过去运通一直走独立发卡之路，从 1996 年才开始向其他金融和发卡机构开放网络，1997 年成立环球网络服务部（GNS），允许合作伙伴发行美国运通卡，利用运通网络带动合作伙伴的业务增长，强化竞争优势，增加边际利润，提高业务整合管理能力。2017 年，中国曾表示将对外国信用卡开放市场，并为美国信用卡公司开放申请许可证。然而在当前中美贸易战背景下，美国信用卡的申请经历了漫长的政府审批。与此同时，国有控股的中国银联巩固了对银行卡市场的优势，微信支付和支付宝也加剧了支付行业的竞争。

2.国际信用卡使用状况分析

1978 年中国银行广州分行率先与东亚银行签订了代理信用卡业务，使信用卡业务在我国迅速兴起。1980 年中国银行先后与国外 7 家信用卡公司签订了受理信用卡取现和直接购货业务协议，这 7 种国际信用卡是发达卡、VISA 卡、万事达卡、大莱卡、百万卡、JCB 卡和运通卡。从此，我国开始广泛推行信用卡业务。对于消费者（持卡人）来说，在他持有某一种国际信用卡后，例如持有威士卡或者万事达卡等信用卡后，他就可以利用电子商务服务器的服务功能在全世界各地使用这种国际信用卡进行购物和支付账款。在美国，顾客可以利用具有电子商务服务器的网络，将自己持有的信用卡与一些商业银行和信用卡公司连接起来，相应地进行信用卡业务处理。现在已经有很多商家和企业在利用这种电子商务服务器的服务功能开展银行金融服务业务，一些商业银行和金融机构也在利用电子商务服务器的服务功能，以便保证自己能够安全、保密、可靠地在互联网上开展银行金融业的服务工作。在我国市场上流通的外币信用卡主要有 7 种，除了有 VISA 卡、万事达卡、运通卡、大莱卡和 JCB 卡这 5 大国际信用卡外，还有百万卡和发达卡。外币信用卡通常用于存款、取款、购物消费、交通通信、娱乐旅游等，也可以用于交纳税款、交付租金、购房置地、发放工资和获得各种服务等。信用卡不仅具有现金支付功能和支票支付功能，还有信贷功能，所以世界上一些发达国家都把发展信用卡作为实现金融电子化和"无现金社会"的重要工具。国际银行卡市场上的主要品牌包括 VISA、Master Card、运通卡、JCB 卡、大莱卡等，其中 VISA、Master Card 属通用品牌，而银行私有品牌主要有美国运通信用卡公司、JCB 信用卡公司、大莱信用卡公司。提供通用品牌的信用卡公司本身并不参与各会员银行的发卡、收单业务。它们只从事全球范围内会员行之间的运行、异地授权、清算网络、争端交易的协调和仲裁工作，提供国际性的信用卡网络服务，并通过向会员行收取会费、清算费等费用支持自身运转和经营。2019 年 11 月，在中国人民银行的指导下，腾讯公司与 VISA、Master Card、American Express、Discover Global Network（含 Diners Club）、JCB 5 大国际卡组织达成一系列合作，支持境外开立的国际信用卡绑定微信支付，已支持用户在 12306 购票、滴滴出行、京东、携程等覆盖衣食住行的数十个商户消费。后续，在监管指导下、在严格落实反洗钱相关政策基础上，将进一步有序放开更多使用场景。微信支付支持境外用户绑定内地银行卡，覆盖银行多达 128 家。境外用户使用护照、港澳回乡证、台胞证、港澳居民居住证和台湾居民居住证中的任一证件开立储蓄卡及信用卡，绑定后即可使用微信支付进行线上、线下的多场景消费。2018 年 9 月，在中国人民银行和中国香港金管局支持下，微信香港钱包率先为香港用户在内地提供移动支付服务，目前已支持在内地近百万商户使用。2019 年 10 月，入境游的外国人和港澳台同胞，可以使用扫码实时退税。而考虑到境外用户更多使用的是境外发行的国际信用卡，腾讯此次与 5 大国际卡组织携手合作，为境外用户提供更加便捷的移动支付体验。

3.国际信用卡的发展

在银行体系和支付系统比较发达的国家，银行卡业务发展十分迅速，银行卡支付在消费支付中所占份额呈现出稳步上升的趋势。银行卡业务的发展将呈现出信用卡、借记卡和新型电子支付工具并驾齐驱、竞争互补的格局。

信用卡由于具有电子支付工具和信贷工具的双重功能，被社会广泛接受和使用；同时经营信用卡业务的高额利润也使发卡机构纷纷将其作为发展的重点，因此信用卡在美国等发达国家发展非常迅速。在美国，信用卡是最主要的电子支付工具，2000 年其在全部个人消费支付金额中所占比重为 17.84%；在英国，信用卡也是最主要的电子支付工具；在澳大利亚，信用卡在 20 世纪 90 年代获得了飞速发展，超过借记卡成为最主要的电子支付工具。

【任务描述】

目前，无论是出国留学还是到海外旅游、购物，准备一张国际通用的信用卡都是十分必要的。请以申请招商银行 VISA 全币卡为例，说明其如何申请。

【任务实施】

步骤 1　进入招商银行一网通信用卡主页（http://cc.cmbchina.com），点击 VISA 全币卡图片下方的"立即办卡"（如图 5-15 所示）。

图 5-15 招商银行一网通信用卡主页

步骤 2 在填写基本信息页面，填写或者选择"姓名""身份证号码""选择卡面""公司所在区域"，完成后点击"确定"（如图 5-16 所示）。

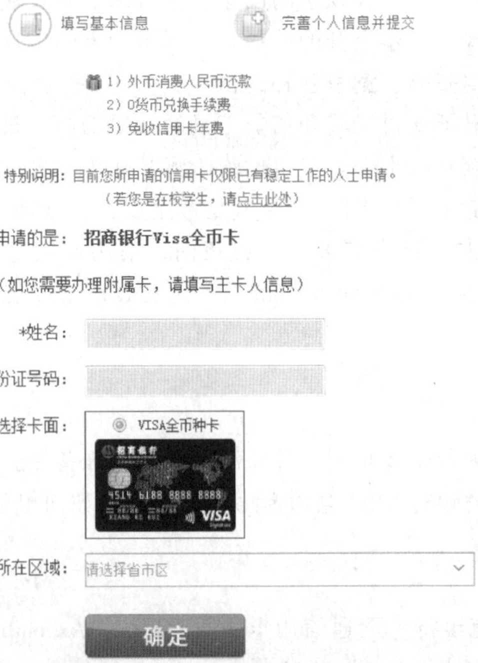

图 5-16 填写基本信息页面

步骤3　选择卡片类型，输入手机号码、验证码和信用卡查询密码后，点击"下一步"（如图5-17所示），进入系统审核程序。系统审核完成后，相关工作人员即通知申请人办理结果。

图5-17　选择卡片类型

项目总结

电子支付工具是电子支付的一个重要工具，是电子商务发展的基础条件。本项目主要对电子支付工具进行了概述。目前的电子支付工具主要分为以下3大类：卡基支付工具、网上支付和移动支付（手机支付）等。其中卡基支付工具主要是银行卡，银行卡按性质不同分为信用卡和借记卡，信用卡又分为贷记卡和准贷记卡，借记卡又分为转账卡（储蓄卡）、专用卡、储值卡；银行卡按币别不同分为人民币卡、外币卡和双币种卡；银行卡按发行对象不同分为公司卡（商务卡）和个人卡；银行卡按信息载体不同分为磁条卡和芯片（IC）卡。目前，我国各大银行都发行了各自的银行卡，如工商银行的牡丹卡，交通银行的太平洋卡等，中国人民银行为方便银行间的互通，自2002年1月10日推出了银行卡联网通用标识——银联。国际银行卡市场上的主要品牌包括VISA、Master Card、运通卡、JCB卡、大莱卡等，能够方便客户进行国际交易。

基本训练

一、核心概念

银行卡　　信用卡　　双币种卡

二、简答题

1.银联是不是银行卡？它有哪些特征？

2.如何有效防范银行卡业务风险？

3.我国银行卡产业发展趋势是什么？

4.国际银行卡市场上的主要品牌有哪些？VISA国际公司目前的主要品牌有哪些？

三、案例分析题

你申办了一张信用卡（已开卡），一直放在家里没有动过。有一天，你收到一份来自该发卡银行的账单。你很纳闷，没有使用过信用卡怎么会有账单呢？请问这是什么费用？

项目实训

登录互联网完成以下实训操作：

1.登录中国银行的网站，搜索有关信用卡的信息，并熟悉该行发行的主要信用卡模式。

2.查阅有关资料，说明招商银行"一网通"与"一卡通"有何区别。

项目六　电子支付工具（下）

学习目标

1.知识目标：了解电子支付工具的支付过程，掌握智能卡的结构和标准，熟悉电子支票、电子现金的支付过程，熟悉主要的第三方支付平台及其服务。

2.技能目标：掌握支付宝和财付通的使用方法，掌握电子支票的填制方法。

3.能力目标：具有一定的互联网操作基本能力，具有一定的网上支付能力。

近年来，我国的电子支付发展非常迅速，新兴电子工具不断出现，电子支付工具是计算机介入货币流通领域后产生的，是现代商品经济高度发展要求资金快速流通的产物。电子支付工具是利用银行的电子存款系统和各种电子清算系统记录来转移资金的，它使纸币和金属货币在整个货币供应量所占的比例愈来愈小。电子支付工具的使用和流通方便，成本低，尤其适合于大笔资金的流动。那么，电子支付工具是如何使用的呢？

任务一　了解电子支付工具支付过程

【案例导入】

央行：具备数字货币特征的电子支付工具研发工作取得阶段性进展

央行在《中国人民银行年报2018》中表示，将有序推进央行数字货币研发，防范虚拟代币风险；密切跟踪央行数字货币研究国际动态，积极参加国际交流；稳妥有序组织商业机构共同开展具备数字货币特征的电子支付工具研发工作，取得阶段性进展。此外，央行已建立法定数字货币、绿色金融、金融IT基础设施等专项工作组，推进相关领域金融标准的编制。

电子支付工具的资金转移必须通过账户完成，采用的是账户紧耦合方式。央行数字货币则应基于账户松耦合方式，使交易环节对账户的依赖程度大为降低。这样，既可和现金一样易于流通，又能实现可控匿名。央行数字货币持有人可直接将其应用于各种场景，有利于人民币流通和国际化。

资料来源　佚名. 央行：具备数字货币特征的电子支付工具研发工作取得阶段性进展［EB/OL］.［2019-08-24］. http://www.jinse.com/news/blockchain/447438.html. 节选.

【知识准备】

一、传统无安全措施信用卡交易的支付过程

买方通过互联网从卖方订货，而信用卡信息通过电话、传真等非互联网形式传送，或者在互联网上传送，但无任何安全措施，卖方与银行之间使用各自现有的银行商家专用网

络授权来检查信用卡的真伪。这种支付方式具有以下特点：

（1）由于卖方没有得到买方签字，如果买方拒付或否认购买行为，卖方将承担一定的风险。

（2）信用卡信息可以在线传送，但无安全措施，买方（即持卡人）将承担信用卡信息在传输过程中被盗取及卖方获得信用卡信息等风险。

二、通过第三方代理人的支付过程

改善信用卡事务处理安全性的一个途径就是在买方和卖方之间启用第三方代理，目的是使卖方看不到买方信用卡信息，避免信用卡信息在网上多次公开传输而导致的信用卡信息被窃取。

1.第三方代理人支付方式的原理

买方在线或离线在第三方代理人处开设账号，第三方代理人持有买方信用卡卡号和账号；买方用账号从卖方在线订货，即将账号传送给卖方；卖方将买方账号提供给第三方代理人，第三方代理人验证账号信息，将验证信息返回给卖方；卖方确定接受订货。

2.第三方代理人服务的特点

支付是通过双方都信任的第三方完成的；信用卡信息不在开放的网络上多次传送，买方有可能离线在第三方开设账号，这样买方没有信用卡信息被盗窃的风险；卖方信任第三方，因此卖方也没有风险；买卖双方预先获得第三方的某种协议，即买方在第三方处开设账号，卖方成为第三方的特约商户。

3.软件供应商解决方案

提供了第三方代理人的解决方案。买方必须首先下载软件，即"电子钱包"（注：很多钱包（wallet）软件提供多种支付工具，里面包括信用卡、数字/电子现金、电子支票等，打开钱夹可以选择其中的任何一种支付方式）。

三、简单加密信用卡的支付过程

这是现在比较常用的一种支付模式。用户只需在银行开设一个普通信用卡账户，在支付时，用户提供信用卡号码，但传输时要进行加密。采用的加密技术有S-HTTP、SSL等。这种加密的信息只有业务提供商或第三方付费处理系统能够识别。由于用户进行网上购物时只需提供信用卡卡号，这种付费方式带给用户很多方便。但是，一系列的加密、授权、认证及相关信息传送，使交易成本提高，所以这种方式不适用于小额交易。

1.简单加密信用卡的特点

（1）信用卡等关键信息需要加密。

（2）使用对称和非对称加密技术。

（3）可能要启用身份认证系统。

（4）以数字签名确认信息的真实性。

（5）需要业务服务器和服务软件的支持。

这种模型的关键在于业务服务器。保证业务服务器和专用网络的安全可以使整个系统处于比较安全的状态。由于商家不知道用户信用卡信息，从而杜绝了商家泄露用户隐私的可能性。

2.简单加密信用卡的支付流程

（1）用户在银行开立一个信用卡账户，并获得信用卡卡号。

（2）用户从商家订货后，把信用卡信息加密传给商家服务器。

（3）商家服务器验证接收到的信息的有效性和完整性后，将用户加密的信用卡信息传给业务服务器，商家服务器无法看到用户的信用卡信息。

（4）业务服务器验证商家身份后，将用户加密的信用卡信息转移到安全的地方解密，然后将用户信用卡信息通过安全专用网络传送到商家银行。

（5）商家银行通过普通电子通道与用户信用卡发卡行联系，确认信用卡信息的有效性。得到证实后，将结果传送给业务服务器，业务服务器通知商家服务器交易完成或拒绝，商家再通知用户。虽然交易过程的每一步都需要交易方以数字签名来确认身份，但整个过程只需经历很短的时间。用户和商家都须使用支持此种业务的软件。数字签名是用户、商家在注册系统时产生的，不能修改。用户信用卡加密后的信息一般都存储在用户的电脑上。简单加密信用卡支付过程如图6-1所示。

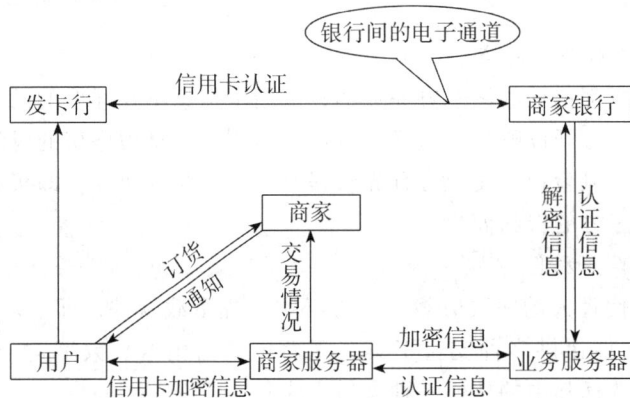

图6-1　简单加密信用卡支付过程

四、SET信用卡的支付过程

SET（安全电子交易）是以信用卡支付为基础的网上电子支付系统规范，可满足用户、银行和商家、软件厂商的多方需求，其流程如下：

（1）用户在银行开立信用卡账户，获取信用卡；用户在商家的主页上查看商品目录，选择所需商品。

（2）用户填写订单并通过网络传递给商家，同时附上付款指令。在SET中，订单和付款指令要有用户的数字签名并加密，使商家看不到持卡人的账号信息。

（3）商家收到订单后，向发卡行请求支付认可。

（4）发卡行确认后，批准交易，并向商家返回确认信息。

（5）商家发送订单确认信息给用户，并发货给用户。

（6）商家请求银行支付货款，银行将货款由用户的账户转入到商家的账户。

SET信用卡支付过程如图6-2所示。

在SET中，最主要的证书是持卡人证书、支付网关证书和商家证书。其他还有银行证书、发卡机构证书。商家、银行、发卡机构统称为商户。证书是由认证中心发放的。

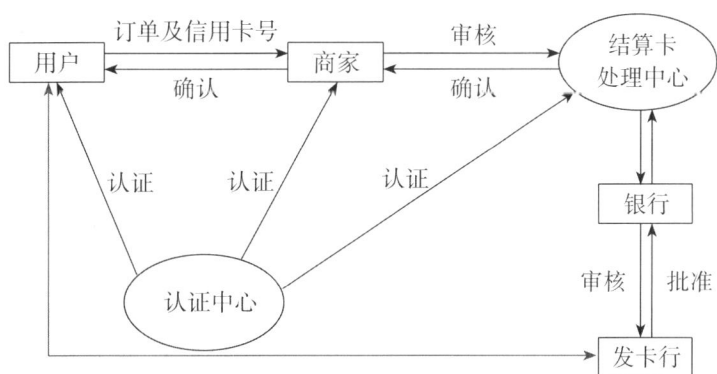

图6-2　SET信用卡支付过程

【小知识6-1】

2004年8月28日通过的《电子签名法》，确立了电子签名的法律效力。该法的诞生标志着我国电子商务立法的开始。随着这部法律的出台和实施，电子签名将获得与传统手写签名和盖章同等的法律效力。

五、其他电子支付工具网上交易的支付过程

信用卡作为传统电子支付工具已经逐渐从简单的信用支付工具发展成拥有强大网络支付功能的电子支付工具，但客户的需求是无限的。基于现代电子计算机技术和通信技术的发展，根据客户的需求与各种传统支付工具相结合，各银行及其他商业服务机构相继开发了各种现代支付工具，如智能卡、电子支票、电子现金、电子钱包等。

智能卡是传统信用卡技术的延伸和发展，集合了信用卡支付方式方便快捷的特点，以IC芯片技术为基础，将IC芯片存储量大、存储安全的特点进行充分发挥，改善了信用卡功能，弥补了信用卡的不足。智能卡的交易与信用卡POS交易相似，安全模式与信用卡交易也基本相同，不同的是对账户做到了实时更新，避免了信用卡交易资金的风险。

电子支票、电子现金、电子钱包等支付工具是基于网络银行的发展而发展的。网络银行系统要求在客户端安装特殊的服务支持软件，比如支持网上支付服务的电子钱包软件、电子支票软件等。这些特殊的服务支持软件构成了网络银行系统的客户端支持子系统。为保证客户资源、网上交易的安全，网络银行的发展还须有网络安全软件与之相配套，以杜绝非法访问、修改。这些软件包括网络防火墙、防病毒系统等。

网络防火墙是一个由软件系统和三角件设备组合而成的安全系统，是开放性的internet与银行内部网络之间的接口。所有来自银行网络外部的访问都必须经过这个接口，在此接受检查和链接。

网络银行的前端客户服务子系统通常指的是网络银行的Web服务器和www网页。该系统负责接收客户通过internet传来的服务请求，并将请求传送到后端业务处理子系统，经处理后再将结果经前端客户服务子系统返回给客户。

后端业务处理子系统是网络银行的核心部分，将整个网络银行的所有业务有机地整合在一起，也是网络银行系统最为复杂的部分。该子系统负责处理前端客户服务子系统传来的服务请求，最终将处理结果经前端客户服务子系统反馈给客户。

网络银行并不是所谓的"无人银行"，网络银行的日常管理和维护、内部业务的监控和稽核等，还是需要人亲自参与的。为了提高工作效率和质量，许多网络银行系统中都包含一个内部办公自动化子系统。经过多重处理，网络银行系统保证了客户信息、交易信息的安全性，而信息的安全性是各种网上电子支付工具的前提保证。

如今我国的非现金支付业务保持了高速发展势头，尤其是业务笔数的增长更为迅猛，非现金支付业务呈现出明显的小额化趋势，反映了非现金支付在经济生活中的进一步渗透和我国经济的强劲增长潜力。支付清算业务指标与宏观经济运行之间的关系随着时间的推移趋于稳定，显示我国支付系统已经发展成熟，并为经济和金融发展与转型提供稳健的支持。首先，我国支付产业在规范中转型，并形成新的发展动力，防范风险的长效机制越做越实，公平公正的市场秩序越来越稳，守正创新的发展道路越走越宽。其次，我国支付产业支持与服务经济发展的能力不断增强。支付在服务实体领域发挥了更为积极的作用，"支付+"运营推动了新零售、大数据等新产业、新业态和新模式的发展。支付发展不断融入我国对外开放格局中，作用愈加突出。最后，要推动支付产业供给侧结构性改革创新，实现产业规范可持续发展。我国支付体系的建设目标是：建立能体现国情、和国际惯例相结合、现实性和前瞻性相结合、市场竞争和规范管理相结合的完善的支付法规体系；形成以中央银行和银行业金融机构为主体，邮政汇兑机构、支付清算组织等为补充的支付服务组织体系；改进和完善以支票、汇票、本票和银行卡为主体，以电子支付工具为发展方向，适应多种经济活动和居家服务需要的支付工具体系；建立以现代化支付系统为核心，各商业银行行内系统为基础，票据交换系统和卡基支付系统等并存的支付清算体系；建立健全有利于调动支付服务组织创新积极性、有利于推动支付工具多元化发展、有利于促进支付系统稳定高效运行、有利于防范支付风险和维护市场秩序的科学高效的支付管理体制。

【任务描述】

有时候我们需要对电脑防火墙进行设置，当运行一些与防火墙相冲突的服务和程序时，需要关闭防火墙，但有时网络安全有问题时，又需要启用防火墙；还有一种既可以运行与防火墙相冲突的服务和程序又启动防火墙的方法，那就是针对防火墙设置例外名单，你了解具体的操作步骤吗？

【任务实施】

步骤1 首先需要了解电脑防火墙的位置，最简单的办法就是进入控制面板，找到Windows防火墙（如图6-3所示），打开就可以进行具体设置。

步骤2 打开电脑Windows防火墙后，在"常规"菜单中，如果仅仅是想禁用或者启用防火墙，那么直接选定"关闭"或者"启用"，然后单击"确定"就可以了（如图6-4所示）。

步骤3 启用防火墙之后，如果想让一些程序和服务可以进行网络连接，而对另外一些程序和服务禁用网络连接，那么可以在电脑Windows防火墙中选择"例外"菜单，勾选可以进行网络连接的程序和服务，将要禁用网络连接的程序和服务的勾选去除即可，最后单击"确定"就可以了（如图6-5所示）。

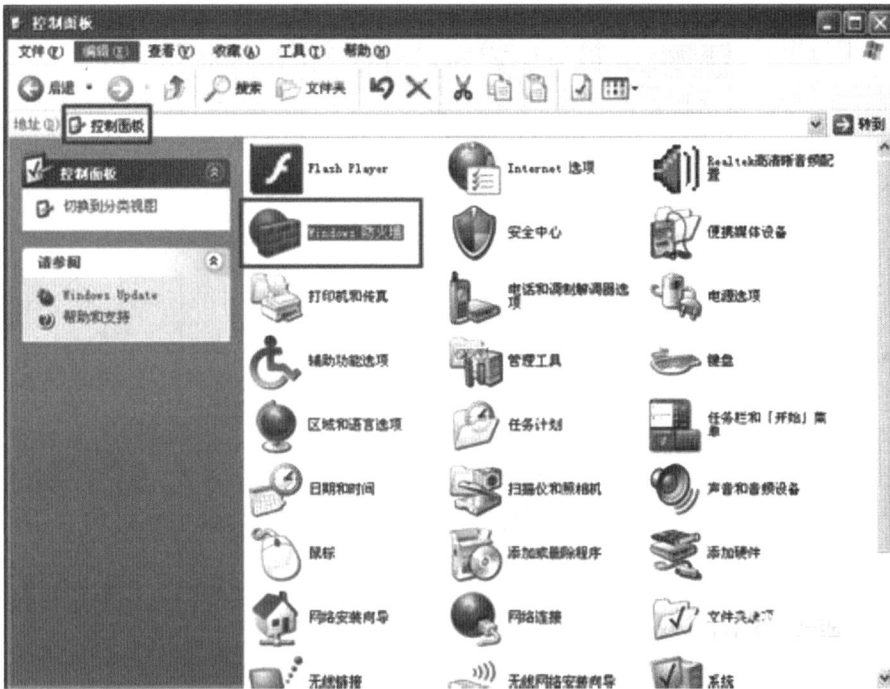

图 6-3 控制面板窗口

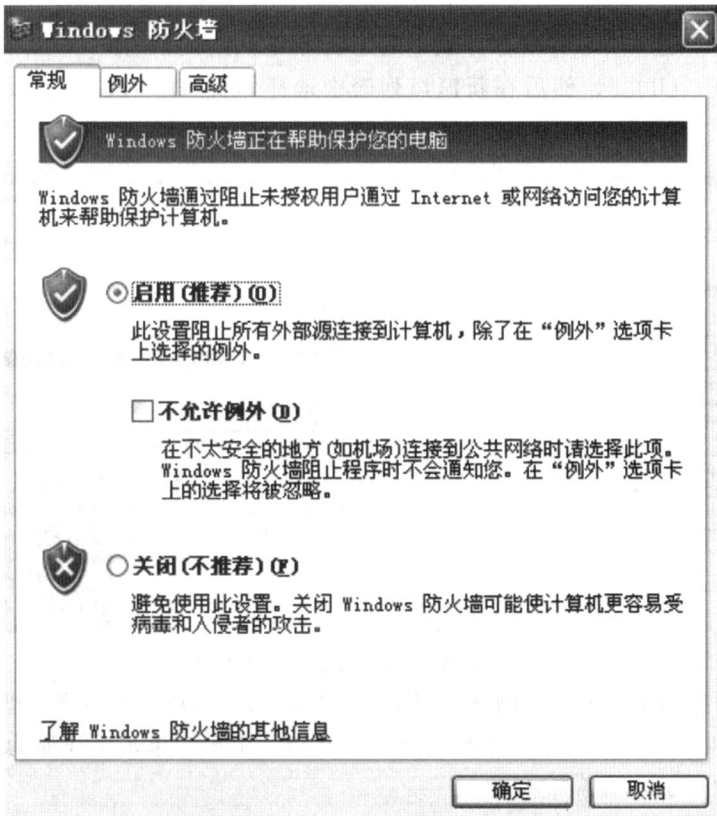

图 6-4 Windows 防火墙常规设置窗口

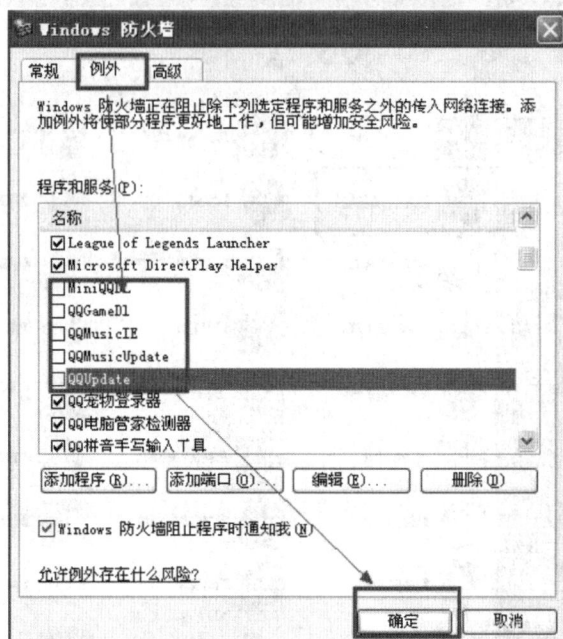

图6-5 Windows防火墙例外设置窗口（一）

步骤4 如果有一些你需要的程序和服务没有在"例外"菜单列表中，而你的防火墙又是开启的，那么这部分程序和服务就不能连接网络。添加方法如下：点击"例外"菜单下的"添加程序（R）"，然后在新窗口列表中选择你要添加的程序和服务，然后选择"确定"就可以了（如图6-6所示）。

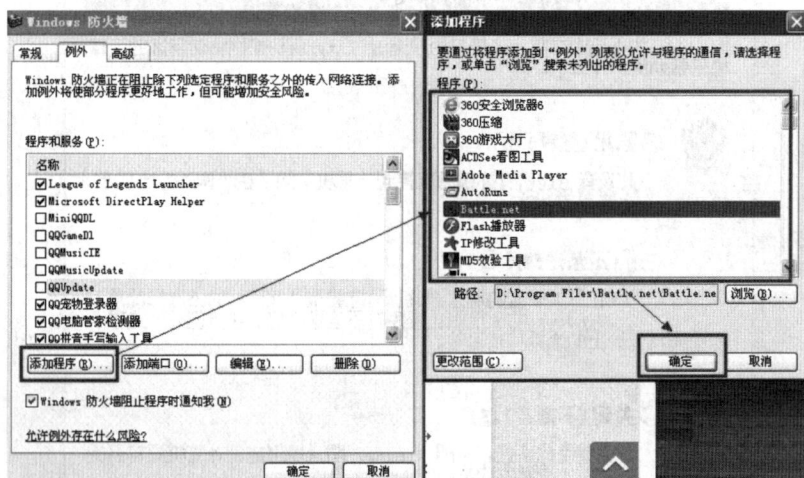

图6-6 Windows防火墙添加程序

步骤5 如果你设置了很多例外，到最后都想取消，取消一些不当的操作，只需要将防火墙还原为默认值就可以了。选择防火墙"高级"菜单，单击"还原为默认值（R）"即可（如图6-7所示）。

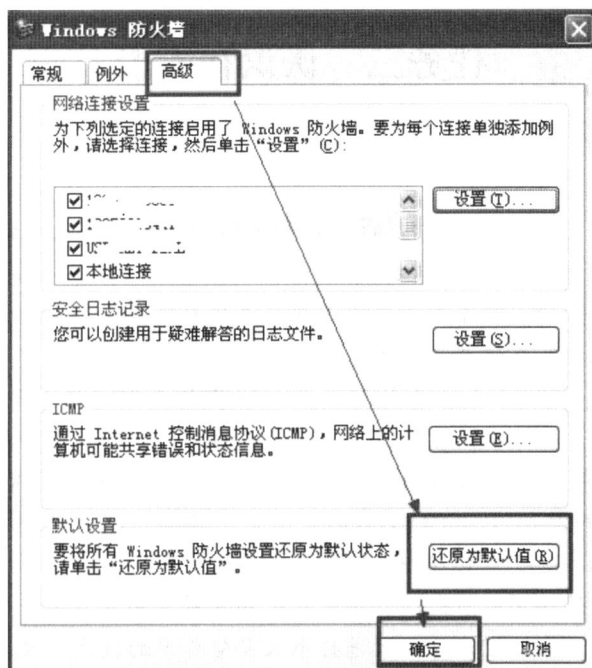

图 6-7　Windows 防火墙高级设置窗口

　　步骤 6　还原后，也就是说以后有程序和服务要访问网络时，都会被阻止，这时你需要在"例外"菜单中勾选"Windows 防火墙阻止程序时通知我（N）"（如图 6-8 所示），这样就可以通过辨别来对某些有用的程序放行了。

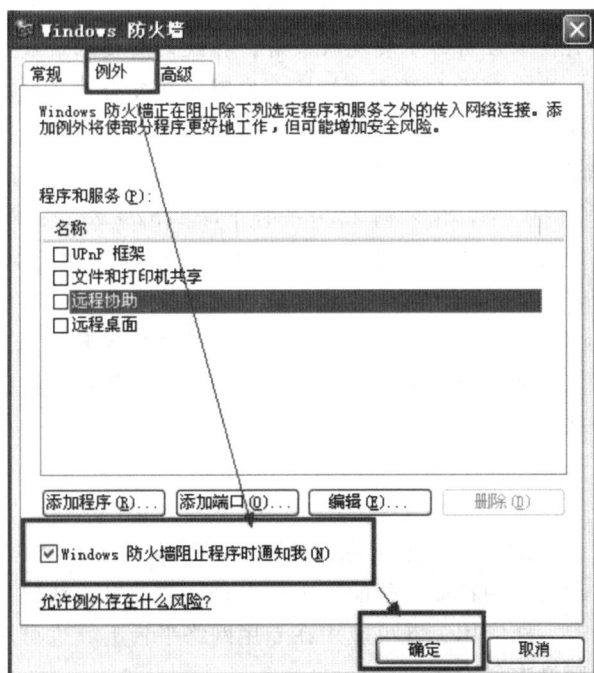

图 6-8　Windows 防火墙例外设置窗口（二）

最后建议将防火墙一直开着，这是保护电脑不被利用的有力防线。

任务二 认识智能卡

【案例导入】

2019年9月20日,由芯智讯主办的"融合·创新——2019生物识别技术与应用高峰论坛"在深圳召开。作为第三届"生物识别产业高峰论坛",本次高峰论坛汇集了人脸、指纹、声纹、虹膜、静脉识别等多种生物识别技术代表性企业,同时吸引了大量产业链的上下游企业、科研院校及媒体参与。近年来,生物识别产业发展非常迅猛。前瞻产业研究院发布的数据显示,2007年全球生物识别市场规模仅有30.1亿美元,而2013年达到了97.8亿美元,6年复合增长率高达21.7%。2015年的全球生物识别市场规模达到了130亿美元,预计至2020年全球生物识别市场规模将达到250亿美元,年复合增长率将达到14.0%。市场研究公司MarketsandMarkets的最新预测数据则显示,全球生物识别市场将由2018年的168亿美元快速增长至2023年的418亿美元,年复合增长率将达到20.0%。

生物识别是指通过计算机与光学、声学、生物传感器和生物统计学原理等高科技手段密切结合,利用人体固有的生理特征来进行个人身份鉴定的技术。生物识别技术主要有指纹识别、声纹识别、人脸识别、虹膜识别、静脉识别等。被用来区别身份的人体生物特征主要分为生理特征和行为特征两类。其中,生理特征是人与生俱来的,主要包括手形、指纹、脸形、虹膜、视网膜、脉搏、耳郭等;而行为特征是人后天形成的,主要包括签字、声音、按键力度等。基于这些特征,人们已经发展了多种生物识别技术,目前较为主流的识别技术有人脸识别、指纹识别、虹膜识别、静脉识别、声纹识别5类。

从各主要生物识别技术应用的发展现状来看,指纹识别技术最成熟且成本低;人脸识别使用方便且适用于公共安全等人群多的领域;虹膜识别安全性高但成本过高,普及尚需时日。从各个生物识别技术应用来看,指纹识别占比最高,人脸识别、虹膜识别等生物识别技术增长迅速。指纹识别占生物识别技术的份额最高,但整体呈下降趋势,从2007年的66.9%降至2013年的60.1%,预计到2020年将下降至52%左右;而声纹识别、人脸识别、虹膜识别所占份额则不断增长,到2020年比重预计分别达到22.4%、9.6%、6.4%。

互联网信息安全需求的高涨,促使当前身份认证的技术手段快速发展,并且正在从需要用数字和某些信息来证明(例如密码),到需要用其他物体来证明(例如IC卡),回归到我自己证明我自己(例如生物识别技术)。这是技术的成熟对人类身份认证方式的理性且本质回归做出的贡献。

【知识准备】

智能卡是结合信用卡的便利、集信息存储与计算机编程等多个功能于一体的综合体,用在网络支付上也表现出多种特征。智能卡本质上是硬式的电子钱包,既可支持电子现金的应用,也可与信用卡一样应用;既可应用在专用网络平台上,也可用于基于互联网公共网络平台的电子商务网络支付中。

所谓智能卡,英文描述为IC(integrated circuit,集成电路)卡,就是大小、形状上类似信用卡,但卡上不是磁条,而是计算机集成电路芯片(如微型CPU与存储器RAM等),

用来存储用户的个人信息及电子货币信息，且可具有支付与结算等功能的消费卡。由于IC卡是在IC芯片上将消费者信息和电子货币存储起来，因此不但存储信息量大，还可用来支付购买产品、服务等，具有多功能性。

一、智能卡的产生与发展

智能卡最先出现在法国。20世纪70年代中期，法国Roland Moreno公司采取在一张信用卡大小的塑料卡片上安装嵌入式存储器芯片的方法，率先开发成功IC存储卡。经过20多年的发展，真正意义上的智能卡，即在塑料卡上安装嵌入式微型控制器芯片的IC卡，已由摩托罗拉和Bull HN公司于1997年研制成功。

智能卡与磁条卡的区别在于两者分别通过嵌入式芯片和磁条来储存信息。但由于智能卡存储信息量较大，存储信息的范围较广，安全性也较好，因而逐渐引起人们的重视。

我国从1993年起，在全国范围内开展"金卡工程"。金卡工程是我国信息化建设金桥、金卡、金关、金税4个起步工程之一。金卡工程的建设全面带动了我国信息产业的发展，并创建了我国自主智能卡产业。随着国家金卡工程智能卡应用快速发展，我国行业信息化与城市信息化建设突飞猛进，IC卡应用不断深入电子政务、电子商务以及百姓生活。观研天下发布的《2019年中国智能SIM卡行业分析报告——行业规模现状与发展潜力评估》显示，2018年全球电信SIM卡发卡量约为54亿张，占智能卡总发卡量的比例超过50%，全球LTE网络迁移以及手机用户的平稳增长成为该市场发展的主要推动因素。受EMV迁移因素的推动，近年来金融IC卡发卡量迅速增长，2018年全球金融IC卡的发卡量近30亿张。随着越来越多国家和地区开始推行电子护照与电子身份证，2019年该领域的智能卡发卡量将继续保持增长，增速预计超过10%。2019年实现全国260个地级以上城市交通一卡通互联互通。其中，目前已实现245个地级以上城市、89个县级城市交通一卡通互联互通，15个地级以上城市实现了移动支付应用，为智能卡行业的发展提供了极大的助力。

但是，目前我国智能卡的推广应用还存在一些障碍，主要是安全问题和成本问题等。关于安全问题，由Master Card和VISA联合开发出的一个被称为安全电子交易（SET）的标准为网上信息及资金的安全流通提供了充分的保障。至于成本问题，存在智能卡制作成本较高，且不能实现一卡多能、一卡多用；不同种类的智能卡和读写器之间不能跨系统操作等问题。

二、智能卡的结构与工作过程

智能卡的结构主要包括3个部分：

（1）建立智能卡的程序编制器：程序编制器在智能卡开发过程中使用，通过智能卡布局的高水平描述为卡的初始化和个人化创建所有所需数据。

（2）处理智能卡操作系统的代理：包括智能卡操作系统和智能卡应用程序接口的附属部分。该代理具有极高的可移植性，可以集成到芯片卡阅读器设备或个人计算机及客户机/服务器系统上。

（3）作为智能卡应用程序接口的代理。该代理是应用程序到智能卡的接口。它有助于对不同智能卡代理进行管理，并且向应用程序提供了智能卡类型的独立接口。由于智能卡内安装了嵌入式微型控制器芯片，因而可储存并处理数据。卡内的价值受用户的个人识别码（PIN码）保护，因此只有用户才能访问它。多功能的智能卡内嵌入有高性能的CPU，并配备有独自的基本软件（OS），能够如同个人电脑那样自由地增加和改变功能。这种智能卡还设有"自爆"装置，如果犯罪分子想打开IC卡非法获取信息，卡内软件上的内容将立即自动消失。

智能卡系统的工作过程是：首先，在适当的机器上启动你的互联网浏览器，这里所说的机器可以是计算机，也可以是一部终端电话，甚至是付费电话；然后，通过安装在计算机等上的读卡器，用你的智能卡登录到为你服务的银行Web站点上，智能卡会自动告知银行你的账号、密码和其他一切加密信息；完成这两步操作后，你就能够从智能卡中下载现金到厂商的账户上，或从银行账号下载现金存入智能卡。

在电子商务交易中，智能卡的应用类似于实际交易过程。在计算机上选好商品后，键入智能卡的号码登录到发卡银行，并输入密码和在线商店的账号，完成整个支付过程。

【小知识6-2】

近些年欧洲大多数国家都在进行EMV迁移（传统磁条银行卡转为智能卡），对智能卡的需求大增。亚太地区行业信息化快速发展，中国、印度、日本、韩国以及其他东南亚国家对智能卡的需求极大，其中中国又是最大的应用市场，几乎占据了全球市场的1/3。智能卡在电信领域的应用占据整个市场70%以上的份额。智能卡在政府及医疗领域的应用占12%左右的市场份额。智能卡在金融及零售领域的应用市场份额约为15%。在欧洲，非接触式支付卡正逐步普及，银行、零售店对于智能卡的需求较高。

三、智能卡的类型与应用

1.智能卡的类型

（1）智能卡按其嵌入的芯片种类分，可以分为接触式智能卡和非接触式智能卡两大类。接触式卡类需要一种叫作读卡器的装置进行信息的读/写操作。与磁条卡不同，这种卡上镶嵌着一个小的金属片，当把卡插入读卡器时，金属片就会与一个电子接头相接触，通过这个电子接头读/写芯片数据。非接触式卡类中内嵌了一个天线和一个微电子芯片，当将它接近读卡器的天线时，它们之间就可以完成信息的交换。这使其不用与耦合感应器做任何接触，就可以与之交换信息，而且处理时间极短。这一特性使非接触式智能卡在一些像高速公路收费站这类要求大批量超快速运转的场所成为理想的收费解决方案。

（2）接触式智能卡从其卡的结构来分，可以分为只读存储智能卡和微处理器智能卡两大类。只读存储智能卡不包含复杂的处理器，不能动态地管理文件，存储卡与读卡器同步通信。比如IC电话机中的IC卡就是只读存储智能卡。微处理器智能卡具有动态处理数据的功能，有的系统结构像PC机，有ROM、RAM、CPU和EEPROM。比如SIM卡、银行卡等都是微处理器智能卡。

（3）双界面智能卡。此卡将接触式智能卡的优点与非接触式智能卡的优点结合到一个芯片上。例如，去医院看医生时，在停车场大门口用你的智能卡对着门挥动几下，栏杆就打开让你进入停车场（非接触式）。进入医生办公室后，把你的智能卡插入读卡器后，你的病历就会显示到接待护士的荧光屏上（接触式）。

（4）光卡。此卡采用容量大的存储器和光存取技术来确保信息一经写入就不能从卡上擦去。这一功能使其具有安全性，而且由于容量大甚至可以存储X射线照片。

2.智能卡的应用

正是由于智能卡具备诸多无可比拟的优点，因此在金融、税务、公安、交通、邮电、通信、医疗、保险等各个领域都得到了广泛的重视和应用。智能卡作为一种新的高科技产品已引起人们的广泛关注，其关键在于卡的应用。未来多功能卡的普及与应用将改变整个社会的生活方式，是人类全面迈向电子化时代的钥匙，其主要的应用范围涉及如下4个方面：

（1）传统的电子支付：在一些专用网络上的支付，如IC电话卡、IC电表卡、IC路费卡、IC月票卡等。

（2）internet上的网络支付：充当硬式电子钱包，存放信用卡、电子现金等电子货币及个人的相关信息，在internet上支付。

（3）电子身份识别：把相关授权信息存放在卡里，控制对门户、应用信息系统、计算机等入口的访问。很多银行常常把网络银行业务中证实客户身份的数字证书等信息也做成IC卡的形式，这样里面的密钥、密码等就更安全了。

（4）信息存储：适时存储和查询持卡人的相关信息，如存储和查询病历、跟踪目标信息或处理验证信息。IC卡身份证和学生证中就存储了大量这种信息。

四、智能卡标准

1.智能卡国际标准

（1）ISO 7816标准。ISO 7816标准是国际上最广为人知的智能卡技术与应用标准。中国已采用其第1、2、3部分作为中国标准，即主要定义构成智能卡塑料基片的物理和尺寸特性（7816/1部分）、触点的尺寸和位置（7816/2部分）、信息交换的底层协议描述（7816/3部分）。7816/4部分论述了跨行业的命令集。

（2）CEN（TC224，WG10）标准。它专用于智能卡作为硬式电子钱包应用，描述卡的数据和指令存储格式，以及相关的交易和应用方法。

（3）EMV规范。EMV规范是由世界主要信用卡联合体VISA、Master Card和Europay于1996年修订完成的，定义了银行用CPU卡的协议、数据和指令，提供了除卡内部保护机制之外的附加安全措施。

（4）ETSI标准。ETSI标准是用于统一欧洲的数字蜂窝通信标准，其中涉及蜂窝电话中IC卡的应用。这已得到欧洲所有移动通信网的支持，将在世界范围内进一步扩大影响。

（5）SET标准。SET标准是由VISA和Master Card共同制定的用于电子商务的标准，用于智能卡的网络支付，目前在internet上使用越来越广泛，系统需要用户的卡号和失效日期，然后信息被加密和核实。

（6）C-SET标准。C-SET标准是和SET类似的标准，由法国制定。C-SET是"芯片安全电子交易"（chip-secure electronic transaction）的缩写，是面向法国银行的CPU智能卡。该标准用来使与计算机连接的小型读卡器识别用户身份，用户需要另外输入密码来签署交易。C-SET和SET具备互操作性。

2.智能卡国内标准

为了规范中国智能卡发展，推广智能卡应用，本着符合国际标准、与国际通用的

EMV规范兼容的原则，中国人民银行组织国内各商业银行与VISA国际组织合作开发和制定"中国金融集成电路（IC）卡系列规范"。1997年12月，中国人民银行公布了《中国金融IC卡卡片规范》和《中国金融IC卡应用规范》。1998年9月，中国人民银行又公布了与金融IC卡规范相配合的POS设备的规范。这3个规范的制定为国内金融卡跨行跨地区使用、设备共享及与国际接轨提供了强有力的支持，为智能卡在金融业的大规模使用提供了安全性、兼容性的保障，为电子商务中电子在线支付提供了从支付手段到交易流程的解决方案。2013年2月7日，中国人民银行正式发布《中国金融集成电路（IC）卡规范（V3.0）》。该规范在2010年颁布的《中国金融集成电路（IC）卡规范》（2010年版）（JR/T0025-2010）基础上，兼容最新国际通用技术标准，总结国内金融IC卡推广经验，并对小额非接触式支付应用功能加以扩展和完善，支持双币电子现金支付应用，规范IC卡互联网终端技术要求，丰富安全算法体系。2014年6月1日正式实施的《城镇建设智能卡系统工程技术规范》（GB 50918-2013），是智能卡领域第一个工程建设国家标准，也是第一个具有强制性的智能卡领域工程建设国家标准。2018年12月28日，国家标准化管理委员会在其官网公布了《2018年第17号中国国家标准公告》，由全国信息安全标准化技术委员会归口并管理，住房和城乡建设部IC卡应用服务中心会同有关单位共同编制的《信息安全技术 智能卡安全技术要求（EAL4+）》（GB/T 36950-2018）正式发布，于2019年7月1日起正式实施。该标准具有极大的现实意义。目前，全国已有400多个城市建立了不同规模的智能卡系统，符合住房和城乡建设部标准要求的系统达近200个，累计发卡量近9.5亿张，其中互联互通卡4亿张。该标准是基于庞大的城市一卡通发展基础编制而成的，还充分考虑了银行卡、社保卡、居民健康卡等各行业对智能卡安全的技术要求，提出了具有共性特点的智能卡安全技术要求。该标准内容主要以智能卡系统作为对象分析资产安全，芯片、COS可参考相关标准，重点梳理行业应用的安全保护对象，提出智能卡系统的资产安全问题，将智能卡作为一个整体分析其面临的安全威胁；提出安全目的、安全要求等，按照目前城市一卡通及相关行业大卡的应用情况，智能卡系统的安全级别应在EAL4+级别，较适合目前国内智能卡技术的发展现状及趋势，能够较好地引导智能卡技术与应用发展。

【小思考6-1】

如何利用智能卡进行网上交易？

答：如果你想买一部1 000元的手机，当你在手机店选中满意的手机后，将你的智能卡插入手机店的智能卡读卡器中，登录到你的发卡银行，输入密码和手机店的银行账号等，一会儿，手机店的银行账号上增加1 000元，而你的现金账户里正好减少1 000元。

【任务描述】

中国海洋大学校园智能卡系统是在校园网平台上运行的一个重要应用系统。该系统提供学校食堂餐饮、校园超市购物、校园班车票务、公共浴室消费、图书馆图书借阅、图书馆通道机出入、公共机房上机登录、学生宿舍门禁出入等校园生活服务，还提供校园身份认证、银行转账等功能和服务。智能卡给我们的生活各个方面都带来了很大的便利，那么智能卡如何应用呢？我们以中国海洋大学校园智能卡（如图6-9所示）为例来看一下校园智能卡的应用情况。

图6-9　校园智能卡之学生卡和教工卡

【任务实施】

步骤1　对校园智能卡进行充值。

当校园智能卡卡内余额不足，不能满足消费需要时，可采取以下任意一种方式进行充值：

（1）到各校区食堂的充值点进行现金充值。

（2）通过圈存机进行银行转账。校园智能卡系统中银行转账子系统可以实现持卡人将中国银行储蓄卡上的资金自助转账到校园智能卡中，转账资金范围在1元至500元之间，转账操作可以在每天的任何时间执行，特别适合在寒暑假、国家法定节假日等现金充值点不提供服务的时段进行校园智能卡卡片充值。

自助圈存机为银行转账子系统的自助转账终端，可实现的功能包括圈存（即由银行卡向校园智能卡转账）、查询余额、挂失、解挂、修改密码等。

步骤2　使用校园智能卡进行消费。

（1）持卡人持校园智能卡可实现校内食堂就餐、签约商户购物等小额消费。校内消费时，需将校园智能卡平行贴近读卡器（又叫POS机），大约0.5秒，听到一声"嘀"后将卡取回（速度不宜过快）。注意：消费时请务必先看清楚POS机上显示的应付金额，确认无误后，再刷卡消费。

（2）持卡人在校内刷卡消费时，如果读卡器出现连续的"嘀""嘀"报警声，则说明你的校园智能卡出现了卡内余额不足、卡片已损坏、卡片已挂失、卡片已冻结等情况，请到各校区校园智能卡管理中心咨询、解决。如果读卡器屏幕出现"------"提示，则说明你的累计消费金额超过了规定的额度，按规定需要输入消费密码。

步骤3 查询校园智能卡的消费明细。

需要查询消费流水时，可凭学工号或账号以及查询密码登录校园智能卡网站（http：//ecard.ouc.edu.cn）或者在自助查询机（又叫触摸屏查询机）上查询；或携带校园智能卡到各校区校园智能卡管理中心办理查询业务。

任务三 了解电子支票

【案例导入】

2018年全球电子商务发展迅速的国家和地区，正在加快"电子发票"的应用进程。欧盟、美国、日本等发达经济体，巴西、墨西哥、智利等发展中国家，以及我国台湾地区等都在应用电子发票。欧洲电子发票呈现持续增长态势，其中面对消费者的电子发票年均增长25%，工商业和政府部门的电子发票年均增长30%。北美电子发票市场复合年均增长率达到23%~25%。支付和采购成为北美电子发票市场的主要推动力，倾向于开具B2B电子发票。拉丁美洲电子发票市场中，巴西、墨西哥和智利是领先者。亚太和非洲电子发票市场中，新加坡、韩国、澳大利亚、新西兰和南非成为领先者，率先开始了B2C的电子发票，哈萨克斯坦、尼泊尔、新加坡等国家已经强制使用电子发票。

丹麦成为全球第一个实行全面电子交易的国家，2016年起推动"无纸钞交易"，凡在商超、餐厅、加油站等，只接受信用卡、电子支票等电子货币。由于纸钞交易逐渐减弱，电子支付成为丹麦人习惯的消费方式，只需要一张信用卡就可以乘车、购物、旅行等，当地人甚至还会随身携带刷卡机，便于随时随付款。丹麦政府与各大银行进行协商，欲将无纸化交易落实得更彻底，经获同意后，丹麦再度宣布自2017年起"停用纸质支票"，不再接受跨行的纸质支票付款或转账，仅提供电子支票转账方式处理资金转移，但同行纸质支票仍可。

中国香港银行界于2015年12月7日正式推出电子支票，成为全球首个全银行业应用电子支票的地区。2016年6月30日，中国人民银行批准同意在粤港、深港支票联合结算业务中受理香港电子支票托收业务。香港电子支票可出票到外国，再通过电子渠道支付，是简单的跨境电子支票第一步，可通过RTGS（即时支付与结算系统），与马来西亚、印度尼西亚、泰国等进行美元联网交收的外汇结算。在"一带一路"的倡议下，只要法律认可，电子支票的发展潜力不容忽视。

资料来源 作者根据相关资料整理.

【知识准备】

欧盟于2001年开始制定法规，承认电子发票的效力。2004年1月1日《电子发票指导纲要》正式实施，该纲要规定开具电子发票要参考纸质发票的要求，在双方当事人协商的基础上实施。2013年1月1日起正式实施的新的欧盟增值税法规定，纸质发票和电子发票拥有相有同的法律地位。这一规定给企业的生产经营活动带来了更多的便利，进一步推动了B2B和B2C等业务的发展，而这些业务的发展又进一步推广了电子发票的使用。顾名思义，电子支票是普通纸质支票的电子版。这种支付方式必须由第三方来证明这个支付是有效和经过授权的。

支票一直是银行大量采用的支付工具之一。将支票改变为带有数字签名的报文或者利用数字电文代替支票的全部信息，这种支票就是电子支票。也就是说，电子支票是一种借鉴纸质支票转移支付的优点，利用数字传递将钱款从一个账户转移到另一个账户的电子付款形式。用电子支票支付，事务处理费用较低，而且银行能为参与电子商务的商户提供标准化的资金信息，因而电子支票将会成为最有效率的支付手段。那么，电子支票是如何实现支付的呢？

一、支票概述

1.支票的概念

支票是指以银行为付款人的即期汇票。具体来说，支票是银行存款户对银行签发的授权银行给某人或其指定人或持票人即期支付一定金额的无条件书面支付命令，是经付款人签名的载有相关数据的凭证。

2.支票必备的项目

支票必备的项目有：①写明其为"支票"字样；②无条件支付命令；③付款银行名称；④出票人签字；⑤出票日期和地点（未载明出票地点者，出票人名字旁的地点视为出票地）；⑥付款地点（未载明付款地点者，付款银行所在地视为付款地点）；⑦写明"即期"字样，如未写明即期者，仍视为见票即付；⑧一定金额；⑨收款人或其指定人。

3.支票支付的优缺点

（1）支票支付的优点：交易双方无须出现在同一时间和地点，避免了交易者携带大宗现金的不便和风险；节省清点现钞的时间，避免清点现钞时出现的差错。

（2）支票支付的缺点：支票由买方签名生效，影响交易的私密性；通过银行来处理支票，需要支付费用；支票的真伪不如现金容易识别。

二、电子支票的产生与定义

以信用卡网络支付方式为代表的小额支付与结算方式已经基本上满足了电子商务中B2C型网络支付的发展要求，而传统纸质支票，作为企业间主要的商务支付与结算手段是否能很好地满足B2B电子商务加速发展的需要呢？

首先看看传统纸质支票的支付流程，如图6-10所示。客户（如北京大学、北京交通大学）在自己的开户银行申请一个支票账户，通过这个账户借助支票支付各种商务支出。整个过程是这样的：客户先从其开户银行申领授权支票本；当从商家购物时（如在联想集团购买计算机），客户在支票上严格填好有关的信息，如金额、用途等，签上名字，需要盖章的还要盖章；然后客户把填写好支付金额的支票交给商家；商家拿到支票并初步检查通过后，先背书，然后把支票交给自己的开户银行，要求入账；商家开户银行在确认支票真实性后，如果商家和客户都在一个银行开户，那么银行操作起来非常简单，直接把有关的金额从客户账户上转移到商家账户上就行了；如果商家和客户不在一个银行开户，那么商家开户银行根据支票信息借助资金（票据）清算系统与客户开户银行在银行后台进行资金清算，然后客户开户银行从客户账户中拨出相应资金，拨付给商家开户银行的商家资金账户；商家开户银行通知商家相应资金到账，这次商务的支票支付与结算过程结束。

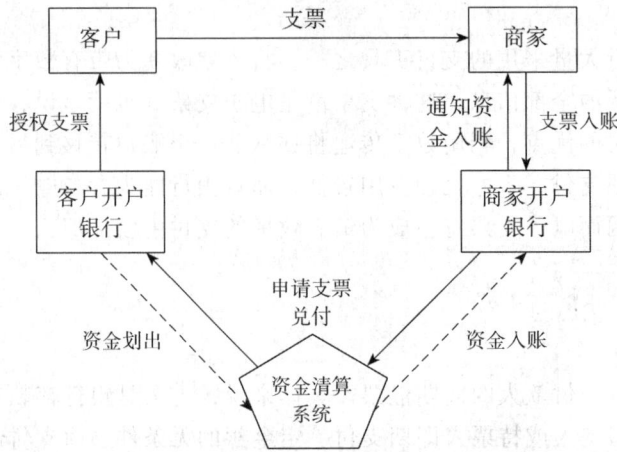

图6-10 传统纸质支票的支付流程示意图

上述纸质支票支付过程中，银行间的清算是很关键的环节。传统的清算是通过手工进行的，耗费大量的人力、物力。出现自动清算系统以后，通过专业电子设备进行清分、结算，大大节省了费用，提高了效率。一般来讲，一个国家的中央银行提供一个全国的清算系统，先将纸质的支票进行清分和结算，再通过银行间的金融专用网络系统在各个银行之间划拨资金余额，使不同层次、不同地区的票据结算和资金划拨有效进行。因此，发展到现在，传统的支票实际上已经是纸票和电子化相结合的产物了。

不过，传统支票支付方式在应用端仍然离不开纸质的支票，因此存在费时费力、安全性较差、使用区域受局限等诸多不足。如果借助目前以internet为代表的信息网络技术，发展一种客户在使用方法上与传统支票类似、其应用流程模拟传统支票支付与结算流程、用户熟悉的纯电子形式的支票，将会大大促进信息社会中商务经济的发展。这就是电子支票的发展需求。

所谓电子支票，英文一般描述为E-check，也称数字支票，是将传统支票的全部内容电子化和数字化，形成标准格式的电子版，借助计算机网络（internet与金融专网）完成其在客户之间、银行与客户之间以及银行与银行之间的传递和处理，从而实现银行客户间的资金支付与结算。简单地说，电子支票就是传统纸质支票的电子版。它包含和纸质支票一样的信息，如支票号、收款人姓名、签发人账号、支票金额、签发日期、开户银行名称等，具有和纸质支票一样的支付与结算功能。电子支票系统传输的是电子资金，它排除了纸质支票，最大限度地利用当前银行系统的电子化与网络化设施的自动化潜力。例如，借助银行的金融专用网络，可以进行跨省市的电子汇兑和清算，实现全国范围的大中额资金传输，甚至在世界范围内的银行之间进行资金传输。

电子支票是客户向收款人签发的、无条件的数字化支付指令，可以通过互联网或无线接入设备来完成传统支票的所有功能。电子支票的支付流程如图6-11所示。由于电子支票是数字化信息，因此处理极为方便，成本也比较低。电子支票通过网络传输，速度极其迅速，大大缩短了支票的在途时间，使客户的在途资金损失减为零。电子支票采用公开密钥体系结构，可以实现支付的保密性、真实性、完整性和不可否认性，从而在很大程度上解决了传统支票中大量存在的伪造问题。

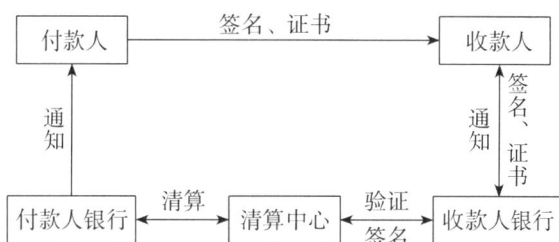

图6-11　电子支票的支付流程图

信息网络技术与安全技术的进步和普及为纸质支票转化为电子支票创造了良好条件。早在1995年，美国一些大银行和计算机公司组成的金融服务技术联合会就公开演示了使用互联网进行电子支票交易，并且预言"这个系统可能引起银行交易发生革命"。电子支票的出现实际上使支票的概念发生了彻底的变革，完全脱离了纸质媒介，真正实现了资金转移的无纸化和电子化。

【小知识6-3】

美国运通电子旅行支票具有永久不过期、安全、便利等特点。客户可在工商银行、光大银行以及交通银行3家银行进行购买。美国运通易世通电子旅行支票可在全球数百万可接受美国运通卡的境外商户使用，无论你的产品币种如何，只要寻找美国运通标识即可。美国运通易世通电子旅行支票不能在中国境内的商户及ATM上使用，在某些中国或美国制裁的国家和地区亦无法使用。

三、电子支票的属性

电子支票从产生到投入应用，一般具备下列属性：

（1）货币价值。电子支票与电子现金一样，必须有银行的认证、信用与资金支持，才有公信的价值。

（2）价值可控性。电子支票可用若干种货币单位，如美元电子支票、人民币电子支票，并且可像普通的纸质支票一样，用户可以灵活填写支票代表的资金数额。

（3）可交换性。电子支票可以与纸币、电子现金、商品与服务、银行账户存储金额、纸质支票等进行互换。

（4）不可重复性。同一个客户在已用某张票号的电子支票后，就不能再用第二次，也不能随意复制使用。发行银行有巨大的数据库记录存储电子支票序列号，并应用相应的技术与管理机制防止复制或伪造等。

（5）可存储性。电子支票能够在许可期限内存储在客户的计算机硬盘、智能卡或电子钱包等特殊用途的设备中，最好是不可修改的专用设备，也可直接在线传递给银行要求兑付。

（6）应用安全与方便。电子支票在整个应用过程中应当保证其安全、可靠、方便，不可随意否认、更改与伪造，易于使用。

四、电子支票的支付流程

电子支票支付使用方式模拟传统纸质支票应用于在线支付，可以说是传统纸质支票支付在网络的延伸。电子支票的签发、背书、交换及账户清算流程均与纸质支票相同，用数字签名背书，用数字证书来验证相关参与者身份，安全工作也由公开密钥加密来完成。除此之外，电子支票的收票人在收到支票时，即可查知开票人的账上余额及信用状况，避免退票风险，这是电子支票超越传统支票的优点。

（1）开具电子支票。买方必须在提供电子支票服务的银行注册，方可开具电子支票。注册时可能需要输入信用卡和银行账户信息以支持开具支票。电子支票应具有银行的数字签名。

（2）电子支票付款。一旦注册，买方就可以和产品/服务出售者取得联系。买方用自己的私钥在电子支票上进行数字签名，用卖方的公钥加密电子支票，使用 E-mail 或其他传递手段向卖方进行支付；只有卖方可以收到用卖方公钥加密的电子支票，用买方的公钥确认买方的数字签名后，可以向银行进一步认证电子支票，之后即可发货给买方。

（3）清算。卖方定期将电子支票存到银行。卖方可根据自己的需要，自行决定何时发送。电子支票交易过程可分为以下几个步骤：①消费者和商家达成购销协议并选择使用电子支票支付。②消费者通过网络向商家发出电子支票，同时向银行发出付款通知单。③商家通过验证中心对消费者提供的电子支票进行验证，验证无误后将电子支票送交银行索付。④银行在商家索付时通过验证中心对消费者提供的电子支票进行验证，验证无误后即向商家兑付或转账。

在电子支票的处理过程中，买方通过电子邮件或者电子数据交换方式将电子支票发送给收款人（卖方），电子邮件或电子数据交换程序将电子支票送至第三方的在线计算机系统，我们称之为服务器，其中包含确认电子支票所需要的信息。服务器将电子支票发送到卖方银行，卖方银行像处理传统纸质支票一样进行处理。这些信息将被编码加密，并加入一个相当于汇款人实际签名的电子签名。

【小知识6-4】

2016 年 7 月 22 日，中国人民银行广州分行和中国香港金融管理局联合启动"粤港电子支票联合结算业务"，宣布广东自贸区在全国率先实现中国香港电子支票的跨境托收。

中国香港的电子支票即电子形式的支票，其签发、交付、托收、清算以及结算都是全程电子化处理。中国人民银行广州分行和中国香港金融管理局联合推出的"粤港电子支票联合结算业务"，让客户通过银行机构即可办理中国香港电子支票的收款，不仅将结算区域由中国香港拓展至内地的广东自贸区，还将币种由港币和人民币拓展到美元。在支付服务主体多元化发展的基础上，中国人民银行广州分行在全国率先建成并运行粤港联合票据结算系统、粤港外币实时支付系统、粤港跨境缴费通系统等区域性支付与市场基础设施，并面向港澳两地大力推广人民币跨境支付系统，推动建成粤港澳间多币种、全工具、全天候的现代化支付结算通道，构建跨境资金支付"高速公路"。

五、电子支票支付的优缺点

1.电子支票支付优点

（1）电子支票可为新型的在线服务提供便利。它支持新的结算流；可以自动证实交易各方的数字签名；增强每个交易环节上的安全性；与基于 EDI 的电子订货集成来实现结算业务的自动化。

（2）电子支票的运作方式与传统纸质支票相同，简化了用户的学习过程。电子支票保留了纸质支票的基本特征和灵活性，又加强了纸质支票的功能，因而易于理解，能得到迅速采用。

（3）电子支票的加密技术使其比基于非对称的系统更容易处理。收款人和收款人银行、付款人银行能够用公钥证书证明支票的真实性。

（4）电子支票可为企业市场提供服务。企业运用电子支票在网上进行结算，可比现在采用的其他方法降低成本；由于电子支票内容可附在贸易伙伴的汇款信息上，电子支票还可以方便地与 EDI 应用集成起来。

（5）电子支票要求建立准备金，而准备金是商务活动的一项重要要求。第三方账户服务器可以向买方或卖方收取交易费来赚钱，它也能够起到银行作用，提供存款账户并从中赚钱。

（6）电子支票要求把公共网络同金融结算网络连接起来，这就充分发挥了现有金融结算基础设施和公共网络的作用。

（7）通过应用数字证书、数字签名及各种加密/解密技术，提供比传统纸质支票中使用印章和手写签名更加安全可靠的防欺诈手段。加密的电子支票也使其比电子现金更易于流通，买卖双方的银行只要用公开密钥确认电子支票即可，数字签名也可以被自动验证。

2.电子支票支付缺点

（1）需要申请认证，安装证书和专用软件，使用较为复杂。

（2）不适合小额支付及微支付。

（3）电子支票通常需要使用专用网络进行传输。

因此，尽管电子支票可以大大节省交易处理费用，但是对于在线支票的兑现，人们仍持谨慎的态度。电子支票的广泛普及还需要一个过程。

电子支票支付遵循金融服务技术联盟（Financial Services Technology Consortium）提交的 BIP（bank internet payment）标准（草案）。典型的电子支票系统有 Net Cheque、Net Bill、E-check 等。

六、电子支票支付的安全性要求

（1）电子支票的认证。电子支票是客户用其私钥所签署的一个文件。接收者（商家或商家的开户行）使用支付者的公钥来解密客户的签字。这样将使接收者相信发送者的确签署过这一支票。

（2）公钥的发送。发送者及其开户行必须向接收者提供自己的公钥。提供方法是将他们的 X.509 证书附加在电子支票上。

（3）私钥的存储。为了防止欺诈，可向客户提供一个 smart 卡，以实现对私钥的安全存储。

（4）银行本票。银行本票由银行按如下方式发行：发行银行首先产生电子支票，用其私钥对其签字，并将其证书附加到电子支票上。接收银行使用发行银行的公钥来解密数字签字。

【任务描述】

近日，在哈尔滨读书的小张收到了美国一所大学的研究生录取通知书，再过不久就可以前往美国完成他梦寐以求的留学梦，可是学校要求带一张信用卡支付在校期间的各项费用。小张向几家银行咨询了信用卡的申请手续，根据他的家庭情况，无法提供满足银行要求的相关证明材料，他十分着急。在中国银行出国金融服务中心，出国留学专家了解情况后，向他介绍了中国银行的一款产品——万事达电子旅行支票。目前在中国银行、工商银行、建设银行、光大银行等多家银行都可以办理电子旅行支票。你知道中国银行购买电子旅行支票的流程以及电子旅行支票的支付流程吗?

【任务实施】

步骤 1 购买中国银行旅行支票的流程。

客户需持有效身份证明、护照、有效签证等相关材料到中国银行办理该项业务。购买电子旅行支票后,客户应立即在每张电子旅行支票的初签栏内用习惯签法签名(注意:在用电子旅行支票兑换或消费时才可复签,提前复签无效)。未初签的电子旅行支票遭遗失或被窃,电子旅行支票发行机构和代售行将不负任何赔偿责任。

步骤 2 电子旅行支票支付流程:

(1)消费者和商家达成购销协议并选择用电子旅行支票支付。

(2)消费者通过网络向商家发出电子旅行支票,同时向银行发出付款通知单。

(3)商家通过验证中心对消费者提供的电子旅行支票进行验证,验证无误后将电子旅行支票送交银行索付。

(4)银行在商家索付时通过验证中心对消费者提供的电子旅行支票进行验证,验证无误后即向商家兑付或转账。

电子旅行支票的支付流程不是单一的,它和所要应用的电子旅行支票系统密切相关。

任务四 了解电子现金

【案例导入】

2016年,为积极响应中国人民银行关于加快金融IC卡行业应用推广的政策要求,也为加快金融IC卡电子现金在小额支付市场的推广应用,湖北农业银行创新突破、精心设计并推出了"玲珑闪"(复合电子现金卡)。

目前"玲珑闪"已申请商标版权,成为农业银行第一个拥有自主知识产权的支付产品。借助于"玲珑闪"产品强有力的市场竞争力,以便利大众客户生活为切入点,以公交、园区、校区、社区"四大项目"为依托,已成功在荆州松滋、潜江等县市推广应用20余个县域公交等电子现金项目。

资料来源 佚名. 农业银行"玲珑闪"电子现金卡[EB/OL]. [2020-04-06]. http://hb.sina.com.cn/news/sina/2016-04-06/detail-ifxqxcnp8676496.shtml. 节选.

【知识准备】

电子现金是基于传统银行信用、以数据形式流通的货币。它与传统的纸币、硬币相比,除仍具备交易和存储等传统现金货币功能外,还具有携带方便、交易便捷、绿色环保、易统计、可追溯等独特优势。我国电子现金的发展起源于银行卡,特别是随着近年来智能IC芯片在银行业的推广应用,目前全国已经形成基于金融IC卡的电子现金体系,并在铁路、公路、餐饮、零售等公共服务领域呈现了良好的社会应用效益。预期随着移动互联技术的进一步发展,我国电子现金向移动终端发展,成为移动金融业务的重要组成部分。

目前电子现金的表现形式主要有两种，即预付卡式电子现金和纯电子形式电子现金。

预付卡式电子现金与电话卡有些相似，但流动性更大；电话卡只能用于支付电话费，流动性相对小。预付卡在许多商家的POS机上都可受理，常用于小额现金的支付。中国移动的"神州行"充值卡就类似这种预付卡式电子现金，用一点减一点，非常方便。

纯电子形式电子现金没有明确的物理形式，以特殊的电子数据形式存在，特别适用于买卖双方物理上处于不同地点、通过网络进行支付的情况。支付行为表现为把电子现金从买方扣除并传输给卖方，卖方可以继续应用也可以去银行兑换。在传输过程中，通过加密保证只有真正的卖方才可以使用这笔电子现金。

本任务主要讲的是纯电子形式电子现金，也就是通常所讲的电子现金。预付卡式电子现金与电话卡类似，先储值后扣费，与带读卡器的智能卡网络支付模式基本相同，这里不再叙述。

一、电子现金的定义

在传统商务中，非常多的消费者用惯了纸质现金，也喜欢用纸质现金进行商务的支付与结算，还会将其放在钱包里保存起来。纸质现金应用起来很简便，面对面交易，并可以随时转让，不像信用卡需要刷卡或输入密码。电子商务由于网络交易非面对面的性质，要想用纸币只有货到付款，可是这又增加了商家运营的成本与风险，降低了电子商务的效率。那么，能不能在网络上也开发一种类似纸质现金应用形式的货币，从而方便一些消费者的应用呢？由此，电子现金的研发与应用被提上了日程。

所谓电子现金，又称数字现金，英文大多描述为E-Cash，是一种以数据形式流通的、能被客户和商家普遍接受的、通过internet购买商品或服务时使用的货币。电子现金是一种隐形货币，表现为由现金数值转换而来的一系列电子加密序列数，通过这些加密序列数来表示现实中各种金额的币值。只不过传统商务中用纸张作为介质，电子商务中用摸不着的电子数字串作为介质。其实，纸质现金与电子现金都是货币的代币。电子零钱或电子硬币本质上也属于电子现金范畴，特指价值数额微小的电子现金。用户在开展电子现金业务的银行开设账户，并在账户内存钱后就可以在接受电子现金的商店购物了。

可以说，电子现金是纸质现金的电子化，具有与纸质现金一样的优点。随着电子商务的发展，电子现金必将成为网络支付中的一种重要工具，特别是涉及个体的、小额网上消费的电子商务活动，比如很远的两个个体消费者进行C2C电子商务时的网络支付与结算。

二、电子现金的特点及支付方式存在的问题

电子现金是一种以数据形式流通的货币。它把现金数值转换成一系列的加密序列数，通过这些序列数来表示现实中各种金额的币值。用户在开展电子现金业务的银行开设账户并在账户内存钱后，就可以在接受电子现金的商店购物了。

当用户拨号进入internet网上银行，使用一个口令（password）和个人识别码（PIN码）来验明自身，直接从其账户中下载成包的低额电子"硬币"，这时电子现金才起作用。然后，这些电子现金被存放在用户的硬盘当中，直到用户从网上商家进行购买消费为止。为了保证交易安全，计算机还为每个硬币建立可随时选择的序号，并把这个号码隐藏在一个加密的信封中，这样就没有人知道谁提取或使用了这些电子现金。

1.电子现金的特点

（1）银行和商家之间应有协议与授权关系。

（2）用户、商家和E-Cash银行都需使用E-Cash软件。

（3）E-Cash银行负责用户和商家之间资金的转移。

（4）身份验证是由E-Cash本身完成的。E-Cash银行在发放电子货币时使用了数字签名。商家在交易中，将电子货币传送给E-Cash银行，由E-Cash银行验证用户支持的电子货币的有效性。

（5）匿名性。

（6）具有现金特点，可以存、取、转让，适用于小额交易。

2.电子现金支付方式存在的问题

（1）接受电子现金的商家不够多，提供电子现金开户服务的银行也不够多。

（2）成本较高：电子现金对于硬件和软件的技术要求都较高，需要一个大型的数据库存储用户完成的交易和E-Cash序列号以防止重复消费。因此，需开发出硬件和软件成本低廉的电子现金。

（3）存在货币兑换问题。由于电子现金仍以传统的货币体系为基础，因此英国银行以英国英镑的形式发行电子现金，瑞士银行发行以瑞士法郎为基础的电子现金，诸如此类，因此从事跨国贸易就必须要使用特殊的兑换软件。

（4）风险较大：如果某个用户的硬驱损坏，电子现金丢失，钱就无法恢复，这个风险许多消费者都不愿承担。更令人担心的是电子伪钞的出现，一旦电子伪钞获得成功，那么发行人及其客户所要付出的代价则可能是毁灭性的。

三、电子现金的支付过程和特殊性

1.电子现金的支付过程

（1）用户在E-Cash银行开立E-Cash账号，用现金服务器账号中预先存入的现金来购买电子现金证书，则这些电子现金有了价值，并被分成若干成包的电子"硬币"，可在商业领域进行流通。

（2）使用计算机电子现金终端软件从E-Cash银行取出一定数量的电子现金存在硬盘上，通常少于100美元。

（3）用户与同意接收电子现金的厂商洽谈，签订订货合同，使用电子现金支付所购商品的费用。

（4）接收电子现金的厂商与电子现金发放银行之间进行清算，E-Cash银行将用户购买商品的钱支付给厂商。

电子现金支付模式如图6-12所示。

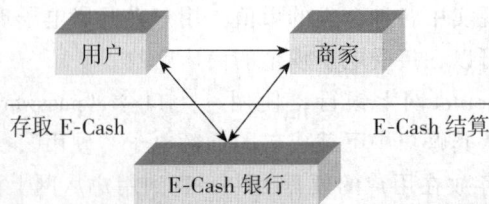

图6-12　电子现金支付模式

2.电子现金支付的特殊性

目前主要有3种实用系统开始使用，具体为：

Digicash（http：//www.digicash.com）：无条件匿名电子现金支付系统。其主要特点是通过数字记录现金，集中控制和管理现金，是一种足够安全的电子交易系统。

Netcash（http：//www.isi.edu）：可记录的匿名电子现金支付系统。其主要特点是设置分级货币服务器来验证和管理电子现金，使电子交易的安全性得到保证。

Modex（http：//www.modex.com）：欧洲使用的、以智能卡为电子钱包的电子现金系统。它具有多种用途，具有信息存储、电子钱包、安全密码锁等功能，安全可靠。

【任务描述】

电子现金账户也可以称为电子钱包，内置在具有IC芯片的银行卡中，可以把储蓄卡里的钱充值（圈存）到电子现金账户，电子现金的钱可用于闪付消费。你知道中国银行网上银行如何添加电子现金账户吗？

【任务实施】

步骤1 首先在浏览器中打开中国银行网上银行登录页面，输入"用户名/银行卡号"和"密码"后，进行登录（如图6-13所示）。

图6-13 中国银行网页

步骤2 登录中国银行网上银行个人中心页面之后，单击"银行账户"（如图6-14所示）。

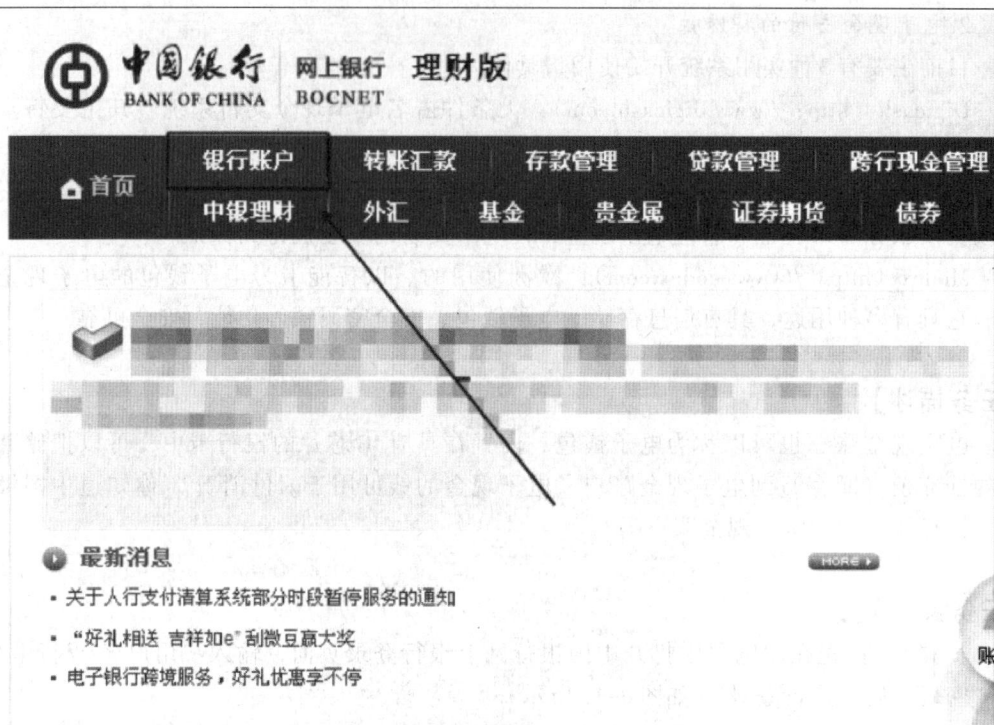

图6-14　中国银行网上银行个人中心页面

步骤3　接着在左侧导航栏单击"电子现金账户"（如图6-15所示）。

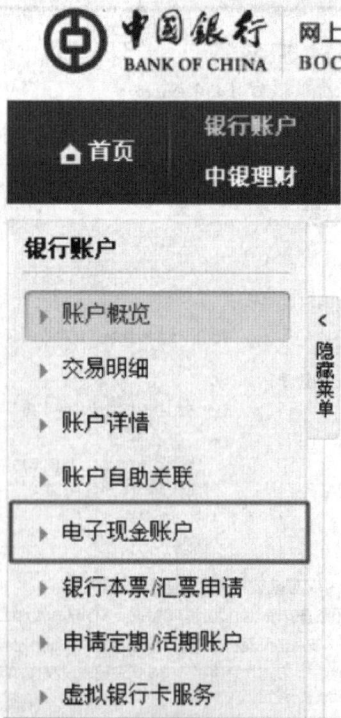

图6-15　左侧导航栏页面

步骤4 进入新页面之后，在提示语处单击"这里"（如图6-16所示）。
（如果你已添加过的话，那么在此页面就可以看到你的电子现金账户了）

| 贷款管理 | 跨行现金管理 | 公用服务缴费 | 民生服务 | 信用卡 |
| 证券期货 | 债券 | 保险 | 期权 | 结售汇 | 全球服务 |

网上银行的芯片卡电子现金账户。

若有未关联进网银的芯片卡，**请点击 这里 ！**

图6-16 提示语页面

步骤5 进入添加管理账户页面之后，输入"待关联银行卡号"、"取款密码"和验证码，然后选择一种安全工具，点击"下一步"（如图6-17所示）。

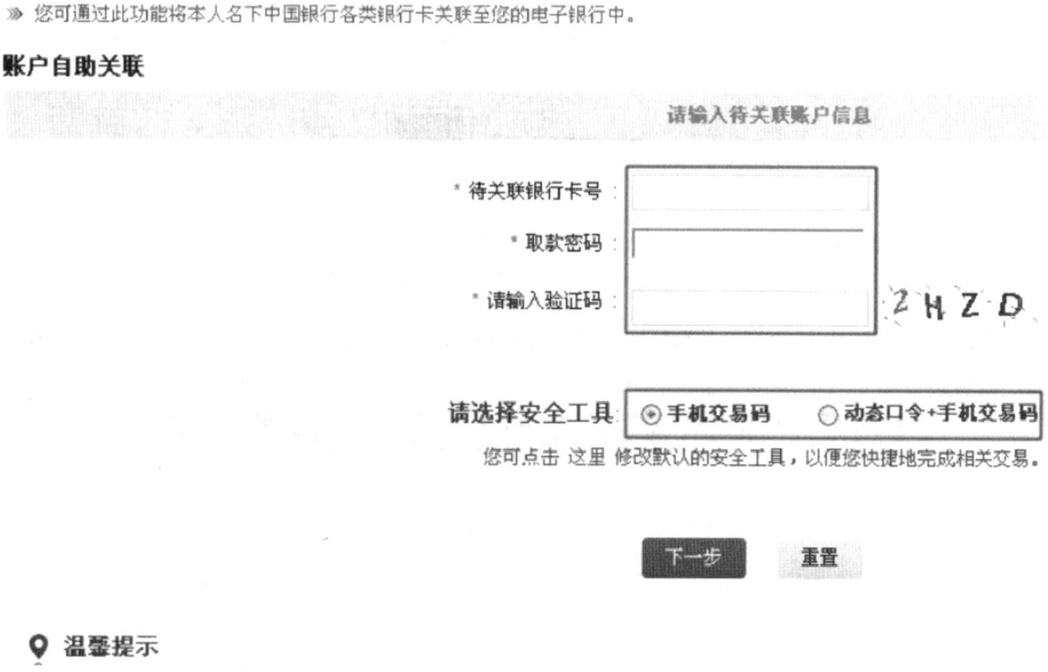

» 您可通过此功能将本人名下中国银行各类银行卡关联至您的电子银行中。

账户自助关联

请输入待关联账户信息

* 待关联银行卡号：
* 取款密码：
* 请输入验证码： ZHZD

请选择安全工具：⊙手机交易码 ○动态口令+手机交易码
您可点击 这里 修改默认的安全工具，以便您快捷地完成相关交易。

下一步　重置

📍 温馨提示

图6-17 输入待关联账户信息页面

步骤6 进入验证安全工具页面，如果选择的是手机交易码作为验证方式，那么此时先点击"获取手机交易码"（如图6-18所示）。

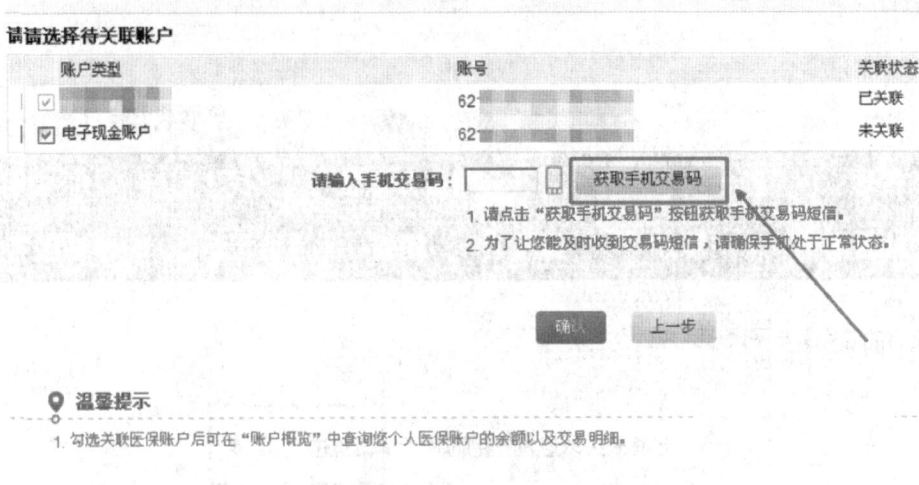

图6-18 获取手机交易码

步骤7 随后将手机收到的验证码输入验证框后，点击"确认"（如图6-19所示）。

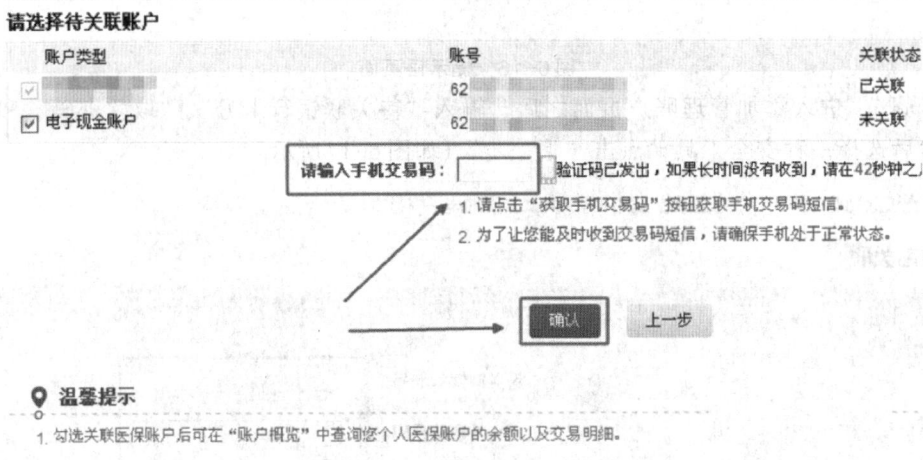

图6-19 验证确认

步骤8 验证成功之后，页面显示为"以下账户已成功关联至网银！"（如图6-20所示）就可以了。

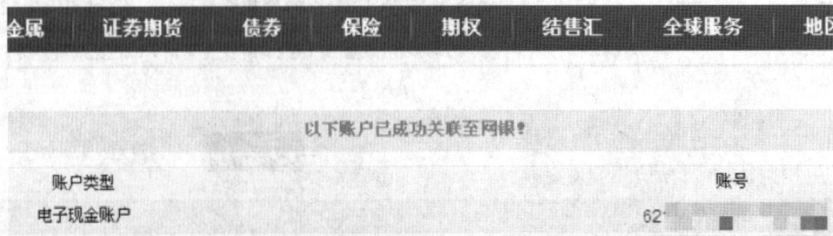

图6-20 账户已关联至网银页面

任务五　熟悉第三方支付平台

【案例导入】

中国企业品牌研究中心的研究数据显示，2019年我国第三方支付平台品牌力指数排名前10位的如下：

1. 支付宝。它是全球领先的第三方支付平台，国内最大第三方支付平台，其互联网支付深受用户信赖。

2. 微信支付。它是集成在微信客户端的支付功能，用户可以通过手机完成快速的支付流程。从交易笔数来说，财付通旗下的微信支付单用户月交易笔数是支付宝的5倍。微信支付通过发展社交金融，大规模扩展线下零售支付，接连推出微信小程序、微信指数等，试图建立社群金融体系。

3. 财付通。它是由腾讯集团推出的专业支付平台，中国领先的在线支付服务提供商，第三方支付知名品牌，是目前唯一能和支付宝抗衡的第三方支付平台。

3. 银联在线。它是由中国银联打造的互联网业务综合商务平台，第三方支付的领先者，是中国银联控股上海银联电子支付服务有限责任公司旗下品牌。银联接连推出"云闪付"，试图抢占NFC支付市场。

4. 翼支付。它是天翼电子商务有限责任公司旗下品牌，覆盖餐饮娱乐、交通出行、电商购物、民生缴费、通信交费等多个生活消费场景的便民服务。

5. 百度钱包。度小满钱包（原"百度钱包"），是度小满金融（原百度金融）旗下第三方支付应用和服务平台。百度金融旗下的百信银行已得到银监会（现银保监会）批复，成为国内少数几家获得银行牌照的民营银行机构。

6. 京东支付。它是京东金融旗下的第三方支付平台。此外，京东金融旗下还有京东白条、京东小金库等业务，并即将上线京东保险和筹建京东银行。

7. 快钱。它是国内首家基于E-mail和手机号码的大型综合支付平台，快钱被万达收购后，成为万达布局互联网金融的重要棋子。快钱通过把第三方支付与商超、便利店、院线、酒店、停车场、交通枢纽等不同场景结合，试图实现其"场景+金融"的战略布局，并衍生出理财、信贷等一系列新产品。

8. 国际第三方支付平台PayPal。PayPal于1998年12月由Peter Thiel及Max Levchin建立，是一个总部在美国加利福尼亚州圣荷塞市的在线支付服务商。

9. 汇付天下。汇付天下有限责任公司是国内第三方支付行业领先企业，首家获得证监会批准开展网上基金销售支付与结算业务的企业。

10. 易宝支付。易宝支付有限责任公司是中国支付行业的开创者，国内互联网金融行业领先型企业，中国极具成长价值的电子支付品牌。

资料来源　观研天下. 2019年我国第三方支付平台品牌力指数排名［EB/OL］.［2019-11-02］. http://data.chinabaogao.com//b2b.toocle.com/detail--6343364.html.

【知识准备】

在"互联网+"时代的大背景下，传统消费支付模式已经满足不了消费者的需求，在线第三方支付顺应时代的发展，顺势而生。作为互联网金融发展的基石，目前互联网第三方支付已经成为我国互联网金融发展相对成熟的领域。以2004年支付宝成立为起点，在十几年的时间内，第三方支付工具支撑起了中国蓬勃发展的电子商务世界。第三方支付工具现有的影响力已超越电子商务的界限，开始渗透到普通用户更细微的日常生活之中。第三方支付是在银行监管下保障交易双方利益的独立机构，是买卖双方在交易过程中的资金"中间平台"。第三方支付以其简化的交易操作流程、较低的商家和银行的资金使用成本以及详尽的交易记录体系被用户所青睐。以支付宝、微信支付为代表，并通过移动支付的拓展，改变了普通大众的消费支付习惯。另一方面，作为第三方支付的纽带——银行，也凸显出了对第三方支付平台的依赖。这主要体现在对客户备付金的需求。大型的第三方支付平台凭借手里几百亿元的支付沉淀资金，大大加深了与银行间的紧密联系。

我国正在运营的第三方支付机构类型主要分为3种：第一种是预付卡的发行与受理。目前共有168家获得"支付业务许可证"的预付卡企业，在第三方支付严监督的背景下，预付卡细分行业的红利逐步消失。具有银行卡收单资质的非银金融机构，在我国有几十家，包括银联商务、拉卡拉、快钱等。第二种是网络支付类机构，包括互联网支付、移动支付、固话支付和数字电话支付。近几年来，非银支付机构网络交易额增长迅速，以在线支付为主，捆绑大型电子商务网站，迅速做大做强。第三种是金融支付企业，如以银联电子支付、快钱、汇付天下为首的支付企业，侧重行业需求和开拓行业应用。中国国内的第三方支付平台主要有支付宝、银联商务、PayPal、财付通等。

一、中国银联

1. 银联在线支付

中国银联是经国务院同意、中国人民银行批准设立的中国银行卡联合组织，成立于2002年3月，总部设在上海。银联网上支付包括银联电子支付和银联在线支付。银联电子支付网关仅支持网银支付；银联在线支付网关主要支持无卡支付，也支持网银支付。目前正在整合两个支付网关，大力推广银联在线支付平台。

2. 银联手机支付

银联手机支付服务是中国银联在各商业银行的支持下，为持卡人提供的、通过手机对银行卡账户进行操作以完成支付交易的一种新型支付服务。该业务将通信运营商的无线通信网络和银行金融系统相连，使手机变成随时、随地、随身的个人金融支付终端，持卡人足不出户，便可享受安全、便捷、快速的金融支付服务。

从服务内容上，银联手机支付能够同时满足持卡人现场与远程的不同金融支付需求：

（1）现场支付：持银联手机支付产品，在标有银联"闪付"标识的受理终端上，就可以进行现场非接触式支付。

（2）远程支付：目前，银联手机支付的远程金融服务已开通多项功能，包括账户余额查询、银行卡转账、信用卡还款、水电气缴费、手机充值缴费、固话宽带充值缴费、游戏点卡等数字产品的购买、电影院订票订座、机票与酒店的预订和支付，以及网上商城的电子账单支付等，还有更多精彩功能正在陆续开通中。

在支付时，银联手机支付的大部分业务，如便民缴费等，都是免收服务费与手续费的，持卡人在享受便捷支付的同时，不会产生任何额外费用。

从安全性上看，银联手机支付使用了目前国际最先进、最安全的智能加密技术，采用硬件级加密，提供优于传统银行卡和网上银行的安全等级保障。

3.银联迷你付（Minipay）

银联迷你付是为金融IC卡持卡人进行互联网支付而推出的一款创新支付产品，相对于其他互联网支付方式具有安全、便捷、多应用的特点。银联迷你付产品可受理境内外商业银行发行的符合PBOC2.0标准的金融IC卡，支持借/贷记主账户余额查询、消费，指定账户充值，电子现金余额查询、交易等功能。同时，随着产品的不断完善，未来还将实现互联网身份认证、电子票券下载、行业卡充值等功能。

银联迷你付的特点：

（1）多重保护，保障安全。交易时需输入密码并读取金融IC卡相关信息，更加安全可靠；迷你付终端内置唯一的终端证书，无法仿冒；所有交易信息均在终端及后台服务器之间进行处理，交易不在PC上落地，无须担心PC上的木马、钓鱼软件、键盘测录等非法程序；个人密码仅在终端输入，通过双重加密方式，保证私密信息安全。

（2）管理灵活、便捷。终端可自动检测并安装驱动等程序，可实现自动弹出登录、管理页面等功能；持卡人在商业银行等渠道获取迷你付产品后，在任意可上网的环境，注册并登录迷你付账户，即可自助开通相关业务，开通流程简单、便捷。

（3）功能强大，支持多种交易及应用。通过银联迷你付产品，持卡人无须在网页上输入卡号，仅需在终端上输入密码，即可安全完成交易，同时交易无限额（信用卡以商业银行授信额度为最高限额，借记卡以实际存款金额为最高限额）；持卡人足不出户即可通过迷你付门户页面，进行金融IC卡电子现金账户的充值；持卡人可通过迷你付产品将电子优惠券、电子票及会员卡信息下载至金融IC卡中，真正实现"多卡合一、一卡多用"。

4.智能电视支付

智能电视支付是中国银联研发的新一代面向个人和家庭的支付产品。产品将银行卡交换网络与广电网络相结合，使用户在家中通过电视遥控器就可以轻松实现银行卡的查询，水、电、通信、电视等费用的缴纳，电视购物以及互动游戏等多种金融业务服务，是面向个人和家庭的新型电子支付产品和服务渠道，也是未来面向家庭和个人支付的一种新趋势。2011年，中国银联率先在深圳、江苏开展了电视支付业务。2012年，中国银联智能电视支付已与国内多家广电运营商、互联网电视厂商建立了合作关系，业务正在向全国推广中。

（1）智能电视支付的功能。

①缴费充值。

公用事业缴费：水、电、燃气、暖气等。

充值业务：移动和联通手机、固定电话、行业卡充值。

有线电视付费：按节目包、按月、按年缴费，支持VOD视频点播付费。

缴纳保费、交通罚款、养路费等。

②电视购物。

家庭超市：通过电视订购当地连锁超市商品，购物价格更优惠，送货上门更轻松。

电视商城：通过电视浏览、优惠订购流行畅销的各类商品。

电子票务：在线订购电子机票、影剧演出票等。

数字商品：在线购买QQ点卡、游戏点卡、通信充值卡等。

（2）智能电视支付的特点。

①覆盖数字电视、IPTV、互联网电视及OTT机顶盒等多种产品形态，具有良好的用户体验，业务开通便捷、操作简单。

②提供端到端的安全支付通道，从而保证从电视终端输入信息的安全性。

③基于端到端加密的安全体系，通过支付客户端软件，保证电视终端数据输入、存储和传输的安全性。

④整合产业链各方内容，提供多种业务模式和丰富的电视支付业务。

5.银联卡闪付

（1）银联卡"闪付"是指符合国家金融标准的非接触式支付规范，使用非接触式（感应式）的方式，支持借贷记功能、电子现金功能和其他应用功能的快捷支付。它主要应用于快餐、菜市场、景区和公共交通等小额快速支付和公共服务领域，物业社区、校园等集中使用领域以及便利店、超市等部分传统商户。

银联云闪付实际上是"银联闪付Quick Pass"的升级服务，支持智能手机承载银行卡（信用卡、借记卡）的信息，并且进行加密校验，银联云闪付需要手机支持NFC功能才可以使用，部分银行的银联卡用户可以在手机银行APP中生成一张电子银行卡作为实体卡的替身，也就是云闪付卡。

（2）用户在支持银联闪付的非接触式支付终端上，使用具备闪付功能的银联金融IC卡或NFC手机，用挥卡方式，把卡或手机贴在具有银联"闪付"标识的POS及其他具有银联闪付标识的机具上，听到"嘀"的一声即成功完成支付，无须输入密码和签名。操作方式类似于公交车刷卡。

（3）闪付是使用银行卡闪付。云闪付就是开通Pay业务直接使用手机闪付（如图6-21所示）。

图6-21 手机云闪付

（4）云闪付使用流程。

①首先用户需要一部支持其功能的手机，在手机上安装各家手机银行客户端，激活非接触式支付功能。

②持卡人需去相关银行开通手机银行（银行柜台可办理），然后在手机银行APP中生

成一张云闪付卡。

③满足以上两步后，在具有银联"闪付"标识的POS机上挥手机就可以进行支付（不必打开手机银行APP，只要点亮屏幕靠近POS机即可完成支付）。这种支付体验更便捷，无须手机联网，更符合现在人们的需要。

④"如果手机不慎丢失，云闪付卡能够在银行挂失，而且在此期间用户发生的损失可获得保险赔付。"根据中国银联网站发布的信息：2019年云闪付APP注册用户突破1.9亿个，可在境内外超过1 600万家线下商户使用，已累计接入432个合作机构APP，基本实现电子账户的联网通用。同时，支持逾400家银行借记卡余额查询、逾130家银行信用卡账单查询并零手续费还款。通过云闪付还可享受公交地铁、餐饮商超、公共事业缴费、线上线下一站式办税、小微企业商户申请等多元化的移动支付综合服务，丰富创新的服务体系受到越来越多用户的欢迎。

二、支付宝

支付宝是国内领先的独立第三方支付平台。支付宝最初是作为淘宝网为了解决网络交易安全所设的一个功能，该功能为首先使用的"第三方担保交易模式"：由买家将货款打到支付宝账户，由支付宝向卖家通知发货，买家收到商品确认后指令支付宝，支付宝将货款给卖家，至此完成一笔网络交易。支付宝于2004年12月独立为浙江支付宝网络技术有限公司，是阿里巴巴集团的关联公司，2011年5月26日获得央行的"非金融机构电子支付牌照"认证。支付宝现已成长为全球最领先的第三方支付平台之一。

2011年5月至2015年3月，央行发布了8批共270张第三方支付牌照，除了因为违规被撤销的3张，市场上还有267张。这267张牌照中，真正有影响力、有上亿用户的，只有两家：一家是最老牌的第三方支付蚂蚁金服的支付宝；另一家就是微信支付了。2019年支付宝公布用户数量超过10亿个。目前支付宝已经在英国、印度、菲律宾、印度尼西亚、马来西亚、巴基斯坦、孟加拉国、韩国、中国香港等国家和地区，落地了属于本地人的"支付宝"。截至2019年5月，支付宝已与全球250多个金融机构建立合作关系，一方面为海外商家和用户提供在线收付款服务，另一方面在全球54个国家和地区为中国消费者提供境外线下支付服务。目前支付宝在境外的线下支付业务，集合了衣食住行玩乐等各个领域的全球数十万商家，并且全球有超过80个机场，在使用支付宝进行即时退税。易观发布的《2019年第三季度移动支付市场监测报告》显示，2019年第三季度支付宝在移动支付市场份额达53.58%，排名第一，并且在前3个季度保持了增长。第二名的财付通（含微信支付）市场份额为39.53%。两者已经占据了中国移动支付市场份额的93.11%。

1.申请账号

（1）登录支付宝网站，点击"免费注册"按钮。

（2）输入注册信息，请按照页面中的要求如实填写，否则会导致您的支付宝账户无法正常使用。注意：支付宝账户分为个人和企业两种类型，请根据自己的需要慎重选择账户类型。企业类型的支付宝账户一定要有企业银行账户与之匹配。

（3）正确填写了注册信息后，点击"确认注册"，支付宝会自动发送一封激活邮件到您注册时填写的邮箱中。

（4）登录邮箱，点击邮件中的激活链接，激活您注册的支付宝账户。

（5）激活成功则支付宝注册成功，即可体验网上安全交易的乐趣。

2.注意事项

（1）您必须注册成为支付宝的用户，并使支付宝账户有足够的现金（可以通过网银充值实现）。

（2）如果您支付宝账户余额不足，支付宝目前提供各大银行的网上支付功能。

（3）您在淘宝网站上购物，选择网上支付，然后选择支付宝支付即可，支付成功后支付宝会立即通知发货，在您收到商品后，需要在淘宝上确认您收到商品，同时给予卖家评价。

（4）收到商品后根据运输方式（快递、平邮还是EMS）到达一定期限后，如果没有确认付款，货款会自动打入卖家的账户。

3.使用安全说明

（1）遵循支付宝平台的本身规则与流程。

（2）谨慎接收交易方发来的链接和文件。

（3）加强安全意识，安装专业的杀毒软件，保持上网环境安全。

（4）建议使用支付宝的安全产品，安装一些免费的上网安全工具，定期为电脑进行漏洞修复、木马查杀。

（5）遇到钓鱼要第一时间向公安机关报案，支付宝会全力配合并帮助用户挽回损失。

【小知识6-5】

支付宝花呗是蚂蚁微贷向已经通过实名认证的淘宝、天猫会员提供的，用于淘宝、天猫网购等的无息信用贷款，类似于生活中的信用卡。花呗的额度跟支付宝以往的消费水平等相关。花呗的还款期限是在网购后的下月10日之前，期限内还款不收取任何费用利息，超期还款将会按未还金额的0.05%每日收取利息。

三、微信支付

微信支付是由腾讯公司知名移动社交通信软件微信及第三方支付平台财付通联合推出的移动支付创新产品，旨在为广大微信用户及商户提供更优质的支付服务。微信的支付和安全系统由腾讯财付通提供支持。无须任何刷卡步骤即可完成支付，整个过程简便流畅。2015年5月5日，家乐福中国与微信支付O2O战略合作发布会在深圳举办，家乐福中国宣布，广州、深圳的13家门店将首批接入微信支付。2015年9月25日，微信支付与麦当劳中国达成合作协议。自2016年3月1日起，微信支付调整手续费收取政策，从零钱到银行卡的超额提现需要收取一定的手续费。具体收费标准是从2016年3月1日起计算，每位用户（身份证维度）有终身累计1 000元免费提现额度，超出1 000元部分按银行费率收取手续费，目前费率均为0.1%。2019年1月1日起，微信支付对每位用户每个自然月累计信用卡还款额超出5 000元的部分按0.1%进行收费（最低0.1元），不超过5 000元的部分仍然免费。根据微信支付所披露的还款收费规则，微信用户每人每月累计还款在5 000元以内的，不收取任何形式手续费。对于同一身份证下的多个微信账户，共享每月5 000元免费额度。对于为他人还款的用户，在支付时将占用支付方自己的免费额度，不占用被还款方的免费额度。2019年微信的用户超过11亿个，在新规（指《非银行支付机构网络支付业务管理办法》）出来之前，微信支付的用户实际上有7亿个之多；新规出台后，绑卡的用户仍超过3亿个，依然是中国第二大的第三方支付平台。

用户只需在微信中关联一张银行卡，并完成身份认证，即可将装有微信APP的智能手机变成一个全能钱包，之后即可购买合作商户的商品及服务，用户在支付时只需在自己的智能手机上输入密码，无须任何刷卡步骤即可完成支付，整个过程简便流畅。

1.微信支付流程

第一步，打开微信APP，点击右上角的"⊕"，在弹出框中，点击"扫一扫"（如图6-22所示）。

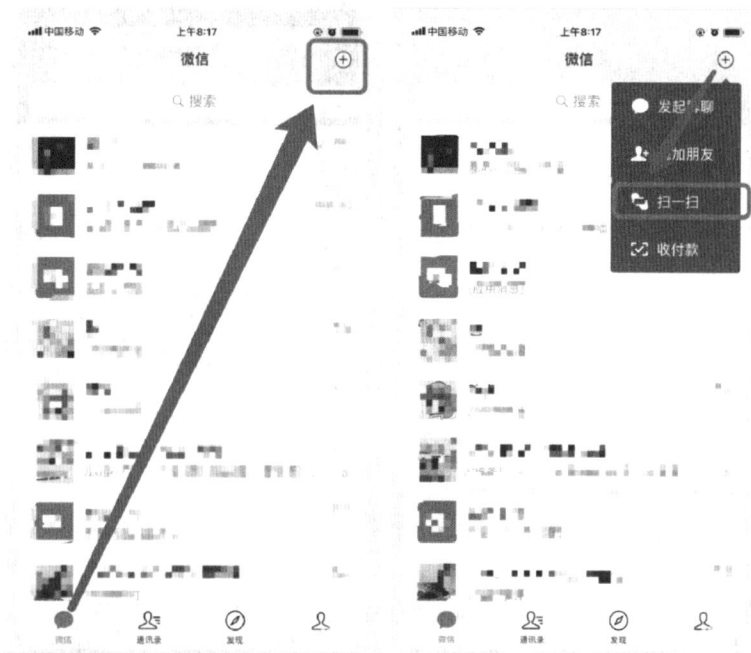

图6-22　微信支付流程（一）

第二步，扫描对方的二维码，扫描成功之后，会跳转到转账页面（如图6-23所示）。

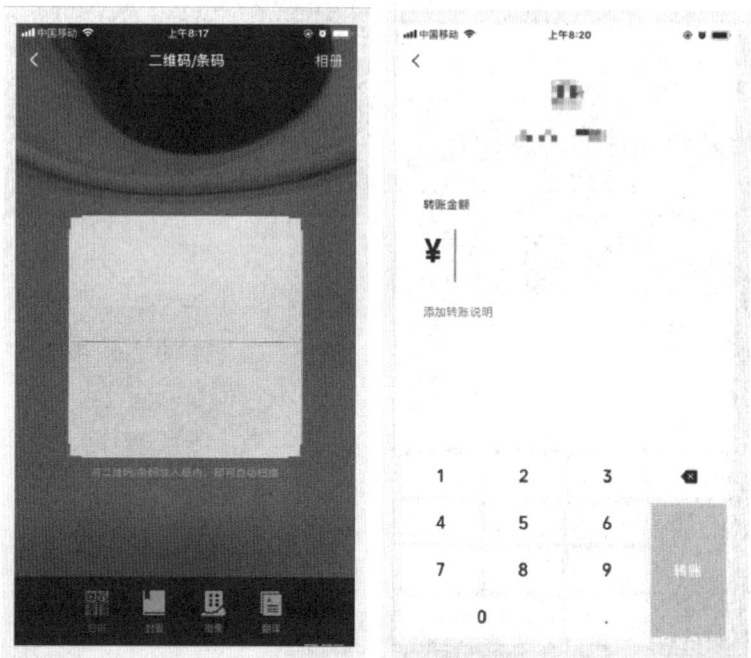

图6-23　微信支付流程（二）

第三步，在转账页面，输入要付款的金额，并点击"转账"。在接下来的页面，输入正确的密码，即可完成支付（如图6-24所示）。

图6-24　微信支付流程（三）

第四步，支付完成会提示你是否开启面容支付。如果开启的话，然后点击右上角的四个小方格图案（如图6-25所示）。

图6-25　微信支付流程（四）

第五步，点击"支付管理"，打开面容支付（如图6-26所示）。

图6-26 微信支付流程（五）

【小思考6-2】

什么是微信二维码？

答：微信主要是通过智能手机平台，支持发送语音短信、视频、图片和文字，可以群聊。微信二维码是腾讯开发出的配合微信使用的添加好友和实现微信支付功能的一种新方式，是含有特定内容格式的、能被微信软件正确解读的二维码。

2.微信支付安全保障

（1）技术保障：微信支付后台有腾讯的大数据支撑，海量的数据和云计算能够及时判定用户的支付行为是否存在风险。基于大数据和云计算的全方位的身份保护，最大限度保证用户交易的安全性。同时微信安全支付认证和提醒，从技术上保障交易的每个环节的安全。

（2）客户服务：7×24小时客户服务，及时为用户排忧解难。同时为微信支付开辟的专属客服通道，以最快的速度响应用户提出的问题并做出判断处理。

（3）业态联盟：基于智能手机的微信支付，将受到多个手机安全应用厂商的保护，如腾讯手机管家等，将与微信支付一道形成安全支付的业态联盟。

（4）安全机制：微信支付从产品体验的各个环节考虑用户的心理感受，形成了整套安全机制和手段。这些机制和手段包括硬件锁、支付密码验证、终端异常判断、交易异常实时监控、交易紧急冻结等。这一整套的机制将对用户形成全方位的安全保护。

（5）赔付支持：如果出现账户被盗被骗等情况，经核实确为微信支付的责任后，微信支付将在第一时间进行赔付；对于其他原因造成的被盗被骗，微信支付将配合警方，积极提供相关的证明和必要的技术支持，帮用户追讨损失。

【任务描述】

近年来，第三方支付行业发展非常迅速，这既是由于市场规则不断完善，也是基于互联网与电子商务的快速发展。第三方支付不仅正深刻改变着每个人的生活，也在撼动着传统银行业的"自大"地位与心理。随着整个支付市场的快速发展，第三方支付平台与商业银行的关系也在不断变化，由最初的完全合作逐步转向了竞争与合作并存。请以银联商务、易付宝和财付通为例，说明第三方支付平台及其应用情况。

【任务实施】

1. 银联商务

步骤1　进入银联商务首页（https：//www.chinaums.com）（如图6-27所示）。

图6-27　银联商务首页

步骤2　了解全民付（如图6-28所示）。

全民付是银联商务推出的便利支付产品，旨在满足用户日常消费、还款、缴费、转账等交易需求。"全民付蓝鲸"产品不仅可以聚合受理刷脸支付方式，还能兼容市场主流钱包的扫码支付，是一款实现刷脸及扫码聚合的支付产品。为个人用户优化和提升支付体验的同时，"全民付蓝鲸"产品是商户不可多得的经营利器，不仅能满足商户独立收银、外接收银机收银等多种个性化收银需求，还能通过对接银联商务"全民惠"营销平台、"媒体资源开放平台"，以刷脸终端显示屏为载体，为商户提供包括会员营销、券码核销、广告推送等智能营销服务，全面助力商户提高运营效率、降低运营成本。

图6-28　银联商务全民付近场支付+远程支付

步骤3　全民付移动支付在线申请开通流程举例（如图6-29所示）。

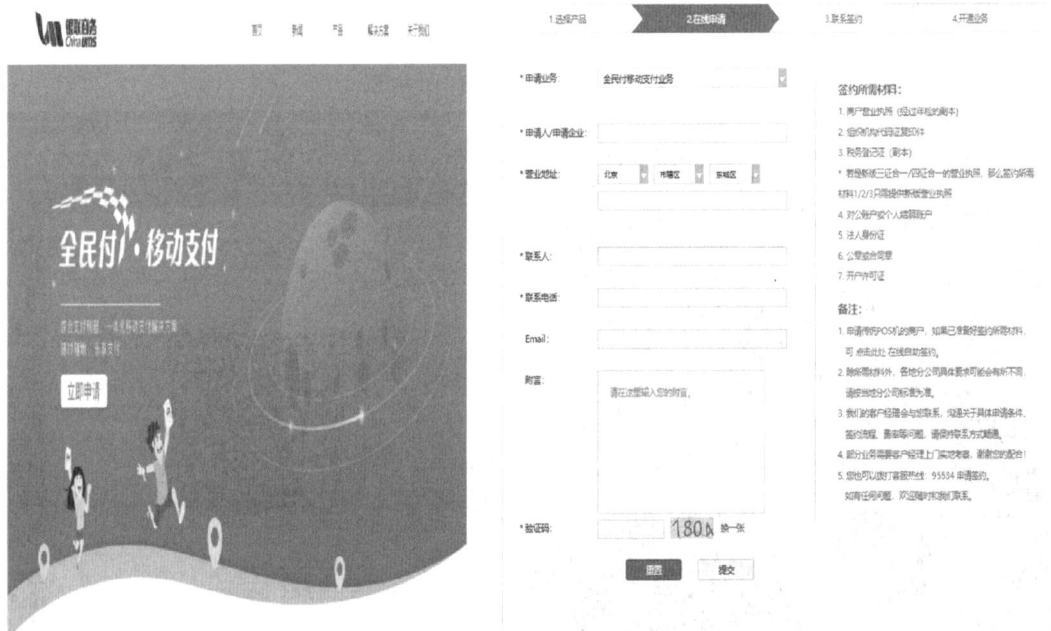

图6-29　全民付移动支付在线开通流程举例

2.易付宝

易付宝是苏宁易购旗下第三方支付公司，就和支付宝差不多，也有转账汇款、还信用卡、充话费、交水电煤气费、理财、保险等功能。当用户在苏宁易购上注册会员后就会同步拥有易付宝的账户，用户可以直接在苏宁易购上给易付宝账户充值，充值后可以使用易付宝付款。

步骤1　进入苏宁易购首页（https：//www.suning.com）（如图6-30所示）。

图 6-30　苏宁易购首页

步骤2　点击易付宝，可以扫码安装（如图 6-31 所示）。

图 6-31　易付宝页面

步骤3　按照屏幕提示内容完成手机号码注册（如图 6-32 所示）和邮箱地址注册（如图 6-33 所示）。

图 6-32 手机号码注册

图 6-33 邮箱地址注册

3.财付通

步骤 1 进入财付通首页（https：//www.tenpay.com）（如图6-34所示）。

图6-34 财付通首页

步骤2　了解财付通的相关业务及其功能（如图6-35所示）。

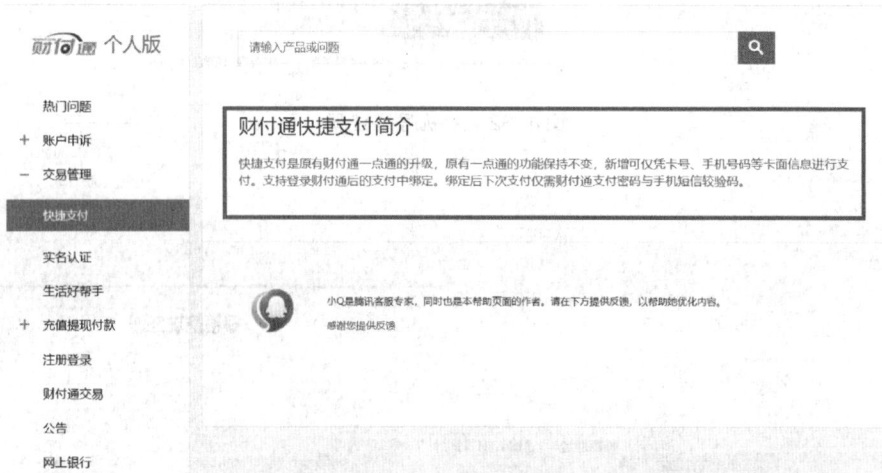

图6-35 财付通个人版

项目总结

　　本项目主要介绍了电子支付工具的支付流程，特别是对电子现金、电子支票、智能卡的使用原理和主要功能进行了详细阐述，详细介绍了我国主要的第三方支付平台及其提供的服务，为今后适应网上购物奠定了扎实的基础。电子支付工具将会改变我们的生活方式以及贸易方式。在世界各地，电子支付工具都在运行当中并取得了极大的成功，得到了众多用户和系统运营商的青睐。未来的电子支付必然涉及与金融领域相关的银行、证券、保险、邮电、医疗、文体娱乐和教育等众多行业，市场潜力巨大。

基本训练

一、核心概念

电子支票　电子现金　智能卡　第三方电子支付

二、简答题

1.简述电子现金的支付过程。

2.简述电子支票的交易步骤。

3.简述智能卡系统的工作过程。

三、案例分析题

小张的网店是卖踏步机的。一个买家小王看中了小张的液压踏步机。说急要，他派快递到小张这里来取件，小张以为快递取件是小王和小张当面交易，结果却不是。小王说用财付通放心一些，说得也对。拍下后，很快就付完款了。没过一小时，快递就到了，说给小王来取件。小张看是对的，就交给快递了。快递取了件就走了，什么也没留。第二天，小张想小王可以给我确认了吧。没想到，小王申请退款，说快递没有取到东西，还说小张没有发货。

试分析这个案例给了我们什么启示。

项目实训

登录财付通网站，熟悉财付通的使用流程。

项目七　网上银行

学习目标

1.知识目标：了解网上银行的产生、网上银行的发展模式、网上银行的类型、网上银行的风险与管理措施，理解并掌握家居银行与企业银行的含义，掌握家居银行与企业银行的业务、网上银行与传统银行的区别。

2.技能目标：掌握家居银行、企业银行的使用，掌握金融call center的使用方法，能够熟练使用家居银行与企业银行的网上服务。

3.能力目标：具有家居银行、企业银行系统操作的基本能力，具有一定的防范银行业务风险的能力。

网上银行作为科技创新和金融创新相结合的产物，在金融全球化条件下，突破时空限制，可以在24小时内连续运行。用户可以随时随地通过ATM、手机、电脑终端等各种方式来享受银行服务和产品。和传统银行业务相比，网上银行可以提供原来所无法提供的服务。

任务一　认识网上银行

【案例导入】

2019年12月5日，中国金融认证中心（CFCA）正式对外发布的《2019中国电子银行调查报告》显示，在个人手机银行方面，17家全国性商业银行用户平均规模为8 603万个，较去年同期7 696万个提升11.8%。个人手机银行用户数量最多的仍为工商银行，2019年用户规模首次突破3亿个。同时，71家区域性商业银行个人手机银行用户平均规模为235万个，浙江省农信社用户数量居于首位。在全部88家受访银行中，个人手机银行用户数量破亿个的银行共有4家，预计在下一次电子银行调查报告发布之时，全国性商业银行个人手机银行用户平均规模有望突破1亿个。

从用户活跃度来看，全国性商业银行个人手机银行活动用户比例平均为42.1%，区域性商业银行个人手机银行活动用户比例平均为44%。在交易用户比例上，全国性商业银行和区域性商业银行显示出一定差异：全国性商业银行个人手机银行交易用户比例平均为23.5%，各行中最高为41%；区域性商业银行个人手机银行交易用户比例平均为30%，各行中最高为92%。

生物信息登录方式体验研究指出，2019年指纹登录方式的使用在全国性商业银行中已经达到94%，在区域性商业银行中已达到73%。相比指纹登录方式，人脸识别登录方式增长比例较低，2019年全国性商业银行中使用人脸识别登录方式的仅占39%，区域性商业银行仅占27%。此外，声纹识别的登录方式也开始出现在银行业内，在参加评测的90

多家银行中已有3家银行设置了声纹识别的登录方式。

虽然手机银行等移动终端应用已非常普遍，但与互联网企业相比，银行推出的相关应用普遍存在服务内容单一、缺乏产品整合与高频互动、客户活跃度不高、客户体验不好、客户黏性不足等问题。2019年5G技术商用所带来的对传统应用颠覆效应及对VR等新应用的带动效应，或将为银行补齐移动网上业务短板带来机遇。随着人工智能、大数据等新兴技术的快速发展，2020年网上银行建设或将重点从"三个融合"（即金融与科技的融合、线上与线下的融合、人工与智能的融合）做起。

【知识准备】

一、网上银行的产生

1.网上银行的含义

网上银行（internet banking），包含两个层次的含义：一个是机构概念，指通过信息网络开办业务的银行；另一个是业务概念，指银行通过信息网络提供的金融服务，包括传统银行业务和因信息技术应用而带来的新兴业务。在日常生活和工作中，我们提到网上银行，更多是第二个层次的概念，即网上银行服务的概念。网上银行业务不仅是传统银行产品简单的网上转移，其他服务方式和内涵也发生了一定的变化，而且由于信息技术的应用，产生了一些全新的业务品种。

网上银行又称网络银行、在线银行，是指银行利用internet技术，通过internet向客户提供开户、销户、查询、对账、行内转账、跨行转账、信贷、网上证券、投资理财等传统服务项目，使客户可以足不出户就能够安全便捷地管理活期和定期存款、支票、信用卡及个人投资等。一般来说，网上银行的业务品种主要包括基本业务、网上投资、网上购物、个人理财、企业银行及其他金融服务。网上银行又被称为"3A银行"，因为它不受时间、空间限制，能够在任何时间（anytime）、任何地点（anywhere），以任何方式（anyhow）为客户提供金融服务。

网上银行业务主要包括利用互联网和计算机所开展的网上银行业务、利用无线网络和移动电话开展的手机银行业务、利用电话等声讯设施及电信网络所开展的电话银行业务，以及其他的利用网络和电子服务设备等、客户通过自助服务方式所完成的金融交易等业务活动。

网上银行最早起源于美国，其后迅速蔓延到internet所覆盖的各个国家。为了满足客户对于金融服务的各种随机性、便捷性要求，各国网上银行正在努力开展金融创新业务，新兴的在线金融服务层出不穷。1996年6月，中国银行在互联网上设立网站，开始通过国际互联网向社会提供银行服务。

【小知识7-1】

2014年10月16日，阿里小微金融服务集团以蚂蚁金融服务集团（以下简称蚂蚁金服）的名义正式成立，旗下业务包括支付宝、支付宝钱包、余额宝、招财宝、蚂蚁小贷和网商银行（筹）等。2015年6月25日，蚂蚁金服推出网商银行MYbank。

2.我国网上银行的发展历程

从我国网上银行发展历程来看，大概可以分为4个阶段：

第一阶段：银行网上服务单一，仅开通了银行网站，提供账户查询等简单的信息类服务，而且主要操作集中在单一账户上。网银更多地被作为银行的一个宣传窗口。这是网银发展的第一阶段，被称为"银行网站"阶段。

第二阶段：银行上网阶段，银行致力于将传统的柜面业务转移到网上银行，增加了转账支付、缴费、网上支付、金融产品购买等交易类功能，这个阶段的主要特征是多账户的关联操作。

第三阶段：银行的最大转变是真正以客户为中心，因需而变。这一特征在华夏银行推出的网银产品中得到体现。如"集付快线"可以让客户在办理付款业务时，像群发短信一样，同时完成向多个收款人支付款项的结算业务，从而大大提高了工作效率，降低了企业成本。而为满足集团客户资金集中管理需要而推出的"集算快线"，则以产品组合搭配快、现金动态掌握快、资金调配速度快、预算管理实现快的特点，提高了集团客户资金的安全性和流动性以及使用效率。

第四阶段：网上银行相关法律逐步完善，手机银行业务展现出巨大潜力，是用户未来最愿意使用的移动支付方式。届时，网上银行将成为银行的主渠道，传统银行将全面融入网上银行，甚至不再单独区分网上银行。完全依赖或主要依赖网络开展业务的纯虚拟银行陆续出现。

开放银行发展阶段。2018年伊始，一场名为"开放银行"（open banking）的金融变革引发全球银行业的新一股转型浪潮。英国作为"开放银行"理念的最早提出者，自2018年1月13日起，包括汇丰银行在内的9家机构开始彼此共享数据，旨在提高金融服务水平，打破数据垄断，维护金融消费者合法权益。据国际数据公司（IDC）的估计，截至2018年年底，50%的全球领先银行将开放至少5项数据，以数据共享为核心的开放银行理念已经被越来越多的国家所接受并付诸实践。于是，一个全新的概念——开放银行诞生了。

开放银行在全球各地呈持续发展的态势，欧美区域发展最为强劲，尤其是英国，从最初政府支持、研究机构探索，到开放银行标准框架的发布，被认为对开放银行理念的形成做出重大贡献；其次，欧盟的新支付令出台和规范，加速了全球开放银行的探索实践。中国最早是由中国银行提出开放银行概念并发布开放平台的。随着近年来金融市场改革与金融科技的兴起，从新兴的民营银行，到股份制银行和国有大行，都纷纷向开放银行转型，2018年也被看作中国的开放银行"元年"。

所谓开放银行，就是一种以应用程序调用接口（API）技术为技术外观、以数据共享为本质的全新的平台合作模式。

从狭义上而言，开放银行的本质是以数据的开放和共享为核心：在技术层面，开放银行解决技术开放问题，通过API把银行的数据开放给其他相关机构，使得相关机构能够帮助银行面向消费者等开展更好的服务；在内容层面，银行通过开放实现数据的共享，更好地利用和开发银行的数据资产、数据价值；在组织层面，通过网络搭建平台，构建银行网络生态，在生态圈中为消费者、企业等提供更加高效、增值的服务。从广义上而言，开放银行不仅意味着数据的开放与共享，还包含更多银行功能的开放与共享，尤其是在第三方支付领域的开放方面。

开放银行将基于用户数字化，利用新技术助力银行从数据到服务平台化共享，使银行服务嵌入到人们生活的方方面面，人们不再局限于银行网点就能获取无处不在的金融服务，因而被视为银行4.0的起点。在银行4.0时代，客户全球化、银行服务化和场景金融化的趋势逐渐明晰，开放银行是未来银行的主要趋势，未来的交易都是通过数据化来实现的。

中国网上银行的发展历程见表7-1。

表7-1 中国网上银行的发展历程

阶段	特征	主要事件
萌芽阶段 1996—1997年	网上银行服务开发和探索之中	1996年，中国银行投入开发网上银行 1997年，中国银行建立网页，搭建"网上银行服务系统"；招商银行开通招商银行网站
起步阶段 1998—2002年	各大银行纷纷推出网上银行服务	1998年4月，招商银行在深圳地区推出网上银行服务，"一网通"品牌正式推出 1999年4月，招商银行在北京推出网上银行服务 1999年8月，中国银行推出网上银行，提供网上信息服务、账务查询、银证转账、网上支付、代收代付服务 1999年8月，建设银行推出网上银行服务，首批开通城市为北京和广州 2000年，工商银行在北京、上海、天津、广州4个城市正式推出网上银行 2001年，农业银行推出95599在线银行；2002年4月推出网上银行 2002年年底，国有银行和股份制银行全部建立了网上银行，开展交易型网上银行业务的商业银行达21家
发展阶段 2003—2011年	加强网上银行品牌建设、改善产品和服务成为重点；重点业务发展带动各大网上银行业务快速发展	2003年，工商银行推出"金融@家"个人网上银行 2005年，交通银行创立"金融快线"品牌 2006年，农业银行推出"金e顺"电子银行品牌 2007年，个人理财市场火热，带动网上基金业务猛增，直接拉动个人网上银行业务的大幅增长 2008年，网银产品、服务持续升级，各银行在客户管理、网银收费等方面积极探索 ……
成熟阶段 2012年以后	网上银行相关法律逐步完善，手机银行业务展现出巨大潜力，是用户未来最愿意使用的移动支付方式	2012年，网上银行正由单纯的渠道经营向互联网技术与金融核心业务深度整合的方向发展 2012年，被视为"移动支付"的发展元年 2012年2月24日，工商银行手机银行无卡也能取现 2012年3月31日，光大银行自动柜员机"先退卡后吐钱" 2012年6月5日，交通银行推出"手机银行账单条码扫描"服务 2012年7月16日，民生银行手机银行独创跨行资金归集功能 2014年，中信银行推出移动支付APP"异度支付"，全网跨行收单 2015年5月，兴业银行推出"兴动力"信用卡，上线了可穿戴移动支付产品——带有支付功能的手环，可以在全国带有"闪付（quick pass）"标识的机具上轻松消费支付 2015年，工商银行首推500万张HCE卡，利用手机APP模拟芯片卡的安全技术，来实现银行卡的发卡交易 2016年2月，建设银行正式向用户推出新型移动支付Apple Pay 2016年，工商银行推出了覆盖线上线下和O2O支付全场景的二维码支付产品，成为国内首家具备二维码支付产品的商业银行 2017年，中国银联合力各家银行全新推出银行业统一APP"云闪付" 2018年中国银联继续加快与国际市场的融合，银联网络延伸至世界170多个国家和地区，银联手机闪付已可在境外30多个国家和地区的200多万台POS上使用 2019年中国银行发行中银数字信用卡，作为一种无实体介质卡片，由多种创新技术打造而成，用户通过手机就能在短时间内完成申请、审批、激活、绑卡、支付的全流程操作，真正实现了"一机在手，消费无忧"
	开放银行发展模式，2018年以后	中国大型银行到新兴民营银行、互联网银行等纷纷向开放银行转型，积极探索开放模式和生态平台建设，出现多模式、多形态共存

【小知识7-2】

2018年4月9日，建设银行无人银行亮相上海九江路，这是中国银行业首家"无人银行"。在银行业内有"黄埔军校"美誉的建设银行敢为天下先，寄望"无人银行"带领行业走进"智能零售"新时代，但这只是银行新零售的尝试。"无人银行"作为全程无须柜员参与办理业务的高度智能化网点，通过充分运用生物识别、数据挖掘等最新金融智能科技成果，整合并融入当前炙手可热的机器人、VR、AR、语音导航、全息投影等前沿科技元素，为广大客户呈现了一个以智慧、共享、体验、创新为特点的全自助智能服务平台。

3.网上银行产生的原因

（1）网上银行是网络经济发展的必然结果。

由于电子商务活动无时间和空间的限制，国界也在某种程度上消失，经济全球化的结果也带来金融业务全球化，因此世界金融业的竞争更加激烈。同时，电子商务需要处理好信息流、商流、资金流和物流中的各个环节，才能健康运行和发展，才能真正体现电子商务的效率。资金流作为电子商务以及传统商务流程中的一个关键环节，其高效率、低成本、安全可靠的运作是商务发展的需求。顺应这种需求，结合信息网络技术特别是internet技术的应用，网上银行就产生了。在网上首先发展信息流，进而开展网上交易，有商品或服务的交换也就必然带来资金的支付活动，由此而产生网上资金流。信息流、商流、资金流、物流4大流的相互配合构成了网络经济。网上有了资金流的需求，也就成为网上银行发展的原动力。一个高水平的电子商务系统需要商场、厂家、政府管理部门（税务、高层监管、海关等）、银行以及认证机构借助网络连接起来，促使信息流、商流、资金流和物流的流动通畅，而资金流是否通畅，在4大流中至关重要，网上银行的产生和发展可以很好地解决这一问题。

（2）网上银行是电子商务发展的需要。

无论是对于传统的交易，还是对于新兴的电子商务，资金的支付都是完成交易的重要环节，不同的是，电子商务强调支付过程和支付手段的电子化与网络化处理。在电子商务中，作为支付中介的商业银行在电子商务中扮演着举足轻重的角色，无论是网上购物，还是网上交易，都需要银行借助电子手段进行资金的支付和结算。商业银行作为电子化支付和结算的最终执行者，是连接商家和消费者的纽带，是网上银行的基础，它所提供的电子与网络支付服务是电子商务中最关键的要素和最高层次，直接关系到电子商务的发展前景。商业银行能否有效地实现支付手段的电子化和网络化是电子交易成败的关键。因此，网上银行是电子商务的必然产物和发展需要。

（3）网上银行是银行自身发展并取得竞争优势的需要。

电子商务的发展给全球经济和贸易带来了重大影响，而经济领域中的银行业必然被波及，银行不得不重新审视自身的服务方式。为在激烈的竞争环境中取得竞争优势并适应电子商务的发展，银行必须利用现有条件，增加服务手段，提供更加便捷迅速、安全可靠、低成本的支付结算服务。已有多位专家预测，在未来5年内，银行物理网点的开设将逐渐减少，ATM的增长率亦将减缓，而基于internet平台的银行业务使用将大幅度增加。

二、网上银行的类型

1.按网上银行的主要服务对象分类

网上银行按照服务对象分类，可以分成企业网上银行和个人网上银行两种。

（1）企业网上银行。

企业网上银行主要适用于企业与政府部门等企事业单位客户。企事业单位可以通过企业网上银行服务实时了解其财务运作情况，及时在组织内部调配资金，轻松处理大批量的网上支付和工资发放业务，并可处理信用证相关业务。对电子商务的支付来讲，一般涉及的是金额较大的支付与结算业务，因此对安全性的要求很高。

例如，工商银行企业网上银行是工商银行为企业客户提供的网上自助金融服务，受到企业界的瞩目。图7-1为工商银行企业网上银行页面。

图7-1 工商银行企业网上银行页面

（2）个人网上银行。

个人网上银行主要适用于个人的日常消费支付和转账等。客户可以通过个人网上银行服务，完成实时查询和转账、网络支付和汇款等。个人网上银行服务的出现，标志着银行的业务触角已直接伸到了个人客户的电脑等上，方便实用，真正体现了家居银行的风采。

个人网银层面的新产品主要聚焦于理财及提升客户体验方面。各家银行针对客户需求，进行业务细化和功能创新，陆续推出了很多适合客户的网银产品，见表7-2。

表7-2　　　　　　　　　　部分商业银行个人网银产品动态

银行名称	产品动态
工商银行	推出个人网上银行个性版、苹果电脑版，类Windows界面；推出在线小额快捷支付服务——工银e支付；推出首款"金融@家"电子银行专属理财产品；推出新一代的安全认证工具——工银电子密码器；2015年11月，推出新版手机银行；2016年7月25日，正式面向客户推出新版个人网上银行（新版网银以突出客户体验为核心，提供智能化、个性化服务），新版网银将率先在青海、宁夏、宁波地区开放，并陆续推广至全国各地区
中国银行	提升个人网上银行信用卡及投资理财服务；电子商务B2C支付新增理财直付、协议支付和中银快付产品；2016年4月1日，推出中银e财账户和e捷账户，成为首批支持在线开立电子账户服务的商业银行，实现了多渠道、便捷、安全的账户服务，目前已在全国范围内开始试运行

银行名称	产品动态
建设银行	推出"账号支付"（在线小额快捷支付）；推出"房e通"个贷、账户银、账户铂、银医服务等新服务产品；开通在线客服等客户互动交流通道，建立客户体验问题库；发售网上银行专享理财产品；推出短信动态口令，保障用户资金安全；2016年3月27日，推出全新改版的个人网银
农业银行	推出个人网银自助注册版；实现理财产品网上交易；在网银安全方面支持了二代K宝，并优化了部分交易的证书签名流程；2014年，推出手机号转账（指在汇款方、收款方均为农行掌上银行客户，并在设置掌上银行默认账户的前提下，汇款方可通过输入收款方手机号码直接向对方掌上银行默认账户进行转账）
招商银行	投资理财网银"理财夜市"；2016年，推出全新开放用户平台"一网通"，支持10余家银行借记卡和信用卡，用户只需设置一套密码即可管理名下所有卡片、所有银行卡资金，还可以实现银行卡在线移动支付
交通银行	将在线客服系统与即时通信平台互联，推出"交行点点通"；提供多账户管理、投资、理财、融资、网上支付、公用事业缴费等全方位个人金融服务；2009年，首创手机银行客户端，推出电子银行"e动交行"品牌；2010年，率先在全国实现手机银行ATM无卡取款；2015年，e贷通2.0是交通银行推出的一款专为个人客户量身打造的信用消费贷款，只要您是交通银行现有房贷客户、代发工资客户、合作重点单位员工、普惠支行周边社区居民，就可以通过网上银行在线申请，即时获知审批结果，支持您购房、买车、装修、留学、旅游等全方位消费需求
中信银行	升级网银功能，新增个人征信信息查询、信诚人寿保单查询、网上质押贷款全程办理、"房易宝"贷款账户管理、循环贷款自助放款、零售客户积分查询兑换、留学贷款线上申请等功能；优化网银跨行转账、基金、理财产品、网上支付；推出的"薪金煲"理财被誉为"宝宝3.0时代标杆产品"；2015年，携手顺丰推出"中信顺手付"支付账户；2015年，首次发布跨界合作的在线供应链金融新产品——"信e付"；2015年9月8日，携手华为推出中信华为钱包电子信用卡，该卡具有指纹验证+密码验证的双重安全保障，让客户真正获享安全、快捷的无卡支付体验
兴业银行	推出个人网上银行5.0版，全面升级操作界面、办理流程、安全保障等；推出网银渠道销售理财产品；2015年12月，成为首批推出"云闪付"产品的商业银行之一；2016年2月18日，首批为中国用户提供Apple Pay服务

以工商银行为例，个人网上银行是工商银行为个人客户提供的网上自助金融服务，近年来在广大的个人客户群体中影响日益加大，越来越多的个人成为工商银行个人网上银行的注册客户（如图7-2所示）。

图7-2 工商银行个人网上银行页面

2.按网上银行的组成架构分类

网上银行按照组成架构分类，可以分成纯网上银行和以传统银行拓展网上业务为基础的网上银行两种形式。

（1）纯网上银行。纯网上银行是一种完全依赖于internet发展起来的全新网上银行，也叫虚拟银行。这类银行开展网上银行服务的机构除后台处理中心外，没有其他任何物理上的营业机构，雇员很少，银行的所有业务几乎都在internet上进行。纯网上银行又分成两种情况：一是直接建立的独立的网上银行；二是以原银行为依托，成立新的独立的银行来经营网上银行业务。如美国安全第一网络银行SFNB（Security First Network Bank）、Telebank等就属于纯网上银行。它们通过internet提供全球性的金融服务，提供全新的服务手段，客户足不出户就可进行存款、取款、转账、付款等业务。

（2）以传统银行拓展网上业务为基础的网上银行。这种网上银行是指在传统银行基础上运用公共的internet服务，设立新的网上服务窗口，开展传统的银行业务交易处理服务，并且通过发展个人网上银行、企业网上银行等服务，把传统银行业务延伸到网上，在原有银行基础上再发展网上银行业务，是实体与虚拟结合的银行。这种形式与前一种形式的不同之处在于，它是利用internet辅助银行开展业务，而不是完全电子化与网络化。

三、网上银行的功能

从金融服务的角度来讲，网上银行一般具有以下几个方面的功能：

1.信息发布与展示功能

网上银行是信息革命在世纪之交贡献给金融电子化领域的最新创意。它依托迅猛发展的计算机和计算机网络与通信技术，利用渗透到全球各个角落的互联网，摒弃了银行由前台承接业务的传统服务流程。网上银行通过互联网发布的信息包括公共信息和客户私有信息两部分。

（1）公共信息发布与展示。

网上银行发布的公共信息一般包括银行的历史背景、经营范围、机构设置、网点分布、业务品种和流程、经营理念、利率和外汇牌价、金融法规政策、国内外金融经济新闻等。通过公共信息的发布，网上银行向客户充分展示本银行的基本状况和优势，提供了有价值的金融信息，起到了很好的广告宣传作用；客户可以很方便地认识银行，了解银行的业务品种情况以及业务运行规则，为客户进一步办理各项业务提供方便。

（2）客户私有信息的发布。

网上银行还可以利用互联网门对门服务的特点，向客户传送应有的信息。如向企事业单位和个人客户提供其账号状况、账户余额、账户一段期间内的交易明细清单等事项的查询功能。这类服务的特点主要是：客户通过点击查询网络终端便可获得银行账户的信息，以及与银行业务直接有关的信息，而不涉及客户的资金交易或账户变动。

2.网上支付功能

网上银行的网上支付功能主要是向客户提供互联网上的资金实时结算功能，是保证电子商务正常开展的关键性的基础功能，也是网上银行的一个标志性功能。没有网上支付的银行站点，充其量只能算作一个金融信息网站，或称作上网银行。网上银行的网上支付按交易双方客户的性质分为B2B、B2C两种交易模式。目前，出于法律环境和技术安全性方面的考虑，在B2C功能的提供上，各家银行比较一致。

B2B平台首先自建支付网关，然后去跟各家银行签订合作协议，让银行允许电商平台的客户在线进行电子支付时，跳转至相应银行的网银进行转账操作。其次B2B平台也找一家正规的第三方支付公司合作，尽量找合作银行数多的第三方支付公司，租用该第三方支付公司的支付网关实现调用银行支付网关的功能。由于这家第三方支付公司已经与多家银行合作，不需要其再挨家挨户找银行合作了，但是依然要跳转银行网银操作。最好的办法是B2B平台找一家银行，这家银行开发了互联网支付系统，然后双方合作，B2B平台须在该银行开立实体银行账户作为备付金监管账户。该银行依托于自身的互联网支付系统，在监管账户下为参与平台交易的所有客户开立电子银行账户，资金流转统统在该家银行自身系统内进行，该银行会通过其他支付渠道与各家其他银行合作。

3.网上金融综合服务功能

网上银行提供的服务可分成网上银行基础服务和网上银行衍生服务两大类。网上银行基础服务是传统银行服务在网上的复制和延伸，如银行零售和批发服务、资金转账等服务；网上银行衍生服务是利用互联网的优势为客户提供的基于internet的全新的金融服务品种，主要包括网上支付服务、网上信用卡服务、网上投资理财服务、网上金融信息咨询业务、网上消费贷款服务，以及通过网络向客户提供由其他金融机构所提供的金融产品和服务等。

（1）网上银行基础服务。

①银行零售服务。其典型代表是家居银行，主要包括网上开户、清户、账户余额查询、利息的查询、交易明细查询、个人账户挂失、票据汇兑、电子转账等。

②银行批发服务。其主要表现形式为企业银行，主要服务对象是企业集团或单独的企业。业务内容包括查看账户余额和历史业务情况、不同账户间划转资金、外汇资金的汇入和汇出、核对账户、电子支付雇员工资、获取账户信息明细、了解支票利益情况、打印显示各种报告和报表（如每日资产负债表）等。另外，银行同业的拆借、往来资金的清算和结算，也是主要的批发业务。

（2）网上银行衍生服务。

①网上支付服务。网上支付服务已经成为判断一家银行是否能够被称为标准网上银行的必要条件。随着电子商务发展的深入，许多商家已经意识到网上支付服务中所潜在的丰厚利润，这使得提供网上支付服务的竞争异常激烈。

②网上信用卡服务。这种服务包括网上信用卡申办、查询信用卡账单，银行主动向持卡人发送电子邮件、信用卡授权和清算等。如果银行存有持卡人的E-mail地址，那么银行每月可向他们提供对账单，让客户更快地收到信息，不仅提高了银行的工作效率，而且节约了纸张；银行在网上还可以对特约商户进行信用卡业务授权、清算，传送黑名单、紧急止付名单等。

③网上投资理财服务。投资理财可以有两种方式：一种是客户主动型，客户对自己的账户及交易、汇率、股价、保险费率、期货行情、金价、基金等信息进行查询，使用或下载银行的分析软件帮助分析，按自己的需要进行处理，满足各种特殊需求；另一种方式是银行主动型，银行可以把客户服务作为一个有序进程，由专人跟踪进行理财分析，提供符合其经济状况的理财建议及相应的金融服务。

④网上金融信息咨询服务。金融信息是个人、公司及政府机构进行投资决策、管理活动、制定经济发展规划的依据，它涉及的范围非常广泛，如汇率、利率、股价、保险、期

货、金价、基金以及政府的金融行业政策、法律法规等。电子金融时代，社会公众对金融信息有着越来越强烈的需求，网上银行可以通过向用户提供这些金融信息获得收益，并赢得潜在的顾客群。

⑤网上消费贷款服务。即使在发达国家，在传统的消费信贷市场上，消费者的贷款过程也可被概括成枯燥、无味和烦琐。因为对于消费者来说，收集有关消费信贷服务的信息非常费时，即使收集了相关信息，但由于缺乏基本的消费信贷知识，也无法据此选择出对自己更为有利的贷款商品。另外，贷款手续的烦琐也往往使潜在的消费者望而却步。网络在信息传输和处理上的及时性与双向性等特征，使得网上消费贷款服务成为可能。

网上银行已不仅限于提供传统的银行产品和服务，作为重要的支付中介，它经常被各种客户光顾，获得了一种资源——注意力，进而使得它成为保险公司、证券公司、共同基金等非银行类金融机构的合作伙伴。这些公司可以通过网上银行的网站销售自己的金融服务和产品，从而获得了一种新的销售渠道；而网上银行除了获得因这些产品和服务的销售所产生的网上支付服务的佣金之外，还能获得这些非银行金融机构为换取新的销售渠道所支付的报酬，从而缔造一个双赢的局面。

4.管理信息功能

网上银行的管理信息功能是网上银行利用计算机、信息技术对信息的处理功能，达到实现相关的银行管理的目的，具体来说，包括以下几个方面：

（1）信息自动化处理功能。

网上银行自动化处理系统可以按规定格式自动生成统计分析信息，用网络联机查询数据库和智能化信息分析替代传统的逐级定期报表制度，达到业务统计和信息反馈同一来源、统一口径、自动化处理与信息共享，以排除人为的差错和干扰，保证管理信息的客观性、完整性、准确性、时效性和透明度。

（2）信息化银行管理功能。

网上银行的信息化银行管理包括以资产负债管理为主体的业务经营管理（资产负债管理、资本与财务管理、资金管理、贷款管理、国际业务管理和投资业务管理等）、客户关系管理（用户管理、市场调研和产品开发管理、公共关系管理、产品营销和计划管理等）等。

（3）网上银行运行支持管理。

网上银行运行支持管理包括人力资源、不动产采购、固定资产、机关财务的管理和以在线交易/在线分析技术支持的综合信息应用智能管理。

（4）办公自动化功能。

网上银行在全行信息共享的基础上，支持为提高办公效率而进行的工作流程优化、管理程序化、自动化和无线化办公。

（5）决策支持功能。

网上银行以实时查询和报表的形式，及时向决策层提供必要的信息数据，以典型案例、智能化和专家化方法提供决策信息。

（6）数据管理功能。

网上银行以原始数据、业务数据和主题数据仓库3层结构构成全行数据体系。网上银行按照统一的标准建立全局性原始数据、业务数据和主题数据仓库，保证银行信息系统的客观性、完整性、准确性和实效性，统一支持网上银行的财务核算、业务管理、风险监控和稽核审查等。

四、网上银行业务的申请程序

网上银行经过发展，其业务功能已经非常多，提供的服务领域日益丰富，应用也日渐普及。那么，用户（政府部门、企业或个人等）如何享受网上银行的网上服务呢？一般网上银行均有网上银行的业务程序规定。

目前，世界上的主要国家均有网上银行服务。由于每个国家的管理制度和国情等不一样，不同国家的网上银行的业务申请程序各有不同，没有完全一样的严格格式，甚至一个国家的不同网上银行也有差别。对于同一个网上银行推出的多种网上银行产品服务，由于安全要求、金额、业务用途等的不同，其业务程序也可能不同。比如招商银行个人网上银行与企业网上银行的业务程序就有些差别，甚至招商银行的个人网上银行又分为大众版和专业版两个版本，业务程序上也有一些差别，但差别不大。

虽然业务处理程序没有规定严格的格式，但基本的业务程序设置还是比较相似的。下面以中国目前出现的网上银行服务为例，介绍网上银行的业务申请程序。

1.企业网上银行的业务申请程序

企业申请成为网上银行客户的步骤，与个人网上银行（专业版）客户的申请步骤类似，在开户申请中要如实填写营业证号、对公账户等相关资料，然后下载数字证书即可（浏览器方式只需申请数字证书，如果是客户端方式还需下载客户端程序）。与个人网上银行客户申请不同的是，企业申请网上银行账户必须到银行柜台签约验证以后，才能开通相应的网上金融服务，它主要涉及企业相关资料，如营业执照、公章等资料的真实性验证与备份。

这里以招商银行网上"企业银行U-BANK"的业务申请程序为例，其客户申请步骤如下：

（1）开立对公账户：申请开通网上"企业银行U-BANK"需要您首先在招商银行开立对公结算账户，详情请咨询当地的招商银行网点。

（2）填写申请表/协议：开立对公结算账户后，您可亲至账户行领取《招商银行网上"企业银行"服务协议》和"招商银行网上'企业银行'申请表"，或者下载打印（一式三份）。按格式填写后请在每一份协议上加盖公章，并在申请表上加盖预留印鉴（如果您的多个账号使用不同印鉴，则须分别填写多份申请表）。您在选择好使用的U-BANK版本和登录方式并确定需开办的业务后，请将申请表和协议提交给账户行。

（3）银行受理审核：账户行受理您的申请后，将核对您的用户身份，并检查申请表和协议是否填写正确。

（4）客户服务中心维护：客户服务中心收到账户行审核过的申请资料后，完成网上企业银行开户操作，并制作提供系统管理员密码信封、USB-KEY及USB-KEY密码信封等。

（5）程序安装：您在获取管理员密码信封、USB-KEY、USB-KEY密码信封后，请下载最新版的网上"企业银行U-BANK"安装程序并按照操作提示进行安装。如果您使用的不是33型免驱动USB-KEY，请您下载相应的USB-KEY驱动程序事先进行安装。

（6）进行系统设置：如果您的电脑是在局域网内使用代理服务器上网，您可能需要设置通信参数，设置菜单请在U-BANK登录窗口点击"通信设置"。

（7）使用U-BANK：完成以上步骤后，你就可以享受招商银行为您提供的U-BANK网上企业银行服务了。初始使用前，请您详细阅读《初次使用指南》（http://market.cmbchina.com/corporate/wyccsyzn/wyccsyzn.htm）。

2.个人网上银行的业务申请程序

一般个人客户只要拥有银行的资金账户（包括储蓄账户、定期账户或银行卡账户），就可以在网上或营业柜台填写开户申请表单，成为网上银行的客户。有些银行的个人网上银行客户类别不一样，应用权限也不一样，申请流程上也有一些差别。

招商银行个人网上银行提供两种不同权限的服务形式，即个人网上银行（大众版）和个人网上银行（专业版）。

（1）个人网上银行（大众版）只要用户在银行开立普通存折、信用卡账户或一卡通账户，就可享有众多日常服务，如通过internet查询账户余额和当天及历史交易记录、转账、缴费、修改密码、计算按揭贷款月供等个人银行业务的处理。个人网上银行（大众版）的这些服务无须另行申请，上网即可享有。

（2）个人网上银行（专业版）服务建立在严格的客户身份认证的基础上。银行需要对参与交易的客户发放认证客户真实身份的数字证书，交易时需要验证数字证书。只有安装了专业客户端应用程序，经过银行的认证，客户才能通过网上银行进行支付与结算。

这里以招商银行个人网上银行（专业版）为例，其客户申请步骤如下：

①本人持有效身份证件和一卡通到营业网点申请。

②在个人电脑上，安装专业版客户端程序。

③点击电脑桌面"招行专业版"图标，运行专业版程序。

④将USB-KEY插入电脑USB端口，设置网银专业版的用户密码（6~8位数字或字母，请务必牢记）后，点击"登录"。

⑤输入关联一卡通的取款密码，关联一卡通至专业版。

这样就可以登录体验安全、强大的专业版服务了。

提示：为保证客户权益，招商银行个人网上银行（专业版）默认未开通转账、汇款和网上支付功能，请您登录后进入"功能申请"菜单自行开通。

【任务描述】

在应用电子银行业务中，当未携带银行卡但又急需取款时，您可以通过手机扫码取现业务实现。此业务采用的是二维码技术，是在您未携带银行卡但又急需取款时为您提供的一项便捷服务。您通过手机银行"扫一扫"功能，扫描机具上显示的二维码，即可在取款机进行无卡取现的操作。请以工商银行为例，说明如何进行操作。

【任务实施】

步骤1　在ATM上点击"无卡取现"（如图7-3所示）。

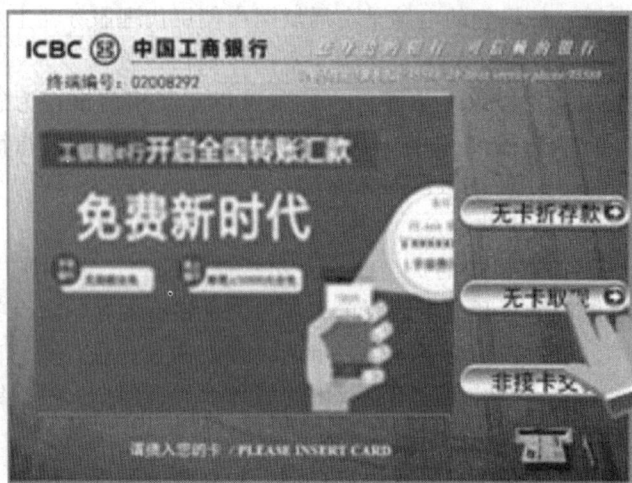

图7-3　工商银行ATM页面

步骤2　点击"扫码取现"（如图7-4所示）。

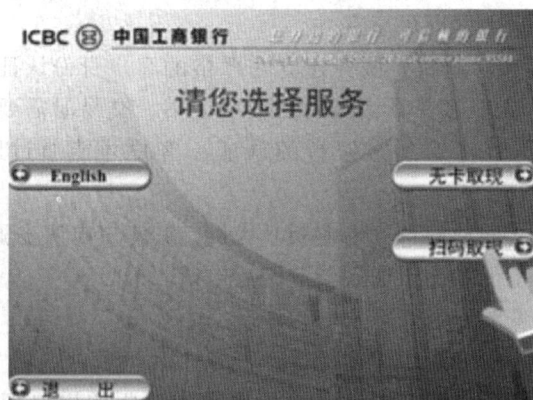

图7-4　工商银行ATM服务页面

步骤3　打开手机银行"扫一扫"功能扫描屏幕二维码，按照手机银行页面提示操作完成后，点击"取款"（如图7-5所示）。

图7-5　工商银行ATM二维码页面

如果客户开通了手机银行一键支付功能,扫码取现过程中无须再次输入手机号、账户、验证码等信息,只需在手机银行客户端输入事先设定的静态支付密码即可安全地完成支付,从而进一步提升了支付环节的客户体验。

另外,一般情况下,手机扫码无卡取现的额度为3 000元,取款的金额为100的整数倍。实际办理时,取现额度还受工商e支付交易限额(客户e支付当日/当月剩余额度)、取款机最高取款金额和取款机钞箱剩余金额的限制(3者取最小)。

任务二 辨识网上银行与传统银行

【案例导入】

随着阿里旗下的网商银行与腾讯旗下的微众银行成为国内首批互联网银行,互联网银行正在走入我们的生活。没有营业网点,不需要财产担保,用"大数据"信用评级系统发放贷款,互联网银行这些和传统银行完全不同的玩法,让大家充满了兴趣。和传统银行相比,互联网银行用着怎么样呢?

1.最快40秒办贷款,互联网银行胜在速度

传统银行借贷要求借款人提供抵押等担保,申请手续复杂、办理周期较长。"微众银行微粒贷"无须提供任何纸质资料,无抵押等担保,循环授信。目前"微众银行微粒贷"的授信额度平均审批时间低至2.4秒,最快40秒可到账。"微众银行微粒贷"能够较好地满足信用良好的个人用户的小额融资需求,给用户一个很好的体验。目前"微众银行微粒贷"的授信区间在500~30万元之间,可以随借随还,提前还款无罚金;除贷款利息和逾期罚息外,无任何其他费用。还可以自行选择5/10/20期按月分期等本还款,100%纯线上操作,不仅实惠而且方便。传统金融机构提供的个人贷款,大部分要求借款人提供抵押等担保,无法提供担保或者名下没有固定资产的个人用户很难获得贷款,"微众银行微粒贷"的便利体现在无须抵押等担保,不需要提交任何纸质材料,并且提供7×24小时服务,随时随地都可以办理借贷,受邀用户可在微信钱包或者是手机QQ钱包中看到"微众银行微粒贷"的入口,轻松在手机上就能完成贷款。

2.疫情期间超四成小店获互联网银行融资自救

自新冠肺炎疫情发生以来,相关部门数次出台政策,资金"输血"小店。此前,全国工商联与网商银行发起"无接触贷款助微计划",100多家银行响应,一个月里已为超过800万户小微企业、个体户和农户发放贷款。比如,一个武汉宠物店老板,过去30天跑遍了30家银行去办理贷款,银行也想帮他,也有扶持政策,但有的因为网点关门没办法面签,有的因为封城期间没有流水无法评估额度,最终都落实不下去,只有一家银行成功贷给他6万元。最后宠物店老板通过网商银行无接触贷款,顺利借到了46万元,及时保住了生意。超过八成(82.3%)的微型企业和个人经营者认为,贷款可得率明显提升,现在贷款相比3年前更容易。中国已经走出了一条有中国特色的小微贷款道路,互联网银行的占比更高、平均额度更低、使用时间更短、能让更多小微客户受益。

【知识准备】

现代银行面临的是服务、资本、技术、人才和管理水平的全面综合性的竞争，各家银行通过不断的金融创新进行市场竞争。与传统银行相比，网上银行具有一系列的信息、技术和手段等方面的竞争优势。

一、网上银行的组织架构

1.电子化商业银行的组织架构

随着金融电子化的发展，传统的商业银行内部实现电子网络信息管理，各分销层次之间实现电子联网。它的主要进步在于改进商业银行金融服务分销的信息交流效率和提高终端及客户端信息处理效率。其组织架构也是对传统商业银行模式进行电子化改造的结果，如图7-6所示。

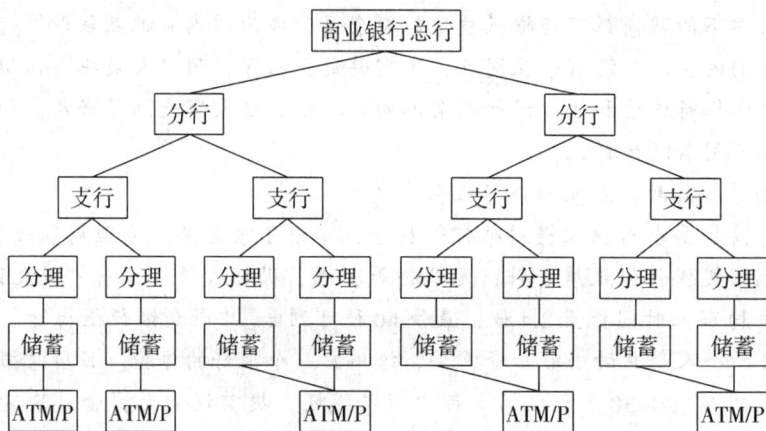

图7-6 电子化商业银行组织架构图

2.国外网上银行的组织架构

商业银行推出的网上金融服务打破了传统银行的组织架构——金字塔形的组织架构。在发达国家，网上银行的基本组织架构是在银行主服务器提供虚拟金融服务柜台，客户通过PC机或其他终端方式连接互联网进入主页，以银行主页为平台进行各种金融交易。因此，网上银行与传统银行组织架构的最大区别在于其完全省略了中间分销网络。最后，通过客户平面的中介功能，形成对最终客户群的分销。这个最终客户群是建立在银行卡/信用卡平台上的客户群，如图7-7所示。

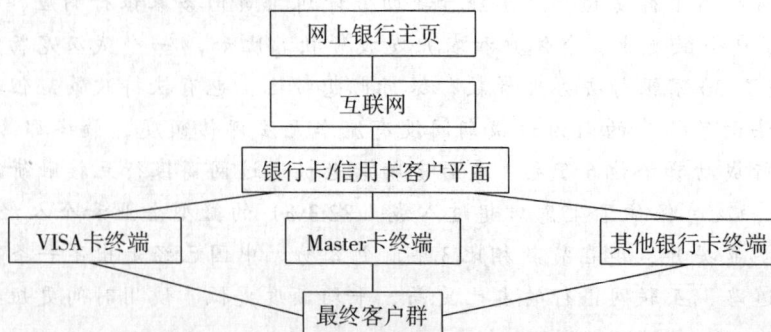

图7-7 国外网上银行基本组织架构

3.我国网上银行的组织架构

目前，我国的网上银行还不是完全建立在互联网上的，而是将现有商业银行提供的金融服务扩展到网上，建立虚拟服务柜台形成分销渠道的模式，如图7-8所示。这种模式满足于在原客户群的基础上进行简单的银行卡或信用卡发行，这是一种建立在现有银行卡/信用卡平台上的最终客户群。

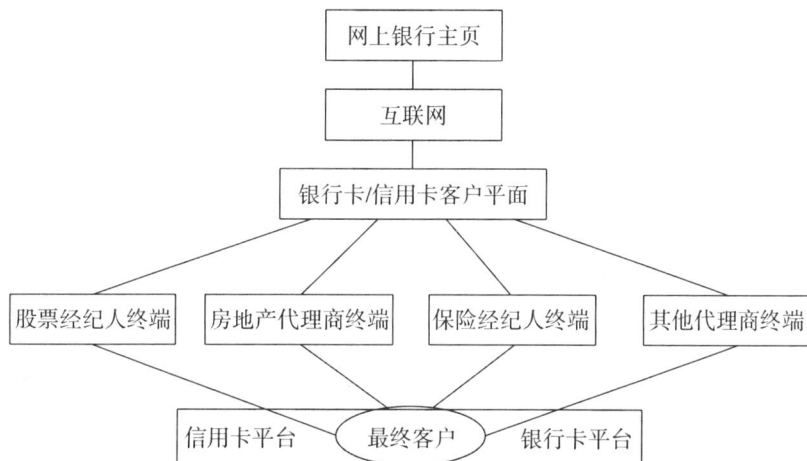

图7-8 我国网上银行基本组织架构

二、网上银行与传统银行的差异

1.网上银行与传统银行在经济特征方面的差异

（1）网上银行的流通货币有别于传统银行。

传统的货币形式以现金和支票为主，而网上银行的流通货币以电子货币为主。电子货币不仅能够节约商业银行使用现金的业务成本，而且可以减少资金的滞留和沉淀，加速社会资金的周转，提高资本运营的效益。同时，基于网络运行的电子货币可以给政府税收部门和统计部门提供准确的金融信息。

（2）网上银行改变了传统银行的运行模式。

传统银行提供的服务严格受到时空的影响，其服务模式是具有物理实体性的传统柜台交易模式。网上银行从物理网络转向虚拟数字网络，是虚拟化的金融服务机构，客户通过计算机等在网上登录银行站点，就可以获得银行提供的金融服务，银行和客户之间是通过互联网联系的，他们并未见面，因此存在着相互确认身份的问题；金融交易信息在互联网上传输，必须保护其机密性和完整性；网上交易不能像传统柜台操作那样通过客户签名来完成支付指令的确认和不可否认。所有这些，都必须依赖技术手段（比如加密、认证、数字签名等）来提供支持。因此网上银行是一种区别于传统银行服务环境的全新的服务模式和运行模式。

（3）网上银行改变了传统银行的服务与风险。

①网上银行使商业银行的经营理念从以物（资金）为中心逐渐走向以人为中心。传统的经营观念往往注重地理位置、分行和营业点的数量，而网上银行的经营理念在于如何获取信息并最好地利用这些信息为客户提供多角度、全方位的金融服务，有利于体现"以人为本"的金融服务宗旨，也就是提供"个性化服务"、"人性化服务"和"人际化

服务"。

②网上银行使商业银行获得经济效益的方式发生了根本性变化。传统银行获得规模经济的基本途径是不断追加投入，多设网点，从而获得服务的规模经济效应；而网上银行则主要通过对技术的重复使用或对技术的不断创新带来高效益。网上银行降低了银行的经营成本和管理成本。

网上银行是低成本银行。网上银行的设置成本远远低于传统银行分行机构。在美国开办一家网上银行的成本是100万美元，而开办一家传统银行分支机构的成本为150万~200万美元，外加每年的附加经营成本35万~50万美元。据美国联邦存款保险公司（FDIC）的统计，各种客户服务渠道的平均每项交易成本有较大的差别，利用传统手段完成一笔业务的费用高达1.07美元，而网上银行的成本仅为1美分。

③网上银行使商业银行的销售渠道发生了变化。传统银行的销售渠道是分行及其广泛分布的营业网点，网上银行的主要销售渠道是计算机网络系统，以及基于计算机网络系统的代理商制度。这样，客户在开放的网络环境下，可以在有联网PC的任何地方进行业务处理。显然，网上银行提供的虚拟金融服务品种使金融机构不再需要大量的分支机构和营业网点，这些分支机构和营业网点将逐渐被计算机网络、基于计算机网络的前端代理人以及作为网络终端的个人电脑所取代。

【小知识7-3】

网上综合金融体验（financial experience）是全方位、多角度、立体式的，包括理财产品对比体验、个人贷款平台体验、免费家居个人在线记账等，集金融超市、生活理财、金融知识传播普及、系统理财等服务于一身的，一个用户、多种体验、N个功能、一站式的网上综合金融服务体验。

网上综合金融体验将成为未来生活中网络金融的发展趋势和潮流。现在金融营业网点的酒店式管理、酒店式装修已经出现，金融营业网点里不仅有空调、饮水机，甚至还有糖果，有的网点内还放着电影供人欣赏，这里正成为人们休息的好去处；卓越的网点服务越来越具有体验金融的特点，微笑服务加上多元化产品还有多样功能，使人们在享受服务的同时可享受快乐。网上综合金融体验馆是金融网上市场开拓的快捷途径。网上体验金融绝不仅是一种时尚、一种形式，反映的是一种理念、一种未来。它给我们带来的不仅是金融经营方式的变革，更是金融合作的一种革命。谁能把握这种趋势，谁就将拥有未来；谁能适应这一趋势，谁就将拥有未来；谁能创造趋势，谁就将成就未来。

④网上银行使商业银行的人力资源管理战略和技能培训发生改变。传统银行人才培训的方向主要是单纯的业务技能培训，而网上银行需要大量的复合型人才，即既熟悉银行业务的各种规范和作业流程，又能够熟练掌握和应用信息技术的人。因此，网上银行应侧重于对人才的综合商业服务理念和全面服务素质培训。

⑤网上银行能比传统银行提供更好、更完善的资讯服务。网上银行可以使客户随时随地按日期和业务品种进行交易记录查询、支票支付、信用卡签账、ATM提款等，还可以为用户提供免费的个人理财分析服务。此外，网上银行还可以与金融资讯供应商合作，为客户提供全球主要金融市场的信息。由于数字化信息可同时供应多名客户无消耗重复使用，具有可塑性强、传输成本低以及检索效率高等特点，因此网上银行能够为客户提供更高效、便捷的资讯服务。

⑥网上银行给商业银行带来了一项重要的资产——经过网络技术整合的银行信息资产，银行信息资产既包括银行拥有的各种电子设备、通信网络等有形资产，也包括银行管理信息系统、决策支持系统、数据库、客户信息系统、电子设备使用能力及信息资源管理能力等无形资产。

⑦网上银行给商业银行带来了新形式的风险。特别是与技术相关的风险，如操作风险、战略风险、信誉风险和法律风险等，加大了银行风险管理和内部管理的难度。银行应建立适当的风险管理程序来识别、管理和监控相关的风险。

（4）网上银行弥补了传统银行在客户服务方面的限制。

①网上银行没有时间和地域的限制，突破了银行的传统业务模式。无论在任何时间、任何地方，客户都可以通过互联网来获得任何形式的网上银行服务，这种服务包含更多的针对性和个性化。另外，网络可以方便地进行不同语言文字之间的转化，这就为网上银行开拓国际市场创造了条件。

②网上银行对客户需求的满足，大大超过了传统商业银行。一般来说，银行客户主要需要5类金融服务产品，它们分别是交易、信贷、投资、保险和财务计划。传统银行通常只能同时满足一至两项服务，而网上银行则可以同时向客户提供各种金融服务产品，强化了网上银行竞争优势中的差异性基础，增加了客户对商业银行服务质量的信心。

③客户对网上银行服务的安全性、隐私保护等存在忧虑，这将成为制约网上银行业务健康发展的关键。另外，网上银行业务的高技术含量加大了客户进行学习的必要性，也加大了客户学习的难度。

2.网上银行与传统银行业务组织方式的差别

传统银行的业务从客户角度可以分为对私业务（个人业务）和对公业务（公司业务）；从资产负债角度可以分为资产业务、负债业务和中间业务；根据业务发生地的不同可以分为国内业务、国外业务和离岸业务。无论从哪个角度来看，存贷款、支付与结算和投资理财都是一般商业银行为客户提供的主要服务。

网上银行也是按个人业务和公司业务进行分类的，但是网上银行个人业务和公司业务的具体组织管理方式，已与传统银行有着明显的不同，尤其是个人业务，网上银行包含的内容要比传统银行丰富得多。同时，资产负债业务与中间业务有区别，国内业务与国际业务也有区别，由于市场整体流动性的提高，网络在地理位置方面的自然延伸等因素的影响在实际运营过程中已不重要了。

除传统业务以外，网上银行一般还提供以下3种新的业务：

（1）公共信息服务。为所有网络用户提供利率、汇率、股票指数等金融市场信息，如经济、金融新闻等，同时为其客户提供客户定制的专门信息。

（2）投资理财服务。以银行客户为对象，利用电子网络的方式实时代理客户支付清算、提供投资咨询、提供专业理财服务等。其中，综合投资理财包括证券、保险、基金业务，代理企业内部财务管理业务，代理个人收支规划，提供网上金融超市等。

（3）综合经营服务。经营服务既包括直接或间接控制网上商店，提供商品交易服务，也包括发行电子货币、提供电子钱包等服务。

传统银行与网上银行的业务优劣势比较见表7-3。

表7-3   传统银行与网上银行的业务优劣势比较

	传统银行	网上银行
优势	1.容易与客户形成稳定的人际关系 2.可以获得多方面的客户信息 3.现金收付简单 4.可以为客户提供便利的货币兑换	1.标准化服务，边际费用低 2.实时业务处理，效率高 3.提供迅捷的查询、支付清算转账、币种转换、投资组合变动等服务 4.业务拓展性能好，便于充当企业和个人财务的综合管理人
劣势	1.效率低、运营成本高 2.服务质量取决于员工的素质，不稳定 3.对主要范围地域以外的客户影响力小，信息收集成本高	1.现金、存折等实物处理费用相对较高 2.通过网络获得的客户带有一定的局限性

【小思考7-1】

网上银行与传统银行的业务优势主要有什么区别？

答：传统银行由于拥有众多的经营网点，采用人工"面对面"服务，容易与客户建立亲善的人际关系，对区内客户的综合情况较为了解，现金收取与支付不需要花费额外的精力。网上银行由于采用数字化、开放式的服务方式，在财务查询、转账、代理、数据分析等方面具有传统银行无法比拟的优势，但现金收付目前仍需要传统金融机构协助才能完成。

业务品种和业务优势的变化，使网上银行的业务组织形式相应地发生了转变。在20世纪90年代以前，几乎所有的银行都按照业务的自然流程和资金筹集（储蓄）、清算、应用（贷款）等的不同流向与管理方式划分实际业务部门。存款部门负责存款，贷款部门负责贷款，会计部门负责清算，市场营销部门负责推广新的金融产品等，属于典型的科层功能型结构，如图7-9所示。

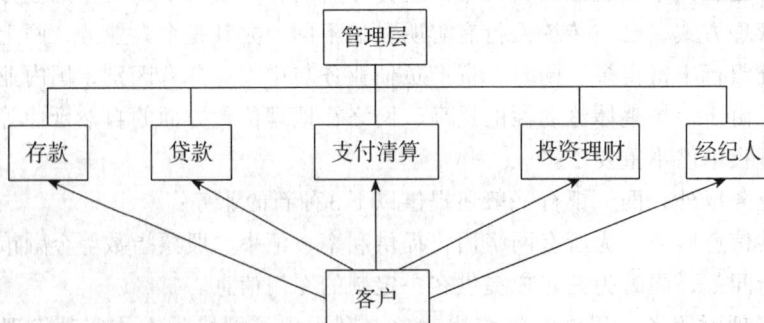

图7-9 传统银行的业务组织形式

分部门的业务组织形式不仅加大了客户的交易成本，也不利于发挥银行信息的综合优势。利用信息网络技术，再造业务流程是网上银行业务组织形式的一个鲜明特点，如图7-10所示。

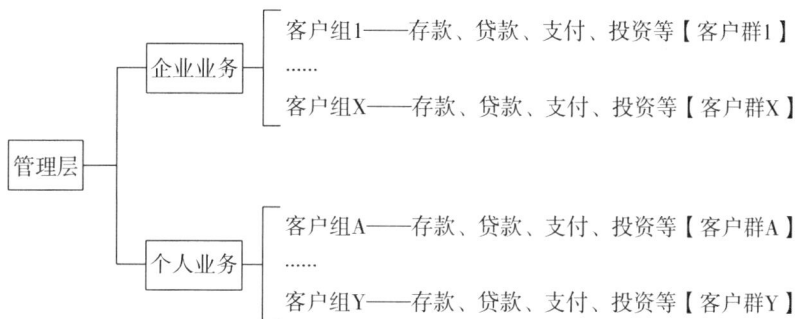

图7-10 网上银行业务组织形式

3.网上银行与传统银行经营管理模式的不同

由于网上银行技术的复杂性、信息的多样化和竞争压力加大等原因，系统的安全性、效率、传输速度等因素已关系到网上银行能否生存下去。因此，网上银行更注重以下3个方面的管理：

（1）综合配套管理。网上银行除了提供一般的传统银行业务外，为了发挥网络优势，抵御非金融机构的进入，提高竞争水平，往往还介入综合投资、代理等方面的业务，各个部门、各个环节及资金收、转、支的确认等方面的综合配套安排十分重要，成为经营网上银行首先必须考虑的问题。

（2）技术标准管理。出于安全、高效的目的，数据传输、加密、认定及与其他网络链接等的技术协议标准，需要在说明、监测、升级更新、源代码修改权限及保管等方面进行统一安排和管理。

（3）个性化服务管理。个性化服务管理是基于数据仓库和数据挖掘等技术将每一个客户都作为一个独立的个体，通过对其业务记录数据的分析、统计等，进行归纳性推理，从而预测客户行为，从中挖掘潜在的服务模式和有价值的商业信息，一方面提高对客户的服务水平，另一方面帮助决策者正确判断即将出现的机会，调整策略，减少风险。

这3个方面形成了网上银行特有的经营模式——客户主导管理模式，又称为"客户管理中心"模式。

传统银行多年来一直将大众营销和市场占领作为其经营重点。银行推出某种新产品后，首先要做的工作是将这种产品标准化，适合于一般大众购买。由于标准化的产品容易被其他银行效仿，因此新产品的推出一般需要大量的广告宣传。网上银行的经营一改传统银行以业务或市场为核心的模式，强调以客户为中心，按照每个客户的不同需求量身定做，设计相应的产品，致力于开拓市场。

随着经营模式的改变，网上银行的管理模式也在发生变化，将传统银行以业务分部门的管理机构设置变成以客户分部门的管理机构设置。网上银行将客户细分为不同的类型，成立不同的客户服务中心，对客户提供"一对一"的全程服务。也就是说，客户的储蓄存款、贷款、投资和其他金融服务完全由一个部门负责。

客户主导管理模式的出现，对传统的以流动性、安全性和盈利性为主导的资产负债均衡管理模式产生了很大的影响。在传统银行，资产与负债间的随时匹配、均衡是银行经营管理的重点，也是保持流动性和安全性条件下增加盈利的前提。在网上银行，资产与负债匹配的重要性已让位于客户规模，只有客户规模达到一定水平，网上银行才有可能盈利。

【任务描述】

如何开通网上银行，网上银行又有哪些功能呢？请以光大银行为例来进行说明。

【任务实施】

步骤1 了解个人网上银行申请流程。

（1）了解自助申请流程，如图7-11所示。

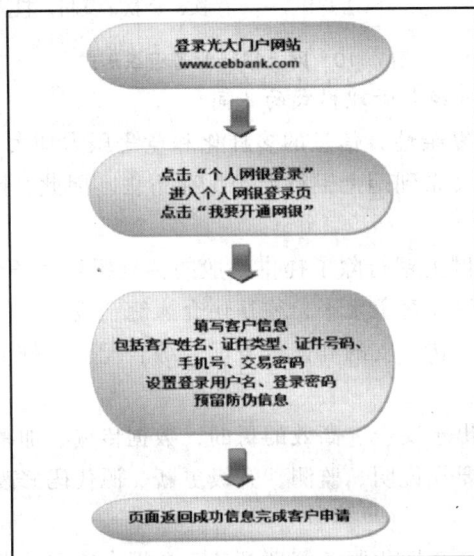

图7-11 自助申请流程

（2）了解柜台申请流程，如图7-12所示。

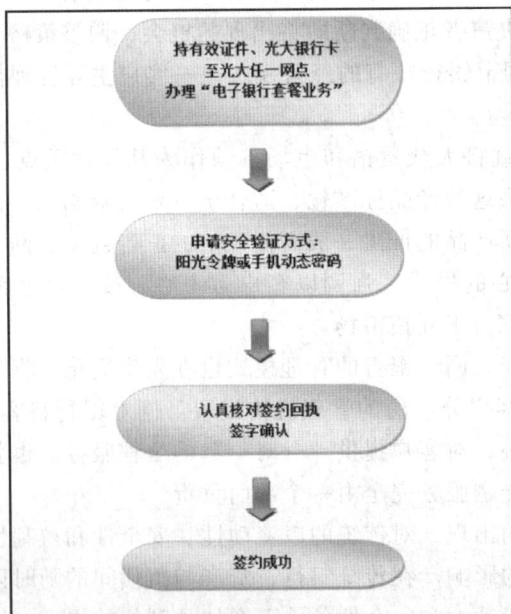

图7-12 柜台申请流程

步骤 2 了解网上银行的功能。登录光大银行官网（http：//ebank.cebbank.com）（如图 7-13 所示）。

图 7-13 光大银行网上银行首页

（1）选择"个人网上银行功能演示"（如图 7-14 所示）。

图 7-14 个人网上银行功能演示

①登录个人网上银行功能演示版（如图 7-15 所示）。

图 7-15 个人用户登录页面

②选择进入方式（如图7-16所示）。

图7-16 选择进入方式

③进行网上银行业务的演示，熟悉网上银行功能，如账户管理下的各项业务（如图7-17所示）。

图7-17 个人账户页面

（2）选择"企业家网上银行功能演示"（如图7-18所示）。

图7-18 企业家网上银行功能演示

①企业家网上银行是中国光大银行为小微客户量身定做的全新的金融服务工具。登录企业家网上银行功能演示版（如图7-19所示）。

图7-19 企业家网上银行功能演示版登录页面

②选择企业家个人账户管理，查看业务（如图7-20所示）。

图7-20 企业家个人账户

（3）光大银行企业网上银行系统是基于光大数据大集中系统为客户提供的互联网服务，具有"一点接入，全辖服务，实时到账"等优势，是专为对公用户量身定做的网上银行服务。登录企业网上银行专业演示版（如图7-21所示）。

图7-21 登录企业网上银行专业演示版

①进入企业网上银行专业演示版页面（如图 7-22 所示）。

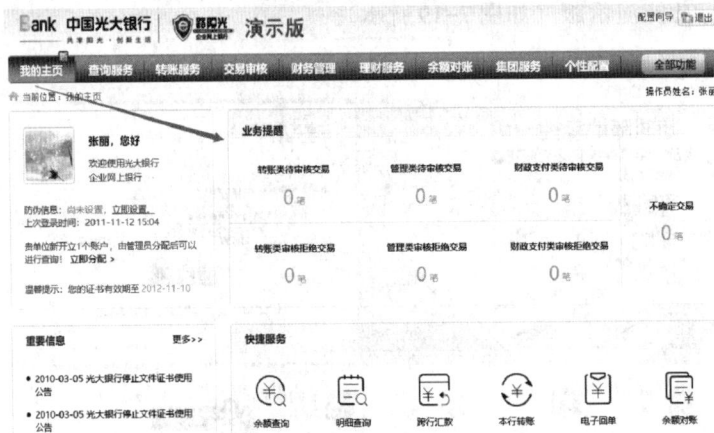

图 7-22　进入企业网上银行专业演示版

②熟悉企业网上银行专业演示版功能，选择"查询服务"（如图 7-23 所示）。

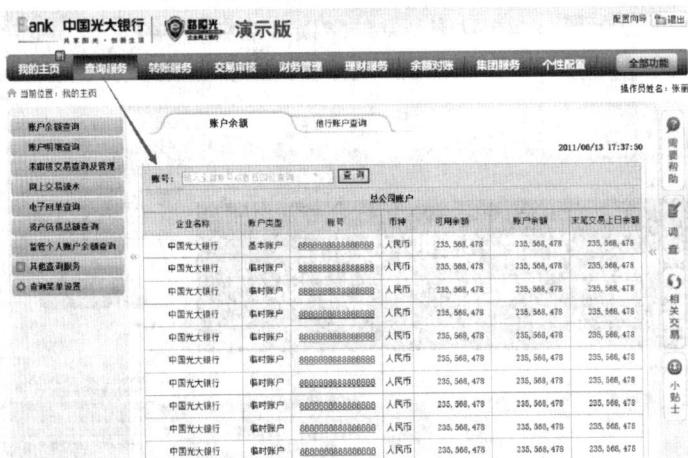

图 7-23　企业网上银行查询服务

③熟悉企业网上银行专业演示版功能，选择"转账服务"。

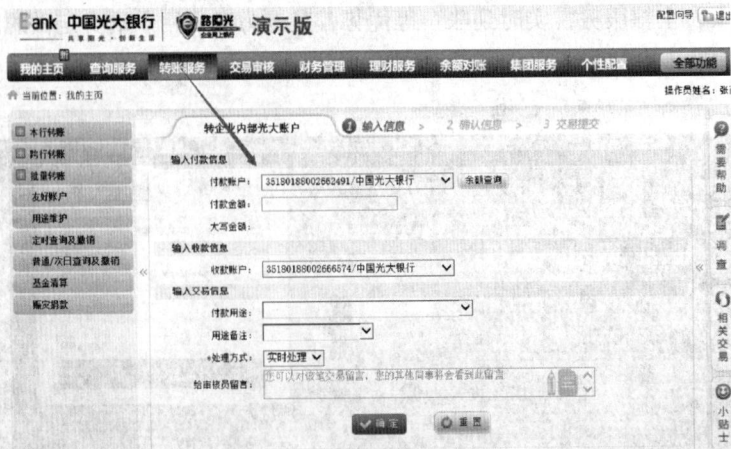

图 7-24　企业网上银行转账服务

④熟悉企业网上银行专业演示版功能，选择"赈灾捐款"。

图7-25　企业网上银行赈灾捐款服务

⑤熟悉企业网上银行专业演示版功能，选择"全部功能"。

图7-26　企业网上银行全部功能

任务三　掌握网上银行风险的控制

【案例导入】

2019年7月10日，中国银行业协会发布的《中国银行业发展报告（2019）》（以下简称《报告》）认为，银行业资产结构将继续优化，并强调进一步有效支持实体经济特别是民营和小微企业发展；银行业规模增速有望筑底企稳，净利息收入总体相对稳定，净手续费收入修复改善，但在潜在风险因素以及"以丰补歉"的思路下，全年利润释放预计受到制约，银行业经营业绩或稳中趋缓。

《报告》对2019年中国银行业发展做出6大判断：规模增速有望筑底企稳，风险偏好依然较低；存款增长压力缓解，流动性管理难度犹存；监管政策引领，民企小微信贷将增多；净息差或见顶回落，净手续费收入有望进一步改善；资产质量后续可能承压，不同机构继续分化；多因素叠加下，盈利增速将稳中趋缓。

《报告》认为，当下信用风险状况总体平稳，但需要关注外部经济环境总体趋紧，经济仍存在下行压力，在传统风险压力仍存的情况下，新的风险苗头有所显现，商业银行信用风险防控仍然面临诸多风险。

资料来源 中国银行业协会.中国银行业发展报告（2019）[EB/OL].[2019-07-15]. https://www.china-cba.net/Index/show/catid/14/id/26745.html.节选.

【知识准备】

一、网上银行风险分析

随着计算机与网络技术的发展，各商业银行已将计算机运用到许多业务领域中。近年来，无论是在零售业务、公司业务还是在管理领域，网上银行金融服务已得到了进一步的发展与推广。网上银行的出现，标志着金融服务方式的重大变革。随着网上银行的开办，网上银行的风险问题也备受关注，已成为当前金融业的热点问题之一。

网上银行与传统银行相比，最大的优势在于其机构虚拟化、交易无纸化、服务便捷化、操作简便化和金融产品个性化，但是网上银行业务也蕴含着传统管理方式不易缓解的新风险。我们可从两方面对网上银行业务的风险进行分析：一是传统银行风险新的表现形式；二是网上银行产品和服务存在的特有风险。

1.传统银行风险新的表现形式

网上银行给传统银行风险带来新的表现形式，这主要是指对银行的攻击来源、范围有所扩大，手段更加隐蔽。随着银行信息技术的普遍采用，来自内外部的技术攻击也不断发生，这就是银行业的安全风险。技术攻击一方面打断了银行业务的连续性，另一方面也对银行的声誉造成了不良影响，还可能给银行带来实际的经济损失。而网上银行"三A型"的特点，更使它容易受到攻击，而且范围更大，攻击方法更隐蔽。对传统银行而言，攻击往往发生在内部，影响也只局限在一定区域内或一定的业务品种上；但对于网上银行，由于其依赖的internet连接了众多机构和系统，有的甚至与中央银行或其他商业银行相通，联网的每个银行分支机构的员工都有可能通过快捷的网络传输，威胁其他银行分支机构的资金安全，跨时空进行金融违规、违法操作，因此从理论上讲，网上银行的黑客攻击可能来自全球各个角落。

另外，随着金融业务的网络化、数字化，各商业银行都在积极统一业务处理平台，推出综合业务系统。攻击者可以通过综合业务系统对银行的各项业务展开攻击。从攻击的角度看，由于综合业务系统固有的技术特征——内在关联性，黑客只要突破了一点，就可能在整个内部综合网内肆虐；又由于技术处理的特点，很快就可能造成整个系统瘫痪，影响银行的声誉，进而对银行业产生传染效应。网上银行与传统银行相比更加脆弱。

2.网上银行产品和服务存在的特有风险

（1）安全风险。

如前所述，internet技术是一把双刃剑，一方面使金融服务便捷、高效，另一方面使风险更容易积聚，爆发更快。网上银行的安全风险突出表现在物理安全、数据信息安全、应用系统安全等方面。物理安全是指有形设施的安全，如计算机设备、网络设施、密钥等的安全，有的银行配有不间断稳压电源、防震防水灭火设施、视频监视系统、电子门户控制系统等，目的都是防范物理设备的安全隐患。数据信息安全风险是指网上传输的数据信息的私密性、完整性等的安全。应用系统安全则主要考虑密码管理、认证安排等的安全问题，如果密码管理不善，或认证机制不健全，就容易导致口令被破译、系统被监视、信息被截取或者交易对方抵赖等。在分析网上银行风险时，也会将安全风险纳入操作风险范畴考察。

（2）战略风险。

战略风险是指银行董事会、管理层因策略规划失误和对商业环境变化反应不及时造成的决策失当，或工作层面上的执行不力。一般来说，战略风险包括两个方面：一是从管理层和工作人员素质角度看，网上银行业务比较新，它需要银行职员既掌握现代金融知识，又掌握计算机网络知识。二是从内部控制角度看，网上银行的网上操作使内部犯罪更容易发生，因为内部人员对网络密码、认证方式都了如指掌，居心不良或在交易中求胜心切的员工都可能试图超越权限进行交易。

（3）法规风险。

网上银行的法规风险主要体现在：一是通过internet进行的业务经营缺乏明确的法规依据或司法解释，造成商业纠纷无法解决。二是网上银行跨境服务涉及不同司法区域的司法管辖权问题。各国之间有关电子商务和网上交易的法规存在差异，在网上银行的跨国业务交易过程中，会产生国与国之间法规问题上的冲突。目前国际上尚未就网上银行涉及的法规适用问题达成共同协议，也没有一个仲裁机构，客户与网上银行很容易陷入法规纠纷之中。三是洗钱犯罪，犯罪团伙可能会利用网上银行快速和不易跟踪的特点，进行大规模洗钱活动，向监管部门提出挑战。

（4）声誉风险。

声誉风险是指负面的公众舆论对银行造成的风险。网上银行因产品、服务、传送渠道或处理过程等出现问题而产生负面的舆论，以至于严重影响银行的收益或损害银行的资本，网上银行也会因此产生声誉风险。例如，安全性系统存在缺陷而严重损害客户的隐私权；不恰当的应急计划和业务恢复计划，影响银行维持和恢复运行的能力，以及在系统失效后为客户提供服务的能力；欺诈会从根本上损害公众的信任；大规模的诉讼使银行面临重大责任，并对银行声誉造成严重损害。负面的舆论会使公众对银行的总体运行情况产生长期的、不良的印象，从而损害银行建立与维护客户关系和业务关系的能力。声誉风险对银行损害极大，因为银行的业务性质要求它能够维持存款人、贷款人和整个市场的信心。一旦网上银行业务发生技术故障、安全漏洞、客户关系管理不善等事件，银行必定声誉受损，如果处理不当，还会造成存款挤兑，引发流动性危机。

以上4类风险是网上银行风险中最突出的几种，也是各国监管当局最关注的风险类型。除此之外，网上银行还存在远程信用风险。信用风险一般是指借款人违反贷款协议，拒不清偿贷款，或丧失清偿能力而无力履行到期还款义务，给银行造成损失的潜在危险。由于网上银行没有实体的办公地点，银行与客户之间没有面对面的接触，目前又缺少足够丰富的远程客户资信评估数据，对借款人进行信用评估或抵押品价值评估更加困难。

因为网上银行存在上述风险，所以必须加强风险管理；否则，网上银行的存在和发展将受到严重的威胁。

二、网上银行风险管理的程序和措施

1. 网上银行风险管理的程序

根据美国国民银行的监管当局——货币监理署（OCC）在其《技术风险管理》文件中的意见，网上银行风险管理的程序是为帮助银行识别、测量、监测和控制与技术相关的风险而制定的。该程序包括以下3个基本组成部分：风险管理计划、风险管理实施、执行监测与衡量。

（1）风险管理计划。

在考虑是否采用一种新的技术或者是否升级现有的系统时，银行应该根据自身的全局战略目标和市场背景来评估如何应用该技术。计划过程应该考虑的因素：一是与内部和外部承包商有关的开发成本，以及今后保持数据完整和立刻恢复运营的能力；二是内部控制是否健全，包括对外包商的控制；三是能否判断何时特定风险会超出机构管理和控制的能力。

这里专门提及外包环节是因为外包商拥有设计、实施和服务于新技术所需要的专门技术，所以外包商可以提供一些有价值的方法，这些方法银行无法自行提供，而且通过该方法银行可以获得专门技术与资源。在确定计划是否签订合约以及如何签约时，银行应当评估在这种新关系下如何管理风险。如果没有足够的控制能力，通过外包商来设计或者协助开发银行的新技术与系统，将会增加银行面临的风险。当银行将一些业务进行外包时，只要外包商仍然为银行执行任务，其管理部门就应继续对外包商的行为负责。

总的来说，银行设定一个有效与技术应用相关的计划过程包含3个基本部分：一是让董事会和高层管理者在计划过程中参与制定决策；二是收集和分析与新的和现有的技术相关的信息；三是评估需求和考察相关选项。

（2）风险管理实施。

银行应该建立必要的控制制度，从而防止操作失败以及未经授权侵入，避免导致损失或声誉毁坏。至少，管理部门应该建立技术标准，从而能够为银行技术系统的全部结构与构造制定方向。

管理部门应建立优先顺序，保证项目在各管理者、工作单元和团队成员之间的协调与兼容。合适的项目实施包括控制、政策、程序、培训、测试、业务连续性计划和防止对外包商泄露机密等。管理层对期望目标应有明确的定义，包括用户和资源需求、成本预测、项目评测基准和期望可用日期等。相关方对项目的合理监控也是十分重要的。项目经理应将可能出现的障碍报给高层，从而确保对管理风险有足够的控制和修正计划。

①控制。控制应当包括明确并可度量的实施目标、对项目关键实施过程的特定责任的落实，以及拥有风险测量和防止额外风险的独立机制。这些控制应当定期接受重新评估。

银行信息系统的安全管理非常重要。安全措施应该具有可度量的实施标准，并被清楚地定义。应指定相关负责人员，从而确保拥有一个完备的安全程序。银行管理部门应该制定必要的步骤，用以防止非法入侵对关键业务系统的影响。系统应尽可能地得到保护，从而防止欺诈、疏忽和银行财产遭受物理性破坏所带来的风险。控制点应该包括设备、人员、政策、程序、网络控制、系统控制和承包商控制。例如，安全进入限制、对雇员的背景检查、职权的分离、审计线索，这些都是保护银行与承包商系统安全的重要预防措施。随着技术与系统的转变和成熟，安全控制也需要定期转变。

②政策和程序。管理部门应当采用与加强适当的政策和程序，从而管理与银行的技术应用相关的风险。这些政策和程序的有效性很大程度上依赖于它们是否在银行员工与承包商之间被执行。测试这些政策和程序的合规情况往往能够帮助银行在问题变得严重之前对它们进行纠正。清楚的书面记载和经常沟通能够有效地分配职权，从而帮助雇员有效而一贯地协调和实施任务，并且能够协助培训新员工。银行管理部门应该保证所有政策、程序和系统都被充分记载。

③专业技术与培训。银行应该保证关键员工和承包商具备专门技术与技能来进行必要的操作，并确保他们得到适当的培训。管理部门应该对雇用与培训员工给予足够的重视，并且如果一个关键人员离开，要有后备人员补充。培训包括技术课程、出席行业会议、参与行业工作团队以及分配时间给员工，从而使他们跟踪重要技术与市场的发展。培训也应该延伸到客户，以保证客户了解如何恰当地使用和获取银行的技术产品与服务。

④测试。测试能够证实设备与系统的运作正常与否以及是否达到了预期效果。作为测试过程的一部分，管理部门应该证实新技术系统是否在银行旧的技术环境下运作有效，并且在某些特定的地方，需要承包商来协助完成。在新的技术大规模应用之前，试验程序或者原型将会对开发这些技术应用起到帮助作用。测试应该定期执行，从而控制风险。

⑤业务应急性计划和业务连续性。在所有的系统中，设备损坏和人为错误等造成的风险都是可能的。这些风险可能在银行的控制之内或控制之外。系统失败以及非法入侵可能来自设计上的缺陷、系统容量的不足、自然灾害或者火灾造成的设备损坏、安全规则的违反、不足的员工培训或者对承包商的过度信赖等。

业务连续性计划应该在银行实行新技术之前制订好。该计划应该包括系统失败或者未授权侵入时银行应急的一系列操作，还应该将其他所有与银行操作相关的商业计划整合起来。该计划可能包括数据恢复、数据处理能力的交替、紧急情况下的人员使用以及客户服务支持。管理部门应该建立一个沟通计划来指派关键人员并制定程序纲要，通知所有雇员。该计划应该还包括公共关系以及外延策略，从而当系统失败或者受到非法入侵后，能够迅速对客户及媒体做出响应。管理部门还应该对那些可能影响客户信心的事件做出计划，比如一个拥有类似技术的竞争者的操作失败。

⑥业务外包。银行应该保证具备必要的控制来管理业务外包以及与外部相关的风险。管理部门应该保证外包商具备必要的专业技术、经验以及财务能力来履行他们的职责，还应该确定各方的期望与职责被清楚地界定、理解和确认。

项目是否能合理有效地实施与银行能否依靠其雇员、外包商或者两者一起来进行开发实施有关。如果未能建立必要的控制，可能会导致安全受到威胁、低标准的服务、不兼容设备的安装、系统的失败、超出控制成本以及客户隐私的泄漏等。如果银行加入或者与其他银行、公司形成联营，管理部门应该仔细审核对方，从而保证联营伙伴具有竞争力和足够财力来完成职责。在第三方同意的情况下，需要充足的银行资源对实施情况进行监督与衡量。

【小思考7-2】

什么是业务外包？

答：业务外包的英文为out-sourcing，也有人将之译为"外部委托"，或者"资源外包"。业务外包是一种管理策略，是某一公司（称为发包方）通过与外部其他企业（称为承包方）签订契约，将一些传统上由公司内部人员负责的业务或机能外包给专业的、高效的服务提供商的经营形式。业务外包被认为是一种企业引进和利用外部技术与人才、帮助企业管理最终用户环境的有效手段。

（3）执行监测与衡量。

管理部门应该监测与衡量和技术相关的产品、服务、递送渠道以及操作程序的执行情况，从而防止潜在的操作失败，减少失败带来的损失。银行应该建立能够识别和管理风险的控制，使银行可以应付风险。为了明确责任，管理部门应该指明谁对业务目标、特殊的技术项目或系统带来的结果负责，还应该建立独立于业务部门的控制，保证对风险的适度管理，应该根据控制要求对技术过程的质量与合规性进行定期审查。

①审核。银行应该充分估计用于识别和管理与技术相关的风险的审核人员的充足性。使用审核人员是探测技术实施中的不足与管理风险的一个重要机制，他们应该有资格去评估产生于特殊技术使用中的特殊风险。银行管理部门应该给审核人员提供关于标准、政策、程序、应用和系统的足够信息。审核人员在计划过程中，为保证技术系统被充分而又经济地审核，应该向银行管理部门进行咨询。

②质量保证。银行应该建立程序，以确保质量实现，并将其融合于今后的计划中，以保证管理与限制所承担的风险。这些程序可能包括内部操作测试、专题小组以及客户调研。当银行与其他机构或者其他行业实行重大联合时，银行也应该审查相应的质量保证环节。

质量保证既作为计划的一部分，又作为监督的一部分，银行必须清楚地界定衡量标准并定期实行审查，以确保银行管理部门制定的目标与标准的实现。目标和标准应该强调对有效使用技术起重要作用的数据的完整性。无论是在进程前还是在进程后，信息都应该完整和准确。这在与其他机构或行业的重大合并中显得尤为重要。衡量进程与确定实际成本的困难，使得技术项目的控制变得复杂。所以银行管理部门建立针对特殊应用的合适的评估标准就非常重要了。最后，技术成功与否取决于技术是否取得了预期的结果。

2.网上银行风险管理的措施

（1）安全风险管理。

网上银行产品存在着很高的安全风险。在网上提供金融产品和服务的银行机构必须让客户放心，并满足客户的期望。银行还要保证能提供精确、及时和可依赖的服务，来建立自己的品牌。客户对那些没有严格内控管理网上银行业务的银行没有信心。同样，客户希望能有持续易用的产品和网页用来进行网络浏览，希望能多渠道取得使用网上银行所需的软件。银行应有能力支持客户自购的或由银行提供的浏览器系统，或个人财务管理软件（PFM）。银行与客户的良好沟通能更好地保证与个人财务管理软件的兼容性。攻击或非法访问是银行计算机或网络系统最大的危险所在。研究表明，网上银行系统更容易受内部侵扰而不是外部侵扰，因为系统的内部使用者对系统本身及权限了解得更多。因此，银行必须有完备的预防和检测系统来防止来自内部和外部的侵害。

银行还必须有业务运行应急计划和业务连续性计划，保证即使在不利的情况下，银行仍能对外提供产品与服务。与强大网络相连的网上银行系统其实能更方便地实施这些计划，因为可在更大的地域范围内部署后备业务系统。例如，如果主服务器失去运行能力，网络能自动连接到另一地点的后备服务器上。银行机构部署业务运行应急计划和业务连续性计划时必须考虑安全因素。高度的系统可靠性是客户所期待的，并且将决定金融机构网上银行的成功与否。

（2）战略风险管理。

如前所述，战略风险是由于错误的商业决定、对决定不合适的贯彻执行或者对商业变化没有及时应变等而引发的对目前或将来资本和收益产生的风险。这一风险与组织的战略目标、实现这一目标的商业手段、对该目标的资源分配以及贯彻实施有关。实现战略目标的资源可以是有形的，也可以是无形的。

在开展某项网上银行业务之前，管理层必须对其相关的风险有充分的了解。在某些情况下，银行会通过互联网提供新的产品或服务，了解相关的风险及其后果是十分重要的。充分的技术和管理信息系统是开展业务的必要条件。由于许多银行和其他金融机构在现有的业务范围之外展开竞争，开展网上银行业务的机构必须在技术层面与银行战略计划之间建立联系。

在提供网上银行产品之前，管理部门必须考虑产品、技术是否与银行战略计划所包含的有形资源相符合。银行还必须考虑是否有足够的专业能力和资源来确认、管理与控制网上银行业务的风险。计划和决策过程应致力于考虑如何通过网上银行系统满足一个业务目标，而非片面地完成单一的产品目标。银行的技术专家应协同市场和操作人员，来参与决策和计划过程。必须保证该计划与银行的战略相一致，并在银行可接受的风险范围之内。新技术尤其是互联网，将给竞争能力带来急速的变化。因此，战略决定的视野将决定网上银行产品的设计、实施和管理。

（3）法律风险管理。

法律风险有时也称合规风险，主要是指由于违反或未能执行法律、法规、条文、预先设定的作业标准以及道德标准等而给资本或收益带来的风险。未经法律或法规检测或有模糊性的银行产品和服务，将带来法律风险。法律风险使银行机构面临惩罚，如经济处罚、损失赔偿和合同失效。法律风险还可能使其声誉丧失、特许权价值降低、商业机遇受限制、扩展机遇受限制以及失去合同等，许多客户为此将继续使用其他银行的传统传送渠道。同样，银行必须保证在网上银行（包括网站）上的信息披露与其他途径相一致，从而确保信息能准确而连续地传送给客户。经常性地监督、测试银行网站可保证对法律、法规的合规性。

（4）声誉风险管理。

声誉风险影响着银行机构与新客户建立合作关系提供的服务和对老客户提供的服务，该风险可能使银行面临诉讼、财务损失或者失去客户。应随时关注声誉风险管理，需要谨慎对待所有的客户以及整个社会。

银行员工应当了解，如果银行未能满足市场需求或未能提供精确及时的服务，声誉风险就会产生。这包括未能满足客户的信用需求、提供了不可靠或低效的传输系统、未能及时回复客户请求或违反了客户在隐私方面的要求等。

既然运行不良的网上银行系统会使银行丧失声誉，那么制订良好的市场计划（包括信息披露）就能够指导客户并降低声誉风险，客户能理性地了解银行目前所能提供的产品、服务以及使用系统可能面临的风险。所以，市场策略要做到充分披露目前的服务。银行不能在市场和推销过程中提供网上银行系统不具备的能力与特性，而必须合理精确地介绍产品。银行还需要考虑在网站上呈现第三方信息的问题。超级链接能使客户连接到第三方站点。对于客户，这些第三方的产品和服务可能被默认为是银行提供的服务。当客户离开本银行网站时，必须确保他们对银行所提供的特有的产品和服务以及安全与私密标准没有任何的混淆。同样，还必须对客户充分披露他们的哪些总体业务连续性计划确定将网上银行业务纳入其中。经常性地检测业务连续性计划，包括与公众和媒体的沟通战略问题，将帮助银行在面对客户或媒体的负面报道时能迅速而有效地做出反应。

三、网上银行安全工具

目前，各家银行为了充分保障网银用户的安全，纷纷开发出各种网银安全工具。国内市场上主要有 3 大类工具：数字证书、USB-KEY（U 盾、ukey、网盾等）和银行动态口令卡（刮刮卡、动态口令卡、电子口令卡等）。

1.数字证书

数字证书是目前电子银行最常见、最基本的安全保障手段。它实际上是一串很长的数学编码，包含用户的基本信息及认证中心的签名，是证明网上身份的"网络身份证"。数字证书是网银安全的根本保障，是被国内外普遍采用的一整套成熟的信息安全保护措施，通常被保存在电脑硬盘或 IC 卡中，用户登录时，银行系统会通过数字证书自动验证使用人的身份，确保用户的真实性和唯一性。它的优点是价格低廉，一般在 2 元到 10 元之间，部分银行免费，基本上能保障用户的安全。它的缺点是证书一旦被安装，用户只能在被安装有证书的电脑上使用网上银行。当用户更换计算机时，必须回到原来的机器将证书导出，重新安装到新机器上。如果电脑重装，则必须把证书备份，再重装。因此，这种数字证书最大的风险在于，一旦电脑被盗或被他人挪用，证书就有可能被备份，不法分子获取密码后就能轻松地转走网银账号上的资金。

2.USB-KEY

USB-KEY 是目前多数中资银行采用的安全认证工具。USB-KEY 外形酷似 U 盘，内置微型智能卡处理器，从外部无法读出内部保存的关键数据，安全性较高。银行将数字证书保存到 U 盘里，用户登录时必须插入 U 盘。U 盘内的文件不会被保存在电脑上，即使电脑中了木马病毒，也不会被窃取，因此用户不必担心数字证书被黑客控制。从技术上来讲，USB-KEY 是目前最为安全的网银认证工具。它的优点是携带方便，不可复制，安全性比较高。它的缺点是价格昂贵，容易丢失。

3.银行动态口令卡

银行动态口令是一连串定期变化的银行密码，动态口令卡是动态口令的载体，只有拥有口令卡的用户才能拥有最新更换后的密码。在启用动态口令卡后，进行网上银行办理转账汇款、缴费支付、网上支付等交易时，需按顺序输入动态口令卡上的密码，每个密码只可以使用一次。它的优点是价格低廉、易于携带、操作简单，不需要在电脑上安装任何软件，使用起来非常方便。它的缺点是容易丢失，网银使用次数越多，口令卡更换就越频繁。

【任务描述】

自新冠肺炎疫情暴发以来，建设银行主动发挥国有大行的责任担当意识，号召全行立足当地、立足实际、立足服务、立足需要、立足于一切有利于疫情防控和员工自身安全的原则，针对性推出了疫情期间网点服务的系列措施，旨在关爱员工、关心社会、服务客户，积极配合打赢这场疫情攻坚战。在关心社会和客户方面，建设银行承诺无论是单位还是个人，只要通过建设银行向湖北疫区专用账户捐款或汇划防疫专用款项，一律免收手续费。为配合这一政策的顺利实施，建设银行于 2020 年 1 月 28 日上线了手机银行"一键捐款"功能，客户可通过建设银行手机银行，便捷地向湖北疫区防疫专用账户捐款。在操作时，只需选择捐款机构，捐款金额即可快速完成转账。客户还可以通过手机银行转账，或点击"转账"——"公益捐款"的方式，向各地的公益机构进行捐款。作为建设银行客户，您可选择网上自助开通普通客户或便捷支付客户；若需享受更多网银服务，可直接前往网点柜台签约为高级客户或由普通客户、便捷支付客户升级为高级客户。

请以建设银行为例，说明如何开通网上银行业务。

【任务实施】

建设银行网上银行开通客户分为普通客户、便捷支付客户、高级客户（如图7-27所示）。

图7-27 建设银行网上银行开通页面

（1）普通客户，可享受账户查询、投资理财、信用卡、部分大小额缴费支付、部分大小额网上支付等服务，暂不支持转账汇款服务。

步骤1 登录建设银行网上银行普通客户开通页面，点击"马上开通"（如图7-28所示）。

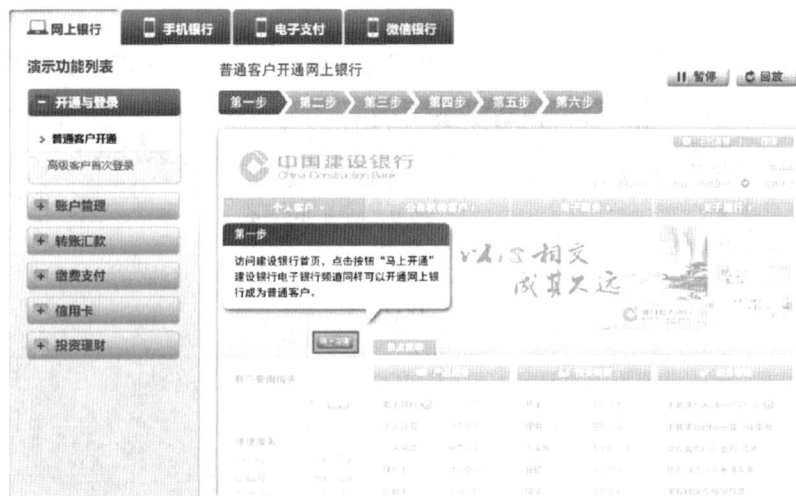

图7-28 网上银行普通客户开通页面

步骤2　选择普通客户网上自助开通，点击"现在开通"（如图7-29所示）。

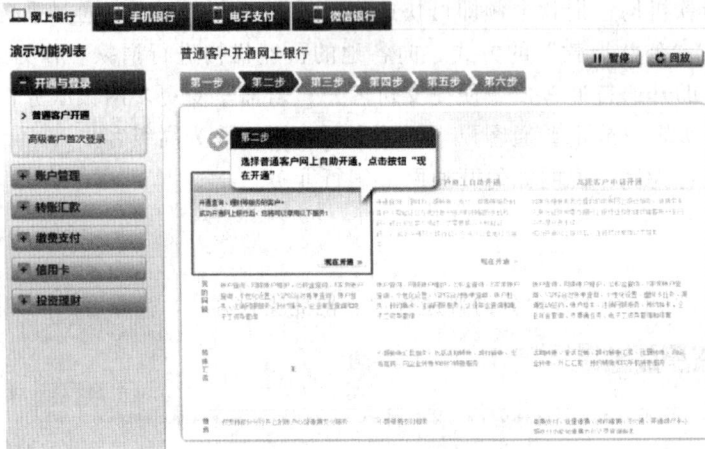

图7-29　普通客户网上自助开通页面

步骤3　阅读"中国建设银行电子银行个人客户服务协议及风险提示"后，点击"同意"（如图7-30所示）。

图7-30　同意风险协议提示

步骤4　填写姓名、建行账号、密码以及附加码后，点击"下一步"（如图7-31所示）。

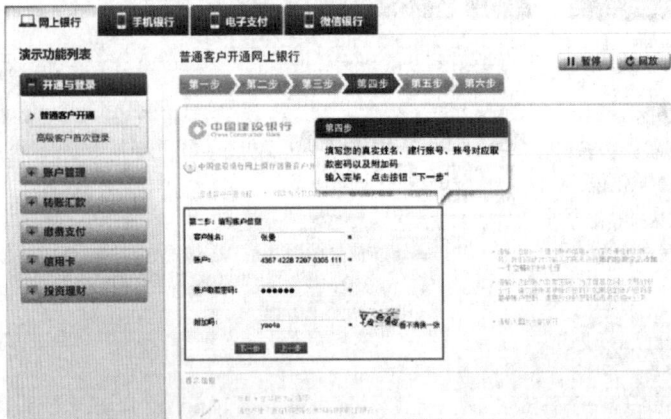

图7-31　填写账户信息

步骤5 输入正在使用的手机号码和设置网银登录密码后，点击"下一步"（如图7-32所示）。

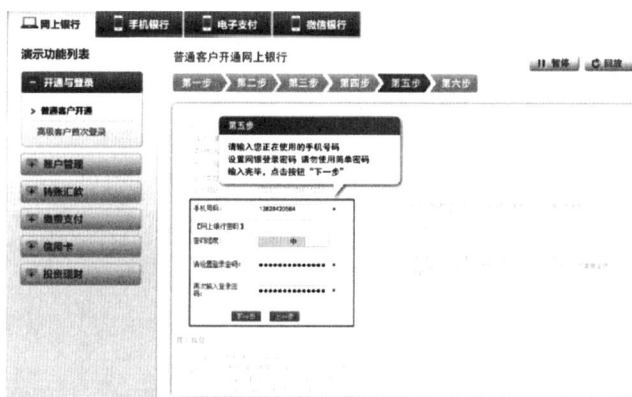

图7-32 输入正在使用的手机号码和设置网银登录密码

步骤6 成功开通（如图7-33所示）。

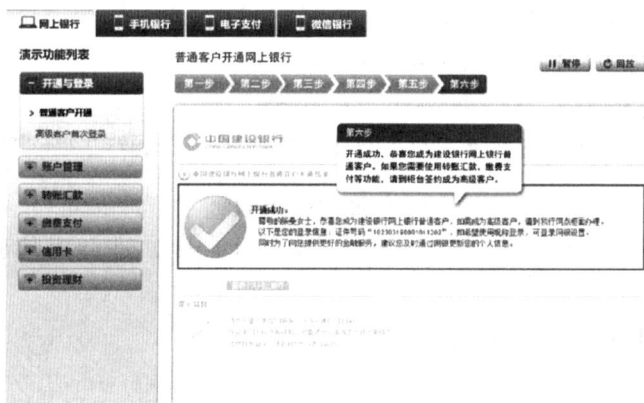

图7-33 成功开通页面

（2）便捷支付客户，可享受账户查询、投资理财、信用卡、小额缴费支付、小额网上支付等服务；支持小额转账汇款服务；账户开户时预留的手机号码和目前使用的手机号码一致。

步骤1 登录建设银行网上银行，找到开通指南中的便捷支付客户（如图7-34所示）。

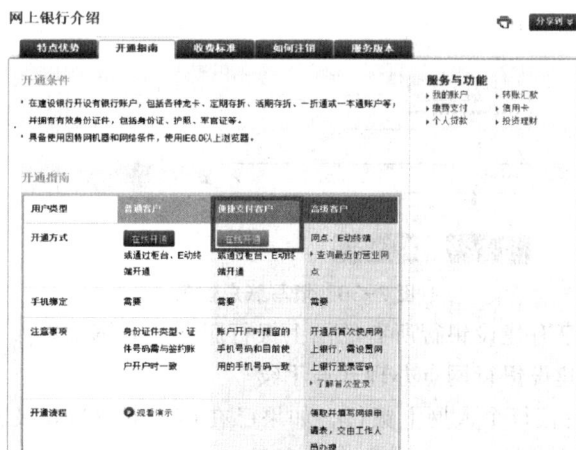

图7-34 在线开通

步骤2 阅读"中国建设银行电子银行个人客户服务协议"后，选中复选框（如图7-35所示）。

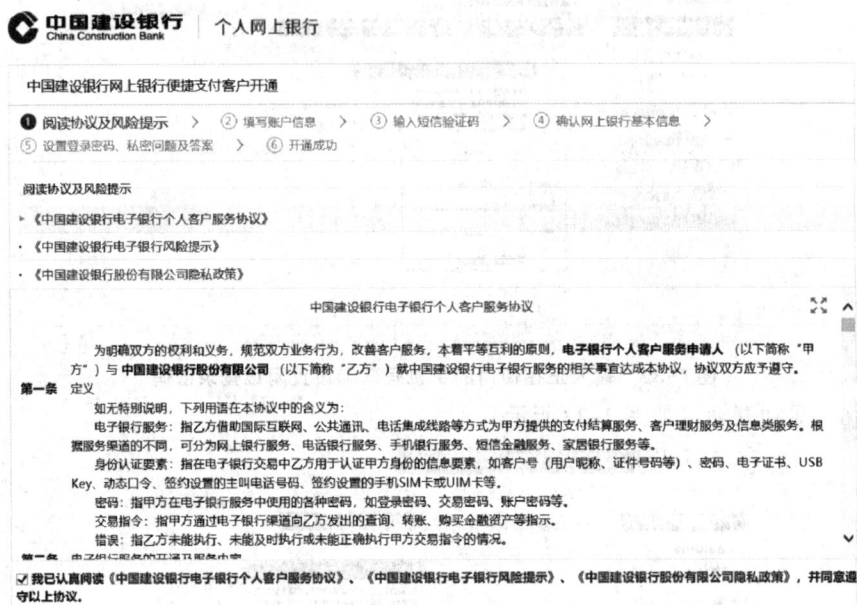

图7-35 同意协议

步骤3 填写个人账户信息（如图7-36所示）后，进行短信验证，就成功开通了。

图7-36 填写账户信息

（3）高级用户，享有建设银行所有的网上银行服务，需携带本人身份证件和建设银行储蓄账户或信用卡至建设银行网点办理开通手续。

步骤1 登录建设银行个人网上银行，如果已在柜台申请为高级客户，首次登录网上银行要设置网上银行的登录密码（如图7-37所示）。

图 7-37 高级客户网上银行登录

步骤 2 请输入证件号码和姓名后，点击"登录"（如图 7-38 所示）。

图 7-38 输入证件号码和姓名

步骤 3 输入账户信息和取款密码（如图 7-39 所示）。

图 7-39 输入账户信息和取款密码

步骤4 交易密码设置成功后，可登录进行查询、投资理财等操作（如图7-40所示）。

图7-40 交易密码设置成功

步骤5 如果需要转账汇款、缴费支付等交易，请您下载并安装E路护航网银安全组件（如图7-41所示）。

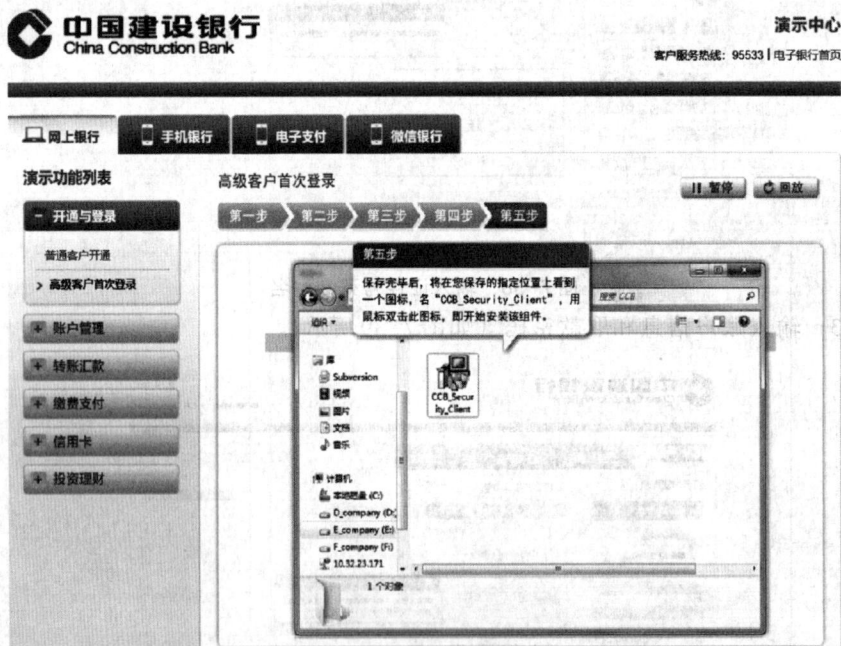

图7-41 下载并安装安全组件

步骤6 屏幕如果弹出安装根证书的提示，点击"是"（如图7-42所示）。

图 7-42　安装根证书

步骤 7　将建设银行网银盾插入计算机，弹出设置网银盾口令的提示，设置网银盾口令，点击"确定"，就可以进行转账了（如图 7-43 所示）。

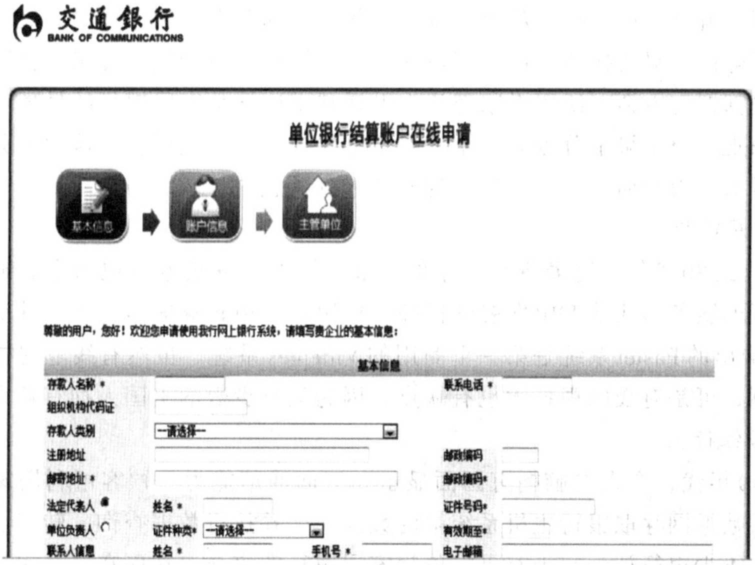

图 7-43　设置网银盾口令

任务四　了解家居银行系统

【案例导入】

2014 年 8 月，佛山首家家居型主题银行——佛山农商银行·家博城支行正式开业。该网点在环境打造、功能设计上大胆创新，将咖啡厅"搬进来"，不同于传统银行网点严谨生硬的办公环境，一走进营业厅就是咖啡休闲区，原本刻板的客户等候椅变成了咖啡沙发。该网点颠覆银行以往的传统服务内涵，将咖啡厅"搬进"银行，并在网点内建设泛家居信息平台，植入家居产业文化和咖啡休闲文化，形成集"银行+家居+咖啡+CBA"于一体的特色服务模式。除了为客户提供日常的结算、收票等业务外，该网点还因地制宜，根据家博城客户的金融需求量身定制并提供特色的产品和服务，如专门为家博城入驻商户量身定制的POS机（可接受所有具有银联标识的信用卡和借记卡），家博城商户只要提供租赁合同和身份证即可快速办理POS机安装业务，并享受优惠费率等优惠条件。

家居型主题银行的出现，既是银行细分客户群体、有针对性提供特色服务的一种表现，也是银行专业化服务发展的必然趋势。

资料来源 陈荣炎，冯少绵.没错，你走进的就是家居型主题银行［N］.新快报，2014-08-15.

【知识准备】

一、家居银行的发展历史

家居银行的发展经历了电话家居银行、视频家居银行、PC家居银行以及目前广泛发展的网上家居银行4个阶段。

1.电话家居银行

早在20世纪70年代，金融机构就想把家居银行的观念变成可行的事实。许多银行深信家居银行即将流行，所以投入数以百万美元的研究和开发费用。那时，最流行的家居银行方式是按键电话，只要接通电话，客户就能查询银行账户余额、转账并且缴付账单。因为大多数家庭都拥有电话，所以大家都认为电话技术应该是家居银行的最理想技术。尽管早期的预期乐观，但结果十分令人失望。由于电话技术无法提供客户认为十分重要的画面验证，因此对家居银行而言，电话技术变成了十分尴尬的技术。

2.视频家居银行

到了20世纪80年代，随着视频技术的发展，有线电视技术被视为家居银行的可用技术。家居银行的服务形式从TBP发展到视频家居银行，视频家居银行是一种交互系统。英国于1979年推出的Pastel系统是第一个商用的Videotex系统。虽然有线电视技术解决了电话的画面限制，可是有线电视技术也有缺点，因为只有少数的美国人拥有双向有线电视。

3.PC家居银行

20世纪80年代，个人电脑拥有画面显示和双向通信能力，顾客可利用家里的个人电脑，通过公共数据网存取银行主机系统中的数据库，并执行数据查询、转账、付款、个人理财等交易。不少银行认为它极有可能成为家居银行的媒介，从而在家居银行上投资了上亿美元的金钱。但是由于缺乏大量的个人电脑和习惯用电脑的人，因此就如同20世纪70年代和80年代早期的电话和有线电视技术一样，PC家居银行也尝到了失败的苦果。

4.网上家居银行

从20世纪90年代中期开始，随着诸如Microsoft和Intuit公司的预打包程序的出现，在互联网上建立银行虚拟分支机构的障碍大大减少。尤其是电子商务的蓬勃发展，包括我国在内，世界上很多银行纷纷建立网上银行，并通过网上银行为社会大众提供家居银行服务，从而使家居银行在全球范围内获得实质性的大发展。个人银行业务、个人电脑等和internet紧密结合，使客户通过互联网就可进行电子商务活动、金融交易和获取所需的信息等。现在，家居银行已经成为互联网上使用最广泛的一项电子商务活动。

【小知识7-4】

1998年5月，中国香港中银集团和中国香港电信合作，利用互动电视科技，率先推出了全世界第一家"家居银行"，在全球引起了轰动。近年来金融行业的创新无处不在，先后结合移动互联网、三网融合等趋势研发投产手机银行、家居银行，逐步建立了涵盖网上银行、电话银行、手机银行、家居银行和自助银行等在内的电子渠道服务体系。

我国内地的"家居银行"最初发源于湖南，服务品种有金融信息查询、内部账务管理、银证转账、家居缴费等。据统计，早在2000年7月底，湖南"家居银行"用户就已经超过了10万户，日平均交易420多笔，日均交易额543万元。这是因我国金融产业结构调整而衍生出的新的服务方式，是我国金融服务史上的一大创举。

二、家居银行的概念与形式

1.家居银行的概念

家居银行，顾名思义就是把银行搬到千家万户中，客户在自己家里就像在银行一样，根据所需，享受银行提供的多元化金融服务。客户可以通过电视、电话、电脑、其他电子终端等设备以及通信网络与银行主机相连，足不出户，就能方便、快捷地办理过去在传统银行柜台等待办理的各项业务，从而实现个性化客户"消费理财"的优质服务。

2.网上家居银行的形式

从网上家居银行的应用来看，目前主要有4种存在形式：

（1）银行专有的拨号服务。运用计算机的家居银行服务，使银行成为消费者进入其账户的电子通路，这样他们就能够直接向债权人账户上转移资金或支付账单。

（2）现成的家居银行软件。这种方法在巩固现有顾客与争取新客户之间的关系中发挥着重要作用。

（3）以专有网上服务为基础。这种方法允许银行设立零售分支机构，主要提供以客户为基础的网上服务，譬如Compuserve、美国在线等。

（4）以世界性的网络为基础。这种方法使银行能够通过世界性的网络直接到达消费者的浏览器。这种模式的优势在于其后端具有灵活性，因此能够适应由电子商务所推动的网上交易运行模式，从而导致中介服务的消亡。

三、家居银行的服务功能

通过家居银行系统，消费者只要拨通电话或接通电脑，利用其中的"银证"服务系统就可以完成银行存款和股票账户的转换，而通过其中的"家居缴费"系统，就可以完成水、电、煤气等公用事业费用的缴付，其他还有诸如金融信息服务、网上支付交易、转账等功能。家居银行处理的业务一般有以下几种：

（1）缴费与消费付款服务。缴纳公用事业费、信用卡付款和购物付款等。

（2）账户管理。建立不同的个人账户之间的联系，并进行管理。如定期一本通账户、活期一本通账户、个人支票账户和银行卡等不同账户间的资金转移，查询余额和交易情况，以及更改"家居银行"密码等服务。

（3）银证转账业务。银行借记卡和证券公司开设的资金账户之间的自助转账服务，即这两个账户的资金可以随意调拨，从而完成股票交易买卖。

（4）外汇宝交易。汇率查询、预留订单买卖、订单撤销，美元、英镑、日元、港币、欧元等12种主要货币外汇买卖、订单查询。

（5）金融信息查询。汇率、存贷款利率等金融信息的查询。

（6）其他专项服务。手机等项目代缴费、医院预约挂号等。

因此，运用家居银行，消费者可以不使用现金、邮寄支票和离开家，就能够查看账户余额、转移资金、支付账单并购买商品和服务等。当然，这些看似简单的服务方式，在实际工作中要求计算机系统在不同分支机构、总部和战略伙伴之间具有高层次的一体化才能实现。

先进的家居银行可以提供更高级的服务，这些服务包括网上购物、购买旅行支票等第三方服务、账单支付、金融信息服务以及与债券和证券等相关的各种投资工具方面的内容。

【小思考7-3】

什么是外汇宝交易？

答：外汇宝交易又称个人外汇交易或个人外汇买卖，是指银行接受个人客户的委托，参照国际金融市场现时汇率，为客户把一种外币买卖成另一种外币的业务。交通银行的外汇宝交易覆盖亚洲、欧洲、美洲等世界主要外汇市场，向客户提供最新、最快的外汇行情信息，且实行现钞与现汇同价。外汇宝交易的开办为人们提供了一条外汇理财的新途径。你只要拥有100美元或其他等值外币，并到银行营业部办理开户手续，即可进行外汇买卖。

【任务描述】

家居银行有多种应用形式，其中的电视银行是一种新兴的基于数字电视的个人用户电子交易渠道。个人用户手持遥控器就可操作家里的电视机和电视机顶盒，通过数字电视专用网络，访问银行的家居银行交易服务器，进行类似网银和手机银行的交易。目前中国银行家居银行（指电视银行）的服务地区包括浙江省、湖南省、云南省和河南省等，后续将逐步推广至全国范围。请以中国银行为例，说明如何申请开通家居银行服务。

【任务实施】

申请开通家居银行服务有两种方式：

1.自助注册

步骤1　首先确保你有一张已经关联电话银行的借记卡或信用卡。

步骤2　用数字电视进入"家银通"功能，在下方家居银行登录入口区域，可以点击中国银行名称进入家居银行登录页面，点击"自助注册"，进入自助注册页面。

步骤3　请阅读协议，并点击"接受"。

步骤4　请选择注册的"账户类型"，填写"银行卡号""电话银行密码""证件类型""证件号码""验证码"后，点击"下一步"。

步骤5　请填写"预留信息"、"用户名"、"登录密码"及"动态口令"。

步骤6　点击"确定"，即完成查询版/理财版家居银行开通服务。

从未注册过中国银行的网银、手机银行或家居银行的客户，可自助注册为中国银行家居银行查询版客户；对于已申请中国银行网上银行或手机银行中的任一渠道的客户，可注册为与网上银行或手机银行相同版本的客户。

2.柜台开通

携本人身份证和待关联账户（包括借记卡、信用卡和存折）至中国银行网点，直接注册家居银行。如果你想将查询版家居银行升级为理财版，可持关联账户及身份证件，到柜台办理升级业务并申请中银e令，即可成为家居银行理财版客户。

任务五　了解企业银行系统

【案例导入】

小微企业是国民经济的重要组成部分，在稳定增长、扩大就业等方面发挥着重要作用。

1.多措并举，打造一体化小微服务体系。围绕创业型和创新型小微企业初创期与成长早、中期企业的经营特点和金融服务需求，兴业银行南昌分行在构建便利优惠专属支付与结算和现金管理的基础上，通过"债权"与"股权"相结合、"融资"与"融智"相结合，进一步扩大对轻资产、高成长性初创期和成长早、中期企业的服务范围，全面构筑兴业银行南昌分行在小微企业融资服务上的完整产品体系和集"结算理财、债权融资、股权融资和顾问服务"为一体的"创业金融"服务模式。

2.组合出击，节约财务成本。依托总行研发的小微企业版网上银行、E管家、兴业管家的组合运用及一系列创业型、创新型小微企业专属结构化理财产品，兴业银行南昌分行全面升级小微金融服务，切实提高小微企业及实际控制人的结算便利性，并给予一定的政策优惠。据了解，目前通过兴业管家进行转账结算的客户可以享受转账手续费全免的政策，这对于企业而言是实实在在地降低了企业成本。

3.个性定制，创新融资模式。为了给小微企业量身定做专属融资产品，兴业银行始终坚持以客户为中心，积极探索小微企业的融资需求。根据创业型、创新型企业轻资产、高人才和高研发投入的特点，兴业银行研发了"创业贷""知识产权质押贷款"等一系列传统融资产品以及"投贷通""投联贷"等新型融资产品，极大地满足了不同层次小微企业的融资需求。

4.财务顾问，提供全方位增值服务。结合兴业银行集团化多牌照经营优势，通过集团联动，兴业银行南昌分行针对有上市计划的中小企业提供集并购、证券、租赁、期货等为一体的综合金融服务——"芝麻开花"产品，其业务定位是成为中小企业的贴身财务顾问。在中小企业发展全过程中，兴业银行不仅为企业提供传统商业银行的贷款资金支持，也积极为企业的股权融资、上市规划、发债融资、营销策划等各类业务需求提供专业化的帮助。

资料来源 佚名.兴业银行南昌分行助力小微企业发展［EB/OL］.［2019-10-21］. http://jx.sina.com.cn/news/zhzx/2016-10-21/detail-ifxwztrt0056993.shtml.

【知识准备】

在企业银行发展的早期，银行需要在客户处安装电子银行系统的终端设备，并通过专有通信线路与银行主机连接起来。由于企业银行服务类型千差万别，不仅种类繁杂，而且变化频率高，费用成本高，因此企业银行的发展受到限制。internet技术的发展促使企业银行通过互联网与银行相连，能够方便、高效地完成各项金融服务活动，企业银行才得到了广泛的发展与应用。

一、企业银行概述

企业银行是企业在经营过程中通过银行完成资金往来的电子服务系统，它的服务对象主要是大中型企业以及包括政府机构在内的具有法人身份的组织。企业银行资金往来额度大，因此必须与电子汇兑系统结合起来，才能完成资金转账过程。

企业银行是银行向公司客户提供的一种自我服务的电子银行系统。它通过公用电话网络和互联网等将客户的电脑终端连接至银行，将银行服务变成客户在办公室自己办理的服务系统。企业银行拉近了客户与银行的距离，使客户在办公室就可以享受到银行的服务，有利于银行稳定公司存款和吸引客户，更好地服务于客户。

网上企业银行系统是指将单位客户的计算机通过通信网络与银行的计算机相连接，用电子指令信息来完成客户在银行指定下的信息查询、款项收付等过程。简单而言，建立网上企业银行后，单位客户可在与企业银行系统联网的电脑上，办理账户查询、外币账户查询业务及各种会计信息和人民币账户支票、汇票、本票、电汇、信汇等结算。

【小思考7-4】

网上企业银行的优点是什么？

答：通过网上企业银行系统，企业不仅可以更灵活地处理企业资金，减少在途资金的积压，加速资金的周转，还可以与企业的计算机应用系统集成，使企业的内部管理及企业与外部往来交换处理更加完整和有效。网上企业银行服务使银行可以争取到更多的大型客户，有效增加企业存放款业务，同时可以大幅度减轻银行的人力负担，这无疑将获得更多商机。

二、企业银行的服务方式

企业银行系统对企业提供的服务，有下述多种划分方式：

1.按是否发生交易活动划分

企业银行服务方式按交易活动发生与否划分，可分为金融交易服务和信息增值服务两大类。金融交易服务内容包括EDI电子转账交易、非EDI电子转账交易、整批转账类交易、账务查询类交易、通知类交易、申请类交易；而信息增值服务内容主要有金融电子布告栏和银行业务及新产品介绍等。

2.按服务方式划分

企业银行服务方式按计算机工作方式划分，主要有以下3种：

（1）脱机查询业务。企业端可以对下载到本地的历史交易数据、利率、牌价等进行查询，无须连接到银行端即可解决：按时间查询历史交易明细；按金额查询历史交易明细；按摘要查询历史交易明细；按币种、日期、利率类型查询利率；还可以查询银行提供的各类服务指南信息。

（2）联机信息服务。企业端的联机查询是主管级别的操作员或者经过主管授权的操作员，选择输入需要查询的条件，将查询的请求发到银行的客户端系统主机，然后再与业务主机通信，得到查询的结果后，将数据传回客户端，包括：母公司对下属子公司或分公司账务的查询功能；按时间查询余额；按时间、笔数查询最新几笔发生的交易；按金额查询某笔款项是否到账；按凭证查询某笔款项是否兑付；联机交易情况查询；收发银行与企业间的各项通知，如催款等；银行服务指南；银行还贷通知；凭证查询；客户信箱；利率和牌价等。

（3）联机交易业务。企业端的联机结算是指主管级别的操作员或者经过主管授权的操作员，选择允许的联机结算功能，输入各交易要素以及支付密码，将交易的请求经网络传送到银行主机。经支付密码校验后，再将交易请求传到企业业务系统，进行企业业务的账务处理，最后将结果传到客户端。其具体业务如转账支票委托业务，银行汇票委托业务，银行委托本票业务，信汇、电汇委托业务，委托代收业务，大额提款预登记和代发工资业务等。

3.按价值链上的服务对象划分

随着银行与企业联系更加密切，企业银行除了提供上述传统的服务项目外，还提供公司理财、融资、投资等各项服务，具体来说，现阶段企业银行服务方式主要有：

（1）资金管理，主要包括资金回收、资金流向侦测、资金管控、财务调理、资金调拨等。

（2）财务管理，包括股票承销、发行公债、财务计划、信用分析等。

（3）商务管理，包括信用证、押汇、托收等。

（4）顾客服务，包括国内外存款、国内外放款、人事管理、提供信息等。

（5）办公室管理。

（6）投资银行业务服务，包括投资经纪人、兼并与收购业务等。

三、企业银行的业务

网上企业银行业务仅面向网上银行系统的开户注册用户，所有数据均经过加密后才在网上传输。网上企业银行系统在用户进入网上企业银行时，设置了登录密码及附加密码，用户每次进入网上企业银行时，系统都会自动生成一个附加密码，供下次登录时使用，即用户每次进入网上企业银行的附加密码都是不一样的。另外，网上企业银行自动记录系统日志，用户的每一个操作都会被记录下来，便于稽核、发现并排除异常，保障系统运行安全。

网上银行可提供的企业银行业务具体包括以下几个内容：

（1）账务查询。为在银行开户的企业集团客户提供网上查询该企业集团及其所属分支机构账款信息的服务等，具体内容一般包括：①余额查询服务。查询该企业集团账户或该集团所属的所有账户的前一工作日终了时的余额信息。②历史交易查询服务。选择所需查询的账号和起止日期，查询该账户的历史交易明细信息。③汇款信息查询服务。选择所需查询的账号和起止日期，查询该账户的汇款明细信息。④对公账户实时查询服务。企业客户可通过网上银行服务系统，实时查询本企业所有账户的当前余额信息及交易历史信息，具体包括账户余额查询和交易历史查询。⑤国际结算业务网上查询服务。该项服务特别适合从事进出口业务的企业，主要内容包括：一是进口业务，开立信用证信息查询，查询进口商在开证行开立的信用证的信息；二是出口业务，信用证项下通知信息查询，出口商查询通知行是否有由开证行开来的信用证信息，包括信用证项下议付信息查询、信用证项下结汇信息查询、出口托收信息查询；三是汇款业务，汇入汇款信息查询，即收款人向汇入行查询有关汇入汇款的信息。

（2）内部转账。用于在本银行网上银行开户的本行账户之间的资金划拨。

（3）对外支付。用于向在其他网上银行或其他银行开户的其他企业付款。

（4）活期定期存款互转。将活期存款账户中暂时闲置的资金转为定期存款；将定期存款转为活期存款；对于办理存款业务权限较低的企业，可随时将定期存款转为活期存款，包括提前支取、到期支取。

（5）工资发放。用于向企业员工发放工资。

（6）信用管理。查询在某网上银行发生的信用情况，包括各币种、各信用类别的余额和笔数、授信总金额和当前余额、期限、起始日期，以及借款与借据的当前状态和历史交易明细。

（7）企业账务查询和信用查询。集团公司或总公司可根据协议查看子公司的账务信息和信用情况，方便财务监控；集团公司或总公司对子公司收付两条线的管理；对于实行资金集中式管理的公司，集团公司或总公司可根据协议实现分支机构货款向总部的迅速回笼和集中，也可以集中向分支机构支付各种费用。

（8）网上信用证。以交易双方在 B2B 电子商务交易平台上签订的有效电子合同为基础，提供网上申请开立国内信用证和网上查询、打印来证功能，同时向交易平台的管理者提供信息通知服务，使交易平台管理者可随时了解信用证结算的交易过程。

（9）金融信息查询。提供实时证券行情、利率、汇率、国际金融等丰富多彩的金融信息；银行信息通知；银行通过"留言板"将信息通知特定客户，如定期存款到期通知、贷款到期通知、开办新业务通知、利率变动通知等。

【小思考 7-5】

什么是信用证？

答：信用证是国际贸易的结算方式，是由开证银行根据申请人的请求和指示做出的在满足信用证要求的条件下，凭规定的单据向第三人付款的一项约定，是银行开立的有条件的承诺付款的书面文件。

四、企业银行系统结构

一般来说，企业银行系统由客户机前台子系统、银行端后台业务处理子系统、支付密码管理子系统、通信子系统和保密子系统等组成。

1.客户机前台子系统

它接受用户的查询、交易的请求，显示查询、交易的结果，进行操作员的管理以及管理客户端本地数据库。

2.银行端后台业务处理子系统

它接受客户端发来的查询和交易请求。对交易进行支付密码的校验，在通过合法性检查后，与银行主机进行通信，查询企业业务数据库或者进行企业业务的账务处理，把查询或者财务处理的结果返回客户端，并进行相应的制单操作。

3.支付密码管理子系统

它提供校验函数，根据校验要素进行支付密码合法性校验，返回校验结果。支付密码器的管理包括密码器机具和密码器账号的管理、客户密钥的管理以及日志查询及打印。

4.通信子系统

通信子系统是指企业银行客户机与企业银行前置机之间的通信，并提供企业银行前置机的通信监控管理软件，负责显示、控制当前的通信状况及通信日志的管理。

5.保密子系统

它提供一整套的保密通信方案，包括通信双方的身份认证、数据的加密以及通信报文的认证，尤其是在公用网络上传输和银行外部处理时必须保证不被非法篡改与不可否认。一般采用位数较高的RSA安全认证技术，对电子信息进行数字签名，保证网上企业银行系统的安全可靠。

五、企业银行实例

工商银行企业网上银行是工商银行以互联网为媒介，为企业或同业机构提供的自助金融服务。目前，工商银行企业网上银行能为中小企业、集团企业、金融机构、社会团体和行政事业单位主要提供以下服务：

（1）账户管理。账户管理是指客户通过网上银行进行账户信息查询、下载、维护等一系列账户信息服务，协助集团客户集中管理和实时监控本部及遍布全国的分支机构账户。

（2）收款业务。收款业务是为收款企业提供的向企业或个人客户收取各类应缴费用的功能，适用于对外提供公用事业服务或需经常向多家企业客户收取服务费用的企业客户，如煤气公司、自来水厂、社保中心、电力公司等。收款业务还适用于有代收需求的企业，如保险公司，可以取代传统的批量扣划业务。另外有跨地区集中收取费用需求的企业也可以使用网上银行的收款业务。它的申办手续简便，收费方式灵活，可进行异地收款，为收费客户提供了一条及时、快捷、高效的收费"通道"，解决了一直困扰收费客户的"收费难"问题，帮助企业快速回笼应收账款。

（3）付款业务。付款业务是为企业提供的一组向本地或异地企业或个人划转资金的功能。付款业务包括网上汇款、向证券登记公司汇款、电子商务B2B网上支付、外汇汇款、企业财务付款、在线缴费业务等，是传统商务模式与现代电子商务模式相结合的产物，是工商银行为满足各类企业客户的付款需求而精心设计的全套付款解决方案。

（4）集团理财。集团理财是为集团企业客户提供的调拨集团内各账户资金以及对集团内的票据进行统一管理的一组功能。集团总公司可随时查看各分公司账户的详细信息，还可主动向分公司下拨或上收资金，实现资金的双向调拨，达到监控各分公司资金运作情况、统一调度管理集团资金的目的。

（5）信用证业务。网上银行信用证业务为企业网上银行客户提供了快速办理信用证业务的渠道，实现了通过网络向银行提交进口信用证开证申请和修改申请、进行网上自助打印"不可撤销跟单信用证开证申请书"和"信用证修改申请"、在网上查询进出口信用证的功能。网上信用证业务大大节省了客户往来银行的时间与费用，提高了工作效率，同时为集团总部查询分支机构的信用证业务情况带来了便利，满足了客户财务管理的需求。

（6）贷款业务。贷款业务是营业网点贷款业务受理方式的扩充，是为企业提供的一组贷款查询、发放、管理等功能，其中贷款查询功能包括主账户、利随本清和借据账查询等子功能。通过该业务，企业足不出户就能准确、及时、全面地了解总的贷款情况，并提供贷款金额、贷款余额、起息日期、到期日期、利息等比较详细的贷款信息，为企业财务预算、决策提供数据。

（7）投资理财。投资理财是工商银行为满足企业追求资金效益最大化和进行科学的财务管理需求而设计和开发的，是为企业提供的集基金交易、国债交易、通知存款、协定存款等多种投资途径于一身的网上投资理财服务功能。

（8）贵宾室。贵宾室是专为工商银行贵宾客户提供的，为满足贵宾客户特殊财务需求而提供的自动收款、预约服务、余额提醒、企业财务室等一组特色服务功能，给予贵宾客户优质、高效、省心的银行服务，从而减轻客户财务工作量，降低资金运营成本，提高资金的使用效益，优化业务操作流程，协助客户形成良好的资金运作模式。贵宾室服务对象包括在企业客户中有一定经营规模、经营效益良好、合作关系密切的所有在网上银行注册的企业客户。一般客户如果没有申请贵宾室服务，就不能使用此功能。

（9）代理行业务。根据工商银行网点众多、资金汇划迅速、服务手段强大等优势，目前企业网上银行代理行业务为客户提供代签汇票与代理汇兑两种代理结算合作方式，其中代签汇票是指商业银行使用工商银行网上银行系统为其开户单位或个人代理签发工商银行银行汇票的一组功能。代理汇兑是代理行客户通过工商银行网上银行系统为工商银行客户办理对其他银行汇兑业务的一组功能。

（10）企业年金。企业年金是指企业及其员工在依法参加基本养老保险的基础上，自愿建立的补充养老保险制度。本功能是受年金计划受托管理人的委托，向企业提供各类年金信息查询的一组功能，可查询员工基本信息、员工个人年金账户明细、企业年金账户明细、企业年金计划信息表等。

（11）客户服务。客户服务是进行企业资料维护、数字证书管理、电子工资单上传、工行信使定制等交易的一组功能。其主要功能介绍如下：①首页定制。它是定制企业客户进入企业网上银行后最先显示出来的页面。②相关下载。客户可以用此功能下载企业网上银行工具软件和账户信息。③客户资料。它可提供对企业信息的查询或修改功能，如电子邮件、联系电话、传真等。④工行信使。工行信使（余额变动提醒）服务是为企业客户提供的一种有偿信息增值服务。企业定制工行信使服务后，其对公结算账户无论是通过联机交易、自助设备（ATM、POS、其他自助终端），还是通过网银和电话银行所发生的余额变动，都会通过短信方式进行实时通知。⑤证书管理。客户证书到期前1个月内，系统会自动提示客户证书快要到期，单击此功能可自动缴纳证书服务费，缴费成功后提示客户已经缴费完毕，即可单击"确定"按钮更新证书。⑥电子工资单上传。通过批量上传企业工资单，使企业员工可以登录个人网上银行查询各自的工资单。

【任务描述】

公司在办理柜面银行业务时经常会出现：公司账户银行取现要排队，节假日无法办理对公取现，柜面办理结算需携带印鉴，对公账户无法跨行取款，常常需要多次填写支票等多种情况。

张先生是某连锁店店长，连锁门店需要每日将销售货款及时上缴公司总部，并上报营业收入进行对账，因而需要每日将现金存入公司账户，但由于门店距离银行营业网点较远，而且每日柜面排队等候时间都在1小时以上，而附近的柜员机只能办理个人客户业务，所以张先生每天奔波于门店、银行之间，感到很辛劳。那么，如何更好地应用单位账户，并办理相关业务呢？

【任务实施】

步骤1　了解单位结算卡。

单位结算卡面向银行的单位客户发行，客户凭卡及密码（或密码和附加支付密码）可在营业网点柜面及 ATM、POS 等自助渠道办理业务。单位结算卡具有身份识别、转账汇兑、现金存取、信息报告、投资理财等功能，客户可在不同的渠道（包括柜面、自助终端等）办理支付与结算业务。在柜面办理支付与结算业务时，单位结算卡以核验密码（或附加支付密码）方式替代传统的印鉴核验，无须提交支付票据和加盖预留印鉴。

步骤2　单位结算卡业务办理流程（以交通银行为例）。

交通银行"单位结算卡"是目前单位账户结算功能的补充，具有身份识别、现金存取款、转账、信息查询、POS 消费等功能。单位办理单位结算卡后，在交通银行柜面办理结算业务时免盖印章、免填单据，凭单位结算卡即可办理存取款等业务。每张单位结算卡签约时均可设定取款、转账、消费的权限或限额，确保单位结算安全、便捷。单位结算卡可一卡多户、一户多卡，不受时间和空间的限制，实现单位账户 7×24 小时交易，支付与结算效率大幅提升，更方便单位账户和资金的管理。

（1）签订协议。单位与交通银行签订单位结算卡服务协议。

（2）网点签约。到交通银行网点柜面办理单位结算卡开销卡、签约等业务。

（3）办理业务。持单位结算卡至交通银行网点柜面、ATM 和交通银行自助通等自助设备或境内任意一台贴有银联标识的 ATM 与特约商户办理现金存入、支取和采购、查询等业务。

（4）开通单位结算卡网上支付。

①通过银行柜面或企业网银，签署《交通银行单位结算卡网上支付业务开通协议》。

②申请开通单位结算卡网上支付功能。

通过柜面申请开通的，还需同步提交加盖单位公章的《交通银行单位结算卡业务结算申请书》。

利用网上银行进行业务申请。填写单位银行结算账户在线申请的相关内容（如图7-44所示）。

图7-44　单位银行结算账户在线申请页面

项目总结

网上银行是网络经济时代的一个新兴事物，是银行电子化的高级阶段，方便了银行借助网络特别是internet提供多种服务。网上银行主要有企业网上银行和个人网上银行与纯网上银行和以传统银行拓展网上业务为基础的网上银行两种分类形式。网上银行与传统银行相比存在组织结构、业务组织形式、经营与管理模式的差异，网上银行有区别于传统银行的显著的特征。网上银行除了具有传统银行的风险外，还具有网上银行特有的风险，所以要加强网上银行的风险管理。随着internet的发展和电子商务的兴起，家居银行系统与企业银行系统得到了推广和普及，家居银行系统与企业银行系统提供多种形式的服务，包括网上家居银行系统与网上企业银行系统。

基本训练

一、核心概念

企业网上银行　个人网上银行　　家居银行

二、简答题

1.家居银行的服务功能是什么？

2.网上银行产生的原因是什么？

3.传统银行与网上银行的业务优劣势分别是什么？

4.网上企业银行的优点是什么？

三、案例分析题

小王开通了招商银行的个人网上银行业务，准备进行网上购物，但是不清楚支付卡的网上支付和一卡通的网上支付究竟是什么关系。请根据本章所学过的知识，帮助小王理解两者的关系。

项目实训

熟悉网上银行"个人银行专业版"与"大众版"的区别。

项目八　网上支付的安全

学习目标

1.知识目标：了解电子商务网上支付所面临的安全风险，掌握电子交易的安全技术及SSL和SET的基本概念与原理，掌握金融安全认证技术的组成与运作方法，能够对中国金融认证中心的功能有一定的了解。

2.技能目标：掌握SSL和SET协议的不同，掌握数字证书的使用，能够利用中国金融认证中心的网站了解该机构数字证书的发放情况，并具备一定的数字证书申请与使用的技能。

3.能力目标：具有网上支付安全的鉴别能力，具有利用数字证书等相关技术保障网上支付安全的能力。

随着网上支付的迅速发展，如今的网上支付早已跳出单纯的在线买卖支付，越来越广泛地渗透到航空、教育考试、水电气缴费等众多消费领域。而网络购物的兴起，又促使网上支付狂飙猛进，尽管电子支付安全形势越来越错综复杂，但电子支付的方便、快捷充分满足了金融消费者的需求，因而也成为未来金融支付的发展方向。近年来，网上支付呈普及化发展趋势，伴随线下支付场景的多元化，手机网上支付在一定程度上已经取代实物钱包，成为人们日常消费支付的常用方式。

智能手机在生活中的功能越来越多样，人们理财、购物、打车等都可以通过手机网上支付进行。手机网上支付已经成为现代人生活中不可或缺的部分，那么我们如何才能保障手机网上支付安全呢？电子商务网上支付活动中存在的信息安全隐患问题，是影响人们不能普遍使用网上支付方式的直接原因。只有实施保障网上交易信息安全的数据加密技术、身份验证技术、防火墙技术等技术性措施，完善电子商务发展的内外部环境，才能促进我国网上支付的快速发展。

任务一　了解网上支付安全

【案例导入】

在网上支付蓬勃发展的同时，支付的安全问题日益突出，包括电信诈骗、网络钓鱼、木马劫持、订单替换等网络犯罪手段层出不穷，给消费者带来了巨大的安全威胁或者损失。第44次《中国互联网络发展状况统计报告》显示：2019年上半年，在上网过程中未遭遇过任何网络安全问题的网民比例进一步提升。55.6%的网民表示过去半年在上网过程中未遭遇过网络安全问题，较2018年年底提升6.4个百分点。通过分析网民遭遇的网络安全问题发现：遭遇网络诈骗的网民比例较2018年年底下降明显，降幅为6.6个百分点；遭遇账号或密码被盗、个人信息泄露等网络安全问题的网民比例也有所降低。

通过对遭遇网络诈骗网民的进一步调查发现:虚拟中奖信息诈骗仍是网民最常遭遇的网络诈骗类型,比例为58.1%,较2018年年底下降3.2个百分点;冒充好友诈骗的比例为41.9%,较2018年年底下降7.4个百分点。

360互联网安全中心发布的《2019年第三季度中国手机安全状况报告》显示,2019年第三季度,360互联网安全中心在PC端与移动端共为全国用户拦截钓鱼网站攻击约217.9亿次。其中,PC端拦截量约为212.6亿次,占总拦截量的97.6%,平均每日拦截量约2.3亿次;移动端拦截量约为5.3亿次,占总拦截量的2.4%,平均每日拦截量约582.4万次。移动端拦截钓鱼网站类型主要为境外彩票,占比高达83.1%;其次为网站被黑(9.2%)、假药(3.0%)、虚假购物(2.0%)、虚假中奖(1.2%)、金融证券(1.1%)等。

从省级分布来看,移动端拦截钓鱼网站最多的地区为广东省,占全国拦截量的36.8%;其次为广西(13.3%)、山东(8.0%)、四川(5.1%)、北京(3.1%)等。

从城市分布来看,移动端拦截钓鱼网站最多的城市为广州市,占全国拦截量的5.2%;其次为深圳(3.9%)、东莞(3.1%)、泉州(2.7%)、杭州(2.3%)等。

360互联网安全中心共截获各类新增钓鱼网站1 050.0万个。观察钓鱼网站新增类型,境外彩票类占比为78.6%,居于首位。

从新增钓鱼网站的服务器地域分布看,77.9%的钓鱼网站服务器位于国外,22.1%的钓鱼网站服务器位于国内。其中,国内服务器位于广东的占比为19%,居于首位;其次为北京(14%)、河北(11.1%)、湖北(10.0%)、浙江(9.0%)等。

资料来源　[1]中国互联网络信息中心.第44次《中国互联网络发展状况统计报告》[EB/OL].[2019-08-30].http://www.cac.gov.cn/2019/08/30/c_1124938750.htm.节选.[2]360互联网安全中心.2019年第三季度中国手机安全状况报告[EB/OL].[2019-12-20].http://www.199it.com/archives/975518.html.节选.

【知识准备】

一、网上支付安全的要求

作为电子商务的关键环节,网上支付的安全十分重要,对其要求如下:

1.计算机及网络系统安全性的要求

这表现为对系统硬件和软件运行安全性与可靠性的要求、系统抵御非法用户入侵的要求等。

2.对网上支付的安全性因素的要求

(1)信息的保密性(confidentiality):能够保证信息不会泄露给非授权的主体,只有授权用户才能访问系统中的信息。保密性包括网络传输中的保密和信息存储保密等方面,保证支付信息与支付系统不被非授权者获取或利用。

(2)数据完整性(integrity):保证支付信息与支付系统数据的一致性,防止信息被非法修改,包括身份真实、数据完整和系统完整等方面。

(3)身份的可识别性(validation):能够鉴别通信主体身份的真实性,保证交易双方的身份可以识别和确认,未授权的用户不能进行交易,并且不会拒绝合法主体对系统资源的正当使用。

(4)交易行为的不可抵赖性:在交易数据发送完成后,如果交易的一方发现交易行为对自己不利，可能会否认自己的电子交易行为，这就需要系统具备审查能力，预防抵赖行为的发生。如数字签名可以作为双方通信的凭证，以确认数据已经完成了传送，从而实现不可抵赖性。

从支付安全的发展现状来看，由技术系统导致的风险相对较少，更多的问题主要集中在相对缺乏防御技术保障的用户端层面。比如，被钓鱼网站欺骗、被木马程序窃取账号和密码、被虚假银行网站套取用户信息等，破坏了信息的保密性、数据的完整性和身份的可识别性，从而产生相应的安全问题。

【小思考8-1】

什么是木马？

答：木马是指通过入侵计算机、能够伺机盗取账号和密码的恶意程序，是计算机病毒中的一种特定类型。木马通常会自行运行，在用户登录账号的过程中记录用户输入的账号和密码，并自动将窃取到的信息发送到黑客预先指定的信箱中。这将直接导致用户账号和密码被盗用，账户中的虚拟财产被转移。

二、网上支付所面临的安全风险

电子商务所面临的安全问题同样是网上支付所要面对的安全问题。基于互联网的电子商务交易活动使得交易双方的支付与结算面临新的安全问题。目前，网上支付面临着如下风险：

1.网上支付的安全风险

造成网上支付发展的安全风险主要有3个方面：一是银行网站本身的安全性；二是交易信息在商家与银行之间传递的安全性；三是交易信息在消费者与银行之间传递的安全性。无论何种风险，其产生的根源都在于登录密码或支付密码泄露。

（1）密码管理问题。大部分公司和个人受到网络攻击的主要原因是密码管理不善。大多数用户使用的密码都是在字典中可查到的普通单词、姓名或者其他简单的密码。有86%的用户在所有网站上使用的都是同一个密码或者有限的几个密码。许多攻击者还会直接使用软件强力破解一些安全性弱的密码。因此建议用户使用复杂的密码，降低被破译的可能性，提高安全性。需要注意：一是密码不要设置为姓名、普通单词、电话号码、生日等简单形式；二是结合大小写字母、数字，共组密码；三是密码位数应尽量大于9位。

（2）网络病毒、木马问题。现今流行的很多木马病毒都是专门为窃取网上银行密码而编制的。木马会监视IE浏览器正在访问的网页，如果发现用户正在登录个人银行，直接通过键盘记录输入的账号、密码，或者弹出伪造的登录对话框，诱骗用户输入登录密码和支付密码，然后通过邮件将窃取的信息发送出去。

国家计算机病毒应急处理中心通过对互联网的监测发现，针对支付环节的计算机病毒有所增加。恶意攻击者首先会在网络购物网站注册空壳店铺伪装成卖家，接着利用即时聊天工具与买家联系，将计算机病毒文件伪装成名为"实物图.exe""仓库清单.exe"等图片形式发送给买家。在买家进行付款的时候，根据不同的支付银行创建一个"弹出层"的钓鱼页面，要求买家输入银行的账号、密码、验证码，之后会弹出一个伪造的对话框欺骗买家"交易超限，请检查后再试"，最终将窃取到银行账号、密码等买家的个人信息。

（3）钓鱼平台。"网络钓鱼"攻击者利用欺骗性的电子邮件和伪造的Web站点来进行诈骗活动，如将自己伪装成知名银行、在线零售商和信用卡公司等可信的品牌。受骗者往往往会泄露自己的个人信息，如信用卡卡号、账户名和口令等。

网络钓鱼由于其本质上采用的是社会工程学手段，利用的是网民对于网页视觉效果和内容信息的信任感，因此其攻击的目标（即伪装仿冒的对象）呈现出涉及范围广、分布较集中的特点。

根据 12321 网络不良与垃圾信息举报受理中心（以下简称 12321 举报中心，www.12321.cn）接到网民举报的短信、邮件、网站等信息，2019 年被举报最多的是假冒苹果公司的钓鱼诈骗网站，举报量达 108 件次，比 2018 年 12 月份减少了 31.6%。排名第二的是假冒腾讯公司的钓鱼诈骗网站，比 2018 年 12 月份增加了 35.5%。12321 举报中心提醒广大网友，如果收到恭喜你中奖等此类短信，不要打开短信中的链接，不要泄露自己的个人信息，更不要被骗子"法院起诉"短信威胁所吓倒。同时提醒曾经丢失过苹果手机的用户，Apple 安全中心不会主动发送遗失找回短信、邮件和打电话，切勿上当受骗。应尽快向官方网站咨询或向 12321 举报中心举报。

中国反钓鱼网站联盟安全专家建议消费者要尽量到诚信度高的大型电子商务网站购买商品，另外，要提高防范意识，掌握钓鱼网站诈骗规律，学会辨识钓鱼网站。一般来说，钓鱼网站的主要类型有 3 种：

第一，低价诱惑——超低折扣，天降好事。不法分子会通过搜索引擎优化排名，打出超低优惠、独家抛售等噱头，围绕时下炙手可热的商品，诸如火车票、飞机票、演出票等，吸引买家进入钓鱼网站，进而达到骗取网民个人信息及钱财的目的。

第二，偷梁换柱——假冒官网，制作逼真。不法分子会仿冒正规网站制作假冒钓鱼网站，页面制作逼真，引诱网民上当受骗，卖出假冒伪劣商品或者干脆在网民付款以后就"失踪"。

第三，请君入瓮——虚假中奖，愿者上钩。广泛撒网、愿者上钩，不法分子会通过QQ、阿里旺旺、微博、邮箱、短信等渠道发送电视中奖、超低打折等信息，附上假冒网站链接，进而诱骗网民填写个人信息或者以交税的名义骗取钱财。

对于上述钓鱼网站，我们需要提高防范意识：首先，不要轻信陌生人发来的网站链接；其次，由于钓鱼网站普遍是仿冒知名正规网站，网民在网络上搜索到相关信息时，一方面要尽量核对网站域名等信息，还要多点击一下页面上的各模块，看看能否正常打开；最后，一些以 .pl、.tk、.com、.ms、.in 结尾的域名更要留意，这类域名是钓鱼网站的"最爱"。尤其在网络付款时要提高警觉，尽量在官方指定页面下操作，谨防钓鱼网站侵害。

【小思考 8-2】

什么是网络钓鱼？

答：网络钓鱼（phishing，和钓鱼的英文 fishing 发音相同），是指攻击者通过垃圾邮件、即时通信工具、社交网络等信息载体，发布欺诈性消息，骗取网络用户访问其构建的仿冒网站（即钓鱼网站），引诱用户泄露其敏感信息（如用户名、口令、账号、ATM PIN码或信用卡详细信息）的一种当前极为流行的网络攻击方式。被攻击的用户，轻者泄露个人隐私，重者遭受经济损失。

【小知识 8-1】

根据 12321 举报中心接到的举报，2019 年举报的钓鱼网站前 10 名如下：①假冒苹果公司；②假冒腾讯公司；③假冒建设银行；④假冒工商银行；⑤假冒中国银行；⑥假冒

10086；⑦假冒招商银行；⑧假冒农业银行；⑨假冒平安银行；⑩假冒奔跑吧兄弟。

目前，随着公共Wi-Fi越来越常见，一些安全隐患也逐渐显露。比如，由于使用公共Wi-Fi而出现银行卡被盗刷，还有黑客自称用15分钟可以盗取公共Wi-Fi下使用人的银行账号和密码。可以说，在未加密的无线网络中，任何人都可以看到你浏览的信息，除非是HTTPS网站。无论你使用电脑、iPad还是手机，只要通过公共Wi-Fi上网，数据都有可能被黑客电脑截获。而钓鱼Wi-Fi是一个假的无线热点，它与别的无线热点名称一样，乍一看并没有不妥，但是当你的无线设备连接上去时，会被对方反扫描，如果这时你的手机、电脑正好连在邮箱、网银等地方，对方就会获得你的用户名和密码，严重的还可能被人挂上木马病毒。因此，在公共Wi-Fi下，我们更要注意安全问题，尤其是支付安全。

iiMedia Research（艾媒咨询）发布的《2018—2019中国手机浏览器市场年度监测报告》显示，在针对用户对手机浏览器安全功能关注情况调查中，浏览器支付安全与账户信息安全是用户最为关注的两大问题，分别占比55.1%、50.2%。艾媒咨询分析师认为，支付环节关系用户资金安全，支付安全需覆盖完整支付过程；同时Wi-Fi网络易截取用户核心信息，手机浏览器账户信息安全建设任重道远。在针对用户对手机浏览器出现的安全问题所应该采取的解决方法的认知偏向调查中，用户认为在浏览器的安全问题方面，应该由多方采取措施来解决，分别有37.9%、36.3%及23.8%的受访用户认为应靠企业加强安全措施、用户自身强化安全意识和政府出台政策来解决此问题。

2. 网上支付的信用风险

信用风险是指交易双方在到期日不完全履行其义务所带来的风险。网上银行业务交易信息的传递、支付与结算等都是在由电子信息构成的虚拟世界中进行的，交易者的身份、交易的真实性验证的难度加大，交易者之间在身份确认、信用评价方面信息不够通畅，从而增大了信用风险。相比传统支付方式而言，基于网络而产生的网上支付更容易发生信用风险。在网上支付中，市场参与者的诚信度完全建立在虚拟网络信息的基础上，支付安全和诚信问题至关重要。我国目前约束个人和企业信用行为、促使其自觉履行承诺的信用机制还存在不足的地方，因而网上信用环境建设需要进一步加强。

3. 网上支付的法律风险

目前制约网上支付发展的立法问题主要包括：谁来发行电子货币，如何进行网上银行的资格认定；怎样监管网上银行的业务等。目前我国在有关电子商务的政策方面还需明朗化，相应的法律法规、标准还在建立中，跨部门、跨地区的协调还存在问题。这具体表现在：

（1）网上支付手段的法律效力问题。

银行卡的支付在现实生活中已有比较普遍的应用，其效力已得到了充分认可。网上银行实质上是实体银行在网络上业务的拓展和延伸，随着网络技术的逐渐成熟，网上银行变得更快捷、方便、安全，广大零散个人客户更倾向采取这种方法。对于银行而言，随着个人收入的提高，个人客户与企业客户已经逐渐占到了同等重要的地位，面对如此巨大的个人金融市场，网上银行是最节约、最有效、最能接近小额零售业务客户的一种手段。由于客户与银行都会积极推进网上银行的建设，其效力一般不会出现问题，但对于电子支票和电子现金，因为其与传统法律有一定的抵触，其效力存在一定的争议。

（2）对网上支付洗钱犯罪等违法活动的法律责任分担问题。

伴随着电子商务的发展，尤其是逐渐开始采取互不见面的网上支付的形式后，违法或犯罪活动似乎更加猖獗。传统的方式，如洗钱，涉及违法交易的法律责任分担等问题；还有一些新的方式，如黑客攻击问题等，涉及违法活动的法律责任分担等问题。银行卡是目前消费者经常使用的支付工具，与其支付有关的法律已比较成熟，其核心问题主要是未经授权使用的银行卡支付所造成的损失是商家承担还是发卡银行承担，或是消费者承担。网络上的银行卡支付也必须考虑这一问题。如果某一客户信息被其他人得到，并且诈骗得逞，那么损失由谁来承担，这一问题解决得好不好将直接促使客户对网上支付手段的支持或摒弃。在网上支付中，引进了认证中心和数字签名，其合法性在很多国家和地区都得到了认可，但认证商家和银行之间的关系仍需进一步规范。

（3）黑客攻击网络的安全问题。

黑客现在已经成了一个尽人皆知的名词，人们对黑客已经到了谈"黑"色变的程度。黑客们对网上支付也构成了巨大的威胁，消费者的个人信息存储于银行，如果银行的网络遭到攻击，私人信息可能就会泄露，若补救不及时，很可能对消费者造成巨大损失。我国已先后出台了一系列法律，约束和惩治黑客们的行为，但法律的威慑力与巨大的利益诱惑相比又显得微不足道。因此，从技术上进一步完善网上支付也是必不可少的。

【小思考8-3】

什么是黑客？

答：黑客是对英语hacker的翻译，hacker原意是指用斧头砍柴的工人，最早被引进计算机圈则可追溯到20世纪60年代，这些人破解系统或者网络，基本上是一项业余嗜好，通常是出于自己的兴趣，而非为了赚钱或工作需要；还有是指喜欢用智力通过创造性方法来挑战脑力极限的人，特别是他们所感兴趣的领域，例如电子计算机编程或电气工程；原来也指那些年少无知、爱自我表现、爱搞恶作剧的一些电脑天才。现在黑客都指那些利用网络安全的脆弱性，把网上任何漏洞和缺陷作为"靶子"，在网上进行诸如修改网页、进入主机破坏程序、串入银行网络转移金额、窃取网上信息兴风作浪、进行电子邮件骚扰以及阻塞用户和窃取密码等行为的人。

4.电子商务认证授权机构（CA）相对滞后，问题亟待解决

在网络上，为了完成交易，交易双方的身份都必须通过第三方进行确认，电子商务认证授权机构由此产生。电子商务认证授权机构的职责是核实使用者的身份，负责数字证书的发放管理，及时公布无效的证书。在我国，电子商务认证授权机构存在很多问题亟待解决。

（1）电子商务认证授权市场存在较严重的同质竞争。

目前我国电子商务认证授权机构规模普遍较小，竞争激烈。经营范围普遍存在集中于单一地域或单一领域的情况，但是行业内具备较强技术实力及领先服务理念的CA已经开始跨区域、跨领域开展业务。中金金融认证中心有限责任公司、北京天威诚信电子商务服务有限责任公司、北京国富安电子商务安全认证有限责任公司等实力较强的CA已在全国范围内开展竞争。未来随着电子商务认证服务全国市场的逐步形成，实力较强的CA在市场竞争中将具备更大的优势。

（2）信息安全成为国家战略，促进电子商务认证机构发展。

近年来，我国信息安全形势愈发严峻，具有重大影响的信息安全事件层出不穷，给政

府以及各行各业带来了极大震撼，严重影响社会生活的正常运转，甚至有可能发生大型安全事故。在此基础之上，国家先后颁布了多项网络安全相关的法律与政策以促进信息安全产业发展，以期尽快摆脱在信息安全领域较为落后的现状以及核心基础设施等受制于人的局面。国家先后设立了中央国家安全委员会、中央网络安全和信息化领导小组，发布了《中华人民共和国国家安全法》、《国家网络空间安全战略》及《网络安全等级保护条例（征求意见稿）》等，从基础制度、基础法律层面对信息安全的重要性予以肯定。不断加码的行业政策，为国内信息安全及电子商务认证产业提供了良好的生存和发展环境。

（3）移动互联网的迅猛发展，给电子商务认证服务带来了机遇与挑战。

近年来，人们开始认识到身份认证危机对全世界组织和个人的全面影响。网上身份盗用、交易诈骗、网络钓鱼等各种安全事件频发，与蓬勃发展的网络应用矛盾日益突出。网络空间数据信息的真实性、完整性以及对网络主体身份的准确辨识显得日益重要。电子商务认证是确认网络主体及行为、保障权益、认定法律责任的有效手段，对构建安全、可信的网络空间发挥着重要的作用，是保障信息安全的一个重要方面。目前，电子商务认证应用主要集中在电子政务、金融、网络商品交易、医疗卫生等信息化程度较高的领域。电子医保、电子病历、电子保单、在线招投标、电子合同签署与电子订购等更多业务的广泛开展，使得电子商务认证服务显得更加重要。

移动互联网的发展使得传统电子商务逐步向移动电子商务转变，手机支付的应用使得商务交易更加便捷，身份认证、授权管理和责任认定必将发挥更加重要的作用。云计算等新模式的产生使得云端数据的安全存储、访问授权、隐私保护问题逐渐凸显，为电子商务认证服务提供了更广阔的发展空间。物联网、三网融合等新技术新业务的出现势必为电子商务认证服务的应用和发展带来新的机遇与挑战。

5. 信用卡的非法套现风险

信用卡非法套现的主要方式有：一是以他人名义非法骗领信用卡，一些不法机构以办理信用卡为名义，获取大量客户信息资料，然后以客户的名义向银行骗领大量信用卡，如信用卡套现公司。据了解，信用卡额度内套现手续费一般为 1.2%～1.5%，分期套现手续费则高达 10%～15%。由于银行向安装 POS 的商家收取的刷卡费率为 0.8%～1%，因此套现公司通过持卡人的虚拟交易，可以获得高额利润。

二是通过"以卡养卡"的方式提高信用卡额度。如中介违法代办 POS，每台收取手续费 1.3 万～1.8 万元不等，利用 POS 反复进行虚假消费，套现后再还款，以此提高信用卡额度。

三是通过骗领信用卡、"以卡养卡"提高信用卡额度以及"循环套现"进行非法放贷活动，套取大量资金，分批用于非法放贷等活动牟取暴利。

信用卡套现的本质是持卡人恶意以消费名义从银行套取一定额度的贷款，这在某种程度上是涉嫌虚构事实的贷款诈骗行为。信用卡的非法套现让银行的利益受损，毕竟持卡人取现是要向银行支付不菲的手续费的，银行对信用卡的非法套现行为是严厉打击的。如果第三方支付机构不能有效地解决信用卡套现的问题，银行必将限制信用卡在电子支付中的使用，最终利益受到损害的将是用户，即信用卡持卡人。所以要想让用户有着良好的用户体验，就必须对网上支付环境进行改进，控制信用卡的非法套现风险，从而让用户能够方便地使用各种卡类工具进行网上支付。

三、网上支付安全风险控制的主要措施

1.加快认证中心建设，统一数字证书

公众对网银信心不足的根源在于用户不了解网银的安全保障机制，以用户名和密码为主体的脆弱的防护体系无法抵御木马病毒的攻击，只有数字证书才是网银安全的核心。数字证书是确保交易双方的真实性、信息的完整性、私密性和交易的不可否认性的"网络身份证"。目前我国既有自己银行发放的数字证书，也有由第三方认证机构发放的数字证书。对此政府应该加以规范，统筹规划。中国金融认证中心（CFCA）作为我国唯一一家经中国人民银行和国家信息安全管理机构审批成立的法定第三方金融安全认证机构，是我国重要的金融信息安全基础设施之一。CFCA的"第三方"属性和法定地位，使得CFCA数字证书在保障用户资金安全上具有法律效力，为用户提供客观公正的认证服务。尤其是当网上交易发生争议时，CFCA作为第三方，可以为交易双方提供具有公信力的证明文件，承担案件发生后的举证义务，充分保障用户的权益。所以要特别加强CFCA的建设，通过技术优势和政府引导相结合的方式，统一数字证书，改变全国商业银行各自为政的局面。

2.加强网上支付安全信用体系的建设

在第三方支付从单纯的支付工具向服务型的第三代网上支付和金融工具转型时期，信用体系的建设是第三方支付的生命线。信用是经济金融运行的平台，是现代经济发展的基础，是现代社会资源分配的基础制度，信用缺损将严重制约金融改革和网络经济发展，特别是电子支付体制建设。越来越多的中小企业投入到电子商务的大潮中，借助电子商务低成本、高效率、易管理、开放性等优势来推动企业转型，提高企业效益。从传统的线下交易，到电子商务时代，信用一直是企业的生命线，不讲诚信的企业是要被清除出局的。就电子商务、网上支付而言，因为进行的是大量的数字、虚拟交易，使用的是大量的数字，虚拟货币，信用就更加重要了。可以说，信用是交易和支付的前提。有些用户不敢使用支付工具的主要原因是缺乏信任。

电子商务和网上支付建立信用的途径有两条：其一，可靠的风险安全控制机制和反欺诈系统。基本上所有的第三方支付和网银都在强化这一点。比如支付宝、环迅支付都在建立风险控制系统、使用各种认证技术。其二，建立信用体系。支付宝曾经推出针对合作商家的互联网信任计划，推出信任商家。环迅支付针对消费者，尤其是信用卡用户更加重视信用的问题，推出了C.A.T支付产品和国际信用卡支付产品，世界各地的用户都可以安全、快捷地通过环迅支付进行支付。个人信用作为信用基础在飞速发展的电子商务中扮演着不可或缺的角色。如何构建一个完善的个人信用体系来满足经济发展的要求需要有一个过程。对于个人信用体系的建设，不能仅仅从理论上进行研究与讨论，更应该从实践的角度去探求其建立和完善的途径与思路。以应用为先导，通过局部的、专用的信用数据的积累与评价，为全局体系的形成提供经验和数据基础。从可控的、企业内部的管理操作到推进不可控的社会环境制度的改善，使个人信用体系得以建立和逐步完善起来。这个过程的长短取决于务实的发展思路和全社会各方共同努力的结果。

3.完善网上支付相应的法规

网上支付涉及网络安全技术、数字签名技术、民事责任分担机制、第三方交易平台等相关问题，因此网上支付的安全性离不开众多配套法律的完善。我国陆续出台《电子签名法》《电子支付指引（第一号）》《电子商务法》等，分别从法律上确定了电子签名的合法

地位，并对网上交易的安全性提出了指导性要求，为网上支付安全提供了基础保障。近年来主管部门通过加强对网上支付的管理，出台《非金融机构支付服务管理办法》及其实施细则、《支付机构反洗钱和反恐怖融资管理办法》、《支付机构预付卡业务管理办法》、《非银行支付机构网络支付业务管理办法》、《关于支付机构撤销人民币客户备付金账户有关工作的通知》等，对非金融机构开展支付业务实施了相应的金融管制要求。在规范经营方面，要求支付机构应按核准范围从事支付业务、报备与披露业务收费情况，制定并披露服务协议，核对客户身份信息，保守客户商业秘密等。网上支付安全保障的法律环境在不断优化。

针对当前打击治理电信网络新型违法犯罪面临的新形势、新要求和新情况，2019年3月，中国人民银行制定了《关于进一步加强支付结算管理 防范电信网络新型违法犯罪有关事项的通知》（银发〔2019〕85号，以下简称《通知》），从健全紧急止付和快速冻结机制、加强账户实名制管理、加强转账管理、强化特约商户与受理终端管理、广泛宣传教育、落实责任追究机制等方面提出21项措施，进一步筑牢金融业支付结算安全防线。

2019年10月25日，最高人民法院、最高人民检察院联合对外发布的《最高人民法院 最高人民检察院关于办理非法利用信息网络、帮助信息网络犯罪活动等刑事案件适用法律若干问题的解释》规定，假冒国家机关、金融机构名义，设立用于实施违法犯罪活动的网站，数量达到3个以上或者注册账号数累计达到2 000以上的为"情节严重"，即可入罪。

这具体体现在3个方面：一是基于网上支付的现状及存在的安全问题，完善相关的法规，与国际相关的法规接轨。继续加强对第三方支付机构的规范之路，监管重点从准入审批的硬指标管理，逐步转向风险防控和高管准入等软约束，如采取分级监管、提高支付机构高管准入门槛等方式。二是规范合同条款，保护消费者利益。需要完善社会信用机制，加快网上支付信用机制建设，使银行可以追踪客户的信用档案，确定对客户的授信额度，并将其不良行为记录纳入社会征稽体系。三是加强对网络犯罪的监控，联合第三方支付企业、安全厂商，通过技术手段严厉打击侵犯网上支付安全的犯罪行为。

4.明确监管制度，加强金融监管

首先，明确支付体系监督管理的重点。充分发挥中国人民银行维护支付清算系统正常运行的职能及相关金融行业监管部门在金融体系中的法定监管作用，加强对支撑金融市场运行的支付系统和证券结算系统等的监督管理。及时、完整地获取金融市场的交易和风险敞口信息，加强监控同一金融机构作为多个系统参与者时所承受的信用风险和流动性风险，尽早发现、预警和防范系统性风险，切实维护支付体系的安全、高效与稳定运行。

其次，强化支付体系监督管理措施。合理设计支付体系统计监测指标，进一步完善支付信息采集、汇总、分析手段。参照《重要支付系统核心原则》《证券结算系统建议》等国际标准，适时开展各类支付与结算基础设施的评估工作。

再次，完善支付体系监管机制。建立健全中国人民银行、金融行业监管部门的监管协调机制，有效形成监管合力。切实推动支付清算行业自律管理，维护支付服务市场的竞争秩序。加强人才队伍建设，提高监督管理水平。加强监管部门与社会公众的沟通，提高支付体系监管透明度。

最后，健全支付机构监管机制。落实《非金融机构支付服务管理办法》及配套措施、

《非银行支付机构网络支付业务管理办法》等，明确支付机构从事网上支付、预付卡发行与受理、银行卡收单等支付服务的资质和要求，引导督促支付机构规范发展。建立健全"政府监管、行业自律、公司治理、自我约束"的非金融机构支付业务监管体系，有效防范支付风险，切实保障消费者资金安全，维护支付服务市场的稳定运行。

（1）我国对第三方网上支付平台的监管原则。

①市场导向性监管原则。这是为适应市场的需求而产生的，监管部门的监管措施也应立足于市场，使市场资源合理配置，避免以往脱离市场、一放就乱、一管就死的现象发生。

②审慎有效性监管原则。由于信息的不对称性和外部性，市场存在着"失灵"，因此监管部门应以风险管理为基础，结合我国的现实国情、人文背景，在对第三方网上支付平台的监管中寻找安全与效率的最佳均衡点，在监管收益与成本的权衡中把握监管力度。

③鼓励创新监管原则。金融监管部门应当作为第三方网上支付平台发展的催化剂，避免不成熟的监管措施阻碍"有益的革新和实验"，因此相关监管政策不应规定过细，要为未来的发展留有解释的空间。

④动态监管原则。第三方网上支付平台在我国还是新生事物，未来的发展存在诸多不确定性，监管部门应进行动态的监管、有弹性的监管，分阶段制定监管政策，"在发展中规范，以规范促进发展"。

（2）我国金融监管的主要对策。

①建立市场准入和市场退出机制。现在国家正在研究制定相关法规，在注册资本、缴纳的保证金、风险化解能力上对公司实行监管，采取经营资格牌照的政策来提高门槛。这一措施有利于解决现有的盲目扩张现象，整合优良资源。同时，实力较弱的公司将面临被收购和兼并的可能，建立完善的市场退出机制，有利于保护客户利益。

②规范第三方网上支付公司的业务范围。应规定第三方支付公司的自有账户与客户沉淀资金的账户相分离，禁止将这部分资金进行贷款、投资或挪作他用，由银行对客户账户进行托管。比如，我们平时把钱转到余额宝以后实际上是存在支付宝背后的"托管银行"里面的，被称作为"备付金"。当我们需要进行消费的时候，支付宝会通过网银接口将这笔钱从银行账户里面调取出来进行支付。

③规范电子货币和电子票据的使用。

④在引进外资的同时对外资投资比例进行适当控制。为了规避中国政府对第三方网上支付公司的监管可能，外资企业一般采取曲线进入中国市场的策略，借内资"壳"公司开展业务。近年来，证监会坚决贯彻落实党中央国务院决策部署，加快推进资本市场高水平对外开放。2018年中国宣布将合资证券、基金管理和期货公司的外资投资比例限制放宽至51%，3年后不再设限。2020年取消证券公司、证券投资基金管理公司、期货公司、寿险公司外资持股比例不超过51%的限制。对外开放是我国基本国策。外资在我国经济发展中发挥了独特而重要的作用，推动高质量发展、推进现代化建设必须始终高度重视利用外资。

⑤建立网上支付管理规范，并制定相应的管理办法。迅猛发展的网上支付日益得到有关部门的重视。自2010年9月1日起实施的《非金融机构支付服务管理办法》，正式划定了非金融机构从事支付业务的准入门槛。其中非金融机构支付服务主要包括网上支付、预

付卡的发行与受理、银行卡收单以及央行确定的其他支付服务。其中网上支付行为包括货币汇兑、互联网支付、移动电话支付、固定电话支付、数字电视支付等。

《非金融机构支付服务管理办法》明确规定，非金融机构提供支付服务，应当依据本办法规定取得"支付业务许可证"，成为支付机构。支付机构依法接受中国人民银行的监督管理。未经中国人民银行批准，任何非金融机构和个人不得从事或变相从事支付业务。

为规范非银行支付机构网络支付业务，防范支付风险，保护当事人合法权益，中国人民银行制定了《非银行支付机构网络支付业务管理办法》，于2015年12月28日发布，自2016年7月1日起施行，明确要求支付机构对客户实行实名制管理。

⑥将对网民的宣传教育作为监管的补充。应教育青少年不要随意透露个人隐私和关键信息，不要轻信网络上的各类"免费午餐"，不要理睬不良信息，不要随意打开奇怪的链接或陌生人发来的邮件，不要单独与陌生网友见面等。

【任务描述】

现在人们生活越来越电子化，尤其是移动支付的渗透，让人无须带钱包就能出门，但随之而来的就是安全问题。很多不法分子开始利用移动支付等的便利来骗取用户信息，通过电话、短信、微信、QQ、各种理财平台，或者利用钓鱼网站等来盗取用户账户里的存款等，这些"小偷们"无孔不入。那么，爱上移动支付的我们该如何预防并化解这些无处不在的危险呢？

【任务实施】

步骤1　不要轻信陌生人发来的二维码信息或抢红包链接，如果二次操作后要求安装应用程序，更不要轻易安装。网上购物时，遇到交易方有明显古怪行为的，应当提高警惕，不要轻易相信对方的说辞。

步骤2　保持设置手机开机密码的习惯，在手机中安装可以加密的软件，对移动支付软件增加一层密码，这样即使有人破解了开机密码，支付软件仍有密码保护，登录密码和支付密码也要分别设置不同的密码。如果各平台、应用登录名和支付账户一致，要保证密码不同。这是保护手机信息安全最有效的办法，可以有效防止手机丢失和被盗带来的安全隐患。

步骤3　出门不要将银行卡、身份证及手机放在同一个地方，如一同丢失，立即向公安机关报案或向银行等挂失，因为他人使用支付软件的密码找回功能更改密码，危险程度极高，万一发生被盗用账户资金的情况，立刻拨打110报警。

步骤4　使用数字证书、支付盾、手机动态口令等安全必备产品。

步骤5　"电子密码器失效""U盾升级"等是不法分子常用的诈骗术语，如果收到类似短信，又无法判断真伪，可直接拨打银行官方客服电话联系银行工作人员进行咨询，或者是到银行网点柜面办理，绝对不能通过短信中的链接登录网银。

步骤6　由于伪基站可以将号码伪装成银行客服号码，因此收到带链接的短信不要轻信，也不要直接拨打短信留下的联系电话，可拨打银行官方客服进行确认。

步骤7　不要随便扫描生活中的二维码，小心危险就隐藏在其中。现在二维码已经成为恶意软件传播的新途径，手机扫描下载时很容易下载到恶意软件，陷入别人设计的陷阱中，危及自己手机支付的安全。

步骤8 不乱安装软件。安装软件到正规的手机商店下载，下载后及时进行病毒查杀，确保下载的软件安全无毒。不要随意下载安装来源不明的软件，防止部分诈骗软件伪装成其他软件装入手机，对部分来源不明的软件要及时进行举报，以防病毒蔓延。

任务二　了解网上支付安全技术

【案例导入】

国务院2016年9月29日发布《关于加快推进"互联网+政务服务"工作的指导意见》，要求加强对电子证照、统一身份认证、网上支付等重要系统和关键环节的安全监控，提高各平台、各系统的安全防护能力，查补安全漏洞，做好容灾备份，加大对涉及国家秘密、商业秘密、个人隐私等重要数据的保护力度。2019年1月1日起，《电子证照总体技术架构》《电子证照目录信息规范》《电子证照元数据规范》《电子证照标识规范》《电子证照文件技术要求》《电子证照共享服务接口规范》电子证照6项国家标准实施。这一系列标准规定了电子证照应用的总体技术框架、统一的证照分类规则和证照基础信息，为每个电子证照赋予了"身份证号"，并保证其唯一性。电子证照6项国家标准的实施对于提升"互联网+政务服务"水平、优化营商环境具有重要的现实意义，让政务信息资源共享和服务更顺畅，让百姓办事更便捷，收获实实在在的获得感、幸福感。

"互联网+政务服务"是我国深化"放管服"改革的关键环节，电子证照作为具有法律效力和行政效力的专业性、凭证类电子文件，日益成为市场主体和公民活动办事的主要电子凭证，是支撑政府服务运行的重要基础数据。实施电子证照国家标准，将为国家电子证照库和基础平台建设，实现跨层级、跨部门、跨区域的电子证照互认共享，推动证照类政务信息资源整合共享等提供标准支撑，有助于推动实现全国"一网通办"，让政务信息资源共享和服务更顺畅，提高办事效率，降低百姓办事的时间成本和经济成本，从微观入手、从细节入手，建立亲清政商关系，让百姓切实感受办事更便捷，收获更多改革红利。

【知识准备】

电子商务的一个重要组成部分是网上在线支付系统，为了保证在线支付的安全，需要采用数据加密和身份认证技术，以便营造一种可信赖的电子交易环境。为了保证基于internet的电子商务交易数据的保密性、真实性、完整性和不可抵赖性，防范交易及支付过程中的欺诈行为，必须建立一个完整的金融安全认证体系，形成一种信任和信任验证机制，使交易和支付各方能够确认其他各方的身份。

一、公钥基础设施体系

公钥基础设施（public key infrastructure, PKI）是一种遵循标准的利用公开密钥加密技术为网络交易的开展提供一套安全基础平台的技术和规范。用户可利用PKI平台提供的服务进行安全通信。

公钥密码体制采取的办法是，将公钥和公钥拥有者的名字联系在一起，再请一个大家都信任的有信誉的公正的权威机构来确认，并加上这个权威机构的签名，这就形成了证书

（certificate），证书中包含公钥、公钥拥有者的信息和权威机构的签名。由于证书上有权威机构的签字，所以可以认为证书上的内容是可信的；又由于证书上有公钥拥有者的名字等个人信息，就可以知道公钥的主人是谁。这个权威机构就是认证中心（certificate authority，CA）。CA也拥有一个证书，也有自己的私钥，它具有签名的能力。网上的用户通过验证CA的签名从而信任CA签发的证书，任何人都可以得到CA的证书（含公钥），用以验证它所签发的证书。如果用户想得到一个证书，首先要向CA提出申请。CA对申请者的身份进行认证后，由用户或CA生成一对密钥，私钥由用户妥善保存，CA将公钥与申请者的相关信息绑定，并签名，形成证书发给申请者。如果用户想验证CA签发的另一个证书，可以用CA的公钥对此证书上的签名进行验证，一旦验证通过，该证书就认为是有效的。CA除了签发证书，还负责证书和密钥的管理。那么如何保证组织、机构、组织机构间乃至整个互联网之间证书的正确发布，这就需要公开密钥基础设施。PKI就是利用公钥密码体制理论和技术建立的提供信息安全服务的基础设施。

PKI利用证书来管理公钥，由可信的第三方签发证书，由证书将用户的公钥与用户的相关信息（如名称、电子邮件等）绑定在一起，用以验证用户的身份，实现加密通信、访问授权等。PKI是管理密钥和证书，用以提供加密、数字签名等服务的系统或平台。一个机构通过采用PKI可以建立一个安全的网络环境，使用户可以在多种应用环境下方便地使用加密、数字签名等技术，从而保证数据的机密性、完整性、有效性等。

PKI的基础技术包括加密技术、数字签名、数字信封、双重数字签名、数字证书等。

【小思考8-4】

PKI与CA的关系是什么？

答：PKI指的是公钥基础设施，CA指的是认证中心。PKI从技术上解决了网络通信安全的种种障碍，CA从运营、管理、规范、法律、人员等多个角度解决了网络信任问题。由此，人们统称为"PKI/CA"。

二、加密技术

加密技术是最常用的安全保密手段，利用技术手段把重要的数据变为乱码（加密）传送，到达目的地后再用相同或不同的手段还原（解密）。加密技术包括两个元素：算法和密钥。算法是将普通的信息或者可以理解的信息与一串数字（密钥）结合，产生不可理解的密文的步骤；密钥是用来对数据进行编码和解密的一种算法。在安全保密中，可通过适当的密钥加密技术和管理机制来保证网络的信息通信安全。密钥加密技术的密码体制分为对称密钥体制和非对称密钥体制两种。

1.对称密钥体制

（1）对称密钥体制的特点。对称密钥采用了对称密码编码技术，它的特点是文件加密和解密使用相同的密钥，即加密密钥也可以用作解密密钥，这种方法在密码学中叫作对称加密算法，对称加密算法使用起来简单快捷，密钥较短，且破译困难。除了数据加密标准（DES），另一个对称密钥加密系统是国际数据加密算法（IDEA），它比DNS的加密性好，而且对计算机性能要求没有那么高。所以对称密钥的优点是保密强度高，计算开销小，处理速度快。

（2）存在的不足。

①要提供一条安全的渠道使通信双方在首次通信时协商一个共同的密钥。直接的面对

面协商可能是不现实而且难于实施的，所以双方可能需要借助于邮件和电话等其他相对不够安全的手段来进行协商。

②密钥的数目难于管理。因为对每一个合作者都需要使用不同的密钥，很难适应开放的社会中大量的信息交流。

③对称加密算法一般不能提供信息完整性的鉴别。它无法验证发送者和接收者的身份。

④对称密钥的管理和分发工作是一件具有潜在危险和烦琐的过程。对称加密是基于共同保守秘密来实现的，采用对称加密技术的交易双方必须保证采用的是相同的密钥，保证彼此密钥的交换是安全可靠的，还要设定防止密钥泄密和更改密钥的程序。

2.非对称密钥体制

（1）非对称密钥体制的特点。为了克服对称密钥加密技术存在的密钥管理和分发上的问题，1976年Diffie和Hellman以及Merkle分别提出了公开密钥密码体制的思想：要求密钥成对出现，一个为加密密钥，另一个为解密密钥，且不可能从其中一个推导出另一个，这就是"公开密钥系统"。相对于"对称加密算法"，这种方法也叫作"非对称加密算法"。与对称加密算法不同，非对称加密算法需要两个密钥：公开密钥（public key）和私有密钥（private key）。公开密钥与私有密钥是一对，如果用公开密钥对数据进行加密，只有用对应的私有密钥才能解密；如果用私有密钥对数据进行加密，那么只有用对应的公开密钥才能解密。因为加密和解密使用的是两个不同的密钥，所以这种算法叫作非对称加密算法。非对称加密算法的保密性比较好，便于密钥管理、分发，便于数字签名；但加密和解密花费时间长、计算开销大、处理速度慢，不适合对文件加密而只适合对少量数据进行加密。

（2）公开密钥方式的加密过程，如图8-1所示。

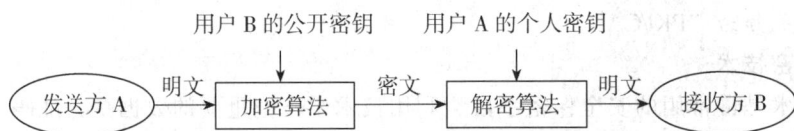

图8-1 公开密钥方式的加密过程

公开密钥的加密步骤如下：

①发送方生成一个自己的私有密钥并用接收方的公开密钥对自己的私有密钥进行加密，然后通过网络传输到接收方；

②发送方对需要传输的文件用自己的私有密钥进行加密，然后通过网络把加密后的文件传输到接收方；

③接收方用自己的公开密钥进行解密后得到发送方的私有密钥；

④接收方用发送方的私有密钥对文件进行解密得到文件的明文形式。

因为只有接收方才拥有自己的公开密钥，所以即使其他人得到了经过加密的发送方的私有密钥，也因为无法进行解密而保证了私有密钥的安全性，从而也保证了传输文件的安全性。实际上，上述在文件传输过程中实现了两个加密解密过程：文件本身的加密和解密与私有密钥的加密和解密，分别通过私有密钥和公开密钥来实现。若以公钥加密，用私钥解密，可实现多个用户加密的信息，只能由一个用户解读，用于保密通信；若以私钥加密，用公钥解密，能实现由一个用户加密的信息而由多个用户解密，用于数字签名。

证书和非对称密钥都属于非对称加密的使用方式。证书通常作为非对称密钥的容器，因为可以包含更多的信息，例如过期日期和颁发者。这两种机制的加密算法之间存在差异，但相同密钥长度的加密强度是相同的。通常，可以使用证书来加密数据库中其他类型的加密密钥，或者为代码模块签名。证书和非对称密钥可以解密其他人加密的数据。通常，可以使用非对称加密来加密存储在数据库中的对称密钥。

三、访问控制及安全认证技术

数据作为信息的重要载体，其安全问题在信息安全中占有非常重要的地位。为了能够安全可控地使用数据，需要采用多种技术手段作为保障，这些技术手段一般包括访问控制技术、加密技术、数据备份和恢复技术、系统还原技术等。数据的保密性、可用性、可控性和完整性是数据安全技术的主要研究内容。数据保密性的理论基础是密码学，而可用性、可控性和完整性是数据安全的重要保障，没有后者提供技术保障，再强的加密算法也难以保证数据的安全。访问控制是在保障授权用户能获取所需资源的同时拒绝非授权用户的安全机制。

《辞海》上说："防火墙：用非燃烧材料砌筑的墙。设在建筑物的两端或在建筑物内将建筑物分割成区段，以防止火灾蔓延。"在互联网这个变革一切、改造一切的世界里，"防火墙是设置在被保护网络和外部网络之间的一道屏障，以防止发生不可预测的、潜在破坏性的侵入"。"防火墙"是一种形象的说法，其实它是一种计算机硬件和软件的组合，使互联网与内部网之间建立一个安全网关（security gateway），从而保护内部网免受非法用户的侵入。它其实就是一个把互联网与内部网（通常是局域网或城域网）隔开的屏障。

目前，防火墙采取的技术主要是包过滤、应用网关、子网屏蔽等。网络防火墙技术是一种隔离控制技术，用来加强网络之间的访问控制，防止外部网络用户以非法手段通过外部网络进入内部网络，访问内部网络资源，保护内部网络操作环境的特殊网络互联设备。它对两个或多个网络之间传输的数据包，如链接方式按照一定的安全策略来实施检查，以决定网络之间的通信是否被允许，并监视网络运行状态。

1.防火墙的功能

（1）防火墙是网络安全的屏障。防火墙（作为阻塞点、控制点）能极大地提高一个内部网络的安全性，并通过过滤不安全的服务而降低风险。由于只有经过精心选择的应用协议才能通过防火墙，所以网络环境变得更安全。如防火墙可以禁止诸如众所周知的不安全的NFS协议进出受保护网络，这样外部的攻击者就不可能利用这些脆弱的协议来攻击内部网络。防火墙同时可以保护网络免受基于路由的攻击，如IP选项中的源路由攻击和ICMP重定向中的重定向路径。防火墙应该可以拒绝所有以上类型攻击的报文并通知防火墙管理员。

（2）防火墙可以强化网络安全策略。通过以防火墙为中心的安全方案配置，能将所有安全软件（如口令、加密、身份认证、审计等）配置在防火墙上。与将网络安全问题分散到各个主机上相比，防火墙的集中安全管理更经济。例如在网络访问时，一次一密口令系统和其他的身份认证系统完全可以不必分散在各个主机上，而集中在防火墙一身上。

（3）对网络存取和访问进行监控审计。如果所有的访问都经过防火墙，那么防火墙就能记录下这些访问并做出日志记录，同时能提供网络使用情况的统计数据。当发生可疑动作时，防火墙能进行适当的报警，并提供网络是否受到监测和攻击的详细信息。另外，收集一个网络的使用和误用情况也是非常重要的。首先的理由是可以清楚防火墙是否能够抵挡攻击者的探测和攻击，并且清楚防火墙的控制是否充足。另外，网络使用统计对网络需求分析和威胁分析等而言也是非常重要的。

（4）防止内部信息的外泄。通过利用防火墙对内部网络的划分，可实现内部网重点网段的隔离，从而限制了局部重点或敏感网络安全问题对全局网络造成的影响。再者，隐私是内部网络非常关心的问题，一个内部网络中不引人注意的细节可能包含了有关安全的线索而引起外部攻击者的兴趣，甚至因此而暴露了内部网络的某些安全漏洞。使用防火墙就可以隐蔽那些透漏内部细节如 Finger、DNS 等的服务。Finger 显示了主机的所有用户的注册名、真名，最后登录时间和使用 shell 类型等。Finger 显示的信息非常容易被攻击者所获悉。攻击者可以知道一个系统使用的频繁程度，这个系统是否有用户正在连线上网，这个系统是否在被攻击时引起注意等。防火墙可以同样阻塞有关内部网络中的 DNS 信息，这样一台主机的域名和 IP 地址就不会被外界所了解。

除了安全作用，防火墙还支持具有 internet 服务特性的企业内部网络技术体系 VPN。通过 VPN，将企事业单位分布在全世界各地的 LAN 或专用子网有机地联成一个整体。这不仅省去了专用通信线路，而且为信息共享提供了技术保障。

2. 防火墙的分类

国际计算机安全委员会将防火墙分成 3 大类：包过滤防火墙、应用级代理防火墙以及状态包检测防火墙。

（1）包过滤防火墙。顾名思义，包过滤防火墙就是把接收到的每个数据包同预先设定的包过滤规则相比较，从而决定是否阻止或让包通过。过滤规则是基于网络层 IP 包包头信息的比较。包过滤防火墙工作在网络层，IP 包的包头中包含源、目的 IP 地址，封装协议类型，TCP/UDP 端口号，ICMP 消息类型，TCP 包头中的 ACK 等。假如接收的数据包与答应转发的规则相匹配，则数据包按正常情况处理；假如与拒绝转发的规则相匹配，则防火墙丢弃数据包；假如没有匹配规则，则按默认情况处理。

包过滤防火墙是速度最快的防火墙，这是因为它处于网络层，并且只是粗略地检查连接的正确性，所以在一般的传统路由器上就可以实现，对用户来说都是透明的。但是它的安全程度较低，很容易暴露内部网络，使之遭受攻击。例如，HTTP 通常是使用 80 端口。假如公司的安全策略答应内部员工访问网站，包过滤防火墙可能设置答应所有 80 端口的连接通过，这时，意识到这一漏洞的外部人员可以在没有被认证的情况下进入私有网络。包过滤防火墙的维护比较困难，定义过滤规则也比较复杂，因为任何一条过滤规则的不完善都会给网络黑客造成可乘之机。同时，包过滤防火墙一般无法提供完善的日志。

（2）应用级代理防火墙。应用级代理技术通过在 OSI 的最高层检查每一个 IP 包，从而实现安全策略。代理技术与包过滤技术完全不同，包过滤技术在网络层控制所有的信息流，而代理技术一直处理到应用层，在应用层实现防火墙功能。它的代理功能，就是在防火墙处终止客户连接并初始化一个新的连接到受保护的内部网络。这一内建代理机制提供额外的安全，这是因为它将内部和外部网络隔离开来，使网络外部的黑客在防火墙内部网络上进行探测变得困难，更重要的是能够让网络管理员对网络服务进行全面的控制。但是，这将花费更多的处理时间，并且由于代理防火墙支持的应用有限，每一种应用都需要安装和配置不同的应用代理程序。比如访问 Web 站点的 HTTP，用于文件传输的 FTP，用于 E-mail 的 SMTP/POP3 等。假如某种应用没有安装代理程序，那么该项服务就不被支持并且不能通过防火墙进行转发；升级一种应用时，相应的代理程序也必须同时升级。

（3）状态包检测防火墙。为了克服包过滤防火墙带来的安全问题，产生了状态包检测防火墙。状态包检测防火墙检查所有的 OSI 层，通过检查 IP 包的所有部分来判定答应还是拒绝连接请求，因此它提供的安全程度远高于包过滤防火墙。状态包检测防火墙在网络层拦截 IP 包，直到有足够的企图连接的"状态"信息来做出决策。例如，它截获来自一个接口的数据包 TCP 顺序号，从而确定连接的状态。假如截获的数据包匹配定义的规则，防火墙就将该数据包转发到目标端口。状态包检测防火墙跟踪所有来自内部网络的请求信息，并自动构建动态状态表，然后检测所有来自外部网络的数据包。假如该数据包是响应内部网络的请求，就答应通过；假如不是，就拒绝。状态检测技术的大部分检测发生在系统内核，因此它比包过滤防火墙更安全，比应用级代理防火墙更快，性能更高，并且容易配置和维护。计算机网络安全实际上是通过技术与治理相结合来实现的，良好的网络治理加上优秀的防火墙技术是提高网络安全性能的最好选择。为适应 internet 的发展势头，其技术正向着高速度、分布式、多功能方向发展。

3.防火墙存在的不足

（1）由于互联网的开放性，有许多防范功能的防火墙也有一些防范不到的地方：防火墙不能防范不经由防火墙的攻击。例如，如果允许从受保护网内部不受限制地向外拨号，一些用户可以形成与 internet 的直接的连接，从而绕过防火墙，造成一个潜在的后门攻击渠道。

（2）防火墙不能防止感染了病毒的软件或文件的传输，只能在每台主机上装反病毒软件。

（3）防火墙不能防止数据驱动式攻击。当有些表面上看来无害的数据被邮寄或复制到 internet 主机上并被执行而发起攻击时，就会发生数据驱动式攻击。

目前防火墙已经在 internet 上得到了广泛的应用，而且由于防火墙不限于 TCP/IP 协议的特点，使其逐步在 internet 之外更具生命力。客观地讲，防火墙并不是解决网络安全问题的万能药方，而只是网络安全政策和策略中的一个组成部分，但了解防火墙技术并学会在实际操作中应用防火墙技术，相信会在新世纪的网络生活中让每一位网友都受益匪浅。

四、安全认证技术

信息的认证性是信息的安全性的另一个重要方面。认证的目的有两个：一是验证信息的发送者是真正的发送者，而不是假冒的；二是验证信息的完整性，即验证信息在传递或存储过程中未被篡改、重放或延迟等。

1.数字摘要

数字摘要技术是采用安全单向 Hash 编码法对明文中若干重要元素进行某种交换运算得到一串 128bit 的密文，这串密文也称为数字指纹（finger print），有固定的长度。所谓单向，是指不能被解密。哈希（Hash）运算：输入一个长度不固定的字符串，返回一串定长度的字符串，又称 Hash 值。单向 Hash 函数用于产生信息摘要。不同的消息其摘要不同，相同的消息其摘要相同，摘要成为消息"指纹"，以验证消息是否是"真身"。发送端将消息和摘要一同发送，接收端收到后，单向 Hash 函数对收到的消息产生一个摘要，与收到的摘要对比，若相同，则说明收到的消息是完整的，在传输过程中没有被篡改；否则,就是被篡改过,不是原消息。数字摘要方法解决了信息的完整性问题。

2. 数字信封

数字信封是采用双重加密技术来保证只有规定的接收者才能阅读到信中的内容。它实际上是先采用对称加密技术对信息加密,然后将对称加密密钥用接收者的公开密钥进行加密,并将这两者一起发送给接收者。接收者先用相应的私有密钥解密,即打开数字信封,得到对称加密密钥,然后再用对称密钥解开收到的信息。

3. 数字签名技术

数字签名技术是公开密钥加密技术和报文分解函数相结合的产物。与加密不同,数字签名的目的是保证信息的完整性和真实性。目前,数字签名技术已经用于商业、金融、军事等领域,特别是在电子邮件(E-mail)、电子资金转账(EFT)、电子数据交换(EDI)、软件分发数据存储和数据完整性检验中应用广泛,它能够实现身份的辨认和验证,在保证数据的完整性、私有性和不可抵赖性方面起着重要的作用。

【小思考8-5】

证书、私钥,到底保护哪一个?

答:我们常常听到有人说:"保管好你的软盘,保管好你的KEY,不要让别人盗用你的证书。"应该说,这句话是有毛病的。数字证书可以在网上公开,并不怕别人盗用和篡改。因为证书的盗用者在没有掌握相应的私钥的情况下,盗用别人的证书既不能完成加密通信,又不能实现数字签名,没有任何实际用处。另外,由于有CA对证书内容进行了数字签名,在网上公开的证书也不怕黑客篡改。我们说,更应得到保护的是储存在介质中的私钥。如果黑客同时盗走了证书和私钥,危险就会降临。

传统的交易过程中,人们通常会通过签名来确保一份文档的真实有效性,并对交易双方进行约束,防止其对交易行为进行抵赖。在网络环境下,人们用数字签名技术作为模拟,从而为电子商务提供不可否认的服务。

数字签名必须保证以下3点:

(1)接收者能够核实发送者对消息的签名。

(2)发送者事后不能对消息的签名抵赖。

(3)接收者不能伪造对消息的签名。

数字签名的全过程分为签名与验证两个阶段,如图8-2所示。

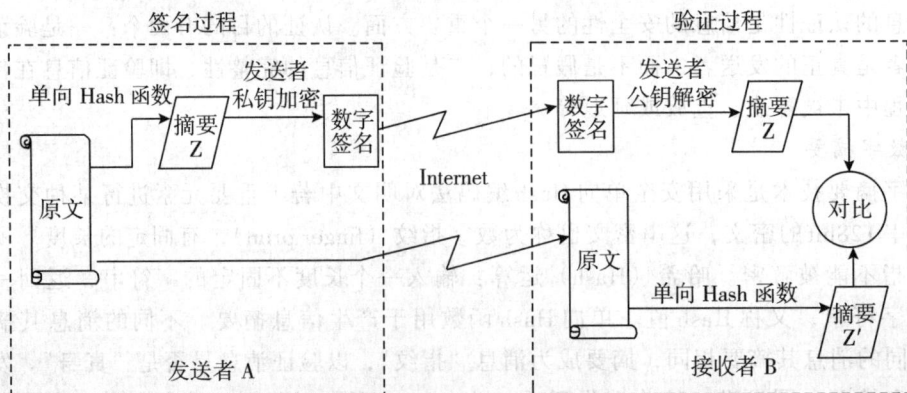

图8-2 数字签名过程

数字签名（digital signature）技术是将摘要用发送者的私钥加密，与原文一起传送给接收者。接收者只有用发送者的公钥才能解密被加密的摘要，然后用单向 Hash 函数对收到的原文产生一个摘要，与解密的摘要对比，若相同，则说明收到的信息是完整的，在传输过程中没有被修改；否则，其被修改过，不是原信息。同时，证明发送者不能否认自己发送了信息。数字签名保证了信息的完整性和不可否认性。由于发送者的私钥是自己严密管理的，他人无法仿冒，发送者也不能否认用自己的私钥加密发送信息，所以数字签名解决了信息的完整性和不可抵赖性的问题。随着电子商务的迅猛发展，基于 internet 网络的开放性和共享性导致了网上交易安全性受到了严重的影响。如何保障网上传输的数据的安全和交易对方的身份确认是电子商务能否得到推广的关键因素之一。数字签名作为解决电子商务安全问题的一部分，起到了非常重要的作用。

双重数字签名：有的场合需要寄出两个相关信息给接收者，接收者只能打开一个，而另一个只需转送，不能打开看其内容。比如：持卡人向特约商户提出订购信息的同时，给开户行付款信息，以便授权开户行付款，但持卡人不希望特约商户知道自己的账号的有关信息，也不希望开户行知道具体的消费内容，只需按金额贷记或借记即可。就是要求一个人的双重签名可以分别传送信息给特约商户和开户行，特约商户只能解开与自己相关的信息，信息却解不开给开户行的信息。

4.数字时间戳

数字时间戳（digital time-stamp）的使用过程如图 8-3 所示。

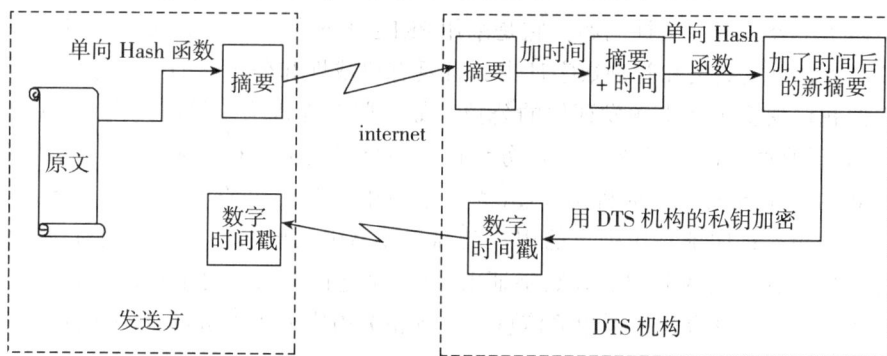

图8-3　数字时间戳的使用过程

在电子交易中，时间和签名一样是十分重要的证明文件有效性的内容。数字时间戳就是用来证明消息的收发时间的。用户首先将需要加时间戳的文件用单向 Hash 函数加密形成摘要，然后将摘要发送到专门提供数字时间戳服务的权威机构，该机构对原摘要加上时间后，签数字名（用私钥加密），并发送给用户。原用户可以把它再发送给接收者。

数字时间戳服务（digital time-stamp service，DTS），即是提供确认电子文件发表时间的安全保护。DTS 必须由专门的服务机构来提供。时间戳是一个经加密后形成的凭证文档，由 3 部分组成：

（1）需加时间戳的文件摘要（digest）。

（2）DTS 收到文件的日期和时间。

（3）DTS 的数字签名。

5.数字证书

数字证书就是互联网通信中标志通信各方身份信息的一系列数据,提供了一种在internet上验证身份的方式,其作用类似于司机的驾驶执照或日常生活中的身份证。它是由一个权威机构——CA发行的,人们可以在网上用它来识别对方的身份。数字证书是一个经CA数字签名的包含公开密钥拥有者信息以及公开密钥等的文件。

(1)认证中心。

怎样证明公钥的真实性?即一个公钥是属于信息发送者,而不是冒充信息发送者的另一个人冒用他的公钥,这就要靠第三方证实该公钥确属于真正的信息发送者。认证中心就是这样的第三方,它是一个权威机构,专门验证交易双方的身份。验证方法是接受个人、商家、银行等涉及交易的实体申请数字证书,核实情况,批准/拒绝申请,颁发数字证书。认证中心除了颁发数字证书外,还具有管理、搜索和验证证书的职能。通过证书管理,可以检查所申请证书的状态(等待、有效、过期等),并可以废除、更新证书;通过搜索证书,可以查找并下载某个持有人的证书;验证个人证书可帮助确定一张个人证书是否已经被其持有人废除。

目前世界上最著名的数字认证中心是美国的Verisign公司,该公司为全球50多个国家提供数字认证服务。作为世界级的认证中心,它就像internet世界里的"世界工商行政管理总局"一样,为全球无线网络上的付款业务提供着严格的认证服务。

①认证中心(certificate authority,CA),作为电子商务交易中受信任的第三方,专门解决公钥体系中公钥的合法性问题。它是采用PKI公开密钥基础架构技术,专门提供网络身份认证服务,负责签发和管理数字证书,且具有权威性和公正性的第三方信任机构。它的作用就像我们现实生活中颁发证件的公司,如护照办理机构。目前国内的CA主要分为区域性CA和行业性CA,广东省电子商务认证有限公司是由广东省人民政府批准建立的国内较为著名的一家区域性认证机构。CA为每个使用公开密钥的用户发放一个数字证书,数字证书的作用是证明证书中列出的用户名称与证书中列出的公开密钥相对应。CA的数字签名使得攻击者不能伪造和篡改数字证书。CA通过自身的注册审核体系,检查核实进行证书申请的用户的身份和各项相关信息,并将相关内容列入发放的证书域内,使用户属性的客观真实性与证书的真实性一致。

②CA树形验证结构,如图8-4所示。

图8-4　CA树形验证结构

对于一个大型的应用环境,CA往往采用一种多层次的分级结构,各级的CA类似于各级行政机关，上级 CA 负责签发和管理下级 CA 的证书，最下一级的 CA 直接面向最终用户。在双方通信时，通过出示由某个 CA 签发的证书来证明自己的身份，如果对签发证书的 CA 本身不信任，则可验证 CA 的身份，逐级进行，一直到公认的权威 CA 处，就可确信证书的有效性。每一个证书与数字化签发证书的 CA 的签名证书都是关联的。沿着信任树一直到一个公认的信任组织，就可确认该证书是有效的。例如，C 的证书是由名称为 B 的 CA 签发的，而 B 的证书是由名称为 A 的 CA 签发的，A 是权威的机构，通常称为根（root）CA。验证到了根 CA 处，就可确信 C 的证书是合法的。

③CA 核心职能是发放和管理数字证书。CA 的具体职能是：

ⅰ.证书发放职能。当收到用户的数字证书的申请后，CA 将申请的内容进行备案，并根据申请的内容确定是否受理该数字证书的申请。如果决定接受该数字证书的申请，就用私钥对新颁发的数字证书进行签名，发送到证书库供用户下载和查询。

ⅱ.证书更新职能。为了增强数字证书的安全性，一般来说，CA 都会定期更新所有用户的数字证书。如果用户原有的数字证书遗失或损坏，或者对其现有的数字证书的安全性有顾虑，也可以请求让 CA 更新其数字证书。

ⅲ.证书查询职能。对数字证书的查询可以分为两类：一类是查询数字证书申请情况，CA 根据用户的查询请求返回当前用户证书申请的处理过程；另一类是用户数字证书（包括已经撤销的数字证书）状态及相关信息的查询。

ⅳ.证书撤销职能。当用户的私钥由于泄密等原因造成用户数字证书需要申请撤销时，用户向 CA 提出撤销请求，CA 根据用户的请求和其政策来确定是否将该证书撤销。另一种证书撤销的情况是数字证书已经过期，CA 自动将该数字证书作废。

ⅴ.归档职能。所有的数字证书都有有效期，当数字证书过了有效期之后，CA 自动将数字证书作废。但是，已经作废的数字证书不能被删除，因为如果需要验证以前的某个交易过程中产生的数字签名，就需要查询那些已经被撤销的作废证书，所以 CA 还应当具备作废证书存储与管理的功能。

【小知识 8-2】

RA（registration authority）是数字证书注册审批机构。RA 系统是 CA 的证书发放、管理的延伸。它负责证书申请者的信息录入、审核以及证书发放等工作；同时，对发放的证书完成相应的管理功能。发放的数字证书可以存放于 IC 卡、硬盘或软盘等介质中。RA 系统是整个 CA 得以正常运营的不可缺少的一部分。

（2）数字证书概述。

数字证书（digital certificate）又称公开密钥证书，也被称为数字标识（digital ID），是由权威的、可信赖的、公正的第三方机构——认证中心颁发给网上用户的一段包含用户身份信息、密钥信息以及认证中心数字签名等的数据文件。可以说数字证书是 internet 上的安全护照或身份证明，所以我们常把它比喻为电子身份证。

数字证书是消费者、商家、银行和政府部门等在网上进行信息交流及商务活动的电子身份证，主要用于网络身份验证，其作用类似于日常生活中的身份证或个人护照，代表了使用者的电子身份辨别证件。数字证书实际上是一段程序，因此它可以存储在软盘、硬盘、IC 卡及 USB 等介质中。

①数字证书包括以下的内容：数字证书的内部格式是由国际电信联盟 X.509 国际标准

所规定的，它必须包含证书的版本号、数字证书的序列号、证书拥有者的姓名、证书拥有者的公开密钥、公开密钥的有效期、签名算法、办理数字证书的单位、办理数字证书的单位的数字签名等。

②数字证书的分类。

ⅰ.按照协议划分：

SSL（安全套接层）协议证书：服务于银行对企业或企业对企业的电子商务活动；SSL协议证书的作用是通过公开密钥证明持证人的身份。

SET（安全电子交易）协议证书：服务于信用卡消费和网上购物；SET协议证书的作用是通过公开密钥证明持证人在指定银行确实拥有该信用卡账号，同时证明了持证人的身份。

ⅱ.按照使用对象划分：

个人数字证书：证书中包含个人身份信息和个人的公钥，用于标识证书持证者身份。数字证书和对应的私钥存储于Key或IC卡中，用于个人在网上进行个人安全电子邮件、合同签订、订单、录入审核、操作权限、支付信息等活动中标明身份。

企业数字证书：证书中包含企业信息和企业的公钥，用于标识证书持有者的身份。数字证书和对应的私钥存储于Key或IC卡中，可以用于企业在电子商务方面的活动，如企业安全电子邮件、合同签订、网上证券交易、交易支付信息等。

服务器数字证书：证书中包含服务器信息和服务器的公钥，用于表明该服务器的身份，确保双方身份的真实性、安全性、可信任度，保证用户与服务器交互信息安全。

代码签名数字证书：使用该证书对软件代码数字签名，用于表示软件代码的开发者身份。

支付网关证书：是证书签发中心针对支付网关签发的数字证书，是支付网关实现数据加解密的主要工具，用于数字签名和信息加密。支付网关证书仅用于支付网关提供的服务（internet上各种安全协议与银行现有网络数据格式的转换）。支付网关证书只能在有效状态下使用。支付网关证书不可被申请者转让。

【小思考8-6】

普通证书和高级证书的区别是什么？

答：普通证书是基于CFCA的基本PKI体系，包含单密钥对和单证书，可以和主流浏览器无缝集成使用。

高级证书是基于CFCA特有的可管理的PKI体系，包含双密钥和双证书，支持加密和签名采用不同密钥对，适用于企业（个人）进行金额较大的网上交易，安全级别高、功能强。

【任务描述】

支付宝数字证书是为支付宝用户使用支付宝数字证书产品而提供的必要软件，支持Windows下的主流浏览器，对密码输入进行保护，保护用户的账户安全，并对用户的密码进行加密，可以有效防止木马程序截取键盘记录。支付宝数字证书是由权威公正的第三方机构签发的证书。它的加密技术可以对网络上传输的信息进行加密和解密、数字签名和签名验证，确保网上传递信息的机密性、完整性。那么，如何安装支付宝数字证书呢？

【任务实施】

步骤1　如果支付宝账户申请了数字证书，在别的电脑上使用余额、已签约的快捷支付、余额宝等方式支付时就需要安装数字证书。可以按页面提示点击"安装数字证书"（如图8-5所示），完成安装。

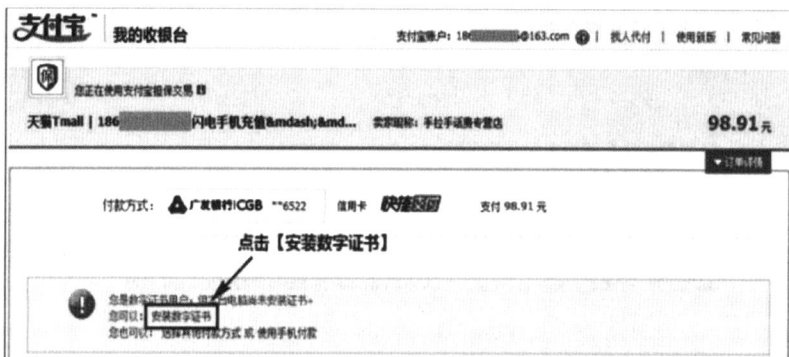

图8-5　点击"安装数字证书"页面

步骤2　如果支付宝账户没有申请数字证书，登录支付宝账户，在"安全中心"，数字证书"管理"页面，点击"安装数字证书"（如图8-6、图8-7所示）。

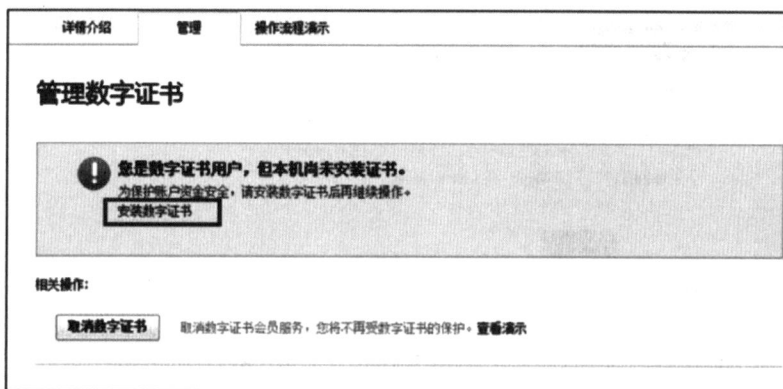

图8-6　安装数字证书页面

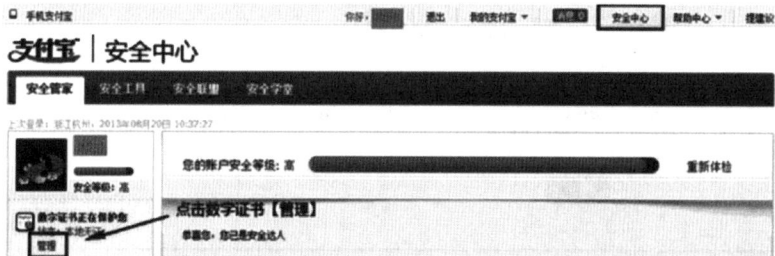

图8-7　数字证书管理页面

安装数字证书的方法有三种：通过手机短信、接收邮件并回答安全保护问题、提交客服申请单。

（1）通过手机短信进行安装。

①（前提：支付宝账户绑定的手机号码正常并可收到短信）在安装证书入口，点击"安装数字证书"，选择"通过手机短信"后，点击"下一步"（收银台页面安装时默认通过手机短信）（如图8-8所示），进入安装证书页面。

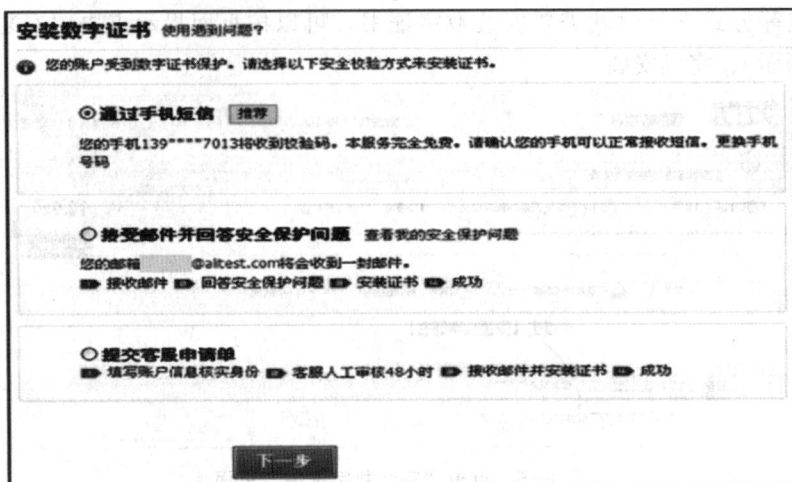

图8-8　选择安装方式页面

②选择证书使用地点，输入"验证码"后，点击"下一步"（如图8-9所示）。

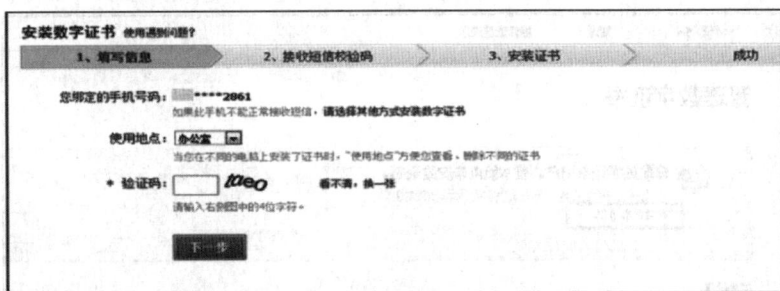

图8-9　填写信息页面

③输入手机上收到的校验码后，点击"确定"（如图8-10所示）。

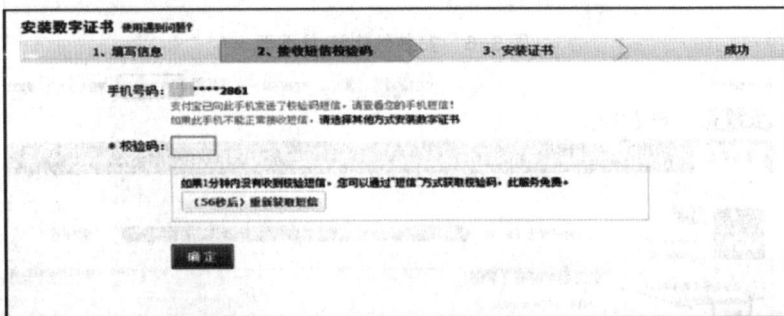

图8-10　填写短信校验码页面

（2）通过接收邮件并回答安全保护问题进行安装（若您未看到此邮件选项，请选择其他方式安装证书）。

①填写验证码后，点击"提交"（如图8-11所示）。

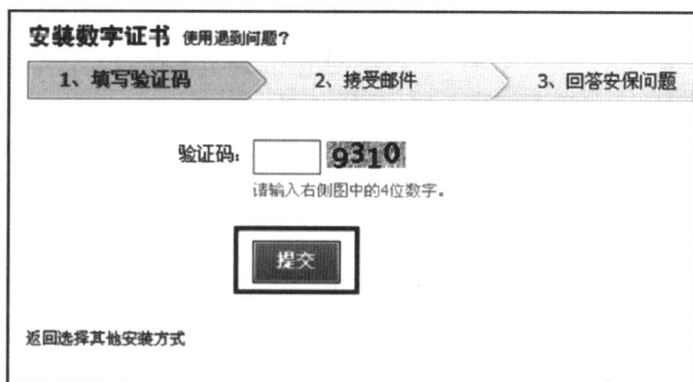

图8-11　填写验证码页面

②提示"支付宝已向您的邮箱×××，发送了一封验证邮件"，点击"点此进入邮箱查收"（如图8-12所示）。

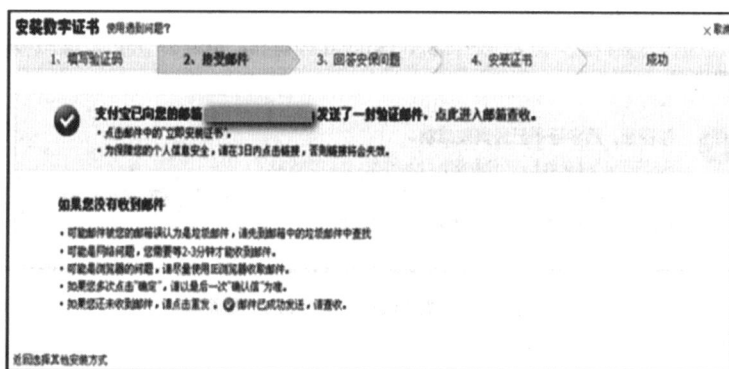

图8-12　接收邮件页面

③点击"点此安装证书"（如图8-13所示）。

图8-13　点此安装证书页面

④回答安全保护问题后，点击"下一步"（如图8-14所示）。

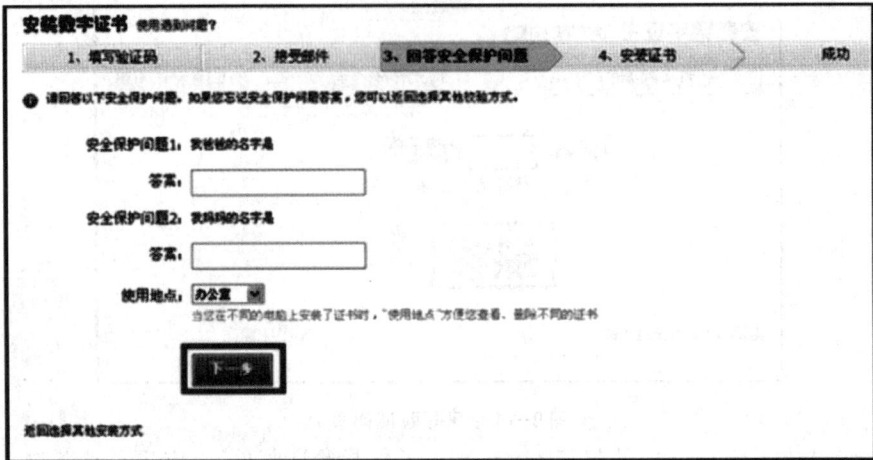

图8-14 回答安全保护问题页面

⑤安装成功（如图8-15所示）。

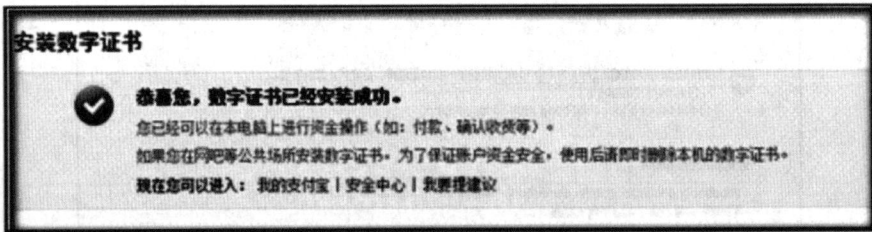

图8-15 数字证书安装成功页面

（3）通过提交客服申请单进行安装。

①在选择数字证书安装方式时，选择"提交客服申请单"（如图8-16所示）。

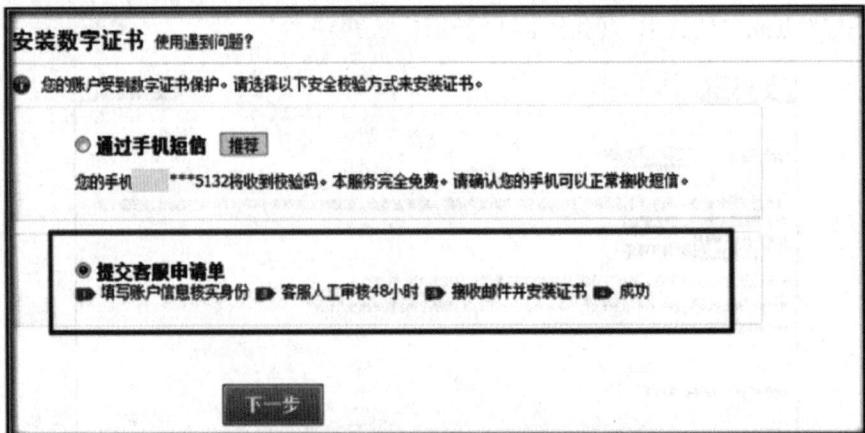

图8-16 选择提交客服申请单页面

②您可以按照页面的提示填写相关信息并上传证件后（如图8-17所示），支付宝客服会进行审核；处理结果会通过邮件告知您，如您在受理单中填写了手机号码，也会同步发送短信通知，请您耐心等待。

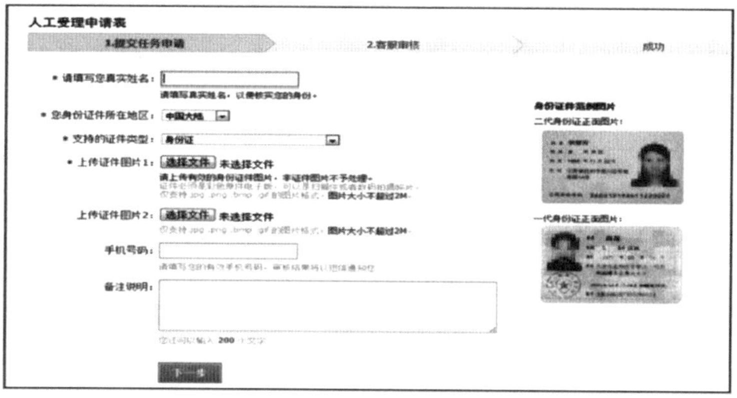

图 8-17　人工受理申请表页面

任务三　认识中国金融认证中心

【案例导入】

2016 年 9 月，经线上快速身份验证（FIDO）联盟组织委员会批准，中国金融认证中心（CFCA）成功加入该组织，成为该组织中的成员。

FIDO 联盟为于 2012 年 7 月成立的行业协会，其宗旨为满足市场需求和应付网上验证要求。FIDO 联盟的成员将协助界定市场需求，并为 FIDO 开放协议做出贡献。该协议为在线与数码验证方面的首个开放行业标准，可提高安全性、保护私隐及简化用户体验。

目前，FIDO 联盟的成员有微软、谷歌、联想、三星、华为等国内外知名企业。FIDO UAF 协议致力于消灭难于记忆的密码口令，打造更简单、更强大、更安全的生物识别认证模式。经过两年时间的研究与探索，2014 年年底，FIDO 协议技术规范 UAF V1.0 版本正式发布，采用人体的生物特征识别，结合密钥体系机制，实现了可靠的安全身份认证技术规范框架，提供了标准的 SDK 应用接口，支持多应用场景，便于应用集成，便于用户操作。

加入 FIDO 联盟组织，标志着 CFCA 已经成为生物识别安全认证领域的一员，也表明国内机构在国际信息安全方面的努力得到更多国际组织的认可。CFCA 不仅可以在组织中得到应有的最新技术信息，还可以结合自身运营多年的数字证书业务，在身份识别、合法合规、商密算法应用、电子证据方面对 FIDO 技术进行加强和创新，使得 FIDO 应用更加完美。

资料来源　中国电子银行网.CFCA 成功加入 FIDO 联盟组织［EB/OL］.［2019-09-27］.http://mt.sohu.com/20160927/n469280446.shtml.

【知识准备】

中国金融认证中心（China Financial Certification Authority，CFCA）作为一个权威的、可信赖的、公正的第三方信任机构，专门负责为金融业的各种认证需求提供证书服务，包括电子商务、网上银行、支付系统和管理信息系统等。目前，CFCA为了满足金融业在电子商务方面的多种需求，采用PKI技术，建立了SET和Non-SET两套系统，提供多种证书来支持各成员行有关电子商务的应用开发以及证书的使用，为参与网上交易的各方提供安全的基础，建立彼此信任的机制；在中国电子商务发展中，CFCA组织并参与有关网上交易规则的制定，以及确立相应的技术标准等。CFCA是按照现代企业制度建立起来的，采用国际标准管理体制的市场化运作企业，通过了ISO 9000质量管理体系认证，对我国广泛开展的电子商务活动特别是网上支付起着巨大的推动作用。

中国金融认证中心是由中国人民银行牵头，工商银行、中国银行、农业银行、建设银行、交通银行、招商银行、中信银行、华夏银行、广东发展银行、深圳发展银行（现平安银行）、光大银行、民生银行和兴业银行13家商业银行联合建设，由银行卡信息交换总中心承建的，专门负责为金融业的各种认证需求提供证书服务。CFCA于2000年6月29日正式挂牌成立，是经中国人民银行和国家信息安全管理机构批准成立的国家级的权威的安全认证机构，是重要的国家金融信息安全基础设施之一。CFCA的建立标志着我国电子商务已经逐渐走向成熟。CFCA网站首页，如图8-18所示。

图8-18 CFCA网站首页

CFCA采用国际主流的PKI技术，提供适用于企业、个人、Web站点、VPN、安全E-mail、手机应用等在内的十多种证书和各种信息安全服务，确保网上银行、网上证券、网上保险、网上税务、电子商务、电子政务、企业集团等的信息安全。为确保业务的可持续性，满足国家法规、国际认证要求，CFCA建立了高水准的异地灾难备份系统。其国产化PKI/CA系统始建于2003年，被列入国家863计划，得到了中国人民银行、国家科技部、国家密码管理局和中国银联的高度重视与支持。2005年5月，该系统正式通过国家科技部863项目验收，并开始大规模应用。2005年8月，CFCA通过了国家信息产业部的审查，获得了"电子认证服务许可证"，成为《电子签名法》颁布之后首批获得电子认证服务提供者资格的CA之一。CFCA国产化PKI/CA系统，是我国银行业信息安全基础设施的一项重大技术成果，完全可以满足未来我国金融行业大容量用户和快速发展的业务需求，对于提升我国金融信息安全保障能力具有重要意义。CFCA体系结构示意图如图8-19所示。

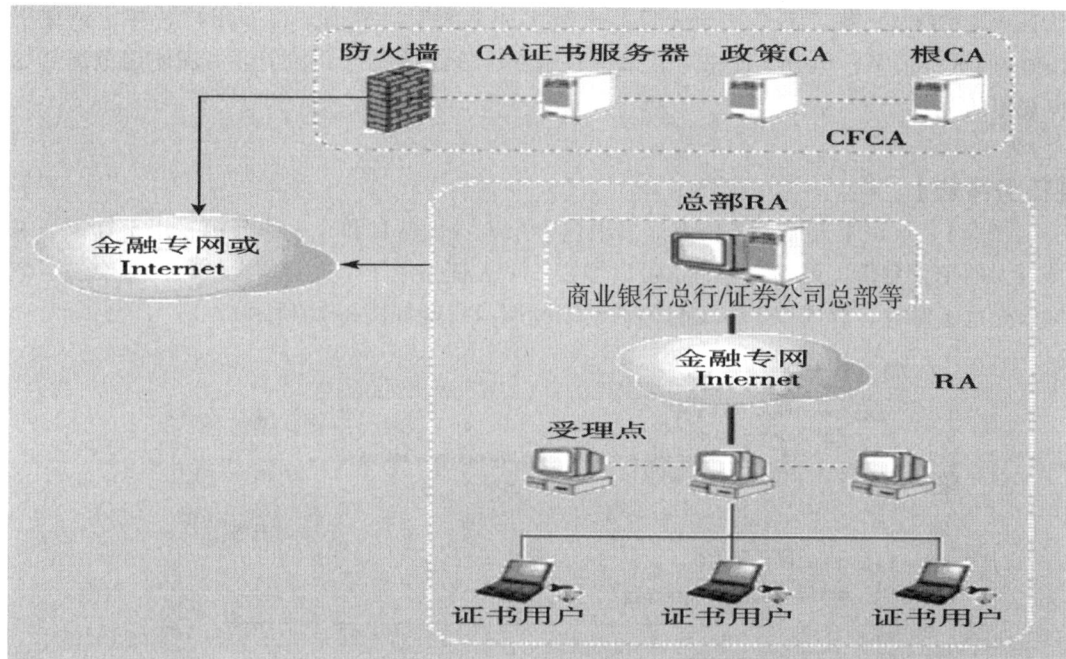

图8-19 CFCA体系结构示意图

CFCA认证系统采用国际领先的PKI技术，总体为三层CA结构：第一层为根CA；第二层为政策CA，可向不同行业、领域扩展信用范围；第三层为运营CA，根据证书运作规范（CPS）发放证书。运营CA由CA系统和RA系统两大部分组成：

（1）CA系统。CA系统承担证书签发、审批、废止、查询、数字签名、证书/黑名单发布、密钥恢复与管理、证书认定和政策制定，CA系统设在CFCA本部，不直接面对用户。

（2）RA系统。RA系统直接面向用户，负责用户身份申请审核，并向CA申请为用户转发证书；一般设置在商业银行的总行、证券公司总部、保险公司总部及其他应用证书的机构总部，受理点（LRA）设置在商业银行的分/支行、证券营业部、保险营业部及其他应用证书机构的分支机构，RA系统可方便地集成到其业务应用系统。

CFCA认证系统在满足高安全性、开放性、实用性、高扩展性、交叉认证等需求的同时，从物理安全、环境安全、网络安全、CA产品安全以及密钥管理和操作运营管理等方面均按国际标准制定了相应的安全策略；专业化的技术队伍和完善的运营服务体系，确保系统7×24小时安全、高效、稳定运行。作为金融领域合法的第三方安全认证机构，国内绝大部分网上银行都已采用CFCA提供的信息安全服务，纳入统一的金融安全认证体系。

【任务描述】

数字证书具备网络身份识别和通信信息加密的功能，从用途来看，可分为签名证书和加密证书：签名证书主要用于对用户信息进行签名，以保证信息的不可否认性；加密证书主要用于对用户传送的信息进行加密，以保证信息的真实性和完整性。但对个人和企业来说，数字证书如何使用、应该用在哪里，仍是一个令其困惑的问题。我国规模最大的数字认证中心 CFCA，每天都会接到大量关于数字证书的用户咨询。很多用户希望申请使用 CFCA 的数字证书，但数字证书对其来说只是一个笼统的概念，数字证书和使用范围是如何规定的呢？

【任务实施】

步骤1　认识个人证书。个人证书中包含个人身份信息和个人的公钥，用于标识证书持有人的个人身份，可以签名，也可以加密。个人证书用于个人在网上进行网银交易、个人安全电子邮件、合同签订、支付等活动中标明身份（如图8-20所示）。

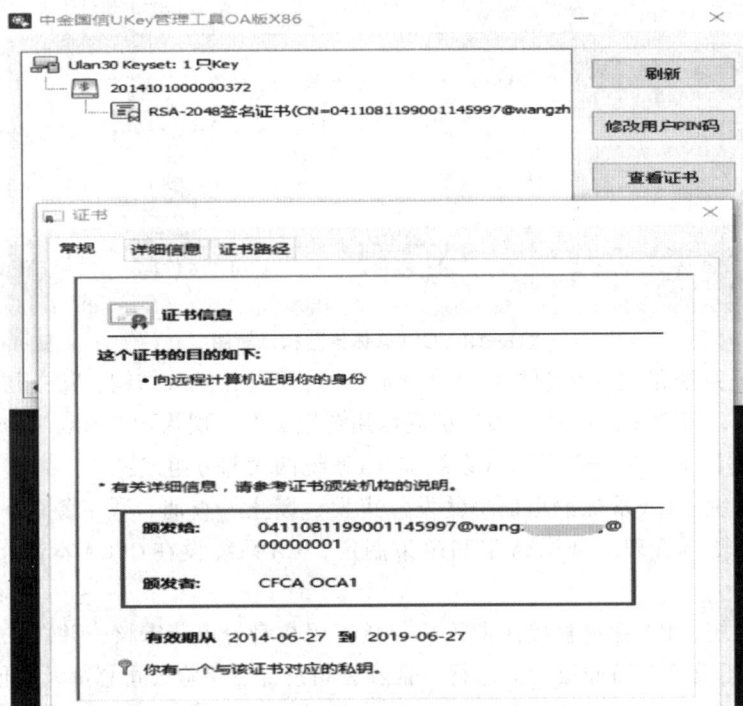

图8-20　个人数字证书

步骤2　认识企业证书。企业证书中包含企业（单位）信息和企业（单位）的公钥，用于标识证书持有企业（单位）的身份。企业证书可以用于企业（单位）在网上银行系统、电子政务、电子商务等业务的办理过程中。

步骤3　认识服务器证书。服务器证书（亦称 SSL 证书）是安装在服务器端用以标明站点唯一身份的数字证书，可存放于服务器硬盘或加密硬件设备上，为用户端和 Web 服务器端之间建立一条 HTTPS 加密传输通道，保证用户和服务器之间信息交换的保密性、安全性。服务器证书分为 OV、EV（如图8-21所示）及内网 SSL 证书。

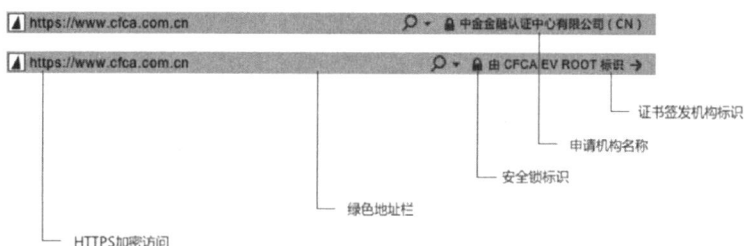

图 8-21 EV 服务器证书

服务器证书主要用于网上银行系统、电子商务网站、电子政务网站等各行业应用服务器。使用服务器证书可有效地识别钓鱼网站、防止信息泄露，保护网民的信息安全。

步骤4 认识设备证书。设备证书是提供给某些硬件设备的证书，按照硬件设备的特殊需求签发不同的数字证书。用户生产、发布特定的硬件设备产品，并希望使用证书对其进行标识，在与该设备的通信中可对该设备进行认证及信息加密。

步骤5 认识代码签名证书。代码签名证书（如图8-22所示）是针对网上发布的软件程序、控件、驱动程序、硬件固化程序等代码创建数字签名，以便在软件发行者和用户通过网络下载代码时对它们加以保护。代码签名证书可验证程序内容的来源及完整性，确保用户不会下载到被篡改或被植入恶意代码的程序。

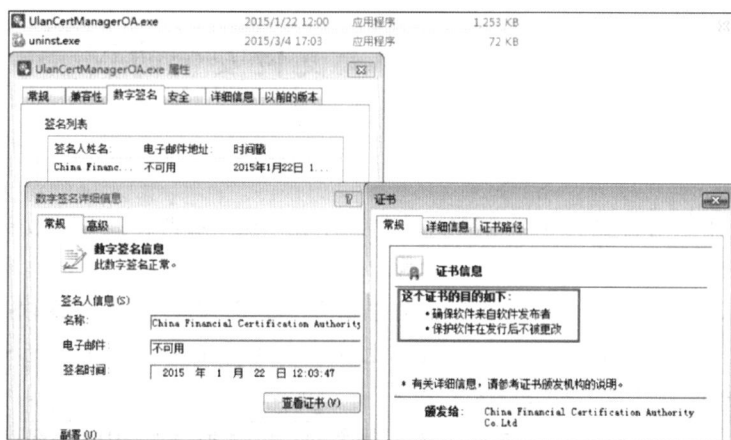

图 8-22 代码签名证书

步骤6 认识文档签名证书。企业或个人希望签署pdf或者office等电子文档（包括文件签名、电子签章等），并使其在各类操作系统和阅读器中被信任。文档签名证书可广泛用于文档签署、合同签署、票据签署等，使用文档签名证书签署的电子文件具有和纸质文件同等的法律效力（如图8-23所示）。

步骤7 认识场景证书。场景证书包含文档、签名、图片、音频、视频等哈希值信息，并证明其相互之间的紧密相关性，可用于司法取证和司法鉴定。当用户有对某特定场景进行取证的需求，例如：移动展业中，业务员会见客户及业务办理过程中的所有信息均需采集取证时，即可使用场景证书。

场景证书仅对特定场景有效，其包含了特定场景的信息，例如"张三在2019年7月1日3点22分15秒222毫秒，和××××公司，签署了理财协议××××元，并当场签名，录入身

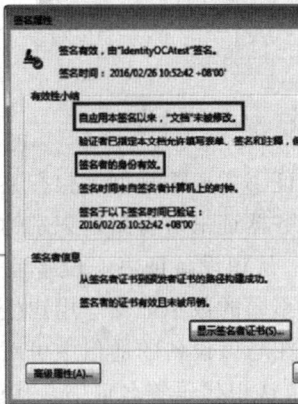

图 8-23　文档签名证书

份证和记录了视频为证"这个场景，之后无论是张三还是他人再使用这张证书在其他场景签名，签名都非有效签名。

任务四　辨识网上支付安全协议

【案例导入】

2016年10月25日凌晨，苹果公司对外发布了 iOS 10.1 正式版，与旧版相比，新版 iOS 有了很多新变化。尤其值得关注的是，自该版本起，苹果系统根证书库接纳了 CFCA（中国金融认证中心）全球信任体系 SSL 证书的根证书。这意味着 iOS 和 Mac OS 已开始信任由这家中国 CA 颁发的 SSL 证书，意味着我国也拥有了支持全浏览器平台的 SSL 证书产品，意味着信息安全产品国产化的又一重大突破。

作为已为国内98%的银行提供电子认证服务的 CA，CFCA 自 2011 年起在国内建设 SSL 根证书系统，并于 2012 年开始进行入根工作，其间入根工作也曾遭遇瓶颈。但不论是用户对使用国产 SSL 证书的迫切需求，还是做出优秀 SSL 产品的信念，抑或信息安全国产化战略不断深入的大环境，都在不断推动着 CFCA 入根工作的前行。在先后入根微软、Mozilla、安卓后，CFCA SSL 根证书植入 iOS 10.1 版本，完成了国际 4 大证书库的入根，使我国的 SSL 证书产品首次获得所有浏览器平台的信任。自此，国内企事业机构的网站、服务器均可以选用 CFCA 的国产 SSL 证书，国外证书已不是唯一的选项。

近年来，国产 SSL 证书的发展速度未能跟上国内激增的需求。除了入根进展缓慢外，部分国内 CA 还因疏漏等原因违反了相关国际标准，并导致浏览器厂商的处罚，使 SSL 证书的国产化蒙上一层阴影。而此次 CFCA 成功入根 iOS 则一扫之前的阴霾，证明国产 SSL 证书在功能上已可比肩国外优秀产品，可以肩负起维护国内网络安全的重任。同时说明，国内安全厂商在植根本土、尊重国际标准的基础上，严守风险控制、积极听取用户心声、不断提高技术水准，完全可以开发出不逊于国外品牌的信息安全产品，进而推动我国信息安全国产化战略的早日实现。

资料来源　中国金融认证中心.CFCA入根苹果 国产SSL证书NO.1诞生〔EB/OL〕.〔2019-10-25〕.
http：//www.cfca.com.cn/20161025/100001449.html.

【知识准备】

近年来，随着钓鱼网站的泛滥和信息泄露事件的频发，大批网站急需加强安全防护，而SSL证书恰好就是一种可以大大增强网站安全力度的产品。SSL证书是由权威、可信的第三方数字证书认证机构（CA）签发的、用来标记网站身份的数字证书。因其通常部署在网站服务器上，亦称服务器证书。SSL证书通过在客户端浏览器和网站服务器之间建立SSL对数据进行HTTPS加密，确保数据在传输过程中不被窃听、篡改和伪造，有效解决了网站身份的真实性和信息传输的保密性问题。

一、SSL协议

SSL是secure socket layer的英文缩写，SSL协议是安全套接层协议。SSL协议是由网景（Netscape）公司于1994年设计开发推出的一种基于公钥密码机制的安全通信协议。该安全协议主要提供对用户和服务器的认证；对传送的数据进行加密和隐藏；确保数据在传送中不被改变。它能使客户机-服务器应用之间的通信不被攻击者窃听。现在国内外一些对保密性要求较高的网上银行、电子商务和电子政务等系统大多数是以SSL协议为基础建立的，SSL协议已成为Web安全方面的工业标准。

SSL协议采用数字证书及数字签名进行双端实体认证，用非对称加密算法进行密钥协商，用对称加密算法将数据加密后进行传输以保证数据的保密性，并且通过计算数字摘要来验证数据在传输过程中是否被篡改和伪造，从而为敏感数据在internet上的传输提供了一种安全保障手段。

SSL协议的优势在于它与应用层协议的确立无关。高层的应用协议如HTTP、FTP、Telnet等能透明地建立于SSL协议之上。它在应用层协议通信之前就已经完成加密算法、通信密钥的协商以及服务器认证工作。在此之后应用层协议所传送的数据都会被加密，从而保证通信的安全性。

1.SSL协议提供的基本服务

（1）认证用户和服务器，使其能够确信数据将被发送到正确的客户机和服务器。

（2）加密数据以隐藏被传送的数据。

（3）维护数据的完整性，确保数据在传输过程中不被改变。

【小思考8-7】

什么是SSL协议中的连接和会话？

答：连接是指两台主机之间提供特定类型服务的传输，是点对点的关系。一般来说，连接是短暂的，每一个连接都与一个会话相关联。会话是客户机和服务器之间的关联，是通过握手协议进行创建的。会话是加密安全参数的一个集合，包含加密算法、临时加密密钥和初始向量等。会话可以被多个连接所共享，这样可以避免为每个连接重新进行安全参数的协商而花费昂贵的时间代价。任何一对服务器和客户机之间都可以存在多个安全SSL连接，这些连接可以共享一个会话，也可以共享不同的会话。理论上说，一对服务器和客户机之间也可以存在多个会话，但是由于这样会付出相当高的代价，所以一般来说不支持这种做法。

2.SSL协议的构成

SSL协议位于TCP/IP协议模型的网络层和应用层之间，使用TCP来提供一种可靠的端到端的安全服务。SSL协议由两层组成，分别是握手协议层和记录协议层。握手协议建立在记录协议之上，此外，还有更改密码协议、警告协议等。

（1）握手协议。SSL握手协议可以使服务器和客户端能够相互鉴别对方，协商具体的加密算法和MAC算法以及保密密钥，用来保护在SSL记录中发送的数据。SSL握手协议允许通信实体在交换应用数据之前协商密钥的算法、加密密钥和对客户端进行认证（可选）的协议，为下一步记录协议要使用的密钥信息进行协商，使客户端和服务器建立并保持安全通信的状态。SSL握手协议在应用程序数据传输之前使用。SSL握手协议包括4个阶段：第一个阶段，建立安全能力；第二个阶段，服务器鉴别和密钥交换；第三个阶段，客户端鉴别和密钥交换；第四个阶段，完成握手协议。

（2）记录协议。这个协议用于交换应用层数据。应用程序消息被分割成可管理的数据块，还可以压缩，并应用一个MAC（消息认证代码），然后结果被加密并传输。接收方接收数据并对它解密，校验MAC，解压缩并重新组合它，并把结果提交给应用程序协议。SSL记录协议为SSL连接提供了两种服务：一是确保机密性；二是确保消息完整性。

（3）更改密码协议。更改密码协议是使用SSL记录协议服务的SSL高层协议的3个特定协议之一，也是其中最简单的一个。协议由单个消息组成，该消息只包含一个值为"1"的单个字节。该消息的唯一作用就是使未决状态拷贝为当前状态，更新用于当前连接的密码组。为了保障SSL传输过程的安全性，双方应该每隔一段时间就改变加密规范。

（4）警告协议。用来为对等实体传递SSL的相关警告。如果在通信过程中某一方发现任何异常，就需要给对方发送一条警示消息通告。警示消息有两种：一种是Fatal错误，如传递数据过程中，发现错误的MAC，双方就需要立即中断会话，同时消除自己缓冲区相应的会话记录；第二种是Warning消息，这种情况，通信双方通常都只是记录日志，而对通信过程不造成任何影响。

SSL协议同时使用对称密钥算法和公钥加密算法。前者在速度上比后者要快很多，但是后者可以实现更好的安全验证。一个SSL传输过程需要先握手：用公钥加密算法使服务器端在客户端得到验证，以后就可以使双方用商议成功的对称密钥来更快速地加密、解密数据。

SSL握手过程的步骤：

第一步，SSL客户机连接到SSL服务器，并要求服务器验证它自身的身份。

第二步，服务器通过发送它的数字证书证明其身份。这个交换还可以包括整个证书链，直到某个根证书权威机构（CA）。通过检查有效日期并确认证书包含可信任CA的数字签名，来验证证书。

第三步，服务器发出一个请求，对客户端的证书进行验证。但是，因为缺乏公钥体系结构，当今的大多数服务器不进行客户端认证。

第四步，协商用于加密的消息加密算法和用于完整性检查的哈希函数。通常由客户机提供它支持的所有算法列表，然后由服务器选择最强的加密算法。

第五步，客户机和服务器通过下列步骤生成会话密钥。

i.客户机生成一个随机数，并使用服务器的公钥（从服务器的证书中获得）对它加密，发送到服务器上。

ii.服务器用更加随机的数据（客户机的密钥可用时则使用客户机的密钥，否则以明文方式发送数据）响应。

iii.使用哈希函数，从随机数据中生成密钥。

采用SSL技术，在用户使用浏览器访问Web服务器时，会在客户端和服务器之间建立安全的SSL通道。在SSL会话产生时：首先，服务器会传送它的服务器证书，客户端会自动分析服务器证书，来验证服务器的身份。其次，服务器会要求用户出示客户端证书（即用户证书），服务器完成客户端证书的验证，来对用户进行身份认证。对客户端证书的验证包括验证客户端证书是否由服务器信任的证书颁发机构颁发、客户端证书是否在有效期内、客户端证书是否有效（即是否被篡改等）和客户端证书是否被吊销等。验证通过后，服务器会解析客户端证书，获取用户信息，并根据用户信息查询访问控制列表来决定是否授权访问。所有的过程都会在几秒钟内自动完成，对用户是透明的。

3.SSL协议的工作流程

SSL协议是一个保证计算机通信安全的协议，对通信对话过程进行安全保护。例如，一台客户机与一台主机连接上，初始化握手协议，然后建立一个SSL。直到对话结束，SSL协议都会对整个通信过程加密，并且检查其完整性。这样一个对话时段算一次握手。而HTTP协议中的每一次连接就是一次握手，因此与HTTP协议相比，SSL协议的通信效率会高一些。

（1）接通阶段：客户通过网络向服务商打招呼，服务商回应。

（2）密码交换阶段：客户机与服务器之间交换双方认可的密码，一般选用RSA密码算法，也有的选用Diffie-Hellman和Fortezza-KEA密码算法。

（3）会谈密码阶段：客户机与服务商间产生彼此交谈的会谈密码。

（4）检验阶段：检验服务商取得的密码。

（5）客户认证阶段：验证客户的可信度。

（6）结束阶段：客户与服务商之间相互交换结束的信息。

当上述动作完成之后，两者间的资料传送就会加密，另外一方收到资料后，再将编码资料还原。即使盗窃者在网络上取得编码后的资料，如果没有原先编制的密码算法，也不能获得可读的有用资料。发送时信息用对称密钥加密，对称密钥用非对称算法加密，再把两个包绑在一起传送过去。接收的过程与发送正好相反，先打开有对称密钥的加密包，再用对称密钥解密。

在电子商务交易过程中，由于有银行参与，按照SSL协议，客户的购买信息首先发往商家，商家再将信息转发给银行，银行验证客户信息的合法性后，通知商家付款成功，商家再通知客户购买成功，并将商品寄送客户。

SSL协议是两层协议，建立在TCP传输控制协议之上、应用层之下，并且与上层应用协议无关，可为应用层协议如HTTP、FTP、SMTP等协议提供安全传输，通过将HTTP协议与SSL协议相结合，Web服务器就可实现客户浏览器与服务器间的安全通信。因此简便易行是SSL协议的最大优点，但与此同时其缺点是显而易见的。SSL的缺陷有：

首先，在交易过程中，SSL 协议有利于商家而不利于客户。客户的信息首先传到商家，商家阅读后再传到银行。这样，客户资料的安全性便受到威胁。商家认证客户是必要的，但整个过程中缺少了客户对商家的认证。其次，SSL 协议只能保证资料传递过程的安全性，而传递过程中是否有人截取则无法保证。再次，由于 SSL 协议的数据安全性建立在RSA 等算法上，因此其系统安全性较差。最后，虽然 SSL 协议中也使用了数字签名来保证信息的安全，但是由于它不对应用层的消息进行数字签名，因此不能提供交易的不可否认性，这就造成了 SSL 协议在电子银行应用中的最大不足。在电子商务初级阶段，由于运作电子商务的企业大多是信誉较高的大公司，因此这个问题还没有充分暴露出来，但随着电子商务的发展，各中小型公司也参与了进来，这样在电子支付过程中的单一认证问题就越来越突出。虽然在 SSL3.0 中通过数字签名和数字证书可实现浏览器和 Web 服务器双方的身份验证，但是 SSL 协议仍存在一些问题，比如，只能提供交易中客户机与服务器间的双方认证，在涉及多方的电子交易中，SSL 协议并不能协调各方的安全传输和信任关系。在这种情况下，VISA 和 Master Card 两大信用卡组织制定了 SET 协议，为网上信用卡支付提供了全球性的标准。

二、SET 协议

SET 是 secure electronic transaction 的英文缩写，SET 协议是安全电子交易协议。该协议是由世界上两大信用卡公司 VISA Card 和 Master Card 于 1997 年 5 月 31 日联合推出的网上信用卡交易的模型和规范。其实质是一种应用在 internet 上的、以信用卡为基础的电子付款系统规范，目的是保证网络交易的安全。SET 协议涵盖了信用卡在电子商务交易中的交易协议、信息保密、资料完整及数字认证、数字签名等。SET 协议是在开放网络环境中的信用卡支付安全协议，采用公钥密码体制和 X.509 数字证书标准，通过相应软件、数字证书、数字签名和加密技术能在电子交易环节上提供更大的信任度、更完整的交易信息、更高的安全性和更少受欺诈的可能性。SET 协议还妥善解决了信用卡在电子商务交易中的交易协议、信息保密、资料完整及数字认证、数字签名等问题。这一标准被公认为全球网际网络的标准，其交易形态将成为未来电子商务的典范。

1.SET 协议运行的目标

SET 协议是一个复杂的协议，详细而准确地反映了卡交易各方之间的各种关系。事实上，SET 协议不只是一个技术方面的协议，还说明了每一方所持有的数字证书的合法含义，希望得到数字证书以及响应信息的各方的应有的动作，与一笔交易紧密相关的责任分担。SET 协议是一个基于可信的第三方认证中心的方案，要实现的主要目标有以下几个方面：

（1）保证信息在互联网上安全传输，防止数据被黑客或被内部人员窃取。

（2）保证电子商务参与者信息的相互隔离。

（3）解决多方认证问题，不仅要对消费者的信用卡认证，而且要对在线商店的信誉程度认证，还有消费者、在线商店与银行间的认证。

（4）达到全球市场的接受性：在容易使用与对特约商店、持卡人影响最小的前提下，达到全球普遍性。允许在目前使用者的应用软件中，嵌入付款协定的执行，对收单银行与特约商店、持卡人与发卡银行间的关系，以及信用卡组织的基础构架改变最少。

（5）效仿 EDI 贸易的形式，规范协议和消息格式，促使不同厂家开发的软件具有兼容性和互操作功能，并且可以在不同的硬件和操作系统平台上运行。

2.SET协议的参与方

SET协议最主要使用在消费者与网上商店、网上商店与收单银行（付款银行）等之间。SET协议交易涉及的对象有：

（1）持卡客户。持卡客户包括个人消费者和团体消费者，按照网上商店的要求填写订货单，通过由发卡银行发行的信用卡进行付款。信用卡用户是经认可的由发行人发行的支付卡（如Master Card或VISA Card）的拥有者。

（2）网上商店。网上商店提供商品或服务，具备使用相应电子货币的条件。

（3）收单银行。收单银行通过支付网关处理持卡客户和网上商店之间的交易付款问题。

（4）支付网关。这是获得者或指派的第三方所操作的处理商业支付报文的功能。支付网关为了实现核准和支付功能，与SET和已经存在的银行卡支付网络相连接。

（5）发卡银行，即电子货币（如信用卡、电子现金、电子钱包）发行公司，以及某些兼有电子货币发行的银行，负责处理信用卡的审核和支付工作。

（6）认证中心（CA）。它是一个可信任的第三方，能够验证持卡客户、网上商店和收单银行的身份，负责确认交易对象的身份，对网上商店的信誉度和持卡客户的支付手段进行认证。SET协议工作原理如图8-24所示。

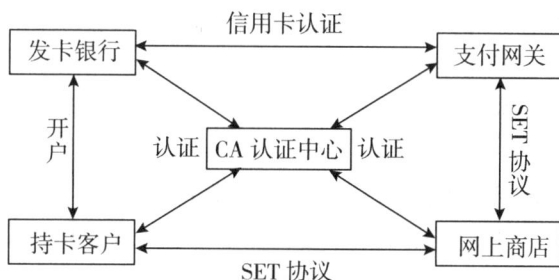

图8-24　SET协议工作原理

3.基于SET协议的交易购物流程

（1）持卡人注册。持卡人为了使用信用卡，必须向支持SET协议的发卡银行申请开户，从而获得一个可用于internet支付的信用卡账号，同时向CA申请该信用卡的数字证书。此后，持卡人可以使用终端进行购物。

（2）商家注册。商家同样向CA申请用于电子商务支付的数字证书。此后，商家可以在网络上开设商城来销售货物。

（3）持卡人利用电子商务平台选定物品。持卡人填写订单，包括项目列表、价格、总价、运费、搬运费和税费等。订单可通过电子化方式从商家传过来，或由持卡人的电子购物软件建立。有些在线商店允许持卡人与商家协商物品的价格（例如出示老客户证明或给出竞争对手的价格等）。

（4）商家接收订单。生成初始应答消息，数字签名后与商家数字证书、支付网关数字证书一起发送给持卡人。

（5）持卡人对应答消息进行处理，选择支付方式，此时SET协议开始介入。确认订单，签发付款指令，将订单信息和支付信息进行双签名，对双签名后的信息和用支付网关公钥加密的支付信息签名后连同自己的数字证书发送给商家（商家看不到持卡人的账号信息）。

（6）商家认证持卡人数字证书和双签名后，生成支付认可请求，并连同加密的支付信息转发给支付网关。

（7）支付网关通过金融专网到发卡银行认证持卡人的账号信息，并生成支付认可消息，数字签名后发给商家。

（8）商家收到支付认可消息后，认证支付网关的数字签名生成购买订单确认信息发送给持卡人。至此交易过程结束。

商家发送货物或提供服务并请求支付网关将购物款从发卡银行持卡人的账号转账到收单银行商家账号，支付网关通过金融专网完成转账后，生成取款应答消息发送给商家。在以上的工作步骤当中，持卡人、商家和支付网关都通过 CA 来认证通信主体的身份，以确保通信对方不是冒名顶替。

4.SET 协议安全技术分析

SET 协议提供的安全服务有：

（1）确保在支付系统中支付信息和订购信息的安全性。

（2）确保数据在传输过程中的完整性。

（3）对持卡人身份合法性进行验证。

（4）对支付接收方的身份，即商家身份的合法性进行检查。

（5）提供最优的安全系统，以保护在电子贸易中的合法用户。

（6）确保该标准不依赖于传输安全技术，也不限定任何安全技术的使用。

（7）使通过网络和相应的软件所进行的交互作业简便易行。

SET 协议采用的核心技术包括 X.509 电子证书标准、数字签名技术、数字摘要、数字信封、双重签名等技术，结合了对称加密算法的快速、低成本特性和公钥密码算法的可靠性，有效地保证了在开放网络上传输的个人信息、交易信息的安全。数字证书的使用使得交易各方之间身份的合法性验证成为可能；使用数字签名技术确保数据完整性和不可否认性；使用双重签名技术对 SET 协议交易过程中用户的账户信息和订单信息分别签名，保证商家只能看到订货信息，而看不到持卡人的账户信息，并且银行只能看到持卡人的账户信息，而看不到订货信息，保证了用户账户信息和订单信息的安全性。

5.SET 协议的不足

由于 SET 提供了消费者、商家和银行之间的双重身份认证，确保了交易数据的安全性、完整可靠性和交易的不可否认性，特别是保证不将消费者银行卡卡号暴露给商家等优点，因此它成为目前公认的信用卡网上交易的国际安全标准。但在实际应用中，SET 协议依然存在以下不足：

（1）SET 协议中仍存在一些漏洞。比如：SET 协议中对交易过程没有做状态描述，使用户或商家对交易的状态难以把握。不可信的用户可能通过其他商家的帮助欺骗可信的商家在未支付的情况下得到商品；密钥存在被泄露的危险；存在冒充持卡人进行交易的隐患。

（2）SET 协议的性能有待改进。比如：协议过于复杂，要求安装的软件包过多，处理速度慢，价格昂贵；由于该协议的每一个阶段都要进行多次数据加密解密、签名、证书验证等安全操作，因此协议的交易时间过长，不能满足实时交易要求。

三、SET 协议与 SSL 协议的区别

（1）在认证要求方面。早期的 SSL 协议并没有提供商家身份认证机制，虽然在 SSL3.0 中可以通过数字签名和数字证书实现浏览器与 Web 服务器双方的身份验证，但仍不能实现多方认证；相比之下，SET 协议的安全性要求较高，所有参与 SET 协议交易的成员（持卡人、商家、发卡行、收单行和支付网关等）都必须申请数字证书进行身份识别。

（2）在安全性方面。SET 协议规范了整个商务活动的流程，从持卡人到商家，到支付网关，到认证中心以及信用卡结算中心之间的信息流走向和必须采用的加密、认证都制定了严密的标准，从而最大限度地保证了商务性、服务性、协调性和集成性。而 SSL 协议只对持卡人与商店端的信息交换进行加密保护，可以看作用于传输的那部分的技术规范。从电子商务特性来看，它并不具备商务性、服务性、协调性和集成性。因此 SET 协议的安全性比 SSL 协议高。

（3）在网络层协议位置方面。SSL 协议是基于传输层的通用安全协议，而 SET 协议位于应用层，对网络上其他各层也有涉及。

（4）在应用领域方面。SSL 协议主要是和 Web 应用一起工作，而 SET 协议是为信用卡交易提供安全保障，因此如果电子商务应用只是通过 Web 或是电子邮件，则可以不使用 SET 协议。但如果电子商务应用是一个涉及多方交易的过程，则使用 SET 协议更安全、更通用些。

SSL 协议实现简单，独立于应用层协议，大部分内置于浏览器和 Web 服务器中，在电子交易中应用便利。但它是一个面向连接的协议，只能提供交易中用户与服务器间的双方认证，不能实现多方的电子交易。SET 协议在保留对用户信用卡认证的前提下增加了对商家身份的认证，安全性进一步提高。由于两协议所处的网络层次不同，为电子商务提供的服务也不相同，因此在实践中应根据具体情况来选择独立使用或两者混合使用。

SET 协议与 SSL 协议的主要区别见表 8-1。

表 8-1 　　　　　　　　　　　　SET 协议与 SSL 协议的区别

比较项目	SET 协议	SSL 协议
基础	信用卡	传输通信协议
采用技术	私用密钥加密 公开密钥加密 RSA 和 DES 算法	公开密钥加密
实质	安全电子付款协议	网络安全协议
使用范围	广泛应用	难以大规模应用
安全性	很强的保护	较强的保护
局限性	复杂、速度较慢	简单、速度较快
实际应用	三方执行，认证程序较复杂，推广效果较 SSL 协议低	使用于浏览器界面，易于执行，较多经销商使用

【任务描述】

传统 HTTP 协议中数据以明文进行传递，用户隐私存在被窃听、篡改、冒充的风险，而 HTTPS 协议在 HTTP 协议的基础上加入 SSL 协议，SSL 协议验证服务器身份，并为浏览器和服务器之间的通信加密，使数据传输安全性得到质的提升。实现 HTTPS 协议首先需要向国际公认的证书认证机构申请 SSL 证书。但也正是由于其申请流程过于复杂，并且价格昂贵，基本上没有免费的 SSL 证书，因此 SSL 证书在很长一段时间内并没有普及。那么，如何申请免费 SSL 证书?

【任务实施】

完成此任务需要：独立 IP 服务器 1 台、已备案域名 1 个。

申请免费 SSL 证书的流程如下：

步骤 1 登录腾讯云免费 SSL 网址（https：//console.qcloud.com/ssl），按照提示申请证书（如图 8-25 所示）。

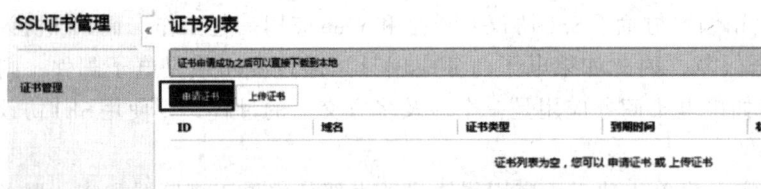

图 8-25 申请证书

步骤 2 确认证书类型。该证书是免费 DV SSL（域名型）国际公认的证书认证机构（CA）- G3 证书（如图 8-26 所示）。

图 8-26 确认证书类型页面

步骤 3 填写信息。填写证书的绑定域名（必填）、证书备注名（选填）、私钥密码（必填）（如图 8-27 所示）。（注意：牢记私钥密码，安装证书与合成 pfx 证书时需要用到，如果忘记密码只能重新申请）

图 8-27　证书申请填写信息页面

步骤 4　验证身份。在域名解析中手动添加一条解析记录，或选择域名的注册邮箱，CA 将向选定的邮箱发送确认邮件，以此验证该证书申请人为域名持有人（如图 8-28 所示）。

图 8-28　确认申请页面

步骤 5　邮件验证。因使用的是邮箱验证，因此以邮箱为例说明，点击邮件中的链接即可完成验证（如图 8-29 所示）。

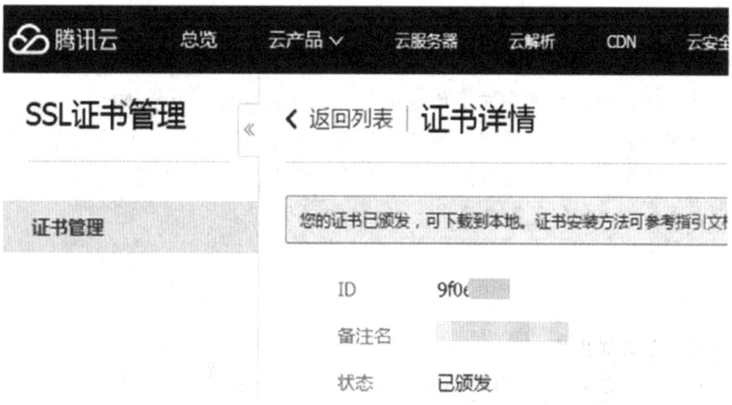

图 8-29　证书详情页面

步骤 6　证书申请通过（如图 8-30 所示）。

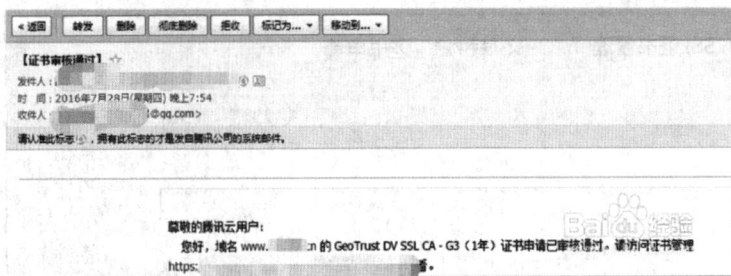

图8-30 证书申请通过页面

项目总结

网上支付的安全是当今电子商务交易过程中所面临的重大问题，也是电子商务可以顺利发展的必要保障。多年来，世界上许多组织与企业为实现网上支付安全进行了大量的研究与实践工作，取得了积极的成果。SSL协议与SET协议成为安全交易协议的两种重要形式，从不同的角度对网上交易提供了安全的保障。以加密技术、数字签名和数字证书等为主体的认证技术得到了广泛的应用，基本上解决了电子商务交易所必需的技术手段。认证中心（CA）承担了数字证书的发放与相关的管理工作。中国金融认证中心就是这样一个国内从事认证工作的企业化的认证中心，对推动中国网上交易安全发挥了重要的作用。尽管人们已经在网上支付安全方面进行了大量的工作，但我们还要认识到，随着电子商务发展程度的进一步加深，随之而来的安全问题还未彻底解决，我们还需要做更多的工作。

基本训练

一、核心概念

SSL协议　SET协议　CA　数字证书　数字签名技术　PKI

二、简答题

1.SSL协议与SET协议的主要区别在哪里？

2.我国目前都发放哪些类型的数字证书？它们在应用上有什么不同？

3.SSL协议的运行步骤分哪几步？

4.网上支付所面临的安全风险有哪些？

5.简要描述中国金融认证中心的认证体系结构。

三、案例分析题

随着微信的普及应用，办公用微信交流的越来越多，方便快捷的微信给大家提供了多种方便。一部分有生意头脑的人把目光转向微信，做起了微商。然而社会上也有一些心术不正的人盯上了微信，利用它开展各种诈骗行为。例如，海外代购诈骗、交友诈骗、帮"砍价"诈骗等。

结合所学知识，分析应该如何提高自己网上支付的安全意识。

项目实训

登录互联网完成以下实训操作：

1.上网访问中国金融认证中心的网站（http：//www.cfca.com.cn），了解中国金融认证中心可以发放哪些数字证书。

2.试试从中国金融认证中心的网站上下载一份数字证书。

主要参考文献

[1] 李洪心. 银行电子商务与网上支付〔M〕. 2版. 北京：机械工业出版社，2018.

[2] 尚芳，娄祥. 网上支付与结算〔M〕. 北京：中国人民大学出版社，2018.

[3] 张敏敏. 电子支付与电子银行〔M〕. 2版. 北京：中国人民大学出版社，2017.

[4] 周虹. 电子支付与网络银行〔M〕. 4版. 北京：中国人民大学出版社，2019.

[5] 杨立钒，万以娴. 电子商务安全与电子支付〔M〕. 4版. 北京：机械工业出版社，2020.

[6] 胡娟. 电子商务支付与安全〔M〕. 北京：北京邮电大学出版社，2018.

[7] 汪蕾. 网上支付与结算〔M〕. 杭州：浙江大学出版社，2019.

[8] 麻策. 网络法实务全书〔M〕. 北京：法律出版社，2020.

[9] 贾晓丹. 电子商务安全实践教程〔M〕. 2版. 北京：中国人民大学出版社，2019.

[10] 祝凌曦. 电子商务安全与支付〔M〕. 3版. 北京：人民邮电出版社，2019.

[11] 劳帼龄. 电子商务安全与管理〔M〕. 3版. 北京：高等教育出版社，2020.

[12] 陈彩霞. 电子支付与网络金融〔M〕. 北京：清华大学出版社，2016.

[13] 周虹. 电子支付与网络银行〔M〕. 4版. 北京：中国人民大学出版社，2019.

[14] 吕忠民，李宙星. 电子支付与网络银行〔M〕. 北京：外语教学与研究出版社，2015.

[15] 柯新生，王晓佳. 网络支付与结算〔M〕. 3版. 北京：电子工业出版社，2016.

[16] 帅青红. 电子支付与结算〔M〕. 3版. 大连：东北财经大学出版社，2018.

[17] 纪琳. 网上支付与结算〔M〕. 2版. 北京：机械工业出版社，2018.

[18] 张超. 电子商务支付与结算〔M〕. 北京：机械工业出版社，2015.

[19] 王军海. 跨境电子商务支付与结算〔M〕. 北京：人民邮电出版社，2018.

[20] 陈银凤. 网络支付与结算〔M〕. 北京：电子工业出版社，2016.

[21] 马刚，姜明，杨兴凯. 电子商务支付与结算〔M〕. 4版. 大连：东北财经大学出版社，2019.

[22] 中国人民银行. 中国人民银行年报2019〔R〕. 北京：中国人民银行，2020.